jetzt lerne ich

C++

**Komplettes Starter-Kit:
ANSI C++-Compiler auf der Buch-CD**

JESSE LIBERTY
DEUTSCHE ÜBERSETZUNG: FRANK LANGENAU

Markt+Technik

Bibliografische Information Der Deutschen Bibliothek
Die Deutsche Bibliothek verzeichnet diese Publikation in der Deutschen Nationalbibliografie; detaillierte bibliografische Daten sind im Internet über <http://dnb.ddb.de> abrufbar.

Umwelthinweis:
Dieses Buch wurde auf chlorfrei gebleichtem Papier gedruckt.

10 9 8 7 6 5 4 3 2 1

06 05 04

ISBN 3-8272-6722-6

ein Imprint der Pearson Education Deutschland GmbH,
Martin-Kollar-Straße 10–12, D-81829 München/Germany

Einbandgestaltung: NOWAK werbeagentur & medien, Pfaffenhofen
Übersetzung: Frank Langenau
Lektorat: Erik Franz, efranz@pearson.de
Herstellung: Kunigunde Huber, khuber@pearson.de
Satz: text&form GbR, Fürstenfeldbruck
Druck und Verarbeitung: Bercker, Kevelaer
Printed in Germany

jetzt lerne ich **C++**

Überblick

Inhaltsverzeichnis

TEIL I

Einführung in C++

Stunde 1

Erste Schritte

Willkommen zu *Jetzt lerne ich C++*!

In der ersten Stunde lernen Sie,

- warum C++ der bevorzugte Standard in der Software-Entwicklung ist,
- in welchen Schritten ein C++-Programm entwickelt wird,
- wie Sie Ihr erstes funktionsfähiges C++-Programm eingeben, kompilieren und linken.

Warum C++ die richtige Wahl darstellt

C++ ist die bevorzugte Entwicklungssprache für die Mehrheit der professionellen Programmierer, da diese Sprache schnelle, kleine Programme liefert, die in einer robusten und portablen Umgebung entwickelt wurden. Die heutigen Werkzeuge von C++ machen die Entwicklung von komplexen und leistungsfähigen kommerziellen Anwendungen fast zum Kinderspiel. Damit man aber den größtmöglichen Nutzen aus C++ ziehen kann, muss man sich etwas tiefergehend mit dieser leistungsfähigen Sprache beschäftigen.

C++ ist eine relativ neue Sprache. Natürlich ist die Programmierung im heutigen Sinne gerade mal 40 Jahre alt. In dieser Zeit unterlagen die Computersprachen einer dramatischen Entwicklung.

In der Gründerzeit arbeiteten die Programmierer mit den primitivsten Computeranweisungen: Maschinensprache. Diese Anweisungen stellte man durch lange Folgen von Einsen und Nullen dar. Mit Einführung der Assembler ließen sich die Maschinenanweisungen durch besser verständliche Mnemonics wie `ADD` und `MOV` abbilden.

Neuer Begriff

Im Laufe der Zeit entstanden höhere Programmiersprachen, wie BASIC und COBOL. Diese Sprachen erlauben die Arbeit in einer den natürlichen Sprachen (in der Regel Englisch) ähnlichen Sprache wie `Let I = 100`. Diese Anweisungen übersetzen Interpreter und Compiler in die Maschinensprache. Ein *Interpreter* (wie er z.B. für BASIC typisch ist) liest den Quelltext eines Programms, übersetzt dabei die Anweisungen – oder den Code – und wandelt sie direkt in Aktionen um.

Neuer Begriff

Neue Compiler übersetzen den Code in einen sogenannten *Objektcode*. Den ersten Schritt dieser Umwandlung bezeichnet man als *Kompilieren*. Ein *Compiler* erzeugt eine Objektdatei. Der zweite Schritt ist das *Linken*. Ein *Linker* überführt die Objektdatei in ein ausführbares Programm. Ein ausführbares Programm »läuft« auf dem jeweiligen Betriebssystem.

Da Interpreter den Code genauso lesen, wie er niedergeschrieben wurde, und ihn unmittelbar ausführen, stellen sie ein leicht anzuwendendes Arbeitsmittel für den Programmierer dar. Bei Compilern sind zusätzliche Schritte zum Kompilieren und Linken des Codes erforderlich, was etwas umständlicher ist. Andererseits produzieren Compiler ein Programm, das wesentlich schneller in der Ausführung ist.

Über viele Jahre hinweg bestand das hauptsächliche Ziel der Programmierer darin, kurze und schnelle Codestücke zu schreiben. Das Programm musste klein sein, da Hauptspeicher teuer war, und es musste schnell sein, da Rechenzeit ebenfalls einen nicht unerheblichen Kostenfaktor darstellte. Computer wurden kleiner, billiger und schneller, die Speicherpreise sind gefallen und somit haben sich die Prioritäten geändert. Heutzutage übersteigen die Kosten für einen Programmierer bei weitem die Kosten der meisten geschäftlich genutzten Computer. Gut geschriebener und leicht zu wartender Code steht nun an erster Stelle. Leicht zu warten bedeutet dabei, dass sich das Programm bei ändernden Anforderungen ohne großen Kostenaufwand erweitern und verbessern lässt.

Prozedurale, strukturierte und objektorientierte Programmierung

---

Neuer Begriff

In der *prozeduralen Programmierung* stellt man sich die Programme als Folge auszuführender Anweisungen auf einem Satz von Daten vor. Mit Hilfe der *strukturierten Programmierung* bringt man Systematik in die Organisation dieser »Prozeduren« und die Verwaltung großer Datenmengen.

Der Grundgedanke der strukturierten Programmierung lässt sich auf die Formel »Teile und herrsche« bringen. Jede Aufgabe, deren Beschreibung zu komplex ist, wird in eine Menge kleinerer Teilaufgaben zerlegt. Das setzt man so lange fort, bis die Teilaufgaben eigenständig genug sind und sich leicht überblicken lassen.

Zum Beispiel ist die Berechnung des Durchschnittsgehalts aller Beschäftigten einer Firma eine ziemlich komplexe Aufgabe. Man kann diese allerdings in die folgenden Teilaufgaben zerlegen:

1. Verdienst jeder Person ermitteln.
2. Anzahl der Beschäftigten ermitteln.
3. Summe aller Gehälter bilden.
4. Dividieren der ermittelten Summe durch die Anzahl der Beschäftigten.

Punkt 3 lässt sich weiter in folgende Teilaufgaben gliedern:

1. Den Datensatz eines Beschäftigten holen.
2. Auf das Gehalt zugreifen.
3. Das Gehalt zur bisherigen Gesamtsumme addieren.
4. Den nächsten Datensatz eines Beschäftigten holen.

Wiederum kann man das Holen eines Beschäftigtendatensatzes in folgende Aufgaben gliedern:

1. Datei der Beschäftigten öffnen.
2. Zum entsprechenden Datensatz gehen.
3. Daten von der Festplatte lesen.

Die strukturierte Programmierung ist nach wie vor ein enorm erfolgreicher Lösungsansatz bei komplexen Aufgabenstellungen.

Trotzdem gibt es noch Probleme. Die Trennung der Daten von den Prozeduren, die die Daten manipulieren, ist mit zunehmenden Datenmengen schwieriger zu fassen und zu verwalten. Je mehr man mit den Daten anstellen will, desto unübersichtlicher gestaltet sich die Trennung.

Prozedurale Programmierer »erfinden das Rad immer wieder neu«, d.h. sie finden regelmäßig neue Lösungen für alte Probleme – das Gegenteil der Wiederverwendbarkeit. Der Gedanke hinter der Wiederverwendbarkeit ist der Aufbau von Komponenten mit bekannten Eigenschaften. Diese Komponenten fügt man dann bei Bedarf in ein Programm ein. Dieses Modell entspricht der Hardware-Welt – wenn ein Techniker einen neuen Transistor benötigt, erfindet er ihn in der Regel nicht neu, sondern sucht sich aus seinen Beständen den passenden heraus und modifiziert ihn vielleicht. Bis zur objektorientierten Programmierung gab es für den Software-Techniker keine vergleichbare Möglichkeit.

Neuer Begriff

Das Wesen der *objektorientierten Programmierung* besteht in der Behandlung der Daten und der Prozeduren, die auf diesen Daten arbeiten, als geschlossenes »Objekt« – eine selbständige Einheit mit einer Identität und eigenen Charakteristika.

C++ und objektorientierte Programmierung

C++ unterstützt voll die objektorientierte Programmierung (OOP), einschließlich der vier Säulen der objektorientierten Entwicklung: Kapselung, Verbergen von Daten, Vererbung und Polymorphie.

Kapselung und Verbergen von Daten

Wenn der Elektroniker ein neues Gerät entwickelt, verschaltet er einzelne Bauelemente – etwa Widerstände, Kondensatoren und Transistoren. Ein Transistor hat bestimmte Eigenschaften und kann bestimmte Verhaltensweisen realisieren. Man kann ihn ohne Kenntnis seiner eigentlichen Arbeitsweise einsetzen, man muss nur wissen, was er bewirkt.

Neuer Begriff

Der Transistor muss zu diesem Zweck eigenständig sein. Er muss eine genau abgegrenzte Aufgabe haben und diese vollständig erfüllen. Die Realisierung einer in sich abgeschlossenen Aufgabe bezeichnet man als *Kapselung*.

Alle Eigenschaften des Transistors sind im Transistorobjekt verkapselt und nicht über die elektronische Schaltung verteilt. Einen Transistor kann man effektiv einsetzen, ohne mit seinen internen Abläufen vertraut zu sein.

C++ unterstützt die Kapselung und das Verbergen von Daten über benutzerdefinierte Typen, die sogenannten Klassen. Eine einmal definierte Klasse agiert als vollständig abgekapselte Einheit und wird als Ganzheit verwendet. Die eigentliche innere Funktionsweise der Klasse sollte nicht sichtbar sein. Die Benutzer einer gut konzipierten Klasse müssen nicht wissen, wie die Klasse funktioniert, sie müssen nur wissen, wie man sie verwendet. In der sechsten Stunde erfahren Sie, wie man Klassen erzeugt.

Vererbung und Wiederverwendbarkeit

In den späten 80ern arbeitete ich an einem Gerät für das Home-Banking für die Citibank. Das Ganze sollte nicht von Null beginnen, sondern auf Vorhandenem aufbauend schnell auf den Markt gelangen. Daher begannen wir mit dem Telefon und »erweiterten« es. Heraus kam ein Telefon, das gegenüber einem normalen Telefon lediglich ein paar neue Merkmale aufwies. Damit konnten wir alle Funktionen des guten alten Telefons übernehmen und seinen Einsatzbereich mit neuen Fähigkeiten erweitern.

Neuer Begriff

C++ unterstützt den Grundgedanken der Wiederverwendbarkeit durch *Vererbung*. Man kann einen neuen Typ deklarieren, der eine Erweiterung eines vorhandenen Typs darstellt. Man sagt, dass diese neue Unterklasse von einem vorhandenen Typ abgeleitet ist und spricht auch von einem *abgeleiteten Typ*. Das erweiterte Telefon ist vom guten alten Telefon abgeleitet und erbt damit dessen gesamte Eigenschaften. Bei Bedarf kann man aber neue hinzufügen. Auf die Vererbung und ihre Anwendung in C++ geht Stunde 16 ein.

Polymorphie

Bei einem eingehenden Ruf verhält sich das erweiterte Telefon (ET) nicht wie gewohnt. Es klingelt nicht, sondern der Bildschirm schaltet sich ein und eine Stimme sagt: »Sie werden angerufen.« Die Telefonvermittlung weiß hiervon jedoch nichts – sie sendet keine speziellen Signale für die einzelnen Telefonarten. Von der Vermittlungsstelle geht einfach der normale Ruf aus – das normale Telefon klingelt, das elektronische Telefon trillert und ET spricht. Jedes Telefon unternimmt »genau das Richtige«, da es die von der Telefonvermittlung kommende Nachricht interpretiert.

Neuer Begriff

C++ unterstützt den Gedanken, dass verschiedene Objekte »genau das Richtige tun« über die sogenannte Funktionspolymorphie oder Klassenpolymorphie. Das aus dem Griechischen stammende Wort polymorph bedeutet vielgestaltig. *Polymorphie* bezeichnet also dasselbe Ding in verschiedenen Formen. Näheres dazu finden Sie in den Stunden 17 und 18.

Wie sich C++ entwickelt hat

Als sich die objektorientierte Methodik bei Analyse, Entwurf und Programmierung durchzusetzen begann, nahm Bjarne Stroustrup die populärste Sprache für die kommerzielle Software-Entwicklung – C – und erweiterte sie um Merkmale für die objektorientierte Programmierung. Er schuf C++ und in weniger als einem Jahrzehnt wurde aus dieser Sprache für eine Handvoll Entwickler bei AT&T eine bevorzugte Programmiersprache für schätzungsweise eine Million Entwickler auf der ganzen Welt.

C++ ist nicht einfach ein besseres C

Es stimmt zwar, dass C++ eine Obermenge von C ist und dass scheinbar jedes gültige C-Programm auch ein gültiges C++-Programm ist, das sollte Sie aber nicht in die Irre leiten. H. L. Mencken hat einmal gesagt, dass die Musik von Wagner »besser ist als sie klingt«. Der Sprung von C nach C++ ist größer als es scheint.

C++ profitierte jahrelang von der Verwandtschaft zu C, da C-Programmierer bequem auf C++ umsteigen konnten. Viele Programmierer stellten jedoch fest, dass sie für eine umfassende Nutzung aller von C++ gebotenen Möglichkeiten viel Bekanntes vergessen und neue Konzepte und Programmlösungen erlernen mussten.

Sollte ich zuerst C lernen?

Es drängt sich die Frage auf: »Soll ich zuerst C lernen, weil C++ eine Obermenge von C ist?« Stroustrup und die meisten C++-Programmierer stimmen überein: Es ist nicht nur nicht erforderlich, zuerst C zu lernen, sondern auch eine schlechte Empfehlung.

Dieses Buch geht davon aus, dass Sie kein C-Programmierer sind. Andernfalls wäre das auch kein Problem. Lesen Sie die ersten Stunden als Wiederholung und legen Sie sich dann richtig ins Zeug.

Vorbereitungen

In C++ ist es vielleicht wichtiger als in anderen Sprachen, dass der Programmierer das Programm entwirft, bevor er es niederschreibt. Triviale Probleme, wie etwa die in den ersten Kapiteln dieses Buches behandelten, erfordern kaum Entwurfsarbeit. Allerdings ist ein Entwurf bei komplexen Problemen, die die professionellen Programmierer alltäglich herausfordern, unumgänglich. Je gründlicher der Entwurf, desto wahrscheinlicher stellt das Programm für die vorgesehenen Aufgaben eine Lösung dar – sowohl im zeitlichen als auch im finanziellen Rahmen. Ein guter Entwurf führt auch zu einem relativ fehlerfreien und leicht zu wartenden Programm. Man schätzt, dass sich 90 Prozent der Software-Kosten aus Fehlersuche und Wartung zusammensetzen. Ein guter Entwurf hat damit bedeutenden Einfluss auf die Senkung der Gesamtkosten des Projekts.

Bei der Vorbereitung auf den Programmentwurf ist zuerst die Frage zu beantworten: »Welches Problem versuche ich zu lösen?« Jedes Programm sollte ein klares, gut formuliertes Ziel besitzen. Sogar bei den einfachsten Programmen in diesem Buch begegnen Sie diesem Ansatz.

Die zweite Frage für jeden guten Programmierer ist: »Kann man das Ziel erreichen, ohne benutzerspezifische Software schreiben zu müssen?« Die Wiederverwendung eines vorhandenen Programms und dessen Anpassung oder der Kauf von konfektionierter Software sind oft bessere Lösungen für ein Problem, als etwas Neues zu schreiben. Der Programmierer, der diese Alternativen zu bieten hat, wird niemals arbeitslos; auf der Suche nach kostengünstigen Lösungen für die aktuellen Probleme bieten sich immer neue Möglichkeiten für die Zukunft.

Hat man das Problem schließlich erfasst und ist das Schreiben eines neuen Programms erforderlich, kann man mit dem Entwurf beginnen.

C++, ANSI C++, Windows und andere Bereiche der Verwirrung

C++ ist eine Programmiersprache. DOS, Windows, Unix und MacOS sind Betriebssysteme. C++ werden Sie als portable Sprache kennen lernen, die unabhängig von der konkreten Maschine und dem benutzten Betriebssystem ist.

Neuer Begriff

Jetzt lerne ich C++ trifft keine Annahmen über Ihr Betriebssystem. Dieses Buch behandelt *ANSI C++*. Man könnte genauso gut auch »Standard-C++« sagen – die international vereinbarte Version, die auf *jede* Plattform und *jede* Entwicklungsumgebung portierbar ist.

Daher finden Sie in diesem Buch nichts über Fenster, Listenfelder, Grafiken usw. Diese Elemente sind vom jeweiligen Betriebssystem abhängig. Alle Ausgaben laufen über die Standard-Ausgabe.

Damit das funktioniert, muß man den Compiler anweisen, eine Konsolenanwendung zu erzeugen. Bestimmte Compiler, die für Windows, den Mac oder eine andere Fenster-Umgebung vorgesehen sind, bezeichnen das als Quick-Fenster, einfaches Fenster oder auch Konsolenfenster.

Compiler und Editor

Möglicherweise verfügt Ihr Compiler über einen eigenen Editor, oder Sie verwenden einen kommerziellen Text-Editor oder eine Textverarbeitung, die Textdateien erzeugen kann. Mit welchem Werkzeug Sie Ihr Programm auch erstellen, es muß reine Textdateien ohne eingebettete Steuerbefehle liefern. Beispiele für »sichere« Editoren sind der zu Windows gehörende Editor, der über den DOS-Befehl `Edit` aufrufbare Editor, Brief, Epsilon, EMACS und vi. Kommerzielle Textverarbeitungen wie WordPerfect, Word und Dutzende andere bieten ebenfalls die Möglichkeit, das Dokument als einfache Textdatei zu speichern.

Die Dateien, die Sie mit Ihrem Editor erstellen, bezeichnet man als Quelldateien. Normalerweise erhalten diese Dateien unter C++ die Dateierweiterung .CPP, .CP oder .C. In diesem Buch sind alle Quellcodedateien einheitlich mit der Erweiterung .CPP versehen. Prüfen Sie bitte, welche Erweiterungen Ihr Compiler benötigt.

Hinweis

Bei den meisten C++-Compilern hat die Erweiterung der Quelldateien keine besondere Bedeutung. Gibt man allerdings keine Erweiterung explizit an, verwenden viele Compiler per Vorgabe die Erweiterung .CPP.

Was Sie tun sollen	**Was nicht**
Erstellen Sie den Quellcode mit einem einfachen Texteditor oder arbeiten Sie mit dem Editor, der zum Compiler gehört.	
Verwenden Sie keine Textverarbeitung, die spezielle Formatierungszeichen speichert. Sollten Sie doch mit einer Textverarbeitung arbeiten, speichern Sie die Datei als ASCII-Text.	
Speichern Sie Ihre Dateien mit den Erweiterungen .C, .CP oder .CPP.	
Machen Sie sich anhand der Dokumentation mit den Eigenheiten Ihres Compilers und Linkers vertraut, damit Sie wissen, wie Programme zu kompilieren und zu linken sind.	

Quellcode kompilieren und linken

Obwohl der Quellcode in Ihrer Datei etwas kryptisch aussieht und jeder, der sich mit C++ nicht auskennt, kaum versteht, für was das Ganze gut ist, haben wir es trotzdem mit einer für den Menschen verständlichen Form zu tun. Die Quellcodedatei ist kein Programm und lässt sich auch nicht wie ein Programm ausführen.

Hinweis

Für die Überführung des Quellcodes in ein Programm verwendet man einen Compiler. Wie man den Compiler aufruft und ihm den Standort der Quelldatei angibt, ist vom konkreten Compiler abhängig. Sehen Sie dazu in der entsprechenden Dokumentation nach.

Um den Quellcode von der Befehlszeile des Betriebssystems aus zu kompilieren, sind folgende Befehle einzugeben:

Beim Borland-C++-Compiler:	bc <Dateiname>
Beim Borland-C++-Compiler für Windows:	bcc <Dateiname>
Beim Borland Turbo-C++-Compiler:	tc <Dateiname>
Bei den Microsoft-Compilern:	cl <Dateiname>
Beim DJGPP-Compiler:	gxx <Dateiname>

Kompilieren in einer integrierten Entwicklungsumgebung

Die meisten modernen Compiler bieten eine sogenannte *integrierte Entwicklungsumgebung*. Hier wählt man normalerweise ERSTELLEN oder KOMPILIEREN aus einem Menü oder es steht eine Funktionstaste für das Erstellen der Anwendung zur Verfügung. Auch hier sollten Sie einen Blick in die Dokumentation des jeweiligen Compilers werfen.

Ein Programm linken

Durch das Kompilieren des Quellcodes entsteht eine sogenannte Objektdatei (in der Regel mit der Erweiterung .OBJ). Allerdings handelt es sich auch hier noch nicht um ein ausführbares Programm. Die Objektdatei überführt man mit einem Linker in ein ausführbares Programm.

C++-Programme werden in der Regel durch das Verknüpfen (Linken) einer oder mehrerer Objektdateien mit einer oder mehreren Bibliotheken erzeugt. Unter einer *Bibliothek* versteht man eine Sammlung verknüpfungsfähiger Dateien, die Sie selbst erzeugt haben, die der Compiler bereitstellt oder die Sie separat erworben haben. Zu allen C++-Compilern gehört eine Bibliothek nützlicher Funktionen (oder Prozeduren) und Klassen, die Sie in Ihr Programm aufnehmen können. Eine *Funktion* ist ein Codeblock, der eine bestimmte Aufgabe realisiert, beispielsweise das Addieren zweier Zahlen oder die Ausgabe auf den Bildschirm. Unter einer *Klasse* versteht man eine Sammlung von Daten und verwandten Funktionen. Auf Klassen gehen wir noch im Detail ein.

Eine ausführbare Datei erzeugt man in folgenden Schritten:

1. Erstellen einer Quellcodedatei mit der Erweiterung .CPP.
2. Kompilieren der Quellcodedatei in eine Objektdatei mit der Erweiterung .OBJ.
3. Linken der Objektdatei mit allen erforderlichen Bibliotheken zu einem ausführbaren Programm.

Der Entwicklungszyklus

Wenn jedes Programm sofort beim ersten Ausprobieren funktionieren würde, hätten wir es mit folgendem vollständigen Entwicklungszyklus zu tun: Schreiben des Programms, Kompilieren des Quellcodes, Linken des Programms und Ausführen des Programms. Leider enthält fast jedes Programm irgendwelche Fehler – sog. Bugs – auch wenn sie manchmal nur trivial sind. Einige Bugs verhindern bereits das Kompilieren, bei manchen Fehlern kann man das Programm nicht linken und einige Fehler zeigen sich erst bei der Ausführung des Programms.

Welchen Fehler Sie auch finden, er ist zu beseitigen. Und dazu gehört die Bearbeitung des Quellcodes, das erneute Kompilieren und Linken und schließlich ein neuer Start des Programms. Abbildung 1.1 zeigt diesen Zyklus mit einer Darstellung der einzelnen Schritte.

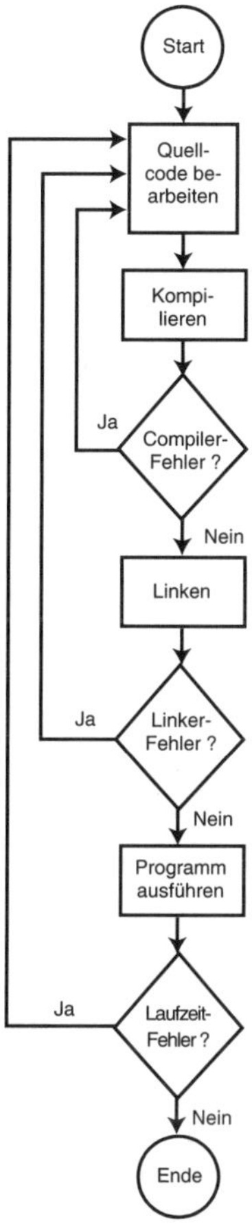

Abbildung 1.1:
Die Schritte im Entwicklungsprozess eines C++-Programms

HELLO.CPP – Ihr erstes C++-Programm

Es ist schon Tradition, dass ein Programmierbuch mit einem Programm beginnt, das die Worte `Hello World` auf den Bildschirm bringt oder eine ähnliche Aufgabe realisiert. Auch wir bleiben dieser Tradition treu.

Tippen Sie das erste Programm direkt in Ihren Editor – genau wie dargestellt – ein. Nachdem Sie den Quelltext kritisch durchgesehen haben, speichern Sie die Datei, kompilieren sie, linken sie und führen sie aus. Auf dem Bildschirm erscheinen die Worte `Hello World`. Kümmern Sie sich momentan noch nicht darum, wie das Ganze funktioniert, das Programm soll Sie nur mit dem Entwicklungszyklus vertraut machen. Die einzelnen Aspekte dieses Programms sind Gegenstand der nächsten Lektionen.

Hinweis

Das folgende Listing enthält an der linken Seite Zeilennummern. Diese dienen lediglich der Bezugnahme in diesem Buch und sind nicht als Teil des Quelltextes im Editor einzugeben. Beispielsweise geben Sie die Zeile 1 von Listing 1.1 in der folgenden Form ein:

```
#include <iostream.h>
```

Eingabe

Listing 1.1: HELLO.CPP, das Programm Hello World

```
1: #include <iostream.h>
2:
3: int main()
4: {
5: cout << "Hello World!\n";
6: return 0;
7: }
```

Vergewissern Sie sich, dass alles exakt wie dargestellt eingegeben wurde. Achten Sie insbesondere auf die Satzzeichen. Das Symbol << in Zeile 5 ist ein Umleitungssymbol, das man auf deutschen Tastaturen rechts neben der linken [⇧]-Taste findet. Zeile 5 endet mit einem Semikolon, das auf keinen Fall fehlen darf!

Prüfen Sie auch, ob die Compiler-Direktiven entsprechend eingestellt sind. Die meisten Compiler linken automatisch. Trotzdem sollten Sie in der Dokumentation nachsehen. Wenn Sie Fehler erhalten, überprüfen Sie zunächst sorgfältig den eingegebenen Code und suchen nach Abweichungen von Listing 1.1. Wenn Sie einen Fehler zu Zeile 1 erhalten, wie etwa `Include-Datei kann nicht geoeffnet werden: 'iostream.h'...`, sollten Sie sich in der Dokumentation zu Ihrem Compiler über die Einstellungen für den Include-Pfad und die Umgebungsvariablen informieren. Wenn Sie einen Fehler erhalten, dass es keinen Prototyp für `main` gibt, fügen Sie die Zeile `int main();` unmittelbar vor Zeile 3 ein. Diese Zeile müssen Sie jedem Programm in diesem Buch vor Beginn der Funktion `main` hinzufügen. Viele Compiler erfordern das nicht, bei einigen ist es aber erforderlich.

Das fertige Programm sieht folgendermaßen aus:

```
1: #include <iostream.h>
2:
3: int main();
4: int main()
5: {
6: cout << "Hello World!\n";
7: return 0;
8: }
```

Führen Sie nun `Hello.exe` aus. Auf dem Bildschirm sollte der Text

```
Hello World!
```

erscheinen. Sollte das so sein, Gratulation! Sie haben gerade Ihr erstes C++-Programm eingegeben, kompiliert und ausgeführt. Es ist vielleicht nicht gerade berauschend, aber nahezu jeder professionelle C++-Programmierer hat genau mit diesem Programm begonnen.

Fehler zur Kompilierzeit

Fehler zur Kompilierzeit können verschiedenste Ursachen haben. Gewöhnlich sind sie das Ergebnis eines Schreibfehlers oder einer anderen Nachlässigkeit. Gute Compiler weisen nicht nur darauf hin, was Sie falsch gemacht haben, sie zeigen genau die Stelle im Code an, wo der Fehler aufgetreten ist. Die besten Compiler schlagen sogar eine Lösung vor!

Einen Compiler-Fehler können Sie sich in der Praxis ansehen, indem Sie absichtlich einen Fehler in das Programm einbauen. Nachdem Sie `Hello.cpp` erst einmal richtig zum Laufen gebracht haben, bearbeiten Sie nun die Quelldatei (nach Listing 1.1) und entfernen die schließende Klammer auf Zeile 7. Das Programm entspricht nun Listing 1.2.

Listing 1.2: Demonstration eines Compiler-Fehlers

```
#include <iostream.h>

int main()
{
cout << "Hello World!\n";
return 0;
```

Kompilieren Sie Ihr Programm erneut.

Zusammenfassung

Nach dem Studium dieses Kapitels sollten Sie einen Überblick haben, wie sich C++ entwickelt hat und für welche Art von Problemlösungen diese Sprache geschaffen wurde. Sie sollten sich bestärkt fühlen, dass das Erlernen von C++ die richtige Wahl für jeden an der Programmierung Interessierten im nächsten Jahrzehnt ist. C++ stellt die Werkzeuge der objektorientierten Programmierung und die Leistung einer systemnahen Sprache bereit, was C++ zur bevorzugten Entwicklungssprache macht.

In diesem ganz am Anfang stehenden Kapitel haben Sie gelernt, wie Sie Ihr erstes C++-Programm schreiben, kompilieren, linken und ausführen und wie der normale Entwicklungszyklus aussieht. Außerdem haben Sie sich ein wenig mit dem Grundanliegen der objektorientierten Programmierung vertraut gemacht. Zu diesen Themen kehren Sie während der restlichen Unterrichtsstunden zurück.

Fragen und Antworten

F Worin besteht der Unterschied zwischen einem Texteditor und einer Textverarbeitung?

A *Ein Texteditor erzeugt Dateien, die aus reinem Text bestehen und keinerlei Formatierungsbefehle oder andere spezielle Symbole, wie sie für eine Textverarbeitung erforderlich sind, enthalten. Bei reinen Textdateien gibt es keinen automatischen Zeilenumbruch, Fettdruck, kursive Zeichen usw. Textverarbeitungen können gewöhnlich Textdateien erzeugen, man muss die Datei aber explizit als Dateityp »Nur Text« speichern.*

F Mein Compiler verfügt über einen integrierten Editor. Ist das das geeignete Werkzeug?

A *Fast alle Compiler sind in der Lage, den von beliebigen Texteditoren erzeugten Code zu kompilieren. Der Vorteil des integrierten Editors besteht allerdings darin, daß man ggf. schnell zwischen den Entwicklungsschritten Editieren und Kompilieren hin- und herschalten kann. Zu modernen Compilern gehört eine integrierte Entwicklungsumgebung, die dem Programmierer den Zugriff auf Hilfedateien, die Bearbeitung und das Kompilieren des Codes unmittelbar erlaubt. Außerdem lassen sich hier Compiler- und Linker-Fehler beseitigen, ohne dass man die Umgebung verlassen muss.*

F Kann ich Warnungen des Compilers ignorieren?

A *Auf keinen Fall. Machen Sie es sich zur Angewohnheit, Warnungen als Fehler zu behandeln. C++ verwendet den Compiler, um Sie vor etwas zu warnen, das Sie möglicherweise gar nicht beabsichtigen. Unternehmen Sie die erforderlichen Schritte, damit diese Warnungen nicht wieder auftreten.*

F Was versteht man unter der Kompilierzeit?

A *Die Kompilierzeit ist die Phase im Entwicklungszyklus, zu der man den Compiler ausführt. Weitere Phasen sind die Linkzeit (wenn man den Objektcode mit dem Linker verknüpft) oder die Laufzeit (wenn man das Programm ausführt).*

Stunde 2

Die Teile eines C++-Programms

Bevor wir in die Details der Klassen, Variablen und anderer Elemente von C++ eintauchen, sehen wir uns in dieser Stunde zunächst an, wie die Bausteine eines Programms zusammenarbeiten.

In dieser Stunde lernen Sie

- aus welchen Teilen ein C++-Programm besteht,
- wie die Teile zusammenarbeiten,
- was eine Funktion ist und was sie bewirkt.

Die Teile eines einfachen Programms

Das einfache Programm HELLO.CPP aus der ersten Stunde weist verschiedene interessante Teile auf. Der vorliegende Abschnitt untersucht dieses Programm eingehender. Listing 2.1 zeigt noch einmal die Originalversion des Programms HELLO.CPP.

Listing 2.1: HELLO.CPP demonstriert die Teile eines C++-Programms

```
1:#include <iostream.h>
2:
3:int main()
4:{
5:   cout << "Hello World!\n";
6:   return 0;
7:}
```

```
Hello World!
```

Zeile 1 bindet die Datei IOSTREAM.H in die Datei HELLO.CPP ein. Für den Compiler stellt sich das so dar, als hätte man den gesamten Inhalt der Datei IOSTREAM.H unmittelbar an den Anfang von HELLO.CPP eingegeben.

Die Anweisung #include im Detail

Das Symbol # ist ein Signal an ein besonderes Programm. Der Compiler ruft nämlich als Erstes einen sogenannten *Präprozessor* auf. Dessen Aufgabe besteht darin, den Quellcode nach Zeilen zu durchsuchen, die mit dem Nummernzeichen (#) beginnen. Sobald eine derartige Zeile auftaucht, modifiziert der Präprozessor den Code und übergibt ihn in der geänderten Form an den Compiler.

Include (englisch: einbinden) ist eine Präprozessor-Anweisung in der Bedeutung: »Es folgt ein Dateiname. Suche die Datei und lese sie genau an diese Stelle ein.« Die spitzen Klammern um den Dateinamen weisen den Präprozessor an, »an allen üblichen Plätzen nach dieser Datei zu suchen«. Wenn Ihr Compiler korrekt eingerichtet ist, bewirken die spitzen Klammern, dass der Präprozessor nach der Datei `IOSTREAM.H` im Verzeichnis mit allen H-Dateien für Ihren Compiler sucht. Die Datei `IOSTREAM.H` (Input-Output-Stream) ist für `cout` erforderlich und unterstützt das Schreiben auf den Bildschirm.

Zeile 1 bewirkt das Einbinden der Datei `IOSTREAM.H` in dieses Programm, als hätte man den entsprechenden Quelltext selbst eingetippt. Der Compiler erhält die Quelldatei bereits mit der an der richtigen Stelle eingebundenen Datei `IOSTREAM.H`.

Zeilenweise Analyse

In Zeile 3 beginnt das eigentliche Programm mit einer Funktion namens `main`. Jedes C++-Programm verfügt über eine `main`-Funktion. Im Allgemeinen ist eine Funktion ein Codeblock, der eine oder mehrere Aktionen ausführt. Funktionen werden von anderen Funktionen aufgerufen, wobei die Funktion `main` eine Sonderstellung einnimmt. Bei Start des Programms erfolgt der Aufruf von `main` automatisch.

Wie alle anderen Funktionen muss auch `main` festlegen, welche Art von Rückgabewert sie liefert. Auch hier nimmt `main` eine Sonderstellung ein: Diese Funktion gibt immer `int` (eine ganze Zahl) zurück. Die Rückgabe eines Werts aus einer Funktion behandelt Stunde 4 ausführlich.

Alle Funktionen beginnen mit einer öffnenden geschweiften Klammer (`{`) und enden mit einer schließenden geschweiften Klammer (`}`). Die geschweiften Klammern für die Funktion `main` stehen in den Zeilen 4 und 7. Alles zwischen der öffnenden und der schließenden Klammer ist Teil der Funktion.

Die »Knochenarbeit« dieses Programms leistet Zeile 5. Das Objekt `cout` gibt eine Meldung auf dem Bildschirm aus. Die Behandlung von Objekten beginnt mit Stunde 7. Zum Lieferumfang des Compilers gehören `cout` und das verwandte Objekt `cin`. Diese Objekte realisieren im System die Ausgabe auf den Bildschirm und die Eingabe über die Tastatur.

Im Anschluss an das Objekt `cout` steht der Umleitungsoperator (<<), den man durch zweimaliges Betätigen der (`<`)-Taste erzeugt. Alles was auf den Umleitungsoperator folgt, erscheint auf dem Bildschirm. Möchten Sie eine Zeichenfolge ausgeben, ist diese in Anführungszeichen (`"`) wie in Zeile 5 zu setzen.

Neuer Begriff

Eine *Textzeichenfolge* ist eine Folge von druckbaren Zeichen.

Die beiden letzten Zeichen, `\n`, weisen `cout` an, eine neue Zeile nach dem Text `Hello World!` auszugeben.

Zeile 6 gibt den Wert 0 an das Betriebssystem zurück. Bei manchen Systemen dient der Rückgabewert als Signal, ob die Funktion fehlerfrei oder fehlerhaft ausgeführt wurde. Per Konvention kennzeichnet 0 eine fehlerfreie Operation, jede andere Zahl einen Fehler. Die heutigen fensterorientierten Systeme verwenden diesen Wert fast nie, so dass alle Programme in diesem Buch eine 0 zurückgeben.

Die Funktion `main` endet in Zeile 7 mit der schließenden geschweiften Klammer.

Kommentare

Wenn man ein Programm schreibt, ist alles sonnenklar und bedarf keiner weiteren Erläuterung. Kehrt man aber einen Monat später zu diesem Programm zurück, sieht die Welt schon anders aus. Die selbstverfassten Zeilen geben nur noch Rätsel auf.

Um diese Unklarheiten von vornherein zu bekämpfen und anderen Personen das Verständnis des Codes zu erleichtern, schreibt man gewöhnlich Kommentare in das Programm. Dabei handelt es sich einfach um Text, den der Compiler ignoriert, der aber den Leser über die Wirkung des Programms an bestimmten Punkten informiert.

Typen von Kommentaren

Neuer Begriff

In C++ unterscheidet man zwei Arten von *Kommentaren*. Der Kommentar mit doppelten Schrägstrichen im Stil von C++ weist den Compiler an, alles nach den Schrägstrichen bis zum Ende der Zeile zu ignorieren.

Der durch Schrägstrich und Sternchen (/*) eingeleitete Kommentar weist den Compiler an, alles zu ignorieren, bis die abschließende Kommentarmarkierung (*/) erscheint. Diese Markierungen sind Kommentare im Stil von C und wurden in C++ übernommen. Achten Sie darauf, dass jedes /* durch ein entsprechendes */ abzuschließen ist.

Viele C++-Programmierer verwenden vorrangig Kommentare im Stil von C++ und heben sich die C-artigen Kommentare für das Ausklammern von großen Programmblöcken auf. Man kann C++-Kommentare innerhalb eines durch C-Kommentare »auskommentierten« Blocks einbinden. Alles, einschließlich der C++-Kommentare, wird zwischen den C-Kommentarmarken ignoriert.

Kommentare kosten nichts, der Compiler ignoriert sie, und sie haben keinen Einfluss auf die Leistung des Programms. Listing 2.2 verdeutlicht die Verwendung von Kommentaren.

Eingabe

Listing 2.2: Hello.cpp mit eingefügten Kommentaren

```
 1:#include <iostream.h>
 2:
 3:int main()
 4:{
 5: /* Das ist ein Kommentar, der
 6: bis zum schließenden Kommentarzeichen aus
 7: Sternchen und Schrägstrich geht */
 8:    cout << "Hello World!\n";
 9:    // Dieser Kommentar geht nur bis zum Zeilenende
10:    cout << "Dieser Kommentar ist beendet!";
11:
12:   // Diese Kommentare können allein auf einer Zeile stehen
13: /* genau wie diese Kommentare */
14: return 0;
15: }
```

Ausgabe

```
Hello World!
Dieser Kommentar ist beendet!
```

Analyse

Die Kommentare in den Zeilen 5 bis 7 ignoriert der Compiler gänzlich. Das Gleiche gilt für die Kommentare in den Zeilen 9, 12 und 13. Der Kommentar auf Zeile 9 geht nur bis zum Zeilenende, während die Kommentare in den Zeilen 5 und 13 ein schließendes Kommentarzeichen erfordern.

Tipps für gute Kommentare

Das Schreiben guter Kommentare beherrschen nur wenige Programmierer. Einige Unentwegte verwenden überhaupt keine Kommentare! Andere kommentieren jede Zeile, was für den Quellcode wenig Wert hat und nur die Unübersichtlichkeit fördert.

Wie verwendet man nun Kommentare richtig? Hier eine Faustregel: Wir gehen davon aus, dass der Leser einen C++-Quelltext ohne Weiteres versteht, aber nicht die Absichten des Programms kennt. Lassen Sie den Quellcode erzählen, *was* Sie tun, und erläutern Sie mit Kommentaren, *warum* Sie etwas tun.

Was Sie tun sollen	**Was nicht**
Fügen Sie Kommentare in Ihren Code ein.	
Aktualisieren Sie die Kommentare.	
Erläutern Sie mit Kommentaren, was ein Codeabschnitt bewirkt.	
	Verwenden Sie keine Kommentare für selbsterklärenden Code.

Funktionen

Die Funktion `main` ist etwas ungewöhnlich. Beim Start des Programms ruft das Betriebssystem die Funktion `main` auf. Andere Funktionen werden während des Programmlaufs von `main` oder von einer anderen Funktion aufgerufen.

Die Funktion `main` gibt immer einen `int`-Wert zurück, der Ausdruck für eine ganze Zahl in C++. Wie die kommenden Stunden zeigen, können andere Funktionen andere Datentypen oder auch überhaupt nichts zurückgeben.

Ein Programm wird zeilenweise entsprechend der Reihenfolge im Quellcode ausgeführt. Bei einem Funktionsaufruf verzweigt das Programm, um die Funktion auszuführen. Nach Abarbeitung der Funktion geht die Steuerung des Programms an die nächste Zeile in der aufrufenden Funktion zurück.

Stellen Sie sich vor, dass Sie ein Bild von sich selbst zeichnen. Sie zeichnen den Kopf, die Augen, die Nase – und plötzlich bricht Ihr Bleistift ab. Sie »verzweigen« nun in die Funktion »Bleistift spitzen«. Das heißt, Sie hören mit dem Zeichnen auf, stehen auf, gehen zur Spitzmaschine, spitzen den Stift, kehren an Ihre Arbeit zurück und setzen sie dort fort, wo Sie aufgehört haben (wahrscheinlich zeichnen Sie gerade Ihr Kinn).

Muss ein Programm einen Dienst ausführen lassen, ruft es eine Funktion auf, um diesen Dienst auszuführen, und setzt das Programm nach Rückkehr aus der Funktion nach dem Funktionsaufruf fort.

Listing 2.3 verdeutlicht dieses Konzept.

Eingabe

Listing 2.3: Aufruf einer Funktion

```
1:  #include <iostream.h>
2:
3:  // Funktion DemonstrationFunction
4:  // gibt eine Meldung aus
5:  void DemonstrationFunction()
6:  {
7:      cout << "In DemonstrationFunction\n";
8:  }
9:
10: // Funktion main - gibt eine Meldung aus, ruft
11: // dann DemonstrationFunction auf, gibt danach
12: // eine zweite Meldung aus.
13: int main()
14: {
15:     cout << "In main\n" ;
16:     DemonstrationFunction();
17:     cout << "Zurueck in main\n";
18:  return 0;
19: }
```

Ausgabe

```
In main
In DemonstrationFunction
Zurueck in main
```

Analyse

Die Zeilen 5 bis 8 enthalten die Definition der Funktion `DemonstrationFunction`. Die Funktion gibt eine Meldung auf dem Bildschirm aus und kehrt dann zum Aufrufer zurück.

In Zeile 13 beginnt das eigentliche Programm. In Zeile 15 gibt die Funktion `main` eine Meldung aus, dass sich das Programm soeben in der Funktion `main` befindet. Nach der Ausgabe der Meldung ruft Zeile 16 die Funktion `DemonstrationFunction` auf. Dieser Aufruf bewirkt die Ausführung der Befehle in `DemonstrationFunction`. In diesem Fall besteht die gesamte Funktion aus dem Code in Zeile 7, der eine weitere Meldung ausgibt. Nach vollständiger Abarbeitung der Funktion `DemonstrationFunction` in Zeile 8 kehrt die Programmausführung an die Stelle zurück, wo der Aufruf der Funktion erfolgte. Im Beispiel kehrt das Programm zu Zeile 17 zurück und die Funktion `main` gibt die abschließende Meldung aus.

Funktionen verwenden

Funktionen geben entweder einen Wert oder `void` (das heißt nichts) zurück. Eine Funktion zur Addition von zwei ganzen Zahlen liefert sicherlich die Summe zurück und man definiert diesen Rückgabewert vom Typ Integer. Eine Funktion, die lediglich eine Meldung ausgibt, hat nichts zurückzugeben und wird daher als `void` (zu Deutsch: leer) deklariert.

Funktionen gliedern sich in Kopf und Rumpf. Der Kopf besteht wiederum aus dem Rückgabetyp, dem Funktionsnamen und den Parametern. Mit *Parametern* lassen sich Werte an eine Funktion übergeben. Soll eine Funktion z.B. zwei Zahlen addieren, stellen die Zahlen die Parameter für die Funktion dar. Ein typischer Funktionskopf sieht folgendermaßen aus:

```
int Sum(int a, int b)
```

Als Parameter bezeichnet man im engeren Sinn nur die Deklaration des zu übergebenden Datentyps. Der eigentliche Wert, den die aufrufende Funktion übergibt, heißt *Argument*. Viele Programmierer machen keinen Unterschied zwischen den Begriffen »Parameter« und »Argument«, während andere genau auf diese technische Unterscheidung achten. Im Buch kommen beide Ausdrücke gleichberechtigt vor.

Neuer Begriff

Der Name der Funktion und deren Parameter (d.h. der Funktionskopf ohne den Rückgabewert) sind die *Signatur* der Funktion.

Der Rumpf einer Funktion besteht aus einer öffnenden geschweiften Klammer, einer beliebigen Zahl von Anweisungen (0 oder mehr) und einer schließenden geschweiften Klammer. Die Anweisungen erledigen die Arbeit der Funktion. Eine Funktion kann einen Wert mit der Anweisung `return` zurückgeben. Diese Anweisung bewirkt auch das Verlassen der Funktion. Wenn man keine `return`-Anweisung vorsieht, liefert die Funktion am Ende automatisch `void` zurück. Der zurückgegebene Wert muss dem im Funktionskopf deklarierten Typ entsprechen.

Listing 2.4 zeigt eine Funktion, die zwei ganzzahlige Parameter übernimmt und einen ganzzahligen Wert zurückgibt. Kümmern Sie sich momentan nicht um die Syntax oder die Einzelheiten, wie man mit Integer-Werten (beispielsweise `int x`) arbeitet. Wir kommen bald darauf zurück.

Listing 2.4: FUNC.CPP demonstriert eine einfache Funktion

```
1:  #include <iostream.h>
2:  int Add (int x, int y)
3:  {
4:
5:    cout << "In Add(), erhalten " << x << " und " << y << "\n";
6:    return (x+y);
7:  }
8:
9:  int main()
10:  {
11:        cout << "Ich bin in main()!\n";
12:        int a, b, c;
13:        cout << "Geben Sie zwei Zahlen ein: ";
14:        cin >> a;
15:        cin >> b;
16:        cout << "\nAufruf von Add()\n";
17:        c=Add(a,b);
18:        cout << "\nZurueck in main().\n";
19:        cout << "c wurde gesetzt auf " << c;
20:        cout << "\nBeenden...\n\n";
21:    return 0;
22:  }
```

```
Ich bin in main()!
Geben Sie zwei Zahlen ein: 3 5

Aufruf von Add()
In Add(), erhalten 3 und 5

Zurueck in main().
c wurde gesetzt auf 8
Beenden...
```

Zeile 2 definiert die Funktion `Add`, die zwei ganzzahlige Parameter übernimmt und einen ganzzahligen Wert zurückgibt. Das Programm selbst beginnt in Zeile 11 und gibt hier eine Meldung aus. Das Programm fordert den Benutzer zur Eingabe von zwei Zahlen auf (Zeilen 13 bis 15). Der Benutzer tippt die beiden Zahlen durch ein Leerzeichen getrennt ein und drückt die (Eingabe-)Taste. Die Funktion `main` übergibt die beiden vom Benutzer eingegebenen Zahlen als Argumente in Zeile 17 an die Funktion `Add`.

Der Programmablauf verzweigt in die Funktion `Add`, die auf Zeile 2 beginnt. Die Parameter `a` und `b` werden ausgegeben und dann addiert. Zeile 6 liefert das Ergebnis an den Aufrufer und die Funktion kehrt zurück.

Die Zeilen 14 und 15 realisieren die Eingabe von Werten für die Variablen `a` und `b` über das Objekt `cin` und `cout` schreibt die Werte auf den Bildschirm. Auf Variablen und andere Aspekte dieses Programms gehen wir demnächst ein.

Zusammenfassung

In dieser Stunde haben Sie ein Programm näher untersucht. Sie haben gelernt, wie man Dateien mit Hilfe von `#include` einbindet und wie man Kommentare sinnvoll einsetzt. Außerdem haben Sie das Wesen einer Funktion und deren Einsatz in einem Programm kennen gelernt.

Fragen und Antworten

F Was bewirkt die Anweisung `#include`?

A *Es handelt sich um eine Direktive an den Präprozessor, der bei Ausführung des Compilers aufgerufen wird. Diese spezielle Direktive veranlasst, dass die nach dem Schlüsselwort* `include` *genannte Datei eingelesen wird, als würde man sie an dieser Stelle in den Quellcode eintippen.*

F Worin liegt der Unterschied zwischen den Kommentaren // und /*?

A *Der Wirkungsbereich eines Kommentars mit doppelten Schrägstrichen (//) erstreckt sich nur bis zum Zeilenende. Die Kommentare mit Schrägstrich und Sternchen gelten so lange, bis das Abschlusszeichen des Kommentars (*/) erscheint. Denken Sie daran, dass ein Kommentar mit /* nicht einfach durch das Ende einer Funktion abgeschlossen wird. Bei derartigen Kommentaren muss man immer das Abschlusszeichen schreiben, da man ansonsten einen Fehler zur Kompilierzeit erhält.*

F Was unterscheidet einen guten von einem schlechten Kommentar?

A *Ein guter Kommentar sagt dem Leser, warum die betreffende Codestelle etwas tut oder welcher Codeabschnitt für was verantwortlich ist. Ein schlechter Kommentar wiederholt lediglich, was eine bestimmte Codezeile bewirkt. Die Codezeilen sollten so geschrieben sein, dass sie für sich selbst sprechen: Allein aus der niedergeschriebenen Anweisung sollte ohne weitere Kommentare ersichtlich sein, was der Code ausführt.*

Stunde 3

Variablen und Konstanten

Programme müssen auf irgendeine Weise die verwendeten Daten speichern. Variablen und Konstanten bieten verschiedene Möglichkeiten, um mit Zahlen und anderen Werten zu arbeiten.

In dieser Stunde lernen Sie,

- wie man Variablen und Konstanten deklariert und definiert,
- wie man Werte an Variablen zuweist und diese Werte manipuliert,
- wie man den Wert einer Variablen auf den Bildschirm schreibt.

Was ist eine Variable?

Neuer Begriff

Variablen kennen Sie sicherlich noch aus Ihrer Schulzeit (etwa in der Gleichung `x = 1.5`).

Aus Sicht des Programmierers ist eine Variable eine Stelle im Hauptspeicher des Computers, in der man einen Wert ablegen und später wieder abrufen kann.

Um das zu verstehen, muss man zuerst etwas über die Arbeitsweise des Hauptspeichers wissen. Man kann sich den Hauptspeicher als eine Reihe von Fächern vorstellen, die in einer langen Reihe angeordnet sind. Jedes Fach – oder Speicherstelle – ist fortlaufend numeriert. Diese Nummern bezeichnet man als Speicheradressen oder einfach als Adressen.

Variablen haben nicht nur Adressen, sondern auch Namen. Beispielsweise kann man eine Variable namens `myAge` erzeugen. Diese Variable ist ein Bezeichner für eines der Fächer, damit man es leicht finden kann, ohne dessen Speicheradresse zu kennen.

Abbildung 3.1 verdeutlicht dieses Konzept. Wie die Abbildung zeigt, haben wir eine Variable namens `myVariable` deklariert, die an der Speicheradresse 103 beginnt.

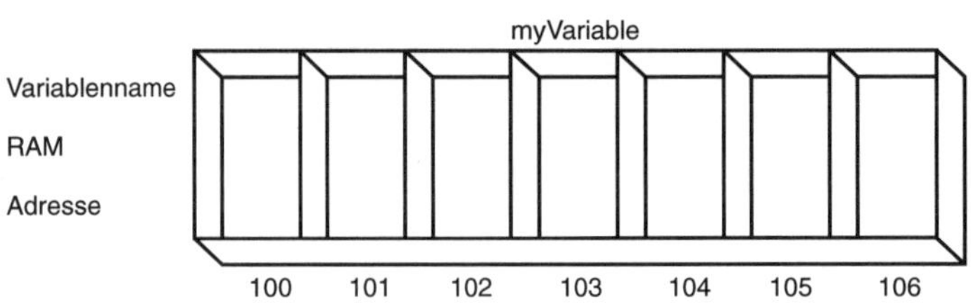

Abbildung 3.1: Schematische Darstellung des Hauptspeichers

Hinweis

RAM steht für Random Access Memory – Speicher mit wahlfreiem Zugriff. Bei Ausführung eines Programms wird dieses von der Datei auf dem Datenträger (z.B. Festplatte, Diskette) in den RAM geladen. Alle Variablen werden ebenso im RAM erzeugt. Spricht ein Programmierer vom Speicher, meint er damit gewöhnlich den RAM.

Speicher reservieren

Neuer Begriff

Wenn man eine Variable in C++ definiert, muss man dem Compiler nicht nur deren Namen, sondern auch den Typ der aufzunehmenden Informationen mitteilen, z.B. Ganzzahl oder Zeichen. Wir nennen das den *Typ* der Variablen. Anhand dieser Information weiß der Compiler, wieviel Platz im Speicher für die Aufnahme des *Werts* der Variablen zu reservieren ist.

Jedes Fach ist ein Byte groß. Wenn die erzeugte Variable zwei Byte benötigt, muss man zwei Byte im Speicher – oder zwei Fächer – reservieren.

Größe von Integer-Werten

Jeder Variablentyp belegt im Speicher einen Platz, dessen Größe immer gleichbleibend ist, auf verschiedenen Computern aber unterschiedlich groß sein kann. Das heißt, ein `int` nimmt auf der einen Maschine zwei Byte, auf einer anderen vielleicht vier ein – aber auf ein und demselben Computer ist dieser Platz immer gleich groß, tagein, tagaus.

Neuer Begriff

Eine Variable vom Typ `char` (zur Aufnahme von Zeichen) ist gewöhnlich ein Byte lang. Ein `short int` belegt auf den meisten Computern zwei Byte, ein `long int` ist normalerweise vier Byte lang und ein `int` (ohne das Schlüsselwort `short` oder `long`) kann zwei oder vier Byte einnehmen. Wenn Sie unter Windows 98 oder Windows NT arbeiten, wird der Typ `int` vier Byte belegen.

Mit dem Programm in Listing 3.1 lässt sich die genaue Größe dieser Typen auf Ihrem Computer bestimmen.

Eingabe

Listing 3.1: Die Größe der Variablentypen für einen Computer bestimmen

```
#include <iostream.h>

int main()
{
 cout << "Groesse eines int:\t\t"       << sizeof(int)    << " Bytes.\n";
 cout << "Groesse eines short int:\t"  << sizeof(short)  << " Bytes.\n";
```

```
7:  cout << "Groesse eines long int:\t\t" << sizeof(long)   << " Bytes.\n";
8:  cout << "Groesse eines char:\t\t"     << sizeof(char)   << " Bytes.\n";
9:  cout << "Groesse eines bool:\t\t"    << sizeof(bool)  << " Bytes.\n";
10: cout << "Groesse eines float:\t\t"    << sizeof(float)  << " Bytes.\n";
11: cout << "Groesse eines double:\t\t"   << sizeof(double) << " Bytes.\n";
12:
13: return 0;
14: }
```

```
Groesse eines int:              4 bytes.
Groesse eines short int:        2 bytes.
Groesse eines long int:         4 bytes.
Groesse eines char:             1 bytes.
Groesse eines bool:             1 bytes.
Groesse eines float:            4 bytes.
Groesse eines double:           8 bytes.
```

Die tatsächliche Anzahl der angezeigten Bytes kann auf Ihrem Computer abweichen.

Der größte Teil von Listing 3.1 sollte Ihnen bekannt vorkommen. Das Neue hier ist die Verwendung der Funktion `sizeof` in den Zeilen 5 bis 11. Die Funktion `sizeof` gehört zum Lieferumfang des Compilers und gibt die Größe des als Parameter übergebenen Objekts an. Beispielsweise wird in Zeile 5 das Schlüsselwort `int` an die Funktion `sizeof` übergeben. Mittels `sizeof` kann man feststellen, ob auf einem bestimmten Computer ein `int` gleich einem `short int` ist und 2 Byte belegt.

signed und unsigned

Die ganzzahligen Typen kommen außerdem in zwei Versionen vor: mit Vorzeichen (`signed`) und ohne Vorzeichen (`unsigned`). Hier liegt der Gedanke zu Grunde, dass man manchmal zwar negative Zahlen benötigt, manchmal aber auch nicht. Ganze Zahlen (`short` und `long`) ohne das Wort `unsigned` werden als `signed` (d.h. vorzeichenbehaftet) angenommen. Vorzeichenbehaftete Ganzzahlen sind entweder negativ oder positiv, während ganze Zahlen ohne Vorzeichen (`unsigned int`) immer positiv sind.

Da sowohl für vorzeichenbehaftete als auch vorzeichenlose Ganzzahlen dieselbe Anzahl von Bytes zur Verfügung steht, ist die größte Zahl, die man in einem `unsigned int` speichern kann, doppelt so groß wie die größte positive Zahl, die man in einem `signed int` unterbringt. Ein `unsigned short int` kann Zahlen von 0 bis 65535 speichern. Bei einem `signed short int` ist die Hälfte der Zahlen negativ. Daher kann ein `signed short` Zahlen im Bereich von –32768 bis 32767 darstellen.

Grundlegende Variablentypen

In C++ gibt es weitere Variablentypen, die man zweckentsprechend in ganzzahlige Variablen (die bisher behandelten Typen), Gleitpunktvariablen und Zeichenvariablen einteilt.

Hinweis

Im Englischen verwendet man als Dezimalzeichen den Punkt, im Deutschen das Komma. Da C++ nur den Punkt akzeptiert, verwenden wir hier den Begriff *Gleitpunktzahlen* statt *Gleitkommazahlen* und geben Zahlenwerte in der entsprechenden Form mit Dezimalpunkt und Komma als Tausendertrennzeichen an.

Die Werte von Gleitpunktvariablen lassen sich als Bruchzahlen ausdrücken – d.h. als reelle Zahlen. Zeichenvariablen nehmen ein einzelnes Byte auf und dienen der Speicherung der 256 möglichen Zeichen und Symbole der ASCII- und erweiterten ASCII-Zeichensätze.

Neuer Begriff

Der *ASCII-Zeichensatz* ist ein Standard, der die im Computer verwendeten Zeichen definiert. ASCII steht als Akronym für American Standard Code for Information Interchange (amerikanischer Standard-Code für den Informationsaustausch). Nahezu jedes Computer-Betriebssystem unterstützt ASCII. Daneben sind meistens weitere internationale Zeichensätze möglich.

Die in C++-Programmen verwendeten Variablentypen sind in Tabelle 3.1 aufgeführt. Diese Tabelle zeigt den Variablentyp, den belegten Platz im Speicher (Grundlage ist der Computer des Autors) und den möglichen Wertebereich, der sich aus der Größe des Variablentyps ergibt. Vergleichen Sie dazu die Ausgabe des Programms aus Listing 3.1.

Tabelle 3.1: Variablentypen

Typ	Größe	Wert
unsigned short int	2 Byte	0 bis 65,535
short int	2 Byte	–32,768 bis 32,767
unsigned long int	4 Byte	0 bis 4,294,967,295
long int	4 Byte	–2,147,483,648 bis 2,147,483,647
char	1 Byte	256 Zeichenwerte
bool	1 Byte	TRUE oder FALSE
float	4 Byte	1.2e-38 bis 3.4e38
double	8 Byte	2.2e-308 bis 1.8e308

Variablen definieren

Eine Variable erzeugt – oder definiert – man, indem man den Typ, mindestens ein Leerzeichen, den Variablennamen und ein Semikolon schreibt. Als Variablenname eignet sich nahezu jede Buchstaben-/Ziffernkombination, die allerdings keine Leerzeichen enthalten darf. Gültige Variablennamen sind z.B. `x`, `J23qrsnf` und `meinAlter`. Gute Variablennamen sagen bereits etwas über den Verwendungszweck der Variablen aus und erleichtern damit das Verständnis für den Programmablauf. Die folgende Anweisung definiert eine Integer-Variable namens `meinAlter`:

```
int meinAlter;
```

In der Programmierpraxis hat es sich eingebürgert, möglichst aussagekräftige Namen für die Variable zu verwenden. Namen wie `meinAlter` oder `wie viele` sind leichter zu verstehen und zu merken als Namen wie `xJ4` oder `theInt`. Bei Verwendung guter Variablennamen kommt man mit weniger Kommentaren zur Erläuterung des Codes aus.

Probieren Sie Folgendes aus: Versuchen Sie anhand der ersten Codezeilen zu ergründen, was die Codefragmente bewirken:

Beispiel 1

```
main()
{
     unsigned short x;
     unsigned short y;
     unsigned int   z;
     z = x * y;
}
```

Beispiel 2

```
main ()
{
     unsigned short Breite;
     unsigned short Laenge;
     unsigned int   Flaeche;
     Flaeche = Breite * Laenge;
}
```

Groß-/Kleinschreibung

Neuer Begriff

C++ beachtet die *Groß-/Kleinschreibung* und behandelt demnach Großbuchstaben und Kleinbuchstaben als verschiedene Zeichen. Eine Variable namens `alter` unterscheidet sich von `Alter` und diese wiederum von ALTER.

Hinweis

Bestimmte Compiler gestatten es, die Abhängigkeit von der Groß-/Kleinschreibung zu deaktivieren. Das ist allerdings nicht zu empfehlen, da Ihre Programme bei anderen Compilern eventuell nicht funktionieren und andere C++-Programmierer mit Ihrem Code nicht klarkommen.

Viele Programmierer bevorzugen bei Variablennamen Kleinbuchstaben. Wenn der Name aus zwei Wörtern besteht (z.B. `mein Auto`), gibt es zwei übliche Konventionen: `mein_Auto` oder `meinAuto`.

Schlüsselwörter

In C++ sind bestimmte Wörter reserviert, die man u.a. nicht als Variablennamen verwenden darf. Es handelt sich dabei um die Schlüsselwörter, mit denen der Compiler das Programm steuert. Zu den Schlüsselwörtern gehören z.B. `if`, `while`, `for` und `main`. In der Dokumentation Ihres Compilers finden Sie eine vollständige Liste. Im Allgemeinen ist aber jeder aussagekräftige Name für eine Variable fast mit Sicherheit kein Schlüsselwort.

Was Sie tun sollen	Was nicht
Definieren Sie eine Variable durch Angabe des Typs und dem sich anschließenden Variablennamen.	
Verwenden Sie aussagekräftige Variablennamen.	
Denken Sie daran, daß C++ die Groß-/Kleinschreibung berücksichtigt.	
	Verwenden Sie keine Schlüsselwörter von C++ als Variablennamen.
	Verwenden Sie keine `unsigned`-Variablen für negative Zahlen.
Informieren Sie sich über die Anzahl der Bytes für jeden Variablentyp im Speicher und die möglichen Werte, die sich mit dem jeweiligen Typ darstellen lassen.	

Mehrere Variablen gleichzeitig erzeugen

In einer Anweisung lassen sich mehrere Variablen desselben Typs gleichzeitig erzeugen, indem man den Typ schreibt und dahinter die Variablennamen durch Kommas getrennt angibt. Dazu ein Beispiel:

```
unsigned int meinAlter, meinGewicht;    // Zwei Variablen vom Typ unsigned int
long Flaeche, Breite, Laenge;         // Drei Variablen vom Typ long
```

Wie man sieht, werden `meinAlter` und `meinGewicht` gemeinsam als Variablen vom Typ `unsigned int` deklariert. Die zweite Zeile deklariert drei eigenständige Variablen vom Typ `long` mit den Namen `Flaeche`, `Breite` und `Laenge`. Der Typ (`long`) wird allen Variablen zugewiesen, so dass man in einer Definitionsanweisung keine unterschiedlichen Typen festlegen kann.

Werte an Variablen zuweisen

Einen Wert weist man einer Variablen mit Hilfe des Zuweisungsoperators (`=`) zu. Zum Beispiel formuliert man die Zuweisung des Werts `5` an die Variable `Breite` wie folgt:

```
unsigned short Breite;
Breite = 5;
```

Man kann diese Schritte zusammenfassen und die Variable `Breite` bei ihrer Definition initialisieren:

```
unsigned short Breite = 5;
```

Die Initialisierung sieht nahezu wie eine Zuweisung aus und bei Integer-Variablen gibt es auch kaum einen Unterschied. Bei der späteren Behandlung von Konstanten werden Sie sehen, dass man bestimmte Werte initialisieren muss, da Zuweisungen nicht möglich sind.

Listing 3.2 zeigt ein vollständiges Programm, das Sie sofort kompilieren können. Es berechnet die Fläche eines Rechtecks und schreibt das Ergebnis auf den Bildschirm.

Eingabe

Listing 3.2: Einsatz von Variablen

```
1:  // Einsatz von Variablen
2:  #include <iostream.h>
3:
4:  int main()
5:  {
6:    unsigned short Width = 5, Length;
7:    Length = 10;
8:
9:    // einen unsigned short erzeugen und mit dem Ergebnis der Multiplikation
      // von Width und Length initialisieren
10:     unsigned short Area  = Width * Length;
11:
12:    cout << "Breite:  " << Width << "\n";
13:    cout << "Laenge:  "  << Length << endl;
14:    cout << "Flaeche: " << Area << endl;
15:   return 0;
16: }
```

Ausgabe

```
Breite:  5
Laenge:  10
Flaeche: 50
```

Analyse

Zeile 2 enthält die für `cout` erforderliche `include`-Anweisung für die Bibliothek von `iostream`. In Zeile 4 beginnt das Programm.

In Zeile 6 wird die Variable `Width` als `unsigned short` definiert und mit dem Wert `5` initialisiert. Eine weitere Variable vom Typ `int`, `Length`, wird ebenfalls hier definiert, aber nicht initialisiert. In Zeile 7 erfolgt die Zuweisung des Werts `10` an die Variable `Length`.

Zeile 10 definiert die Variable `Area` vom Typ `int` und initialisiert sie mit dem Wert, der sich aus der Multiplikation von `Width` und `Length` ergibt. In den Zeilen 12 bis 15 erfolgt die Ausgabe der Variablenwerte auf dem Bildschirm. Beachten Sie, dass das spezielle Wort `endl` eine neue Zeile erzeugt.

typedef

Es ist lästig, zeitraubend und vor allem fehleranfällig, wenn man häufig `unsigned short int` schreiben muss. In C++ kann man einen Alias für diese Wortfolge mit Hilfe des Schlüsselworts `typedef` (für Typendefinition) erzeugen.

Mit diesem Schlüsselwort erzeugt man lediglich ein Synonym und keinen neuen Typ (wie es Stunde 6 erläutert). An das Schlüsselwort `typedef` fügt man einen vorhandenen Typ und danach den neuen Namen an. Beispielsweise erzeugt

```
typedef unsigned short int USHORT
```

den neuen Namen `USHORT`, den man an jeder Stelle verwenden kann, wo man sonst `unsigned short int` schreiben würde. Listing 3.3 verwendet als Neuauflage von Listing 3.2 die Typendefinition `USHORT` anstelle von `unsigned short`.

Listing 3.3: Demonstration von typedef

```
// Listing 3.3
// Zeigt die Verwendung des Schlüsselworts typedef
#include <iostream.h>

typedef unsigned short int USHORT;       // mit typedef definiert

int main()
{
  USHORT  Width = 5;
  USHORT Length;
  Length = 10;
  USHORT Area  = Width * Length;
```

```
13:     cout << "Breite:  " << Width << "\n";
14:     cout << "Laenge:  "  << Length << endl;
15:     cout << "Flaeche: " << Area <<endl;
16:      return 0;
17: }
```

Ausgabe

```
Breite:  5
Laenge:  10
Flaeche: 50
```

Hinweis

Bei manchen Compilern führt dieser Code zur Warnung, dass die Umwandlung einen Genauigkeitsverlust bewirkt. Das hängt damit zusammen, dass das Produkt der beiden `USHORT`s in Zeile 12 größer als der Wertebereich einer Variablen vom Typ `unsigned short` werden und die Zuweisung dieses Produkts an `Area` zu einem Abschneiden führen kann. Im vorliegenden Fall kann man diese Warnung getrost ignorieren.

Analyse

Zeile 5 verwendet das mit `typedef` erzeugte Synonym `USHORT` für `unsigned short int`. Das Programm ist im übrigen mit Listing 3.2 identisch und bringt auch die gleichen Ausgaben.

Wann verwendet man short und wann long?

Neueinsteiger in die C++-Programmierung wissen oft nicht, wann man eine Variable als `long` und wann als `short` deklarieren sollte. Die Regel ist einfach: Wenn der in der Variablen zu speichernde Wert zu groß für seinen Typ werden kann, nimmt man einen größeren Typ.

Wie Tabelle 3.1 zeigt, können ganzzahlige Variablen vom Typ `unsigned short` (vorausgesetzt, dass sie aus 2 Bytes bestehen) nur Werte bis zu 65535 aufnehmen. Variablen vom Typ `signed short` können nur halb so große Zahlen speichern. Obwohl Integer-Zahlen vom Typ `unsigned long` sehr große Ganzzahlen aufnehmen können (4.294.967.295), hat auch dieser Typ einen begrenzten Wertebereich. Benötigt man größere Zahlen, muss man auf `float` oder `double` ausweichen und einen gewissen Genauigkeitsverlust in Kauf nehmen. Variablen vom Typ `float` oder `double` können zwar extrem große Zahlen speichern, allerdings sind auf den meisten Computern nur die ersten 7 bzw. 19 Ziffern signifikant. Das bedeutet, dass die Zahl nach dieser Stellenzahl gerundet wird.

Bereichsüberschreitung bei Integer-Werten vom Typ unsigned

Die Tatsache, dass Ganzzahlen vom Typ `unsigned long` nur einen begrenzten Wertebereich aufnehmen können, ist nur selten ein Problem. Aber was passiert, wenn der Platz im Verlauf des Programms zu klein wird?

Wenn eine Ganzzahl vom Typ `unsigned` ihren Maximalwert erreicht, schlägt der Zahlenwert um und beginnt von vorn. Vergleichbar ist das mit einem Kilometerzähler. Listing 3.4 demonstriert den Versuch, einen zu großen Wert in einer Variablen vom Typ `short int` abzulegen.

Eingabe

Listing 3.4: Speichern eines zu großen Werts in einer Variablen vom Typ unsigned integer

```
1:#include <iostream.h>
2: int main()
3: {
4:    unsigned short int smallNumber;
5:    smallNumber = 65535;
6:    cout << "Kleine Zahl: " << smallNumber << endl;
7:    smallNumber++;
8:    cout << "Kleine Zahl: " << smallNumber << endl;
9:    smallNumber++;
10:    cout << "Kleine Zahl: " << smallNumber << endl;
11:   return 0;
12:  }
```

Ausgabe

```
Kleine Zahl: 65535
Kleine Zahl: 0
Kleine Zahl: 1
```

Analyse

Zeile 4 deklariert `smallNumber` vom Typ `unsigned short int` (auf dem Computer des Autors 2 Byte für einen Wertebereich zwischen 0 und 65535). Zeile 5 weist den Maximalwert an `smallNumber` zu und gibt ihn in Zeile 6 aus.

Die Anweisung in Zeile 7 inkrementiert `smallNumber`, d.h., sie addiert den Wert 1. Das Symbol für das Inkrementieren ist ++ (genau wie der Name C++ eine Inkrementierung von C symbolisieren soll). Der Wert in `smallNumber` sollte nun 65536 lauten. Da aber Ganzzahlen vom Typ `unsigned short` keine Zahlen größer als 65535 speichern können, schlägt der Wert zu 0 um. Die Ausgabe dieses Werts findet in Zeile 8 statt.

Die Anweisung in Zeile 9 inkrementiert `smallNumber` erneut. Es erscheint nun der neue Wert 1.

Bereichsüberschreitung bei Integer-Werten vom Typ signed

Im Gegensatz zu `unsigned` Integer-Zahlen besteht bei einer Ganzzahl vom Typ `signed` die Hälfte des Wertebereichs aus negativen Werten. Den Vergleich mit einem Kilometerzähler stellen wir nun so an, dass er bei einem positiven Überlauf vorwärts und bei negativen Zahlen rückwärts läuft. Vom Zählerstand 0 ausgehend erscheint demnach die Entfernung 1 Kilometer entweder als `1` oder `-1`. Wenn man den Bereich der positiven Zahlen verlässt, gelangt man zur größten negativen Zahl und zählt dann weiter herunter bis Null. Listing 3.5 zeigt die Ergebnisse, wenn man auf die maximale positive Zahl in einem `(signed) short int` eine 1 addiert.

Eingabe

Listing 3.5: Addieren einer zu großen Zahl auf eine Zahl vom Typ signed int

```
1: #include <iostream.h>
2: int main()
3: {
4:     short int smallNumber;
5:     smallNumber = 32767;
6:     cout << "Kleine Zahl: " << smallNumber << endl;
7:     smallNumber++;
8:     cout << "Kleine Zahl: " << smallNumber << endl;
9:     smallNumber++;
10:    cout << "Kleine Zahl: " << smallNumber << endl;
11:   return 0;
12: }
```

Ausgabe

```
Kleine Zahl: 32767
Kleine Zahl: -32768
Kleine Zahl: -32767
```

Analyse

Zeile 4 deklariert `smallNumber` dieses Mal als `signed short int` (wenn man nicht explizit `unsigned` festlegt, gilt per Vorgabe `signed`). Das Programm läuft fast genau wie das vorherige, liefert aber eine andere Ausgabe. Um diese Ausgabe zu verstehen, muss man die Bit-Darstellung vorzeichenbehafteter (`signed`) Zahlen in einer Integer-Zahl von 2 Byte Länge kennen. Einzelheiten finden Sie im Anhang C.

Analog zu vorzeichenlosen Ganzzahlen findet bei vorzeichenbehafteten Ganzzahlen ein Umschlagen vom größten positiven Wert in den höchsten negativen Wert statt.

Konstanten

Neuer Begriff

Konstanten sind ebenso wie Variablen benannte Speicherstellen. Während sich Variablen aber ändern können, behalten Konstanten – wie der Name bereits sagt – immer ihren Wert.

Man muss eine Konstante bei ihrer Erzeugung initialisieren, spätere Wertzuweisungen sind nicht möglich. Eine einmal initialisierte Konstante behält diesen Wert während der gesamten Programmausführung bei.

Literale Konstanten

Neuer Begriff

C++ kennt zwei Arten von Konstanten: *literale* und *symbolische.*

Eine literale Konstante ist ein Wert, den man direkt in das Programm an der Stelle des Vorkommens eintippt. In der Anweisung

```
int meinAlter = 39;
```

ist `meinAlter` eine Variable vom Typ `int`, während `39` eine literale Konstante bezeichnet. Man kann 39 keinen Wert zuweisen oder diesen Wert ändern.

Symbolische Konstanten

Eine symbolische Konstante wird genau wie eine Variable durch einen Namen repräsentiert. Allerdings lässt sich im Gegensatz zu einer Variablen nicht der Wert einer Konstanten nach deren Initialisierung ändern.

Wenn Ihr Programm eine Integer-Variable namens `Studenten` und eine weitere namens `Klassen` enthält, kann man die Anzahl der Studenten berechnen, wenn die Anzahl der Klassen bekannt ist und man weiß, dass 15 Studenten zu einer Klasse gehören:

```
Studenten = Klassen * 15;
```

Hinweis

Das Symbol * bezeichnet eine Multiplikation.

In diesem Beispiel ist `15` eine literale Konstante. Der Code wäre leichter zu lesen, zu verstehen und zu warten, wenn man für diesen Wert eine symbolische Konstante setzt:

```
Studenten = Klassen * StudentenProKlasse
```

Wenn man später die Anzahl der Studenten pro Klasse ändern möchte, braucht man das nur in der Definition der Konstanten `StudentenProKlasse` vorzunehmen, ohne dass man alle Stellen ändern muss, wo man diesen Wert verwendet hat.

Konstanten mit #define definieren

Um eine Konstante auf die herkömmliche Weise zu definieren, gibt man ein:

```
#define StudentenProKlasse 15
```

Beachten Sie, dass `StudentenProKlasse` keinen besonderen Typ (etwa `int` oder `char`) aufweist. `#define` nimmt eine einfache Textersetzung vor. Der Präprozessor schreibt an alle Stellen, wo `StudentenProKlasse` vorkommt, die Zeichenfolge `15` in den Quelltext.

Da der Präprozessor vor dem Compiler ausgeführt wird, kommt Ihr Compiler niemals mit der symbolischen Konstanten in Berührung, sondern erhält immer die Zahl `15` übergeben.

Konstanten mit const definieren

Obwohl `#define` funktioniert, gibt es in C++ eine neue, bessere und elegantere Lösung zur Definition von Konstanten:

```
const unsigned short int StudentenProKlasse = 15;
```

Dieses Beispiel deklariert ebenfalls eine symbolische Konstante namens `StudentenProKlasse`, dieses Mal ist aber `StudentenProKlasse` als Typ `unsigned short int` definiert.

Diese Version erfordert zwar mehr Tipparbeit, bietet aber verschiedene Vorteile. Der größte Unterschied ist der, dass diese Konstante einen Typ hat und der Compiler die zweckmäßige – sprich typgerechte – Verwendung der Konstanten prüfen kann.

Aufzählungskonstanten

Neuer Begriff

Aufzählungskonstanten (enum) erzeugen einen Satz von Konstanten mit einem Bereich von Werten. Beispielsweise kann man FARBE als Aufzählung deklarieren und dafür fünf Werte definieren: ROT, BLAU, GRUEN, WEISS und SCHWARZ.

Die Syntax für Aufzählungskonstanten besteht aus dem Schlüsselwort enum, gefolgt vom Typennamen, einer öffnenden geschweiften Klammer, einer schließenden geschweiften Klammer und einem Semikolon. Dazu ein Beispiel:

```
enum FARBE { ROT, BLAU, GRUEN, WEISS, SCHWARZ };
```

Diese Anweisung realisiert zwei Aufgaben:

1. FARBE erhält den Namen einer Aufzählung, d.h. einen neuen Typ.
2. ROT wird zu einer symbolischen Konstanten mit dem Wert 0, BLAU zu einer symbolischen Konstanten mit dem Wert 1, GRUEN zu einer symbolischen Konstanten mit dem Wert 2 usw.

Jeder Aufzählungskonstanten ist ein Integer-Wert zugeordnet. Wenn man nichts anderes festlegt, weist der Compiler der ersten Konstanten den Wert 0 zu und nummeriert die restlichen Konstanten fortlaufend. Jede einzelne Konstante lässt sich mit einem bestimmten Wert initialisieren, wobei die nicht initialisierten Konstanten aufsteigende Werte zu den jeweils vorhergehenden erhalten. Schreibt man daher

```
enum FARBE { ROT=100, BLAU, GRUEN=500, WEISS, SCHWARZ=700 };
```

erhält ROT den Wert 100, BLAU den Wert 101, GRUEN den Wert 500, WEISS den Wert 501 und SCHWARZ den Wert 700.

Zusammenfassung

In dieser Stunde haben Sie Variablen und Konstanten für nummerische Werte und Zeichen kennengelernt.

Bevor man eine Variable verwenden kann, muss man sie deklarieren. Damit legt man gleichzeitig den Datentyp fest, der sich in der Variablen speichern lässt. Wenn man eine zu große Zahl in einer Integer-Variablen ablegt, erhält man ein falsches Ergebnis.

Dieses Kapitel hat auch literale und symbolische Konstanten sowie Aufzählungskonstanten behandelt und die beiden Möglichkeiten zur Deklaration einer symbolischen Konstanten aufgezeigt: die Verwendung von `#define` und des Schlüsselworts `const`.

Fragen und Antworten

F Wenn der Wertebereich einer Variablen vom Typ `short int` eventuell nicht ausreicht, warum verwendet man dann nicht immer Ganzzahlen vom Typ `long`?

A *Sowohl bei ganzen Zahlen vom Typ* `short` *als auch bei* `long` *können Platzprobleme auftreten, auch wenn der Wertebereich bei Zahlen vom Typ* `long` *wesentlich größer ist. Auf den meisten Maschinen nimmt aber eine Variable vom Typ* `long` *doppelt soviel Speicher ein wie eine Variable vom Typ* `short`. *Allerdings stellt das heutzutage kaum noch ein Problem dar, da die meisten PCs über mehrere Mbyte Hauptspeicher verfügen.*

F Was passiert, wenn ich eine reelle Zahl an eine Variable vom Typ `int` statt vom Typ `float` zuweise? Als Beispiel dazu die folgende Codezeile:

```
int aNumber = 5.4;
```

A *Ein guter Compiler erzeugt eine Warnung, aber die Zuweisung ist durchaus zulässig. Die zugewiesene Zahl wird auf eine ganze Zahl abgeschnitten. Wenn man daher 5.4 an eine ganzzahlige Variable zuweist, erhält diese Variable den Wert 5. Allerdings gehen Informationen verloren und wenn man später den Wert der Integer-Variablen an eine Variable vom Typ* `float` *zuweist, erhält die* `float`*-Variable ebenfalls nur den Wert* `5`.

F Warum sollte man auf literale Konstanten verzichten und sich die Mühe machen, symbolische Konstanten zu verwenden?

A *Wenn man einen Wert an vielen Stellen im gesamten Programm hindurch verwendet, kann man bei einer symbolischen Konstanten alle Werte ändern, indem man einfach die nur einmal vorhandene Definition der Konstanten ändert. Symbolische Konstanten sprechen auch für sich selbst. Es kann schwer zu verstehen sein, warum eine Zahl mit 360 multipliziert wird. Einfacher ist dagegen eine Anweisung zu lesen, in der die Multiplikation mit* `GradImVollkreis` *realisiert wird.*

Stunde 4

Ausdrücke und Anweisungen

Ein Programm ist eigentlich nichts weiter als eine Folge von Befehlen, die nacheinander ausgeführt werden. Das Magische eines Programms ergibt sich aus der Fähigkeit, je nach Ergebnis eines Tests von einer Befehlsgruppe zu einer anderen zu verzweigen.

In dieser Stunde lernen Sie,

- was Anweisungen sind,
- was Ausdrücke sind,
- wie man mit Operatoren arbeitet,
- welche Bedeutung die Wahrheit hat.

Anweisungen

Neuer Begriff

Alle C++-Anweisungen enden mit einem Semikolon. Eine *Anweisung* steuert die Reihenfolge der Ausführung, wertet einen Ausdruck aus oder bewirkt nichts (die Leeranweisung).

Eine häufig gebrauchte einfache Anweisung ist die Zuweisung:

```
x = a + b;
```

Diese Anweisung bedeutet im Gegensatz zur Algebra nicht x gleich a + b, sondern ist wie folgt zu interpretieren: »Weise der Summe aus a und b den Wert x zu.« Auch wenn diese Anweisung zwei Dinge bewirkt, handelt es sich um eine Anweisung, sie hat daher ein Semikolon. Der Zuweisungsoperator nimmt die Zuweisung des auf der rechten Seite stehenden Ausdrucks an die linke Seite vor.

Whitespaces

Neuer Begriff

Leerzeichen gehören zusammen mit Tabulatoren und den Zeilenvorschüben zu den sogenannten *Whitespaces*. Derartige Zeichen ignoriert der Compiler. An jeder Stelle, wo ein einzelnes Leerzeichen zu sehen ist, kann man auch einen Tabulator oder einen Zeilenvorschub schreiben. Whitespaces fügt man ein, damit sich das Programm leichter lesen lässt. Der Compiler nimmt keine Notiz davon.

Die oben behandelte Zuweisung lässt sich auch wie folgt schreiben:

```
x=a+b;
```

oder

```
x                              =a
+          b          ;
```

Die zweite Variante ist zwar zulässig, aber kompletter Blödsinn. Durch Whitespaces sollen Programme leichter zu lesen und zu warten sein. Man kann damit aber auch unleserlichen Code produzieren. C++ stellt die Möglichkeiten bereit, für den sinnvollen Einsatz ist der Programmierer verantwortlich.

Verbundanweisungen

Neuer Begriff

An allen Stellen, wo eine einzelne Anweisung stehen kann, sind auch Verbundanweisungen (zusammengesetzte Anweisungen) zulässig. Eine *Verbundanweisung* beginnt mit einer öffnenden geschweiften Klammer ({) und endet mit einer schließenden geschweiften Klammer (}).

In einer Verbundanweisung ist zwar jede Anweisung mit einem Semikolon abzuschließen, die Verbundanweisung selbst endet aber nicht mit einem Semikolon. Dazu ein Beispiel:

```
{
      temp = a;
      a = b;
      b = temp;
}
```

Diese Verbundanweisung tauscht die Werte der Variablen in a und b aus.

Was Sie tun sollen	**Was nicht**
Schreiben Sie immer eine schließende geschweifte Klammer, wenn eine öffnende geschweifte Klammer vorhanden ist.	
Schließen Sie Anweisungen mit einem Semikolon ab.	
Setzen Sie Whitespaces sinnvoll ein, um den Code deutlicher zu präsentieren.	

Ausdrücke

Neuer Begriff

Alles, was einen Wert zurückgibt, nennt man in C++ einen *Ausdruck*.

Ganz einfach also. Wenn etwas einen Wert liefert, ist es ein Ausdruck. Alle Ausdrücke sind Anweisungen.

Die Unzahl der Codeabschnitte, die sich als Ausdruck entpuppen, mag Sie vielleicht überraschen. Hier drei Beispiele:

```
3.2                        // liefert den Wert 3.2
PI                         // Gleitpunktkonstante, die den Wert 3.14 zurückgibt
SekundenProMinute          // int-Konstante, die 60 liefert
```

Vorausgesetzt, dass `PI` eine Konstante mit dem Wert 3.14 und `SekundenProMinute` eine Konstante mit dem Wert 60 ist, stellen alle drei Anweisungen gültige Ausdrücke dar.

Der Ausdruck

```
x = a + b;
```

addiert nicht nur `a` und `b` und weist das Ergebnis an `x` zu, sondern liefert auch den Wert dieser Zuweisung (den Wert in `x`). Daher ist diese Anweisung ebenfalls ein Ausdruck und kann somit auch auf der rechten Seite eines Zuweisungsoperators stehen:

```
y = x = a + b;
```

Diese Zeile wird in der folgenden Reihenfolge ausgewertet:

- Addiere `a` zu `b`.
- Weise das Ergebnis des Ausdrucks `a + b` an `x` zu.
- Weise das Ergebnis des Zuweisungsausdrucks `x = a + b` an `y` zu.

Wenn `a`, `b`, `x` und `y` ganze Zahlen sind, `a` den Wert 2 und `b` den Wert 5 hat, enthalten sowohl `x` als auch `y` nach Ausführung dieser Anweisung den Wert 7.

Listing 4.1 demonstriert die Auswertung komplexer Ausdrücke.

Eingabe

Listing 4.1: Auswertung komplexer Ausdrücke

```
#include <iostream.h>
int main()
{
    int a=0, b=0, x=0, y=35;
    cout << "a: " << a << " b: " << b;
    cout << " x: " << x << " y: " << y << endl;
    a = 9;
    b = 7;
    y = x = a+b;
    cout << "a: " << a << " b: " << b;
    cout << " x: " << x << " y: " << y << endl;
  return 0;
 }
```

```
a: 0 b: 0 x: 0 y: 35
a: 9 b: 7 x: 16 y: 16
```

Zeile 4 deklariert und initialisiert die vier Variablen. Die Ausgabe ihrer Werte erfolgt in den Zeilen 5 und 6. Zeile 7 weist den Wert 9 an die Variable `a`, Zeile 8 den Wert 7 an die Variable `b` zu. Zeile 9 summiert die Werte von `a` und `b` und weist das Ergebnis an `x` zu. Dieser Ausdruck (`x = a+b`) ergibt einen Wert (die Summe aus `a` und `b`), der wiederum an `y` zugewiesen wird.

Operatoren

Ein *Operator* ist ein Symbol, das den Compiler zur Ausführung einer Aktion veranlasst.

Zuweisungsoperator

Der *Zuweisungsoperator* (=) bewirkt, dass der Operand auf der linken Seite des Operators den Wert von der rechten Seite des Operators erhält.

Der Ausdruck

```
x = a + b;
```

weist dem Operanden `x` den Wert zu, der als Ergebnis der Addition von `a` und `b` entsteht.

Einen Operanden, der auf der linken Seite eines Zuweisungsoperators zulässig ist, bezeichnet man als L-Wert (linker Wert). Ein dementsprechender Operand auf der rechten Seite heißt R-Wert.

Konstanten sind R-Werte und können nicht als L-Werte vorkommen. Demzufolge ist die Anweisung

```
x = 35;     // OK
```

zulässig, während die Anweisung

```
35 = x;    // Fehler, kein L-Wert!
```

nicht erlaubt ist.

Neuer Begriff

Ein *L-Wert* ist ein Operand, der auf der linken Seite eines Ausdrucks stehen kann. Als *R-Wert* bezeichnet man einen Operanden, der auf der rechten Seite eines Ausdrucks vorkommen kann. Während alle L-Werte auch als R-Werte zulässig sind, dürfen nicht alle R-Werte auch als L-Werte verwendet werden. Ein Literal ist z.B. ein R-Wert, der nicht als L-Wert erlaubt ist. Demzufolge kann man `x = 5;` schreiben, `5 = x;` jedoch nicht.

Mathematische Operatoren

C++ kennt die fünf mathematischen Operatoren Addition (`+`), Subtraktion (`-`), Multiplikation (`*`), Division (`/`) und Modulo-Operation (`%`).

Die drei Grundrechenarten Addition, Subtraktion und Multiplikation arbeiten wie gewohnt. Bei der Division gibt es dagegen ein paar Punkte zu beachten.

Die Integer-Division unterscheidet sich etwas von der gewohnten Division. Dividiert man 21 durch 4, ist das Ergebnis eine reelle Zahl (eine Zahl mit gebrochenem Anteil). Ganze Zahlen (Integer) haben keinen gebrochenen Anteil, so dass der »Rest« abgeschnitten wird. Der aus `21 / 4` zurückgegebene Wert ist 5.

Der Modulo-Operator (`%`) gibt den Rest einer Ganzzahldivision zurück. Der Ausdruck `21 % 4` liefert 1, da `21 / 4` gleich 5 mit Rest 1 ist.

In der Praxis setzt man Modulo-Berechnungen z.B. ein, um eine Statusmeldung bei jedem zehnten Schleifendurchlauf auszugeben.

Eine Zahl modulo 10 liefert 0, wenn die Zahl ein Vielfaches von 10 ist. Daher ist `20 % 10` wie auch `30 % 10` gleich 0.

Zusammengesetzte Operatoren

Häufig muss man einen Wert zu einer Variablen addieren und dann das Ergebnis an dieselbe Variable zuweisen. Im folgenden Beispiel wird der Wert der Variablen `myAge` um 2 erhöht:

```
int myAge = 5;
int temp;
temp = myAge + 2;  // 5 und 2 addieren und in temp ablegen
myAge = temp;      // nach myAge zurückschreiben
```

Dieses Verfahren ist allerdings recht umständlich. In C++ kann man dieselbe Variable auf beiden Seiten des Zuweisungsoperators einsetzen und das obige Codefragment eleganter formulieren:

```
myAge = myAge +2;
```

In der Algebra wäre dieser Ausdruck unzulässig, während ihn C++ als »addiere 2 zum Wert in `myAge` und weise das Ergebnis an `myAge` zu« interpretiert.

Das Ganze lässt sich noch einfacher schreiben, auch wenn es im ersten Moment etwas unverständlich aussieht:

```
myAge += 2;
```

Der zusammengesetzte Additionsoperator (+=) addiert den R-Wert zum L-Wert und führt dann eine erneute Zuweisung des Ergebnisses an den L-Wert durch. Der Operator heißt »Plus-Gleich«. Die Anweisung ist dann als »`myAge` plus gleich 2« zu lesen. Wenn `myAge` zu Beginn den Wert 4 enthält, steht nach Ausführung dieser Anweisung der Wert 6 in `myAge`.

Weitere zusammengesetzte Operatoren gibt es für Subtraktion (-=), Division (/=), Multiplikation (*=) und Modulo-Operation (%=).

Inkrementieren und Dekrementieren

Neuer Begriff

Am häufigsten hat man den Wert 1 zu einer Variablen zu addieren (bzw. zu subtrahieren). In C++ spricht man beim Erhöhen des Werts um 1 von *Inkrementieren* und beim Erniedrigen um 1 von *Dekrementieren*. Für diese Operationen stehen spezielle Operatoren bereit.

Der Inkrement-Operator (++) erhöht den Wert der Variablen um 1, der Dekrement-Operator (--) verringert ihn um 1. Möchte man die Variable C inkrementieren, schreibt man die folgende Anweisung:

```
C++;      // Beginne mit C und inkrementiere den enthaltenen Wert.
```

Diese Anweisung ist äquivalent zur ausführlicher geschriebenen Anweisung

```
C = C + 1;
```

Das gleiche Ergebnis liefert die verkürzte Darstellung

```
C += 1;
```

Präfix und Postfix

Neuer Begriff

Sowohl der Inkrement-Operator (++) als auch der Dekrement-Operator (--) existiert in zwei Spielarten: *Präfix* und *Postfix*. Die Präfix-Version wird vor den Variablennamen geschrieben (`++myAge`), die Postfix-Version danach (`myAge++`).

In einer einfachen Anweisung spielt es keine Rolle, welche Version man verwendet. In einem komplexen Ausdruck ist es allerdings entscheidend, ob man eine Variable zuerst inkrementiert (oder dekrementiert) und dann das Ergebnis einer anderen Variablen zuweist. Der Präfix-Operator wird vor der Zuweisung ausgewertet, der Postfix-Operator nach der Zuweisung.

Die Semantik von Präfix bedeutet: Inkrementiere den Wert und übertrage ihn dann. Die Bedeutung des Postfix-Operators lautet dagegen: Übertrage den Wert und inkrementiere das Original.

Das folgende Beispiel verdeutlicht diese Vorgänge. Es sei angenommen, dass `x` eine ganze Zahl mit dem Wert 5 ist. Bei der Anweisung

```
int a = ++x;
```

inkrementiert der Compiler den Wert in `x` (und macht ihn damit zu 6), holt dann diesen Wert und weist ihn an `a` zu. Daher ist jetzt sowohl `a` als auch `x` gleich 6.

Schreibt man anschließend

```
int b = x++;
```

weist man den Compiler an, den Wert in `x` (6) zu holen, ihn an `b` zuzuweisen und dann den Wert von `x` zu inkrementieren. Demzufolge ist nun `b` gleich 6, während `x` gleich 7 ist. Listing 4.2 zeigt Verwendung und Besonderheiten beider Typen.

Eingabe

Listing 4.2: Präfix- und Postfix-Operatoren

```
// Listing 4.2 - zeigt die Verwendung der
// Inkrement- und Dekrement-Operatoren in
// Präfix- und Postfix-Notation
#include <iostream.h>
int main()
```

```
 6: {
 7:     int myAge = 39;        // initialisiert zwei Integer-Variablen
 8:     int yourAge = 39;
 9:     cout << "Ich bin:\t" << myAge << "\tJahre alt.\n";
10:     cout << "Du bist:\t" << yourAge << "\tJahre alt.\n";
11:     myAge++;              // Postfix-Inkrement
12:     ++yourAge;            // Präfix-Inkrement
13:     cout << "Ein Jahr ist vergangen...\n";
14:     cout << "Ich bin:\t" << myAge << "\tJahre alt.\n";
15:     cout << "Du bist:\t" << yourAge << "\tJahre alt.\n";
16:     cout << "Noch ein Jahr ist vergangen\n";
17:     cout << "Ich bin:\t" << myAge++ << "\tJahre alt.\n";
18:     cout << "Du bist:\t" << ++yourAge << "\tJahre alt.\n";
19:     cout << "Und noch einmal ausgeben.\n";
20:     cout << "Ich bin:\t" << myAge << "\tJahre alt.\n";
21:     cout << "Du bist:\t" << yourAge << "\tJahre alt.\n";
22:  return 0;
23: }
```

Ausgabe

```
Ich bin:        39      Jahre alt.
Du bist:        39      Jahre alt.
Ein Jahr ist vergangen...
Ich bin:        40      Jahre alt.
Du bist:        40      Jahre alt.
Noch ein Jahr ist vergangen
Ich bin:        40      Jahre alt.
Du bist:        41      Jahre alt.
Und noch einmal ausgeben.
Ich bin:        41      Jahre alt.
Du bist:        41      Jahre alt.
```

Analyse

Die Zeilen 7 und 8 deklarieren zwei Integer-Variablen und initialisieren sie jeweils mit dem Wert 39. Die Ausgabe der Werte findet in den Zeilen 9 und 10 statt.

Zeile 11 inkrementiert `myAge` mit dem Postfix-Operator und Zeile 12 inkrementiert `yourAge` mit dem Präfix-Operator. Die Ergebnisse werden in den Zeilen 14 und 15 ausgegeben und sind beide identisch (beide 40).

In Zeile 17 wird `myAge` mit dem Postfix-Operator als Teil einer Ausgabeanweisung inkrementiert. Durch den Postfix-Operator erfolgt die Inkrementierung nach der Ausgabe und es erscheint auch hier in der Ausgabe der Wert 40. Im Gegensatz dazu inkrementiert Zeile 18 die Variable `yourAge` mit dem Präfix-Operator. Das Inkrementieren findet jetzt vor der Ausgabe statt und es erscheint der Wert 41 in der Anzeige.

Schließlich werden die Werte in den Zeilen 20 und 21 erneut ausgegeben. Da die Inkrement-Anweisung vollständig abgearbeitet ist, lautet der Wert in `myAge` jetzt 41, genau wie der Wert in `yourAge`.

Rangfolge

Welche Operation wird in der komplexen Anweisung

```
x = 5 + 3 * 8;
```

zuerst ausgeführt, die Addition oder die Multiplikation? Führt man die Addition zuerst aus, lautet das Ergebnis 8 * 8 oder 64. Bei vorrangiger Multiplikation heißt das Ergebnis 5 + 24 oder 29.

Neuer Begriff Jeder Operator besitzt einen festgelegten *Vorrang*. Die vollständige Liste finden Sie im Anhang A. Die Multiplikation hat gegenüber der Addition einen höheren Vorrang. Der Wert des Ausdrucks ist demnach 29.

Wenn die beiden mathematischen Operatoren den gleichen Vorrang haben, werden sie in der Reihenfolge von links nach rechts ausgeführt. Demzufolge wird in

```
x = 5 + 3 + 8 * 9 + 6 * 4;
```

die Multiplikation zuerst, von links nach rechts, ausgeführt. Es ergeben sich die beiden Terme zu 8*9 = 72 und 6*4 = 24. Damit wird der Ausdruck zu

```
x = 5 + 3 + 72 + 24;
```

Nun kommt noch die Addition von links nach rechts 5 + 3 = 8, 8 + 72 = 80, 80 + 24 = 104.

Die Rangfolge ist unbedingt zu beachten. Bestimmte Operatoren wie der Zuweisungsoperator werden von rechts nach links ausgeführt! Was passiert nun, wenn die Rangfolge nicht Ihren Vorstellungen entspricht? Sehen Sie sich dazu folgenden Ausdruck an:

```
TotalSeconds = NumMinutesToThink + NumMinutesToType * 60
```

In diesem Ausdruck soll nicht `NumMinutesToType` zuerst mit 60 multipliziert und dann zu `NumMinutesToThink` addiert werden. Beabsichtigt ist zuerst die Addition der beiden Variablen, um die Summe der Minuten zu ermitteln und anschließend soll diese Zahl mit 60 multipliziert werden, um die Anzahl der Sekunden zu berechnen.

In diesem Fall setzt man Klammern, um die Rangfolge zu ändern. Elemente in Klammern werden mit einer höheren Rangfolge ausgeführt als irgendein mathematischer Operator. Das gewünschte Ergebnis erhält man also mit

```
TotalSeconds = (NumMinutesToThink + NumMinutesToType) * 60
```

Verschachtelte Klammern

Bei komplexen Ausdrücken sind eventuell Klammern innerhalb anderer Klammern zu verschachteln. Beispielsweise ist die Anzahl der Sekunden zu berechnen und danach die Anzahl der Mitarbeiter, bevor die Multiplikation der Mitarbeiter mit den Sekunden erfolgt (um etwa die gesamte Arbeitszeit in Sekunden zu erhalten):

```
TotalPersonSeconds = ( ( (NumMinutesToThink + NumMinutesToType) * 60)
* (PeopleInTheOffice + PeopleOnVacation) )
```

Dieser zusammengesetzte Ausdruck ist von innen nach außen zu lesen. Zuerst erfolgt die Addition von `NumMinutesToThink` zu `NumMinutesToType`, da dieser Ausdruck in den innersten Klammern steht. Anschließend wird diese Summe mit 60 multipliziert. Es schließt sich die Addition von `PeopleInTheOffice` zu `PeopleOnVacation` an. Schließlich wird die berechnete Mitarbeiterzahl mit der Gesamtzahl der Sekunden multipliziert.

Dieses Beispiel weist auf einen wichtigen Punkt hin. Für einen Computer ist der Ausdruck leicht zu interpretieren, für einen Menschen aber schwer zu lesen, zu verstehen oder zu modifizieren. Der gleiche Ausdruck in einer anderen Form mit Variablen zur Zwischenspeicherung sieht folgendermaßen aus:

```
TotalMinutes = NumMinutesToThink + NumMinutesToType;
TotalSeconds = TotalMinutes * 60;
TotalPeople = PeopleInTheOffice + PeopleOnVacation;
TotalPersonSeconds = TotalPeople * TotalSeconds;
```

Dieses Beispiel verwendet zwar temporäre Variablen und erfordert mehr Schreibarbeit als das vorherige Beispiel, ist aber leichter zu verstehen. Fügen Sie am Beginn einen Kommentar ein, um die Absichten hinter diesem Codeabschnitt zu erläutern, und ändern Sie die `60` in eine symbolische Konstante. Damit erhalten Sie Code, der leicht zu verstehen und zu warten ist.

Wahrheitswerte

Frühere Versionen von C++ haben die Wahrheitswerte durch ganze Zahlen dargestellt. Mit dem neuen ISO/ANSI-Standard ist der Datentyp bool hinzugekommen. Dieser Typ hat zwei mögliche Werte: falsch (false) und wahr (true).

Jeder Ausdruck lässt sich als Wahrheitswert auswerten. Ausdrücke, die im mathematischen Sinne 0 sind, liefern den Wahrheitswert false, alle anderen Ergebnisse den Wahrheitswert true.

Hinweis

Ein Teil der bisher auf dem Markt verfügbaren Compiler kannte bereits einen booleschen Datentyp, der intern durch `long int` mit einer Größe von 4 Bytes dargestellt wurde. ANSI-kompatible Compiler bieten jetzt den Datentyp `bool` mit einer Länge von 1 Byte.

Vergleichsoperatoren

Mit den Vergleichsoperatoren (oder relationalen Operatoren) ermittelt man, ob zwei Zahlen gleich sind oder ob eine größer oder kleiner als die andere ist. Jeder Vergleichsausdruck liefert entweder 1 (TRUE) oder 0 (FALSE) zurück. Die Vergleichsoperatoren fasst Tabelle 4.1 zusammen.

Hat die Integer-Variable `myAge` den Wert 39 und die Integer-Variable `yourAge` den Wert 40, prüft man diese Werte mit dem relationalen Operator »Gleich« auf Gleichheit:

```
myAge == yourAge;  // ist der Wert in myAge der gleiche wie in yourAge?
```

Dieser Ausdruck ergibt 0 oder FALSE, da die Variablen nicht gleich sind. Der Ausdruck

```
myAge > yourAge;  // ist myAge größer als yourAge?
```

liefert 0 oder FALSE.

Warnung

Viele Neueinsteiger in die C++-Programmierung verwechseln den Zuweisungsoperator (=) mit dem Gleich-Operator (==). Das kann zu gemeinen Fehlern im Programm führen.

Zu den Vergleichsoperatoren gehören: Gleich (==), Kleiner als (<), Größer als (>), Kleiner oder gleich (<=), Größer oder gleich (>=) und Ungleich (!=). Tabelle 4.1 zeigt die Vergleichsoperatoren, ein Codebeispiel und den Rückgabewert.

Tabelle 4.1: Die Vergleichsoperatoren

Operator	Symbol	Beispiel	Rückgabewert
Gleich	==	100 == 50;	FALSE
		50 == 50;	TRUE
Ungleich	!=	100 != 50;	TRUE
		50 != 50	FALSE
Größer als	>	100 > 50;	TRUE
		50 > 50;	FALSE
Größer oder gleich	>=	100 >= 50;	TRUE
		50 >= 50	TRUE
Kleiner als	<	100 < 50;	FALSE
		50 < 50;	FALSE
Kleiner oder gleich	<=	100 <= 50;	FALSE
		50 <= 50;	TRUE

Die if-Anweisung

Normalerweise verläuft der Programmfluss zeilenweise in der Reihenfolge, in der die Anweisungen in Ihrem Quellcode stehen. Mit der `if`-Anweisung kann man auf eine Bedingung testen (beispielsweise ob zwei Variablen einander gleich sind) und zu unterschiedlichen Teilen des Codes in Abhängigkeit vom Testergebnis verzweigen.

Die einfachste Form der `if`-Anweisung sieht folgendermaßen aus:

```
if (Ausdruck)
    Anweisung;
```

Der Ausdruck in den Klammern kann jeder beliebige Ausdruck sein, er enthält aber in der Regel einen der Vergleichsausdrücke. Wenn der Ausdruck den Wert 0 liefert, entspricht das dem booleschen Wert FALSE und die Anweisung wird übersprungen. Ergibt sich ein Wert ungleich 0, nimmt C++ den booleschen Wert TRUE an und die Anweisung wird ausgeführt. Sehen Sie sich dazu folgendes Beispiel an:

```
if (bigNumber > smallNumber)
```

```
bigNumber = smallNumber;
```

Dieser Code vergleicht `bigNumber` mit `smallNumber`. Wenn `bigNumber` größer ist, setzt die zweite Zeile den Wert von `bigNumber` auf den Wert von `smallNumber`.

Die else-Klausel

Oftmals soll ein Programm bei erfüllter Bedingung (TRUE) den einen Zweig durchlaufen und bei nicht erfüllter Bedingung (FALSE) einen anderen.

Die bisher gezeigte Form, bei der man zuerst die eine Bedingung testet und dann die andere, funktioniert zwar, ist aber etwas umständlich. Das Schlüsselwort `else` trägt hier zur besseren Lesbarkeit des Codes bei:

```
if (Ausdruck)
    Anweisung;
else
    Anweisung;
```

Listing 4.3 demonstriert die Verwendung des Schlüsselworts `else`.

Eingabe

Listing 4.3: Einsatz der else-Klausel

```
// Listing 4.3 - zeigt die if-Anweisung mit
// der else-Klausel
#include <iostream.h>
int main()
{
   int firstNumber, secondNumber;
   cout << "Bitte eine grosse Zahl eingeben: ";
   cin >> firstNumber;
   cout << "\nBitte eine kleinere Zahl eingeben: ";
   cin >> secondNumber;
   if (firstNumber > secondNumber)
        cout << "\nDanke!\n";
   else
        cout << "\nDie zweite Zahl ist groesser!";

 return 0;
}
```

Ausgabe

```
Bitte eine grosse Zahl eingeben: 10
Bitte eine kleinere Zahl eingeben: 12
Die zweite Zahl ist groesser!
```

Analyse

Liefert die Bedingung der `if`-Anweisung in Zeile 11 das Ergebnis TRUE, wird die Anweisung in Zeile 12 ausgeführt. Ergibt sich der Wert FALSE, führt das Programm die Anweisung in Zeile 14 aus. Wenn man die `else`-Klausel in Zeile 13 entfernt, wird die Anweisung in Zeile 14 unabhängig davon ausgeführt, ob die `if`-Anweisung TRUE ist oder nicht. Denken Sie daran, dass die `if`-Anweisung nach Zeile 12 endet. Fehlt die `else`-Klausel, wäre Zeile 14 einfach die nächste Zeile im Programm.

Für die einzelnen Anweisungen kann man auch jeweils einen ganzen Codeblock schreiben, der in geschweifte Klammern eingeschlossen ist.

Die if-Anweisung

Format

```
if (Ausdruck)
    Anweisung;
nächste_Anweisung;
```

Liefert die Auswertung von `Ausdruck` das Ergebnis TRUE, wird die `Anweisung` ausgeführt und das Programm setzt mit `nächste_Anweisung` fort. Ergibt der Ausdruck nicht TRUE, wird `Anweisung` ignoriert und das Programm springt sofort zu `nächste_Anweisung`.

Als Anweisung kann man eine einzelne, durch Semikolon abgeschlossene Anweisung oder eine in geschweifte Klammern eingeschlossene Verbundanweisung schreiben.

Erweiterte if-Anweisungen

In einer `if`- oder `else`-Klausel kann jede beliebige Anweisung stehen, sogar eine andere `if`- oder `else`-Anweisung. Daher lassen sich auch komplexe `if`-Anweisungen der folgenden Form erstellen:

```
if (Ausdruck1)
{
    if (Ausdruck2)
        Anweisung1;
    else
    {
        if (Ausdruck3)
           Anweisung2;
        else
           Anweisung3;
    }
}
else
    Anweisung4;
```

Diese umständliche `if`-Anweisung sagt aus: »Wenn `Ausdruck1` gleich TRUE ist und `Ausdruck2` gleich TRUE ist, führe `Anweisung1` aus. Wenn `Ausdruck1` gleich TRUE, aber `Ausdruck2` nicht TRUE ist, dann führe `Anweisung2` aus, wenn `Ausdruck3` TRUE ist. Wenn `Ausdruck1` gleich TRUE, aber `Ausdruck2` und `Ausdruck3` gleich FALSE sind, führe `Anweisung3` aus. Wenn schließlich `Ausdruck1` nicht TRUE ist, führe `Anweisung4` aus.« Wie man sieht, können komplexe `if`-Anweisungen einiges zur Verwirrung beitragen!

Listing 4.4 zeigt ein Beispiel einer derartigen komplexen `if`-Anweisung.

Eingabe

Listing 4.4: Verschachtelte if-Anweisung

```
// Listing 4.4 - Verschachtelte
// if-Anweisung
#include <iostream.h>
int main()
{
    // Zwei Zahlen abfragen
    // Die Zahlen an bigNumber und littleNumber zuweisen
    // Wenn bigNumber größer als littleNumber ist,
    // testen, ob sie ohne Rest teilbar sind
    // Wenn ja, testen, ob die Zahlen gleich sind

    int firstNumber, secondNumber;
    cout << "Bitte zwei Zahlen eingeben.\nDie erste: ";
    cin >> firstNumber;
    cout << "\nDie zweite: ";
    cin >> secondNumber;
    cout << "\n\n";

    if (firstNumber >= secondNumber)
    {
      if ( (firstNumber % secondNumber) == 0) // ganzzahlig teilbar?
      {
           if (firstNumber == secondNumber)
                cout << "Beide Zahlen sind gleich!\n";
           else
                cout << "Zahlen ohne Rest teilbar!\n";
      }
      else
           cout << "Zahlen nicht ohne Rest teilbar!\n";
    }
    else
      cout << "Die zweite Zahl ist groesser!\n";
  return 0;
```

```
34:  }
```

Ausgabe

```
Bitte zwei Zahlen eingeben.
Die erste: 10
Die zweite: 2
Zahlen ohne Rest teilbar!
```

Analyse

Das Programm fordert zur Eingabe von zwei Zahlen auf und vergleicht sie dann. Die erste `if`-Anweisung in Zeile 19 prüft, ob die erste Zahl größer oder gleich der zweiten ist. Falls nicht, kommt die `else`-Klausel in Zeile 31 zur Ausführung.

Wenn die erste `if`-Bedingung gleich TRUE ist, wird der in Zeile 20 beginnende Codeblock ausgeführt und die zweite `if`-Anweisung in Zeile 21 getestet. Hier erfolgt die Prüfung, ob die erste Zahl modulo der zweiten keinen Rest liefert. Wenn das so ist, sind die Zahlen entweder ohne Rest teilbar oder einander gleich. Die `if`-Anweisung in Zeile 23 prüft auf Gleichheit und zeigt die entsprechende Meldung an.

Wenn die `if`-Anweisung in Zeile 21 FALSE ergibt, wird die `else`-Anweisung in Zeile 28 ausgeführt.

Geschweifte Klammern in verschachtelten if-Anweisungen

Obwohl es zulässig ist, die geschweiften Klammern in `if`-Anweisungen mit nur einer einzelnen Anweisung wegzulassen, und es ebenfalls zulässig ist, `if`-Anweisungen wie

```
if (x > y)              // Wenn x größer als y ist,
    if (x < z)          // und wenn x kleiner als z ist,
        x = y;          // dann setze x auf den Wert in z.
```

zu verschachteln, kann das bei umfangreich verschachtelten Anweisungen kaum noch zu durchschauen sein. Denken Sie daran, dass man mit Whitespaces und Einzügen die Lesbarkeit des Quelltextes erhöhen kann und der Compiler von diesen gestalterischen Elementen keine Notiz nimmt. Man kann leicht die Logik durcheinander bringen und versehentlich eine `else`-Anweisung zur falschen `if`-Anweisung zuordnen. Listing 4.5 verdeutlicht dieses Problem.

Eingabe

Listing 4.5: Klammern in if- und else-Klauseln

```
1:  // Listing 4.5 - demonstriert, warum Klammern in verschachtelten
2:  // if-Anweisungen so wichtig sind
3:  #include <iostream.h>
4:  int main()
5:  {
6:    int x;
7:    cout << "Bitte eine Zahl kleiner als 10 oder groesser als 100 eingeben: ";
8:    cin >> x;
9:    cout << "\n";
10:
11:     if (x >= 10)
12:        if (x > 100)
13:              cout << "Groesser als 100. Danke!\n";
14:     else                              // nicht das beabsichtigte else!
15:        cout << "Kleiner als 10. Danke!\n";
16:
17:    return 0;
18:   }
```

Ausgabe

```
Bitte eine Zahl kleiner als 10 oder groesser als 100 eingeben: 20
Kleiner als 10. Danke!
```

Analyse

Der Programmierer hatte die Absicht, nach einer Zahl zwischen 10 und 100 zu fragen, auf den korrekten Wert zu testen und dann eine Danksagung auszugeben.

Wenn die `if`-Anweisung in Zeile 11 den Wert TRUE liefert, wird die folgende Anweisung (Zeile 12) ausgeführt. 12, wenn die eingegebene Zahl größer 10 ist. Zeile 12 enthält ebenfalls eine `if`-Anweisung. Diese `if`-Anweisung liefert TRUE, wenn die eingegebene Zahl größer als 100 ist. In diesem Fall wird die Anweisung in Zeile 13 ausgeführt.

Wenn die eingegebene Zahl kleiner als 10 ist, liefert die `if`-Anweisung in Zeile 11 den Wert FALSE. Die Programmsteuerung geht an die auf `if` folgende Zeile, in diesem Fall Zeile 17, über. Wenn man eine Zahl kleiner als 10 eingibt, sieht die Ausgabe wie folgt aus:

```
Bitte eine Zahl kleiner als 10 oder groesser als 100 eingeben: 9
```

Die `else`-Klausel in Zeile 14 sollte offensichtlich zur `if`-Anweisung von Zeile 11 gehören, was auch der Einzug im Quelltext dokumentiert. Leider ist die `else`-Anweisung tatsächlich mit `if` von Zeile 12 verbunden. Damit enthält dieses Programm einen nicht auf Anhieb erkennbaren Fehler, da ihn der Compiler nicht bemängelt. Wir haben es hier mit einem zulässigen C++-Programm zu tun, das aber nicht wie vorgesehen arbeitet. Dazu kommt noch, dass bei den meisten Tests, die der Programmierer durchführt, das Programm zu laufen scheint. Solange man eine Zahl größer als 100 eingibt, funktioniert alles wunderbar.

In Listing 4.6 ist das Problem durch Einfügen der erforderlichen Klammern beseitigt.

Eingabe

Listing 4.6: Richtige Verwendung von geschweiften Klammern bei einer if-Anweisung

```
1:   // Listing 4.6 - Demonstriert die richtige Verwendung
2:   // von Klammern in verschachtelten if-Anweisungen
3:   #include <iostream.h>
4:   int main()
5:   {
6:     int x;
7:     cout << "Bitte eine Zahl kleiner als 10 oder groesser als 100 eingeben: ";
8:     cin >> x;
9:     cout << "\n";
10:
11:    if (x >= 10)
12:    {
13:       if (x > 100)
14:            cout << "Groesser als 100. Danke!\n";
15:    }
16:    else
17:       cout << "Kleiner als 10. Danke!\n";
18:   return 0;
19:  }
```

Ausgabe

```
Bitte eine Zahl kleiner als 10 oder groesser als 100 eingeben: 20
```

Analyse

Die geschweiften Klammern in den Zeilen 12 und 15 schließen alle dazwischen liegenden Anweisungen zu einem Block zusammen. Nunmehr gehört die `else`-Klausel in Zeile 16 wie beabsichtigt zur `if`-Anweisung in Zeile 11.

Der Benutzer hat die Zahl 20 eingegeben, so dass die `if`-Anweisung in Zeile 11 den Wert TRUE liefert. Die `if`-Anweisung in Zeile 13 liefert FALSE, so dass keine Ausgabe erfolgt. Besser wäre es, wenn der Programmierer eine weitere `else`-Klausel nach Zeile 14 vorgesehen hätte, um fehlerhafte Eingaben abzufangen und eine entsprechende Meldung anzuzeigen.

Hinweis

Die im Buch gezeigten Programme sind bewusst einfach gehalten und dienen nur dazu, das jeweils behandelte Thema zu verdeutlichen. Es wurde auf »narrensicheren« Code verzichtet, der einen Schutz gegen fehlerhafte Eingaben bietet. In professionellen Programmen muss man mit jedem möglichen Benutzerfehler rechnen und diese Fehler entsprechend »sanft« abfangen.

Logische Operatoren

Oftmals muss man mehrere Vergleiche auf einmal anstellen. »Ist es richtig, dass `x` größer ist als `y`, und ist es ebenso richtig, dass `y` größer ist als `z`?« Ein Programm muss ermitteln, dass beide Bedingungen TRUE sind, oder dass irgendeine andere Bedingung TRUE ist, um eine Aktion auszuführen.

Stellen Sie sich ein intelligentes Alarmsystem vor, das nach folgender Logik arbeitet: »Wenn der Türalarm ausgelöst wird UND es später als 18:00 Uhr ist UND es sich NICHT um die Urlaubszeit handelt ODER ein Wochenende ist, dann rufe die Polizei.« Eine derartige Auswertung lässt sich mit den drei logischen Operatoren von C++ realisieren. Tabelle 4.2 zeigt diese Operatoren.

Tabelle 4.2: Logische Operatoren

Operator	**Symbol**	**Beispiel**
AND	&&	Ausdruck1 && Ausdruck2
OR	||	Ausdruck1 || Ausdruck2
NOT	!	!Ausdruck

Logisches AND

Eine logische `AND`-Anweisung wertet zwei Ausdrücke aus. Sind beide Ausdrücke TRUE, liefert die logische `AND`-Anweisung ebenfalls TRUE. Wenn es wahr (TRUE) ist, dass Sie hungrig sind, UND (AND) es wahr ist, dass Sie Geld haben, dann ist es wahr, dass Sie ein Mittagessen kaufen können. In diesem Sinn wird

```
if ( (x == 5) && (y == 5) )
```

zu TRUE ausgewertet, wenn sowohl `x` als auch `y` gleich 5 sind. Der Ausdruck liefert FALSE, wenn mindestens eine der beiden Variablen nicht gleich 5 ist. Beachten Sie, dass beide Seiten TRUE sein müssen, damit der gesamte Ausdruck zu TRUE wird.

Achten Sie auch darauf, dass das logische `AND` aus zwei kaufmännischen Und-Zeichen (`&&`) besteht.

Logisches OR

Eine logische `OR`-Anweisung wertet zwei Ausdrücke aus. Wenn einer der beiden TRUE ist, ergibt sich der Ausdruck zu TRUE. Wenn man Geld ODER eine Kreditkarte hat, kann man die Rechnung bezahlen. Beide Zahlungsmittel sind nicht gleichzeitig erforderlich, man braucht nur eines, auch wenn es nichts schadet, beides zur Verfügung zu haben.

Der Ausdruck

```
if ( (x == 5) || (y == 5) )
```

liefert TRUE, wenn `x` oder `y` gleich 5 ist oder wenn beide gleich 5 sind. Wenn bereits `x` gleich 5 ist, prüft der Compiler gar nicht mehr auf `y`!

Beachten Sie, dass das logische `OR` aus zwei senkrechten Strichen (`||`) besteht.

Logisches NOT

Eine logische `NOT`-Anweisung liefert TRUE, wenn der zu testende Ausdruck FALSE ergibt. Der Ausdruck

```
if ( !(x==5) )
```

ist nur dann TRUE, wenn `x` nicht gleich 5 ist. Den gleichen Test kann man auch als

```
if (x != 5)
```

schreiben.

Rangfolge der Vergleichsoperatoren

Vergleichsoperatoren und logische Operatoren liefern einen Wert zurück: 1 (TRUE) oder 0 (FALSE). Wie bei allen Ausdrücken gibt es auch hier eine Rangfolge, die bestimmt, welcher Vergleich zuerst ausgewertet wird. Diese Tatsache ist wichtig, wenn man den Wert einer Anweisung wie

```
if ( x > 5 && y > 5 || z > 5)
```

bestimmt. Der Programmierer könnte beabsichtigen, dass dieser Ausdruck nur zu TRUE ausgewertet wird, wenn sowohl x als auch y größer als 5 sind oder wenn z größer als 5 ist. Andererseits kann der Programmierer auch wollen, dass dieser Ausdruck nur dann zu TRUE wird, wenn x größer als 5 ist und wenn es auch wahr ist, dass entweder y oder z größer als 5 ist.

Wenn x gleich 3 ist und sowohl y als auch z gleich 10 sind, liefert die erste Interpretation das Ergebnis TRUE (z ist größer als 5, so dass x und y ignoriert werden), während die zweite Auslegung FALSE ergibt (es ist nicht wahr, dass sowohl x als auch y größer als 5 sind, und es ist nicht wahr, dass z größer als 5 ist).

Die von der Rangfolge bestimmte Reihenfolge der Vergleiche kann man mit Klammern sowohl ändern als auch deutlicher darstellen:

```
if ( (x > 5) && (y > 5 || z > 5) )
```

Mit den obigen Werten liefert diese Anweisung das Ergebnis FALSE. Da es nicht wahr ist, dass x größer als 5 ist, ergibt die linke Seite der AND-Anweisung FALSE und damit wird die gesamte Anweisung zu FALSE. Denken Sie daran, dass bei der AND-Anweisung beide Seiten TRUE sein müssen – irgendetwas ist nicht »gutschmeckend« UND »gut für Dich«, wenn es nicht gut schmeckt.

Hinweis

Es empfiehlt sich, mit zusätzlichen Klammern klarzustellen, was man gruppieren möchte. Das Ziel ist ein funktionsfähiges Programm, das auch leicht zu lesen und zu verstehen sein soll.

Mehr über Wahr und Unwahr

C++ behandelt 0 als FALSE und jeden anderen Wert als TRUE. Da Ausdrücke immer einen Wert haben, nutzen viele C++-Programmierer diese Tatsache in ihren if-Anweisungen aus. Eine Anweisung wie

```
if (x)          // wenn x gleich TRUE (ungleich Null)
    x = 0;
```

kann man lesen als »wenn x einen Wert ungleich 0 hat, setze x auf 0«. Hier besteht »Verdunklungsgefahr«! Klarer formuliert man

```
if (x != 0)     // wenn x ungleich 0
    x = 0;
```

Beide Anweisungen sind zulässig, wobei aber die zweite verständlicher ist. Es gehört zum guten Programmierstil, die erste Methode für echte logische Tests zu reservieren, statt auf Werte ungleich 0 zu testen.

Die folgenden Anweisungen sind ebenfalls äquivalent:

```
if (!x)             // wenn x gleich FALSE ist (Null)
if (x == 0)         // wenn x gleich Null ist
```

Die zweite Anweisung ist allerdings deutlicher und etwas einfacher zu verstehen.

Zusammenfassung

In dieser Stunde haben Sie gelernt, was eine Anweisung ist. Außerdem wurde erläutert, dass ein Ausdruck eine Anweisung darstellt, die einen Wert zurückgibt. Es wurde gezeigt, dass man mit Whitespaces das Programm lesbarer gestalten kann, und Sie haben gesehen, wie man mathematische und Zuweisungsoperatoren verwendet.

Weiterhin haben Sie gelernt, wie man Präfix- und Postfix-Operatoren sowie Vergleichsoperatoren verwendet. Es wurde die `if`-Anweisung und die `else`-Klausel behandelt und gezeigt, wie man komplexe und verschachtelte `if`-Anweisungen erzeugt.

Fragen und Antworten

F Warum verwendet man unnötige Klammern, wenn der Vorrang bestimmt, welche Operatoren zuerst auszuwerten sind?

A *Obwohl es stimmt, dass der Compiler den Vorrang kennt und dass ein Programmierer bei Bedarf die Vorrangregeln nachschlagen kann, ist der Code leichter zu verstehen und leichter zu warten.*

F Wenn die Vergleichsoperatoren immer 1 oder 0 zurückgeben, warum werden dann andere Werte als TRUE angesehen?

A *Die Vergleichsoperatoren geben 1 oder 0 zurück, aber jeder Ausdruck liefert einen Wert und diese Werte lassen sich ebenfalls in einer `if`-Anweisung auswerten. Dazu ein Beispiel:*

```
if ( (x = a + b) == 35 )
```

Das ist eine durchaus zulässige C++-Anweisung, die auch dann einen Wert liefert, wenn die Summe von `a` und `b` nicht gleich 35 ist. Beachten Sie auch, dass `x` in jedem Fall den Wert erhält, der sich aus der Addition von `a` und `b` ergibt.

F Welche Wirkung haben Tabulatoren, Leerzeichen und Zeilenschaltungen im Programm?

A *Tabulatoren, Leerzeichen und Zeilenschaltungen (sogenannte Whitespaces) haben auf das Programm keinen Einfluss. Allerdings lässt sich mit diesen Zeichen der Quelltext gestalten und damit die Lesbarkeit verbessern.*

F Sind negative Zahlen TRUE oder FALSE?

A *Alle Zahlen ungleich 0 – sowohl positive als auch negative – sind TRUE.*

Stunde 5

Funktionen

Wenn man über C++ spricht, stehen Objekte meist im Vordergrund. Die eigentliche Arbeit der Objekte beruht allerdings auf Funktionen.

In dieser Stunde lernen Sie,

- was eine Funktion ist und welche Aufgaben sie erfüllt,
- wie man Funktionen deklariert und definiert,
- wie man Parameter an Funktionen übergibt,
- wie man einen Wert aus einer Funktion zurückgibt.

Was ist eine Funktion?

Eine *Funktion* ist praktisch ein Unterprogramm, das Daten verarbeitet und einen Wert zurückgibt. Jedes C++-Programm hat zumindest eine Funktion: `main`. Beim Start des Programms wird `main` automatisch aufgerufen. In `main` können andere Funktionsaufrufe stehen, die wiederum andere Funktionen aufrufen können.

Jede Funktion hat einen eigenen Namen. Gelangt die Programmausführung zu einer Anweisung mit diesem Namen, verzweigt das Programm in den Rumpf der betreffenden Funktion. Bei Rückkehr aus der Funktion setzt sich die Programmausführung auf der nächsten Zeile nach dem Funktionsaufruf fort. Abbildung 5.1 verdeutlicht diesen Ablauf.

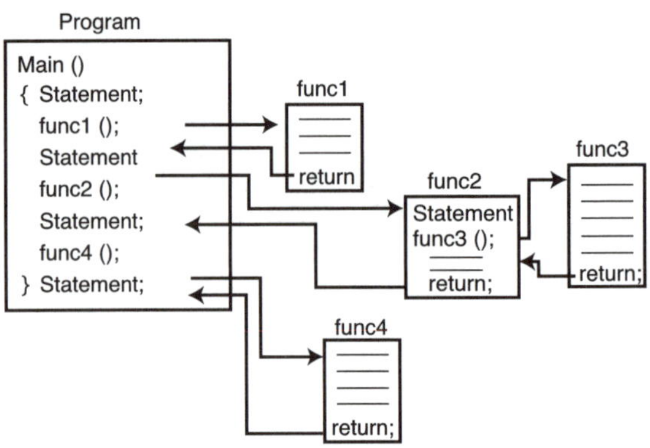

Abbildung 5.1: Ruft ein Programm eine Funktion auf, schaltet die Ausführung zur Funktion um und fährt nach Rückkehr aus der Funktion auf der Zeile nach dem Funktionsaufruf fort

Eine gut konzipierte Funktion führt eine klar abgegrenzte Aufgabe aus – nicht mehr und nicht weniger – und kehrt dann zurück.

Komplexere Aufgaben sollte man auf mehrere Funktionen aufteilen und diese Funktionen dann jeweils aufrufen. Damit lässt sich der Code besser verstehen und leichter warten.

Das ganze Buch hindurch finden Sie Hinweise zur besseren Wartbarkeit eines Programms. Den Löwenanteil der Projektkosten bildet nicht das Schreiben des Programms, sondern die Aufrechterhaltung seiner Brauchbarkeit und Zuverlässigkeit während der gesamten Lebenszeit des Programms.

Funktionen deklarieren und definieren

Bevor man eine Funktion verwenden kann, muss man sie zuerst *deklarieren* und dann *definieren.*

Neuer Begriff

Die *Deklaration* teilt dem Compiler den Namen, den Rückgabetyp und die Parameter der Funktion mit. Die Deklaration einer Funktion bezeichnet man als Prototyp.

Neuer Begriff

Die *Definition* teilt dem Compiler die Arbeitsweise der Funktion mit. Keine Funktion lässt sich von irgendeiner anderen Funktion aufrufen, wenn sie nicht zuerst deklariert wurde.

Funktionen deklarieren

Für die zum Lieferumfang des Compilers gehörenden Funktionen ist der Prototyp bereits geschrieben. Mit der Anweisung `#include` binden Sie einfach die erforderliche Datei ein und schon ist alles eingerichtet.

Neuer Begriff

Der *Prototyp* einer Funktion ist eine Anweisung, die demzufolge auch mit einem Semikolon endet. Er besteht aus dem Rückgabetyp, dem Namen und der Parameterliste der Funktion.

Die Parameterliste führt – durch Komma getrennt – alle Parameter zusammen mit deren Typen auf. Abbildung 5.2 verdeutlicht die Teile des Funktionsprototyps.

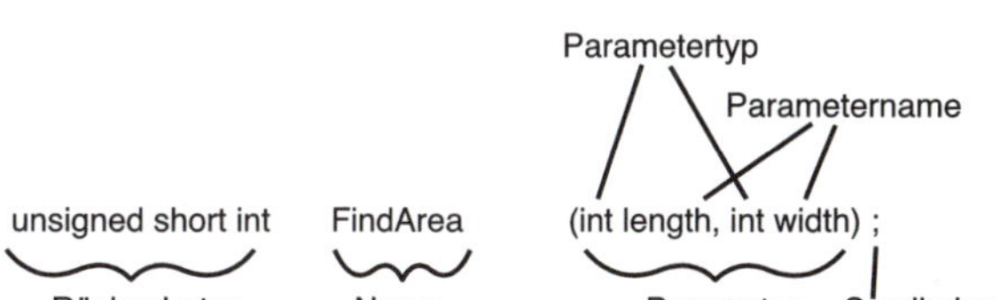

Abbildung 5.2: Teile des Prototyps einer Funktion

Der Prototyp und die Definition einer Funktion müssen hinsichtlich Rückgabetyp, Name und Parameterliste genau übereinstimmen. Andernfalls erhält man einen Compiler-Fehler.

Allerdings müssen im Prototyp der Funktion nur die Typen und nicht die Namen der Parameter erscheinen. Das folgende Beispiel zeigt einen zulässigen Prototyp:

```
long Area(int, int);
```

Dieser Prototyp deklariert eine Funktion namens `Area`, die einen Wert vom Typ `long` zurückgibt und zwei ganzzahlige Parameter aufweist. Diese Anweisung ist zwar zulässig, aber nicht empfehlenswert. Mit hinzugefügten Parameternamen ist der Prototyp verständlicher. Dieselbe Funktion könnte mit benannten Parametern folgendes Aussehen haben:

```
long Area(int length, int width);
```

Daraus lässt sich ohne weiteres erkennen, welche Aufgabe die Funktion realisiert und welche Parameter zu übergeben sind.

Beachten Sie, dass alle Funktionen einen Rückgabetyp haben. Listing 5.1 zeigt ein Programm, das den Funktionsprototyp für die Funktion `Area` einbindet.

Eingabe

Listing 5.1: Deklaration, Definition und Verwendung einer Funktion

```
// Listing 5.1 - Zeigt die Verwendung von Funktionsprototypen

#include <iostream.h>
int FindArea(int length, int width); // Funktionsprototyp

int main()
{
  int lengthOfYard;
  int widthOfYard;
  int areaOfYard;

  cout << "\nWie breit ist Ihr Garten? ";
  cin >> widthOfYard;
  cout << "\nWie lang ist Ihr Garten? ";
  cin >> lengthOfYard;

  areaOfYard= FindArea(lengthOfYard,widthOfYard);

  cout << "\nDie Flaeche Ihres Gartens betraegt ";
  cout << areaOfYard;
  cout << " Quadratmeter\n\n";
 return 0;
}

int FindArea(int l, int w)
```

```
26:  {
27:         return l * w;
28:  }
```

Ausgabe

```
Wie breit ist Ihr Garten? 100
Wie lang ist Ihr Garten? 200
Die Flaeche Ihres Gartens betraegt 20000 Quadratmeter
```

Analyse

Der Prototyp für die Funktion `FindArea` steht in Zeile 4. Vergleichen Sie den Prototyp mit der Definition der Funktion in Zeile 25. Beachten Sie, dass Name, Rückgabetyp und die Parametertypen identisch sind. Andernfalls erhält man einen Compiler-Fehler. Praktisch besteht der einzige Unterschied darin, dass der Prototyp einer Funktion mit einem Semikolon endet und keinen Rumpf aufweist.

Weiterhin fällt auf, dass die Parameternamen im Prototyp mit `length` und `width` angegeben sind, während die Definition `l` und `w` enthält. Die Namen im Prototyp sind nicht erforderlich und dienen nur als Information für den Programmierer. Die Argumente übergibt man an die Funktion in der Reihenfolge, in der sie deklariert und definiert sind.

Funktionen definieren

Die Definition einer Funktion besteht aus dem Funktionskopf und ihrem Rumpf. Der Kopf entspricht genau dem Prototyp der Funktion, außer daß die Parameter benannt sein müssen und kein abschließendes Semikolon vorhanden ist.

Der Rumpf der Funktion ist eine Gruppe von Anweisungen, die in geschweifte Klammern eingeschlossen sind. Abbildung 5.3 zeigt den Kopf und Rumpf einer Funktion.

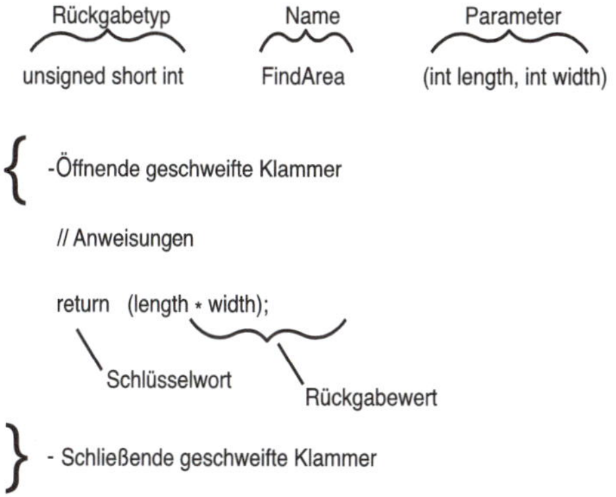

Abbildung 5.3:
Kopf und Rumpf einer Funktion

Funktionen

Ein Funktionsprototyp gibt dem Compiler den Namen, den Rückgabewert und die Parameter der Funktion an.

```
rueckgabetyp funktionsname ( [type parameterName]]...);
```

Die Funktionsdefinition sagt dem Compiler, wie die Funktion arbeitet.

```
rueckgabetyp funktionsname ( [type parameterName]...)
{
    Anweisungen;
}
```

Funktionen müssen keine Parameter aufweisen. Falls Parameter vorkommen, müssen sie nicht als Namen im Prototyp erscheinen, sondern nur als Typ. Ein Prototyp endet immer mit einem Semikolon.

Eine Funktionsdefinition muss hinsichtlich Rückgabetyp und Parameterliste mit ihrem Prototyp übereinstimmen. Sie muss die Namen für alle Parameter bereitstellen und der Rumpf der Funktionsdefinition ist in geschweifte Klammern einzuschließen. Alle Anweisungen innerhalb des Rumpfes der Funktion müssen mit Semikolon abgeschlossen sein, während die Funktion selbst nicht mit einem Semikolon, sondern mit einer schließenden geschweiften Klammer beendet wird.

Wenn die Funktion einen Rückgabewert liefert, sollte sie mit einer `return`-Anweisung enden. `return`-Anweisungen sind aber auch an beliebigen Stellen innerhalb des Funktionsrumpfes zulässig.

Jede Funktion hat einen Rückgabetyp. Gibt man keinen Typ explizit an, wird `int` angenommen. Man sollte für jede Funktion explizit einen Rückgabetyp festlegen. Gibt eine Funktion keinen Wert zurück, lautet der Rückgabetyp `void`.

Die folgenden Beispiele zeigen weitere Funktionsprototypen:

```
long FindArea(long length, long width);  // gibt long zurück, hat zwei Parameter
void PrintMessage(int messageNumber);    // gibt void zurück, hat einen Parameter
int GetChoice();                         // gibt int zurück, hat keine Parameter
BadFunction();                           // gibt int zurück, hat keine Parameter
```

Hier zwei Beispiele für Funktionsdefinitionen:

```
long Area(long l, long w)
{
     return l * w;
}
void PrintMessage(int whichMsg)
{
     if (whichMsg == 0)
          cout << "Hello.\n";
```

```
    if (whichMsg == 1)
        cout << "Goodbye.\n";
    if (whichMsg > 1)
        cout << "Was ist los?\n";
}
```

Lokale Variablen

Man kann an eine Funktion nicht nur Variablen übergeben, sondern auch Variablen innerhalb des Funktionsrumpfes deklarieren. Diese so genannten *lokalen Variablen* existieren nur innerhalb der Funktion selbst. Wenn die Funktion zurückkehrt, sind die lokalen Variablen nicht mehr zugänglich.

Lokale Variablen definiert man wie jede andere Variable. Die an eine Funktion übergebenen Parameter gelten ebenfalls als lokale Variablen und lassen sich genauso verwenden, als hätte man sie innerhalb des Funktionsrumpfes definiert. Listing 5.2 zeigt ein Beispiel für die Verwendung von Parametern und lokal definierten Variablen innerhalb einer Funktion.

Listing 5.2: Lokale Variablen und Parameter

```
#include <iostream.h>

float Convert(float);
int main()
{
   float TempFer;
   float TempCel;

   cout << "Bitte Temperatur in Fahrenheit eingeben: ";
   cin >> TempFer;
   TempCel = Convert(TempFer);
   cout << "\nDie Temperatur in Grad Celsius ist: ";
   cout << TempCel << endl;
 return 0;
}

float Convert(float TempFer)
{
```

```
19:      float TempCel;
20:      TempCel = ((TempFer - 32) * 5) / 9;
21:      return TempCel;
22:  }
```

```
Bitte Temperatur in Fahrenheit eingeben: 212
Die Temperatur in Grad Celsius ist: 100

Bitte Temperatur in Fahrenheit eingeben: 32
Die Temperatur in Grad Celsius ist: 0

Bitte Temperatur in Fahrenheit eingeben: 85
Die Temperatur in Grad Celsius ist: 29.4444
```

Die Zeilen 6 und 7 deklarieren zwei Variablen vom Typ `float`. Eine nimmt die Temperatur in Grad Fahrenheit auf und eine die Temperatur in Grad Celsius. Die Anweisung in Zeile 9 fordert den Benutzer auf, eine Temperatur in Fahrenheit einzugeben. Dieser Wert wird an die Funktion `Convert` übergeben.

Die Ausführung springt zur ersten Zeile der Funktion `Convert` in Zeile 18. Die Funktion deklariert in Zeile 19 eine lokale Variable, die ebenfalls mit `TempCel` benannt ist.

Man könnte den Parameter der Funktion mit `FerTemp` und die lokale Variable mit `CelTemp` benennen, ohne dass sich an der Arbeitsweise des Programms irgendetwas ändert. Überzeugen Sie sich davon, indem Sie diese Namen eingeben und das Programm erneut kompilieren.

Die lokale Variable `TempCel` der Funktion erhält den Wert zugewiesen, der aus der Subtraktion des Werts 32 vom Parameter `TempFer`, der Multiplikation mit 5 und der Division durch 9 resultiert. Diesen Wert liefert die Funktion als Rückgabewert und Zeile 11 weist ihn der Variablen `TempCel` in der Funktion `main` zu. Die Ausgabe erfolgt in Zeile 13.

Das Programm wird dreimal ausgeführt. Beim ersten Mal übergibt man den Wert 212, um zu prüfen, dass der Siedepunkt des Wassers in Grad Fahrenheit (212) die korrekte Antwort in Grad Celsius (100) generiert. Der zweite Test bezieht sich auf den Gefrierpunkt des Wassers. Der dritte Test verwendet eine willkürliche Zahl, um ein gebrochenes Ergebnis zu erzeugen.

Zur Übung können Sie das Programm erneut mit anderen Namen wie im folgenden Beispiel eingeben:

```
#include <iostream.h>

float Convert(float);
```

```
int main()
{
   float TempFer;
   float TempCel;

   cout << " Bitte Temperatur in Fahrenheit eingeben: ";
   cin >> TempFer;
   TempCel = Convert(TempFer);
   cout << "\nDie Temperatur in Grad Celsius ist: ";
   cout << TempCel << endl;
   return 0;
}

float Convert(float Fer)
{
   float Cel;
   Cel = ((Fer - 32) * 5) / 9;
   return Cel;
}
```

Die Ergebnisse sollten dieselben sein.

Zu einer Variablen gehört ein Gültigkeitsbereich. Dieser bestimmt, wie lange eine Variable in einem Programm zugänglich ist und wo man auf sie zugreifen kann. Der Gültigkeitsbereich der in einem Block deklarierten Variablen beschränkt sich auf diesen Block. Nur innerhalb dieses Blocks kann man auf die Variablen zugreifen, außerhalb des Blocks »verschwinden« sie. Globale Variablen besitzen einen globalen Gültigkeitsbereich und sind an allen Stellen eines Programms zugänglich.

Globale Variablen

Neuer Begriff

Variablen, die außerhalb aller Funktionen definiert sind, weisen einen *globalen* Gültigkeitsbereich auf und sind daher für jede Funktion im Programm einschließlich der Funktion `main` verfügbar.

In C++ vermeidet man globale Variablen, da sich sonst schwer zu überblickender und zu wartender Code ergeben kann. Weder in diesem Buch noch in den Programmen des Autors werden Sie globale Variablen finden.

Anweisungen in Funktionen

Es gibt praktisch keine Grenze für die Anzahl oder die Typen von Anweisungen, die man in einem Funktionsrumpf unterbringen kann.

Gut konzipierte Funktionen sind allerdings in der Regel relativ klein. Die große Mehrheit Ihrer Funktionen wird lediglich aus einer Handvoll Codezeilen bestehen.

Funktionsargumente

Funktionsargumente müssen nicht alle vom selben Typ sein. Es ist durchaus sinnvoll, eine Funktion zu schreiben, die eine Ganzzahl, zwei Zahlen vom Typ `long` und ein Zeichen als Argumente übernimmt.

Als Funktionsausdruck ist jeder gültige C++-Ausdruck zulässig. Dazu gehören Konstanten, mathematische und logische Ausdrücke und andere Funktionen, die einen Wert zurückgeben.

Funktionen als Parameter in Funktionen

Obwohl es zulässig ist, eine Funktion zu verwenden, die einen Wert als Parameter an eine andere Funktion zurückgibt, kann man derartigen Code schwer lesen und kaum auf Fehler untersuchen.

Nehmen wir z.B. die Funktionen `double`, `triple`, `square` und `cube`, die alle einen Wert zurückgeben. Man kann schreiben

```
Answer = (double(triple(square(cube(myValue)))));
```

Diese Anweisung übergibt die Variable `myValue` als Argument an die Funktion `cube`, deren Rückgabewert als Argument an die Funktion `square` dient. Die Funktion `square` wiederum liefert ihren Rückgabewert an `triple` und diesen Rückgabewert übernimmt die Funktion `double`. Der Rückgabewert dieser verdoppelten, verdreifachten, quadrierten und zur dritten Potenz erhobenen Zahl wird jetzt an `Answer` zugewiesen.

Man kann nur schwer erkennen, was dieser Code bewirkt. (Findet das Verdreifachen vor oder nach dem Quadrieren statt?) Falls diese Anweisung ein falsches Ergebnis liefert, lässt sich kaum die schuldige Funktion ermitteln.

Als Alternative kann man das Ergebnis jedes einzelnen Schritts an eine Variable zur Zwischenspeicherung zuweisen:

```
unsigned long myValue = 2;
unsigned long cubed  =   cube(myValue);         // zur dritten Potenz = 8
unsigned long squared = square(cubed);          // quadriert = 64
unsigned long tripled = triple(squared);        // verdreifacht = 192
unsigned long Answer =  double(tripled);        // Answer = 384
```

Jedes Zwischenergebnis kann man nun untersuchen und die Reihenfolge der Ausführung ist klar erkennbar.

Parameter sind lokale Variablen

Die an eine Funktion übergebenen Argumente sind zur Funktion lokal. An den Argumenten vorgenommene Änderungen beeinflussen nicht die Werte in der aufrufenden Funktion. Man spricht hier von einer *Übergabe als Wert*. Das bedeutet, daß die Funktion von jedem Argument eine lokale Kopie anlegt. Die lokalen Kopien lassen sich wie andere lokale Variablen behandeln. Listing 5.3 verdeutlicht dieses Konzept.

Eingabe **_Listing 5.3: Übergabe als Wert_**

```
// Listing 5.3 - Zeigt die Übergabe als Wert

 #include <iostream.h>

 void swap(int x, int y);

 int main()
 {
   int x = 5, y = 10;

     cout << "Main. Vor Vertauschung, x: " << x << " y: " << y << "\n";
     swap(x,y);
     cout << "Main. Nach Vertauschung, x: " << x << " y: " << y << "\n";
  return 0;
 }

  void swap (int x, int y)
  {
    int temp;

    cout << "Swap. Vor Vertauschung, x: " << x << " y: " << y << "\n";

    temp = x;
```

```
24:         x = y;
25:         y = temp;
26:
27:         cout << "Swap. Nach Vertauschung, x: " << x << " y: " << y << "\n";
28:
29:     }
```

```
Main. Vor Vertauschung, x: 5 y: 10
Swap. Vor Vertauschung, x: 5 y: 10
Swap. Nach Vertauschung, x: 10 y: 5
Main. Nach Vertauschung, x: 5 y: 10
```

Dieses Programm initialisiert zwei Variablen in `main` und übergibt sie dann an die Funktion `swap`, die scheinbar eine Vertauschung vornimmt. Wenn man die Werte allerdings erneut in `main` untersucht, ist keine Veränderung festzustellen!

Zeile 9 initialisiert die Variablen, Zeile 11 zeigt die Werte an. In Zeile 12 steht der Aufruf der Funktion `swap` mit der Übergabe der Variablen.

Die Ausführung des Programms verzweigt in die Funktion `swap`, die in Zeile 21 die Werte erneut ausgibt. Wie erwartet, befinden sie sich in derselben Reihenfolge wie in `main`. In den Zeilen 23 bis 25 findet die Vertauschung statt. Die Ausgabe in der Zeile 27 bestätigt diese Aktion. Solange wir uns in der Funktion `swap` befinden, sind die Werte tatsächlich vertauscht.

Die Programmausführung kehrt zu Zeile 13 (in der Funktion `main`) zurück, wo die Werte nicht mehr vertauscht sind.

Wie Sie bemerkt haben, findet die Übergabe an die Funktion `swap` als Wert statt. Folglich legt die Funktion `swap` lokale Kopien der Werte an. Die Vertauschung in den Zeilen 23 bis 25 betrifft nur die lokalen Kopien und hat keinen Einfluss auf die Variablen in der Funktion `main`.

Weiter hinten im Buch lernen Sie Alternativen zur Übergabe als Wert kennen. Damit lassen sich dann auch die Werte in `main` ändern.

Rückgabewerte

Funktionen geben entweder einen Wert oder `void` zurück. Das Schlüsselwort `void` ist ein Signal an den Compiler, dass kein Wert zurückgegeben wird.

Die Syntax für die Rückgabe eines Werts aus einer Funktion besteht aus dem Schlüsselwort `return`, gefolgt vom zurückzugebenden Wert. Der Wert selbst kann ein Ausdruck sein, der einen Wert liefert. Unter der Voraussetzung, dass die

Funktion MyFunction selbst einen Rückgabewert liefert, handelt es sich bei den folgenden Beispielen um zulässige return-Anweisungen:

```
return 5;
return (x > 5);
return (MyFunction());
```

Der Wert in der zweiten Anweisung return (x > 5) ist 0, wenn x nicht größer als 5 ist. Andernfalls lautet der Rückgabewert 1. Es wird hier der Wert des Ausdrucks – 0 (FALSE) oder 1 (TRUE) – zurückgegeben und nicht der Wert von x.

Gelangt die Programmausführung zum Schlüsselwort return, wird der auf return folgende Ausdruck als Wert der Funktion zurückgegeben. Die Programmausführung kehrt dann sofort zur aufrufenden Funktion zurück und alle auf return folgenden Anweisungen gelangen nicht mehr zur Ausführung.

In ein und derselben Funktion dürfen mehrere return-Anweisungen vorkommen. Allerdings sollte man bedenken, dass die Ausführung einer Funktion unmittelbar nach der Ausführung einer return-Anweisung beendet ist. Listing 5.4 zeigt dazu ein Beispiel.

Eingabe

Listing 5.4: Eine Funktion mit mehreren return-Anweisungen

```
// Listing 5.4 - Verwendung mehrerer
// return-Anweisungen

#include <iostream.h>

int Doubler(int AmountToDouble);

int main()
{

     int result = 0;
     int input;

     cout << "Zu verdoppelnde Zahl zwischen 0 und 10000 eingeben: ";
     cin >> input;

     cout << "\nVor Aufruf von Doubler... ";
     cout << "\nEingabe: " << input << " Verdoppelt: " << result << "\n";

     result = Doubler(input);

     cout << "\nZurueck aus Doubler...\n";
     cout << "\nEingabe: " << input << " Verdoppelt: " << result << "\n";
```

```
24:
25:
26:     return 0;
27:     }
28:
29:     int Doubler(int original)
30:     {
31:         if (original <= 10000)
32:             return original * 2;
33:         else
34:             return -1;
35:         cout << "Diese Stelle wird nie erreicht!\n";
36:     }
```

Ausgabe

```
Zu verdoppelnde Zahl zwischen 0 und 10000 eingeben: 9000
Vor Aufruf von Doubler...
Eingabe: 9000 Verdoppelt: 0
Zurueck aus Doubler...
Eingabe: 9000 Verdoppelt: 18000

Zu verdoppelnde Zahl zwischen 0 und 10000 eingeben: 11000
Vor Aufruf von Doubler...
Eingabe: 11000 Verdoppelt: 0
Zurueck aus Doubler...
Eingabe: 11000 Verdoppelt: -1
```

Analyse

In den Zeilen 14 und 15 wird eine Zahl angefordert und in Zeile 18 zusammen mit dem Ergebnis der lokalen Variablen ausgegeben. Bei Aufruf der Funktion `Doubler` in Zeile 20 erfolgt die Übergabe des eingegebenen Werts als Parameter. Die zu `main` lokale Variable `result` erhält das Ergebnis dieses Aufrufs, das die Zeilen 22 und 23 erneut anzeigen.

In Zeile 31 – in der Funktion `Doubler` – findet ein Test des Parameters statt, ob er größer als 10.000 ist. Sollte das nicht der Fall sein, gibt die Funktion das Doppelte des Originalwerts zurück. Bei einem Wert größer als 10.000 liefert die Funktion -1 als Fehlerwert.

Das Programm erreicht niemals Zeile 35, da die Funktion entweder in Zeile 32 oder in Zeile 34 – je nach übergebenem Wert – zurückkehrt. Ein guter Compiler erzeugt hier eine Warnung, dass diese Anweisung nicht ausgeführt werden kann, und ein guter Programmierer nimmt eine derartige Anweisung gar nicht erst auf!

Standardparameter

Für jeden Parameter, den man im Prototyp und der Definition einer Funktion deklariert, muss die aufrufende Funktion einen Wert übergeben, der vom deklarierten Typ sein muss. Wenn man daher eine Funktion als

```
long myFunction(int);
```

deklariert hat, muss die Funktion tatsächlich eine Integer-Variable übernehmen. Wenn die Definition der Funktion abweicht oder man keinen Integer-Wert übergibt, erhält man einen Compiler-Fehler.

Die einzige Ausnahme von dieser Regel: Der Prototyp der Funktion deklariert für den Parameter einen Standardwert, den die Funktion verwendet, wenn man keinen anderen Wert bereitstellt. Die obige Deklaration lässt sich wie folgt neu schreiben:

```
long myFunction (int x = 50);
```

Dieser Prototyp sagt aus: »`myFunction` gibt einen Wert vom Typ `long` zurück und übernimmt einen Integer-Parameter. Wenn kein Argument angegeben ist, verwende den Standardwert 50.« Da in Funktionsprototypen keine Parameternamen erforderlich sind, könnte man diese Deklaration auch als

```
long myFunction (int = 50);
```

schreiben. Durch die Deklaration eines Standardparameters ändert sich die Funktionsdefinition nicht. Der Kopf der Funktionsdefinition für diese Funktion lautet:

```
long myFunction (int x)
```

Wenn die aufrufende Funktion keinen Parameter einbindet, füllt der Compiler den Parameter `x` mit dem Standardwert 50. Der Name des Standardparameters im Prototyp muss nicht mit dem Namen im Funktionskopf übereinstimmen. Die Zuweisung des Standardwerts erfolgt nach Position und nicht nach dem Namen.

Man kann allen Parametern einer Funktion oder nur einem Teil davon Standardwerte zuweisen. Die einzige Einschränkung: Wenn für einen der Parameter kein Standardwert angegeben ist, kann kein vorheriger Parameter dieser Parameterliste einen Standardwert haben. Sieht der Prototyp einer Funktion z.B. wie folgt aus

```
long myFunction (int Param1, int Param2, int Param3);
```

kann man `Param2` nur dann einen Standardwert zuweisen, wenn man für `Param3` einen Standardwert festgelegt hat. An `Param1` lässt sich nur dann ein Standardwert zuweisen, wenn sowohl für `Param2` als auch `Param3` Standardwerte festgelegt wurden. Listing 5.5 demonstriert die Verwendung von Standardwerten.

Listing 5.5: Standardwerte für Parameter

```
1: // Listing 5.5 - Demonstriert die Verwendung
2: // von Standardwerten für Parameter
3:
4: #include <iostream.h>
5:
6: int AreaCube(int length, int width = 25, int height = 1);
7:
8: int main()
9: {
10:      int length = 100;
11:      int width = 50;
12:      int height = 2;
13:      int area;
14:
15:      area = AreaCube(length, width, height);
16:      cout << "Erstes Volumen gleich: " << area << "\n";
17:
18:      area = AreaCube(length, width);
19:      cout << "Zweites Volumen gleich: " << area << "\n";
20:
21:      area = AreaCube(length);
22:      cout << "Drittes Volumen gleich: " << area << "\n";
23:  return 0;
24:  }
25:
26:  AreaCube(int length, int width, int height)
27:  {
28:
29:      return (length * width * height);
30:   }
```

```
Erstes Volumen gleich: 10000
Zweites Volumen gleich: 5000
Drittes Volumen gleich: 2500
```

In Zeile 6 spezifiziert der Prototyp von `AreaCube`, dass die Funktion `AreaCube` drei Integer-Parameter übernimmt. Die letzten beiden weisen Standardwerte auf.

Die Funktion berechnet das Volumen des Quaders für die übergebenen Abmessungen. Fehlt die Angabe der Breite (`width`), nimmt die Funktion eine Breite von

25 und eine Höhe (`height`) von 1 an. Übergibt man die Breite, aber nicht die Höhe, verwendet die Funktion eine Höhe von 1. Ohne die Übergabe der Breite kann man keine Höhe übergeben.

Länge (`length`), Höhe (`height`) und Breite (`width`) werden in den Zeilen 10 bis 12 initialisiert und in Zeile 15 an die Funktion `AreaCube` übergeben. Nach der Berechnung der Werte gibt Zeile 16 das Ergebnis aus.

Die Programmausführung setzt mit Zeile 18 fort, wo ein weiterer Aufruf von `AreaCube` steht, diesmal aber ohne Wert für `height`. Damit läuft die Berechnung mit dem Standardwert ab. Zeile 20 gibt das Ergebnis aus.

Nach Abarbeitung dieses Funktionsaufrufs gelangt das Programm zur Zeile 21. Im dritten Aufruf von `AreaCube` werden weder Breite noch Höhe übergeben. Die Ausführung verzweigt nun zum dritten Mal zu Zeile 27. Die Berechnung erfolgt jetzt mit beiden Standardwerten. Das Ergebnis zeigt Zeile 22 an.

Funktionen überladen

In C++ lassen sich mehrere Funktionen mit demselben Namen erzeugen. Man bezeichnet das als *Überladen* von Funktionen. Die Funktionen müssen sich in ihrer Parameterliste unterscheiden, wobei andere Parametertypen, eine abweichende Anzahl von Parametern oder beides möglich sind. Dazu ein Beispiel:

```
int myFunction (int, int);
int myFunction (long, long);
int myFunction (long);
```

Die Funktion `myFunction` wird mit drei unterschiedlichen Parameterlisten überladen. Die erste Version unterscheidet sich von der zweiten durch die Parametertypen, während die dritte Version eine abweichende Anzahl von Parametern aufweist.

Die Rückgabetypen der überladenen Funktionen können gleich oder verschieden sein, solange ein Unterschied in der Parameterliste vorhanden ist. Ein Überladen nur bezüglich des Rückgabetyps ist nicht möglich.

Das Überladen von Funktionen bezeichnet man auch als Funktionspolymorphie. Das aus dem Griechischen stammende Wort polymorph bedeutet vielgestaltig – eine polymorphe Funktion weist viele Formen auf.

Funktionspolymorphie bezieht sich auf die Fähigkeit, eine Funktion mit mehreren Bedeutungen zu »überladen«. Indem man die Anzahl oder den Typ der Parameter ändert, kann man zwei oder mehreren Funktionen denselben Funktionsnamen geben. Anhand der Parameterliste wird dann die richtige Funktion aufgerufen. Damit kann man eine Funktion erzeugen, die den Mittelwert von ganzen und reellen

Zahlen sowie anderen Werten bilden kann, ohne dass man für jede Funktion einen separaten Namen wie `AverageInts`, `AverageDoubles` usw. angeben muss.

Nehmen wir eine Funktion an, die den übergebenen Wert verdoppelt. Man möchte dabei Zahlen vom Typ `int`, `long`, `float` oder `double` übergeben können. Ohne das Überladen von Funktionen müsste man vier Funktionsnamen erzeugen:

```
int DoubleInt(int);
long DoubleLong(long);
float DoubleFloat(float);
double DoubleDouble(double);
```

Beim Überladen von Funktionen lassen sich folgende Deklarationen formulieren:

```
int Double(int);
long Double(long);
float Double(float);
double Double(double);
```

Das ist leichter zu lesen und einfacher zu warten. Man braucht sich nicht darum zu kümmern, welche Funktion aufzurufen ist. Man übergibt einfach eine Variable und die richtige Funktion wird automatisch aufgerufen.

Inline-Funktionen

Wenn Sie eine Funktion definieren, erzeugt der Compiler normalerweise genau einen Anweisungssatz im Speicher. Beim Aufruf der Funktion springt die Programmausführung zu diesen Anweisungen und geht bei der Rückkehr aus der Funktion zur nächsten Zeile in der aufrufenden Funktion. Wenn Sie die Funktion zehnmal aufrufen, springt das Programm jedes Mal zum selben Anweisungssatz. Das bedeutet, dass es nur ein Exemplar der Funktion gibt und nicht zehn Kopien dieser Funktion.

Der Sprung in eine Funktion und das Verlassen der Funktion bedeutet für den Prozessor zusätzliche Arbeit. Gerade bei Funktionen, die nur aus einer oder zwei Zeilen Code bestehen, lässt sich die Programmausführung effizienter gestalten, wenn man die erforderlichen Sprünge in die und aus der Funktion vermeiden kann. Effizienz ist für den Programmierer gewöhnlich gleichbedeutend mit Geschwindigkeit: Das Programm läuft ohne den Funktionsaufruf schneller.

Deklariert man eine Funktion mit dem Schlüsselwort `inline`, erzeugt der Compiler keine Funktion im engeren Sinne, sondern kopiert den Code für die Inline-Funktion direkt in die aufrufende Funktion. Damit fallen die Sprünge weg und das Ganze stellt sich genauso dar, als hätte man die Anweisungen der Funktion selbst in die aufrufende Funktion geschrieben.

Allerdings ist der Geschwindigkeitsvorteil nicht umsonst zu haben. An allen Stellen, an denen Sie die Inline-Funktion aufrufen, erscheint der vollständige Code der Funktion, bei zehn Aufrufen eben zehn Mal. Bei umfangreichen Programmen wird somit die ausführbare Datei wesentlich größer. Dennoch kann der Geschwindigkeitszuwachs nur marginal sein. Die heutigen optimierenden Compiler arbeiten intelligent genug, so dass Sie aus der Deklaration einer Funktion als inline fast nie einen großen Gewinn schlagen. Wichtiger ist aber, dass die Vergrößerung des Codes seinerseits zu Lasten der Gesamtleistung gehen kann.

Als Faustregel gilt, dass eine kleine Funktion mit einer oder zwei Anweisungen für eine Inline-Deklaration in Frage kommt. Wenn Sie allerdings im Zweifel sind, verzichten Sie einfach darauf. Listing 5.6 demonstriert den Einsatz einer Inline-Funktion.

Eingabe

Listing 5.6: Inline-Funktionen

```
// Listing 5.6 - Zeigt den Einsatz von Inline-Funktionen

#include <iostream.h>

inline int Double(int);

int main()
{
  int target;

  cout << "Bitte eine Zahl eingeben: ";
  cin >> target;
  cout << "\n";

  target = Double(target);
  cout << "Target: " << target << endl;

  target = Double(target);
  cout << "Target: " << target << endl;

  target = Double(target);
  cout << "Target: " << target << endl;
    return 0;
}

int Double(int target)
{
  return 2*target;
}
```

Ausgabe

```
Bitte eine Zahl eingeben: 20
Target: 40
Target: 80
Target: 160
```

Analyse

Zeile 5 deklariert die Inline-Funktion `Double`, die einen Parameter vom Typ `int` übernimmt und einen Wert des gleichen Typs zurückgibt. Die Deklaration sieht wie bei jedem anderen Prototyp aus, außer dass das Schlüsselwort `inline` unmittelbar vor dem Rückgabetyp steht.

Der Compiler erzeugt daraus den gleichen Code, als hätten Sie die Anweisung

```
target = 2 * target;
```

an allen Stellen eingegeben, an denen im obigen Listing

```
target = Double(target);
```

steht.

Bei Programmausführung befinden sich die Anweisungen bereits an Ort und Stelle, d.h. der Compiler hat sie in die Objektdatei eingebaut (sprich: kompiliert). Das spart zwar einen Sprung zum Aufruf der Funktion, geht aber zu Lasten der Programmgröße.

Hinweis

Das Schlüsselwort `inline` ist ein Hinweis an den Compiler, dass Sie die Funktion als `inline` deklarieren möchten. Dem Compiler steht es aber frei, den Hinweis zu ignorieren und einen echten Funktionsaufruf zu generieren.

Arbeitsweise von Funktionen – ein Blick hinter die Kulissen

Beim Aufruf einer Funktion verzweigt der Code in die aufgerufene Funktion, die Parameter werden übergeben und der Rumpf der Funktion wird ausgeführt. Nach abgeschlossener Abarbeitung gibt die Funktion einen Wert zurück (außer wenn die Funktion als `void` deklariert ist) und die Steuerung geht an die aufrufende Funktion über.

Wie wird diese Aufgabe realisiert? Woher weiß der Code, wohin zu verzweigen ist? Wo werden die Variablen aufbewahrt, wenn die Übergabe erfolgt? Was geschieht mit den Variablen, die im Rumpf der Funktion deklariert sind? Wie wird der Rückgabewert aus der Funktion heraus übergeben? Woher weiß der Code, wo das Programm fortzusetzen ist?

Der Stack

Neuer Begriff

Beim Start eines Programms legt der Compiler einen speziellen Bereich im Hauptspeicher an: den sogenannten *Stack* (Stapelspeicher). Der Stack nimmt Daten auf, die für die einzelnen Funktionen im Programm gedacht sind. Die Bezeichnung Stapelspeicher lässt Ähnlichkeiten mit einem Geschirrstapel vermuten, wie ihn Abbildung 5.4 zeigt. Was man zuletzt auf den Stapel gelegt hat, entnimmt man auch wieder zuerst.

Der Stack wächst, wenn man Daten auf den Stack »legt«. Entnimmt man Daten vom Stack, schrumpft er. Einen Geschirrstapel kann man auch nicht wegräumen, ohne die zuletzt obenauf gelegten Teller als erste wieder wegzunehmen.

Abbildung 5.4: Ein Stack (Stapel)

Die Analogie zum Geschirrstapel eignet sich zwar zur anschaulichen Darstellung, versagt aber bei der grundlegenden Arbeitsweise des Stacks. Eine genauere Vorstellung liefert eine Folge von Fächern, die von oben nach unten angeordnet sind. Auf der Spitze des Stacks befindet sich das Fach, auf das der Stack-Pointer (Zeiger auf den Stack, ein weiteres Register) zeigt.

Alle Fächer haben eine fortlaufende Adresse und eine dieser Adressen wird im Stack-Register abgelegt. Alles unterhalb dieser magischen Adresse, die man als Spitze des Stacks bezeichnet, wird als »auf dem Stack befindlich« betrachtet. Alles oberhalb des Stack-Pointers liegt außerhalb des Stacks und ist ungültig. Abbildung 5.5 verdeutlicht dieses Konzept.

Wenn man Daten auf den Stack legt, kommen sie in ein Fach oberhalb des Stack-Pointers. Anschließend wird der Stack-Pointer zu den neuen Daten verschoben. Entnimmt man Daten aus dem Stack, passiert weiter nichts, als dass die Adresse des Stack-Pointers auf dem Stack nach unten geschoben wird. Abbildung 5.6 macht diese Regel deutlich.

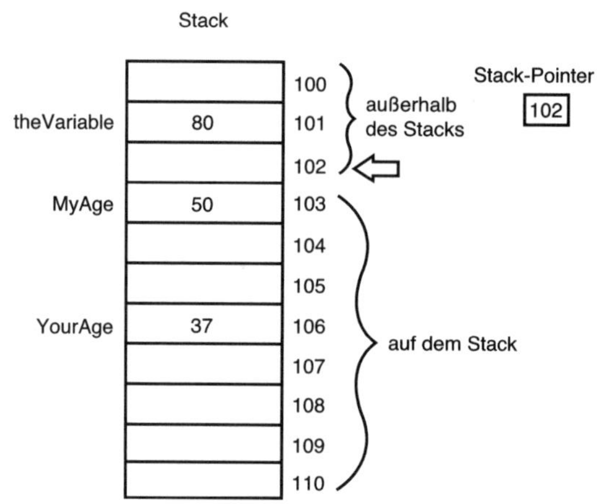

Abbildung 5.5:
Der Stack-pointer

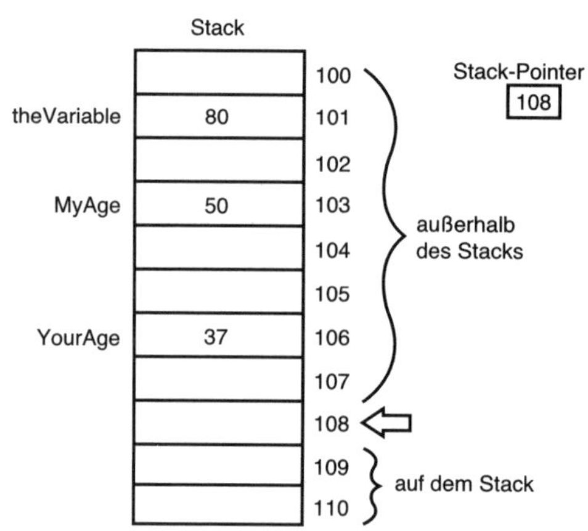

Abbildung 5.6:
Verschieben des Stack-Pointers

Stack und Funktionen

Ruft ein Programm eine Funktion auf, richtet es einen sogenannten »Stack-Rahmen« ein. Dabei handelt es sich um einen Bereich auf dem Stack, den das Programm für die Verwaltung der aufgerufenen Funktion reserviert. Das Ganze ist ziemlich kompliziert und wird noch dazu auf verschiedenen Computern unterschiedlich realisiert. Die wesentlichen Schritte lauten:

1. Rückkehradresse der Funktion auf dem Stack ablegen. Wenn die Funktion zurückkehrt, setzt die Programmausführung an dieser Adresse fort.
2. Auf dem Stack für den deklarierten Rückgabetyp Platz schaffen.
3. Alle Argumente an die Funktion auf dem Stack platzieren.

4. Das Programm verzweigt in die Funktion.
5. Die Funktion legt lokale Variablen bei ihrer Definition auf dem Stack ab.

Zusammenfassung

Dieses Kapitel bildet eine Einführung in Funktionen. Praktisch handelt es sich bei einer Funktion um ein Unterprogramm, an das man Parameter übergeben und aus dem man einen Rückgabewert erhalten kann. Jedes C++-Programm beginnt in der Funktion `main` und `main` kann ihrerseits andere Funktionen aufrufen.

Die Deklaration einer Funktion erfolgt in einem Prototyp, der den Rückgabewert, den Funktionsnamen und die Parametertypen beschreibt. Eine Funktion lässt sich optional `inline` deklarieren. Ein Funktionsprototyp kann auch Standardvariablen für einen oder mehrere Parameter festlegen.

Die Funktionsdefinition muss mit dem Funktionsprototyp hinsichtlich Rückgabetyp, Name und Parameterliste übereinstimmen. Funktionsnamen kann man überladen, indem man die Anzahl oder den Typ der Parameter ändert. Der Compiler ruft die richtige Funktion anhand der Argumentliste auf.

Lokale Variablen in Funktionen und die an die Funktion übergebenen Argumente sind lokal zu dem Block, in dem sie deklariert sind. Als Wert übergebene Parameter sind Kopien und können nicht auf den Wert der Variablen in der aufrufenden Funktion zurückwirken.

Fragen und Antworten

F Warum arbeitet man nicht generell mit globalen Variablen?

A *In den Anfangszeiten der Programmierung wurde genau das gemacht. Durch die zunehmende Komplexität der Programme ließen sich Fehler immer schwerer finden, da jede beliebige Funktion die Daten zerstören konnte – globale Daten lassen sich an beliebigen Stellen im Programm verändern. Im Laufe der Jahre hat sich bei den Programmierern die Erkenntnis durchgesetzt, dass Daten so lokal wie möglich zu halten sind und der Zugriff auf diese Daten sehr eng abgesteckt sein sollte.*

F Warum werden Änderungen am Wert von Funktionsargumenten nicht in der aufrufenden Funktion widergespiegelt?

A *Die Übergabe der Argumente an eine Funktion erfolgt als Wert. Das bedeutet, dass die Argumente innerhalb der Funktion tatsächlich als Kopien der Originalwerte vorliegen.*

F Was passiert, wenn ich die folgenden beiden Funktionen in ein und demselben Programm deklariere?

```
int Area (int width, int length = 1);
int Area (int size);
```

F Werden diese überladen? Die Anzahl der Parameter ist unterschiedlich, aber der erste Parameter hat einen Standardwert.

A *Die Deklarationen werden zwar kompiliert, wenn man aber* `Area` *mit einem Parameter aufruft, erhält man einen Fehler zur Kompilierzeit:* `'Area': Mehrdeutiger Aufruf einer ueberladenen Funktion.`

TEIL II

Klassen

Stunde 6

Basisklassen

Klassen erweitern die in C++ vordefinierten Fähigkeiten und unterstützen damit die Darstellung und Lösung komplexer Probleme in der Praxis.

In dieser Stunde lernen Sie,

- was Klassen und Objekte sind,
- wie man eine neue Klasse definiert und Objekte dieser Klasse erzeugt.

Neue Typen erzeugen

Bis jetzt haben Sie eine Reihe von Variablentypen kennen gelernt, einschließlich ganzer Zahlen und Zeichen. Der Typ einer Variablen sagt etwas über die Variable aus. Wenn man z.B. `Height` und `Width` als ganze Zahlen des Typs `unsigned short` deklariert, ist bekannt, dass jede Variable eine Zahl zwischen 0 und 65.535 aufnehmen kann (vorausgesetzt, dass `unsigned short` eine Länge von 2 Byte hat).

Und genau das ist mit `unsigned short int` gemeint. Die Aufnahme derartiger Zahlen ist nicht einfach ein Nebenprodukt dieser Deklaration, sondern es ist die *Definition* einer Integer-Zahl vom Typ `unsigned short`.

Neben der Größe sagt der Typ etwas über die Fähigkeiten des Objekts aus. Beispielsweise kann man Ganzzahlen vom Typ `short` addieren. Somit ergibt sich allein aus der Deklaration von `Height` und `Width` als `unsigned short int`, dass man `Height` und `Width` addieren und diese Zahl einer anderen Zahl zuweisen kann.

Der Typ dieser Variablen sagt etwas aus über

- ihre Größe im Speicher,
- die speicherbaren Informationen,
- die auf diesen Variablen ausführbaren Aktionen.

Was ist ein Typ?

Ein *Typ* ist eine Kategorie. Den Menschen zeichnet unter anderem die Fähigkeit aus zu kategorisieren. Wir sehen nicht Hunderte von Formen der Savanne. Wir sehen Tiere und Bäume. Und wir sehen nicht einfach Tiere; wir sehen Gazellen, Elefanten, Wasserbüffel usw. Wir klassifizieren, ordnen, gruppieren und teilen ein. Kurz gesagt denken wir in *Typen* von Dingen.

Eine Orange ist eine Frucht, eine Frucht ist eine Pflanze, und eine Pflanze ist ein Lebewesen.

Zu den alltäglichen Typen gehören Auto, Haus, Person und Figur. In C++ stellt ein Typ ein Objekt mit einer Größe, einem Zustand und einem Satz von Fähigkeiten dar.

Ein C++-Programmierer kann jeden benötigten Typ erzeugen und jeder dieser neuen Typen kann über die gesamte Funktionalität und Leistungsfähigkeit der vordefinierten Typen verfügen.

Warum einen neuen Typ erzeugen?

Programme schreibt man in der Regel, um praxisgerechte Probleme zu lösen, wie etwa die Erfassung von Mitarbeiterdaten oder die Simulation der Abläufe eines Heizungssystems. Obwohl man komplexe Probleme auch mit Programmen lösen kann, die nur mit ganzen Zahlen und Zeichen arbeiten, ist es weitaus einfacher, große, komplexe Probleme in den Griff zu bekommen, wenn man Darstellungen der betreffenden Objekte erzeugen kann. Mit anderen Worten lässt sich die Simulation der Abläufe eines Heizungssystems leichter umsetzen, wenn man Variablen für die Darstellung von Räumen, Wärmesensoren, Thermostaten und Dampfkesseln erzeugen kann. Je näher diese Variablen der Realität entsprechen, desto einfacher ist es, das Programm zu schreiben.

Klassen und Elemente

Neuer Begriff

Einen neuen Typ erzeugt man durch die Deklaration einer Klasse. Eine *Klasse* ist einfach eine Sammlung von Variablen – häufig mit unterschiedlichen Typen – kombiniert mit einer Gruppe verwandter Funktionen.

Man kann sich ein Auto als Sammlung von Rädern, Türen, Sitzen, Fenstern usw. vorstellen. Eine andere Möglichkeit ist es, das Auto als Sammlung seiner Funktionen aufzufassen: es fährt, beschleunigt, bremst, stoppt, parkt usw.

Neuer Begriff

Kapselung ist die Zusammenfassung aller Informationen, Fähigkeiten und Zuständigkeiten einer Einheit zu einem einzelnen Objekt.

Die Kapselung aller Informationen über ein Auto in einer Klasse bietet für den Programmierer eine Reihe von Vorteilen. Alles ist an einer Stelle zusammengefasst, wodurch man die Daten leicht im Zugriff hat, kopieren und manipulieren kann.

Neuer Begriff

Klienten einer Klasse sind andere Klassen oder Funktionen, die von der jeweiligen Klasse Gebrauch machen. Kapselung erlaubt den Klienten der Klasse, diese zu nutzen, ohne sich um die Funktionsweise zu kümmern oder diese zu kennen. Man kann ein Auto fahren, ohne dass man weiß, wie der Motor funktioniert, und die Klienten einer Klasse können die Klasse verwenden, ohne zu wissen, wie die Klasse die jeweilige Aufgabe realisiert.

Eine Klasse kann aus jeder Kombination von Variablentypen und auch anderen Klassentypen bestehen. Die Variablen in der Klasse bezeichnet man als Elementvariablen oder Datenelemente. Eine Klasse `Auto` verfügt beispielsweise über Variablen zur Darstellung von Sitzen, Radiotypen, Reifen usw.

Neuer Begriff

Elementvariablen oder *Datenelemente* sind die Variablen in einer Klasse und gehören zu einer Klasse, genau wie Räder und der Motor Teil eines Autos sind.

Neuer Begriff

Normalerweise manipulieren die Funktionen in der Klasse die Elementvariablen. Man bezeichnet diese Funktionen als *Elementfunktionen* oder *Methoden* der Klasse. Methoden der Klasse `Auto` können z.B. `Starten` und `Bremsen` sein. Eine Klasse `Katze` könnte über Datenelemente verfügen, die das Alter und Gewicht repräsentieren, als Methoden sind `Sleep`, `Meow` und `ChaseMice` vorstellbar.

Elementfunktionen – oder Methoden – sind die Funktionen in einer Klasse. Elementfunktionen gehören ebenso zur Klasse wie Elementvariablen und bestimmen, was die Objekte der Klasse realisieren können.

Klassen deklarieren

Um eine Klasse zu deklarieren, verwendet man das Schlüsselwort `class`, gefolgt von einer öffnenden geschweiften Klammer und einer Liste der Datenelemente und Methoden dieser Klasse. Den Abschluss der Deklaration bildet eine schließende geschweifte Klammer und ein Semikolon. Die Deklaration einer Klasse namens `Cat` (Katze) sieht wie folgt aus:

```
class Cat
{
unsigned int  itsAge;
unsigned int  itsWeight;
Meow();
};
```

Die Deklaration dieser Klasse reserviert noch keinen Speicher für `Cat`. Es ist nur eine Anweisung an den Compiler, was die Klasse `Cat` darstellt, welche Daten sie enthält (`itsAge` und `itsWeight`) und was sie tun kann (`Meow`). Außerdem wird dem Compiler mitgeteilt, wie groß `Cat` ist – d.h., wieviel Platz der Compiler für jedes erzeugte `Cat`-Objekt reservieren muss. In diesem Beispiel ist `Cat` lediglich 8 Byte groß (vorausgesetzt, dass Integer mit 4 Byte dargestellt wird): `itsAge` mit 4 Byte und `itsWeight` mit weiteren 4. Die Methode `Meow` belegt keinen Platz, da für Elementfunktionen (Methoden) kein Speicher reserviert wird.

Ein Wort zu Namenskonventionen

Als Programmierer muss man alle Elementvariablen, Elementfunktionen und Klassen benennen. Wie Sie in Stunde 3 gelernt haben, sollten diese Namen leicht verständlich und aussagekräftig sein. `Cat`, `Rectangle` und `Employee` sind geeignete Klassennamen. `Meow`, `ChaseMice` und `StopEngine` sind passende Funktionsnamen, da man daraus die Aufgabe der Funktionen ablesen kann. Viele Programmierer benennen die Elementvariablen mit dem Präfix `its` (zu Deutsch: ihr, bezieht sich auf Klasse) wie in `itsAge`, `itsWeight` und `itsSpeed` (ihrAlter, ihrGewicht, ihreGeschwindigkeit). Damit lassen sich Elementvariablen leichter von anderen Variablen unterscheiden.

Da C++ die Groß-/Kleinschreibung beachtet, sollten alle Klassennamen demselben Muster folgen. Auf diese Weise braucht man nie zu prüfen, wie man den Klassennamen schreiben muss – war es `Rectangle`, `rectangle` oder `RECTANGLE`? Einige Programmierer setzen vor den Klassennamen einen bestimmten Buchstaben (beispielsweise `cCat` oder `cPerson`), während andere den Namen durchgängig groß oder klein schreiben. Der Autor beginnt alle Klassennamen mit einem Großbuchstaben wie in `Cat` und `Person`.

Analog dazu beginnen viele Programmierer alle Funktionen mit Großbuchstaben und alle Variablen mit Kleinbuchstaben. Zusammengesetzte Wörter werden durch einen Unterstrich (wie in `Chase_Mice`) oder durch Großschreibung der einzelnen Wörter (wie in `ChaseMice` oder `DrawCircle`) auseinander gehalten.

Wichtig ist vor allem, dass Sie sich einen Stil herausgreifen und ihn in jedem Programm konsequent anwenden. Mit der Zeit vervollkommnet sich dieser Stil und umfasst nicht nur Namenskonventionen, sondern auch Einzüge, Ausrichtung von Klammern und Kommentare.

Objekte definieren

Ein Objekt des neuen Typs definiert man fast genauso wie eine Integer-Variable:

```
unsigned int GrossWeight;         // eine unsigned Integer-Variable definieren
Cat Frisky;                       // ein Cat-Objekt definieren
```

Dieser Code definiert eine Variable namens `GrossWeight` vom Typ `unsigned int`. Die zweite Zeile zeigt die Definition von `Frisky` als Objekt, dessen Klasse (oder Typ) `Cat` ist.

Klassen und Objekte

Man pflegt niemals die Definition einer Katze, man pflegt einzelne Katzen. Man unterscheidet also zwischen der Vorstellung von einer Katze und der realen Katze, die gerade durchs Wohnzimmer schleicht. Auf die gleiche Weise unterscheidet C++ zwischen der Klasse `Cat` als Vorstellung von einer Katze und jedem individuellen `Cat`-Objekt. Demzufolge ist `Frisky` ein Objekt vom Typ `Cat`, genauso wie `GrossWeight` eine Variable vom Typ `unsigned int` ist.

Ein Objekt ist einfach eine selbständige Instanz einer Klasse.

Auf Klassenelemente zugreifen

Nachdem man ein `Cat`-Objekt definiert hat (z.B. `Frisky`), kann man mit dem Punktoperator (.) auf die Elemente dieses Objekts zugreifen. Zum Beispiel weist man den Wert 50 an die Elementvariable `Weight` des Objekts `Frisky` wie folgt zu:

```
Frisky.Weight = 50;
```

In gleicher Weise ruft man die Funktion `Meow` auf:

```
Frisky.Meow();
```

An Objekte, nicht an Klassen zuweisen

In C++ weist man die Werte nicht den Typen, sondern den Variablen zu. Beispielsweise schreibt man niemals

```
int = 5;                // falsch
```

Der Compiler mokiert das als Fehler, da man den Wert 5 nicht an einen Integer-Typ zuweisen kann. Stattdessen muss man eine Integer-Variable erzeugen und dieser Variablen den Wert 5 zuweisen:

```
int  x;                 // x als int definieren
x = 5;                  // den Wert von x auf 5 setzen
```

Das ist eine Kurzform für die Anweisung »weise 5 der Variablen `x` zu, die vom Typ `int` ist«. In diesem Sinne schreibt man auch nicht

```
Cat.age = 5;
```

Man muss ein Cat-Objekt definieren und den Wert 5 diesem Objekt zuweisen:

```
Cat Frisky;              // analog zum Beispiel int x;
Frisky.age = 5;          // analog zum Beispiel x = 5;
```

Private und Public

Neuer Begriff

Bei der Deklaration einer Klasse kommen weitere Schlüsselwörter zum Einsatz. Zwei der wichtigsten sind `public` (öffentlich) und `private`.

Alle Elemente einer Klasse – Daten und Methoden – sind per Vorgabe privat. Auf private Elemente kann man nur innerhalb der Methoden der Klasse selbst zugreifen. Öffentliche Elemente sind über jedes Objekt der Klasse zugänglich. Der Unterschied zwischen beiden ist wichtig und verwirrend zugleich. Um es klarer herauszustellen, sehen wir uns ein früheres Beispiel dieses Kapitels an:

```
class Cat
{
unsigned int  itsAge;
unsigned int  itsWeight;
Meow();
};
```

In dieser Deklaration sind `itsAge`, `itsWeight` und `Meow` privat, da alle Elemente einer Klasse per Vorgabe privat sind. Solange man also nichts anderes festlegt, bleiben sie privat.

Wenn man allerdings schreibt

```
Cat  Boots;
Boots.itsAge=5;     // Fehler! Kann nicht auf private Daten zugreifen!
```

zeigt der Compiler einen Fehler an. Praktisch hat man dem Compiler gesagt: »Ich werde auf `itsAge`, `itsWeight` und `Meow` nur innerhalb der Elementfunktionen der `Cat`-Klasse zugreifen.« Im Beispiel findet jedoch ein Zugriff von außerhalb einer `Cat`-Methode statt. Nur weil `Boots` ein Objekt der Klasse `Cat` ist, heißt das nicht, dass man auf die privaten Teile von `Boots` zugreifen kann.

Um auf die Datenelemente von `Cat` zugreifen zu können, deklariert man einen Abschnitt der Klasse `Cat` als `public`:

```
class Cat
{
public:
```

```
unsigned int  itsAge;
unsigned int  itsWeight;
Meow();
};
```

Nunmehr sind `itsAge`, `itsWeight` und `Meow` öffentlich. Der Compiler hat nichts mehr an `Boots.itsAge=5` auszusetzen.

Private Datenelemente

Neuer Begriff

Als allgemeine Entwurfsregel gilt, dass man die Datenelemente einer Klasse privat halten sollte. Daher muss man öffentliche Elementfunktionen, die sogenannten *Zugriffsmethoden*, erzeugen, um private Elementvariablen zu setzen und zu lesen. Über Zugriffsmethoden greifen andere Teile des Programms auf die Werte von privaten Elementvariablen zu, um diese festzulegen oder abzurufen.

Zugriffsfunktionen gestatten es, die Einzelheiten der Speicherung von der Verwendung der Daten zu trennen. Damit kann man die Speicherung der Daten verändern, ohne dass man die Funktionen neu schreiben muss, die mit den Daten arbeiten.

Zur Deklaration von Abschnitten der Klasse als öffentlich oder privat verwendet man die entsprechenden Schlüsselwörter zur Steuerung des Zugriffs. Jedes Schlüsselwort ändert die Zugriffssteuerung von diesem Punkt an bis zum Ende der Klasse oder bis zum nächsten dementsprechenden Schlüsselwort. Klassendeklarationen enden mit einer schließenden geschweiften Klammer und einem Semikolon.

Sehen Sie sich folgendes Beispiel an:

```
class Cat
{
public:
    unsigned int Age;
    unsigned int Weight;
    void Meow();
};

Cat  Frisky;
Frisky.Age = 8;
Frisky.Weight = 18;
Frisky.Meow();
```

Und sehen Sie sich nun folgendes Beispiel an:

```
class Car
{
public:                           // die nächsten fünf Elemente sind öffentlich

    void Start();
    void Accelerate();
    void Brake();
    void SetYear(int year);
    int GetYear();

private:                          // der Rest ist privat

     int Year;
     Char Model [255];
};                                // Ende der Klassendeklaration

Car OldFaithful;                  // eine Instanz von Car erzeugen
int bought;                       // eine lokale Variable vom Typ int
OldFaithful.SetYear(84) ;         // 84 an Year zuweisen
bought = OldFaithful.GetYear();   // bought auf 84 setzen
OldFaithful.Start();              // die Methode Start aufrufen
```

Klassenmethoden implementieren

Jede Klassenmethode, die man deklariert, muss man auch definieren.

Neuer Begriff

Die *Definition einer Elementfunktion* beginnt mit dem Namen der Klasse, gefolgt von zwei Doppelpunkten, dem Namen der Funktion und ihren Parametern. Listing 6.1 zeigt die vollständige Deklaration einer einfachen Cat-Klasse mit der Implementierung einer Zugriffsfunktion und einer allgemeinen Elementfunktion.

Eingabe

Listing 6.1: Methoden einer einfachen Klasse implementieren

```
// Zeigt die Deklaration einer Klasse und
// die Definition von Klassenmethoden

#include <iostream.h>       // für cout
```

```

class Cat                      // Beginn der Klassendeklaration
{
  public:                      // Beginn des öffentlichen Abschnitts
    int GetAge();              // Zugriffsfunktion
    void SetAge (int age);     // Zugriffsfunktion
    void Meow();               // Allgemeine Funktion
  private:                     // Beginn des privaten Abschnitts
    int itsAge;                // Elementvariable
};

// Die öffentliche Zugriffsfunktion GetAge gibt
// den Wert des Datenelements itsAge zurück.
int Cat::GetAge()
{
   return itsAge;
}

// Definition von SetAge als öffentliche
// Zugriffsfunktion.
// Gibt Datenelement itsAge zurück.
void Cat::SetAge(int age)
{
   // Elementvariable itsAge auf den als
   // Parameter age übergebenen Wert setzen.
   itsAge = age;
}

// Definition der Methode Meow
// Rückgabe: void
// Parameter: Keine
// Aktion: Gibt "meow" auf dem Bildschirm aus
void Cat::Meow()
{
   cout << "Miau.\n";
}

// Eine Katze erzeugen, Alter festlegen, Miauen lassen
// Alter mitteilen lassen, dann erneut miauen.
int main()
{
   Cat Frisky;
   Frisky.SetAge(5);
   Frisky.Meow();
   cout << "Frisky ist eine Katze, die " ;
   cout << Frisky.GetAge() << " Jahre alt ist.\n";
```

```
51:     Frisky.Meow();
52;      return 0;
53: }
```

```
Miau.
Frisky ist eine Katze, die 5 Jahre alt ist.
Miau.
```

Die Zeilen 6 bis 14 enthalten die Definition der Klasse `Cat`. Das Schlüsselwort `public` in Zeile 8 teilt dem Compiler mit, dass die nachfolgenden Elemente öffentlich sind. Zeile 9 deklariert die öffentliche Zugriffsmethode `GetAge`, die den Zugriff auf die in Zeile 13 deklarierte private Elementvariable `itsAge` realisiert. In Zeile 10 steht die öffentliche Zugriffsfunktion `SetAge`. Diese Funktion übernimmt eine ganze Zahl als Argument und setzt `itsAge` auf den Wert dieses Arguments.

Zeile 12 leitet den privaten Abschnitt ein, der nur die Deklaration in Zeile 13 für die private Elementvariable `itsAge` enthält. Die Klassendeklaration endet mit einer schließenden geschweiften Klammer und dem Semikolon in Zeile 14.

Die Zeilen 18 bis 21 enthalten die Definition der Elementfunktion `GetAge`. Diese Methode übernimmt keine Parameter, gibt aber eine ganze Zahl zurück. Beachten Sie, dass Klassenmethoden den Klassennamen enthalten, gefolgt von zwei Doppelpunkten und dem Namen der Funktion (siehe Zeile 18). Diese Syntax weist den Compiler an, dass die hier definierte Funktion `GetAge` diejenige ist, die in der Klasse `Cat` deklariert wurde. Mit Ausnahme der Kopfzeile wird die Funktion `GetAge` wie jede andere Funktion erzeugt.

Die Funktion `GetAge` besteht nur aus einer Zeile und gibt den Wert in `itsAge` zurück. Beachten Sie, dass die Funktion `main` nicht auf `itsAge` zugreifen kann, da `itsAge` zur Klasse `Cat` privat ist. Die Funktion `main` hat Zugriff auf die öffentliche Methode `GetAge`. Da `GetAge` eine Elementfunktion der Klasse `Cat` ist, hat sie uneingeschränkten Zugriff auf die Variable `itsAge`. Dieser Zugriff erlaubt `GetAge`, den Wert von `itsAge` an `main` zurückzugeben.

In Zeile 26 beginnt die Definition der Elementfunktion `SetAge`. Diese Funktion übernimmt einen ganzzahligen Parameter und setzt in Zeile 30 den Wert von `itsAge` auf den Wert dieses Parameters. Da es sich um eine Elementfunktion der Klasse `Cat` handelt, hat `SetAge` direkten Zugriff auf die Elementvariable `itsAge`.

In Zeile 37 beginnt die Definition – oder Implementierung – der Methode `Meow` der Klasse `Cat`. Es handelt sich um eine einzeilige Funktion, die das Wort `Meow`, gefolgt von einer Zeilenschaltung, auf dem Bildschirm ausgibt. (Wie Sie wissen, bewirkt das Zeichen `\n` eine neue Zeile auf dem Bildschirm.)

Zeile 44 beginnt den Rumpf des Programms mit der bekannten Funktion `main`. Die Funktion `main` übernimmt hier keine Argumente und gibt `void` zurück. In Zeile 46 deklariert `main` ein `Cat`-Objekt namens `Frisky`. In Zeile 47 wird der Wert 5 an die Elementvariable `itsAge` mit Hilfe der Zugriffsmethode `SetAge` zugewiesen. Beachten Sie, dass der Aufruf dieser Methode mit dem Klassennamen (`Frisky`), gefolgt vom Punktoperator (.) und dem Methodennamen (`SetAge`), erfolgt. In der gleichen Weise kann man jede andere Methode in einer Klasse aufrufen.

Zeile 48 ruft die Elementfunktion `Meow` auf, und Zeile 49 gibt eine Meldung mittels der Zugriffsmethode `GetAge` aus. In Zeile 51 steht ein weiterer Aufruf von `Meow`.

Konstruktoren und Destruktoren

Bei der Definition einer Integer-Variablen gibt es zwei Verfahren. Man kann die Variable definieren und ihr später im Programm einen Wert zuweisen. Dazu ein Beispiel:

```
int Weight;              // eine Variable definieren
...                      // hier steht anderer Code
Weight = 7;              // der Variablen einen Wert zuweisen
```

Man kann die Ganzzahl auch definieren und sie sofort initialisieren:

```
int Weight = 7;          // definieren und mit 7 initialisieren
```

Die Initialisierung kombiniert die Definition der Variablen mit einer anfänglichen Zuweisung. Nichts hindert Sie daran, den Wert später zu ändern. Die Initialisierung stellt sicher, dass eine Variable niemals ohne einen sinnvollen Wert vorkommt.

Wie initialisiert man nun die Datenelemente einer Klasse? Klassen haben eine spezielle Elementfunktion, einen sogenannten *Konstruktor*. Der Konstruktor kann bei Bedarf Parameter übernehmen, aber keinen Rückgabewert liefern – nicht einmal `void`. Der Konstruktor ist eine Klassenmethode mit demselben Namen wie die Klasse selbst.

Zur Deklaration eines Konstruktors gehört in der Regel auch die Deklaration eines *Destruktors*. Genau wie Konstruktoren Objekte der Klasse erzeugen und initialisieren, führen Destruktoren Aufräumungsarbeiten nach Abbau des Objekts aus und geben reservierten Speicher frei. Ein Destruktor hat immer den Namen der Klasse, wobei eine Tilde (~) vorangestellt ist. Destruktoren übernehmen keine Argumente und haben keinen Rückgabewert. Der Destruktor der Klasse `Cat` ist demnach wie folgt deklariert:

```
~Cat();
```

Standardkonstruktoren

Neuer Begriff

Ein Konstruktor ohne Parameter heißt *Standardkonstruktor.*

Wenn man

```
Cat Frisky(5);
```

schreibt, ruft man den Konstruktor für `Cat` auf, der einen Parameter (in diesem Fall den Wert 5) übernimmt. Schreibt man dagegen

```
Cat Frisky;
```

kann man die Klammern weglassen. Der Compiler ruft damit den Standardkonstruktor – den Konstruktor ohne Parameter – auf.

Vom Compiler bereitgestellte Konstruktoren

Wenn man überhaupt keine Konstruktoren deklariert, erzeugt der Compiler automatisch einen Standardkonstruktor. (Wie Sie wissen, handelt es sich beim Standardkonstruktor um den Konstruktor, der keine Parameter übernimmt.)

Der vom Compiler bereitgestellte Standardkonstruktor führt keine Aktion aus. Es ist quasi so, als hätte man einen Konstruktor deklariert, der keine Parameter übernimmt und dessen Rumpf leer ist.

Dazu sind zwei wichtige Punkte zu beachten:

- Der Standardkonstruktor ist ein beliebiger Konstruktor ohne Parameter. Es spielt keine Rolle, ob man ihn selbst deklariert oder vom Compiler übernimmt.
- Wenn man *irgendeinen* Konstruktor deklariert (mit oder ohne Parameter), stellt der Compiler *keinen* Standardkonstruktor bereit. Wenn man in diesem Fall dennoch einen Standardkonstruktor wünscht, muss man ihn selbst deklarieren.

Wenn man keinen Destruktor angibt, stellt der Compiler ebenfalls einen entsprechenden Destruktor bereit, dessen Rumpf leer ist und der keine Aktionen ausführt.

Aus Formgründen sollte man einen Destruktor deklarieren, wenn man einen Konstruktor deklariert, auch wenn der Destruktor keine weiteren Aufgaben wahrnimmt. Obwohl der Standarddestruktor durchaus korrekt arbeitet, stört es nicht, einen eigenen Konstruktor zu deklarieren. Der Code wird dadurch verständlicher.

In Listing 6.2 ist die Klasse `Cat` umgeschrieben und verwendet nun einen Konstruktor, um das `Cat`-Objekt zu initialisieren, wobei das Alter (`age`) auf den bereitgestellten Anfangswert gesetzt wird. Außerdem demonstriert das Listing, wo der Aufruf des Destruktors stattfindet.

Eingabe

Listing 6.2: Konstruktoren und Destruktoren

```
// Zeigt die Deklaration eines Konstruktors und
// eines Destruktors für die Klasse Cat

#include <iostream.h>      // für cout

class Cat                   // Beginn der Klassendeklaration
{
 public:                    // Beginn des öffentlichen Abschnitts
   Cat(int initialAge);     // Konstruktor
   ~Cat();                  // Destruktor
   int GetAge();            // Zugriffsfunktion
   void SetAge(int age);    // Zugriffsfunktion
   void Meow();
 private:                   // Beginn des privaten Abschnitts
   int itsAge;              // Elementvariable
};

// Konstruktor von Cat
Cat::Cat(int initialAge)
{
   itsAge = initialAge;
}

Cat::~Cat()                 // Destruktor, führt keine Aktionen aus
{
}

// Die öffentliche Zugriffsfunktion GetAge gibt
// den Wert des Datenelements itsAge zurück.
int Cat::GetAge()
{
   return itsAge;
}
```

```
34:
35:  // Definition von SetAge als öffentliche
36:  // Zugriffsfunktion
37:
38:  void Cat::SetAge(int age)
39:  {
40:     // Elementvariable itsAge auf den als
41:     // Parameter age übergebenen Wert setzen.
42:     itsAge = age;
43:  }
44:
45:  // Definition der Methode Meow
46:  // Rückgabe: void
47:  // Parameter: Keine
48:  // Aktion: Gibt "Miau" auf dem Bildschirm aus
49:  void Cat::Meow()
50:  {
51:     cout << "Miau.\n";
52:  }
53:
54:  // Eine Katze erzeugen, Alter festlegen, Miauen lassen
55   // Alter mitteilen lassen, dann erneut miauen.
56:  int main()
57:  {
58:    Cat Frisky(5);
59:    Frisky.Meow();
60:    cout << "Frisky ist eine Katze, die " ;
61:    cout << Frisky.GetAge() << " Jahre alt ist.\n";
62:    Frisky.Meow();
63:    Frisky.SetAge(7);
64:    cout << "Jetzt ist Frisky " ;
65:    cout << Frisky.GetAge() << " Jahre alt.\n";
66;     return 0;
67: }
```

Ausgabe

```
Miau.
Frisky ist eine Katze, die 5 Jahre alt ist.
Miau.
Jetzt ist Frisky 7 Jahre alt.
Miau.
```

Analyse

Listing 6.2 ist ähnlich zu Listing 6.1, außer dass Zeile 9 einen Konstruktor hinzufügt, der eine Ganzzahl übernimmt. Zeile 10 deklariert den Destruktor. Destruktoren übernehmen niemals Parameter und weder Konstruktoren noch Destruktoren geben Werte zurück – nicht einmal `void`.

Die Zeilen 19 bis 22 zeigen die Implementierung des Konstruktors, die der Implementierung der Zugriffsfunktion `SetAge` ähnlich ist. Es gibt keinen Rückgabewert.

Die Zeilen 24 bis 26 zeigen die Implementierung des Destruktors `~Cat`. Diese Funktion führt nichts aus, man muss aber die Definition der Funktion einbinden, wenn man sie in der Klassendeklaration deklariert.

Zeile 58 enthält die Definition des `Cat`-Objekts `Frisky`. Der Wert 5 wird an den Konstruktor von `Frisky` übergeben. Man muss hier nicht `SetAge` aufrufen, da `Frisky` mit dem Wert 5 in seiner Elementvariablen `itsAge` erzeugt wurde. Zeile 61 zeigt diesen Wert zur Bestätigung an. Auf Zeile 63 wird der Variablen `istAge` von `Frisky` der neue Wert 7 zugewiesen. Zeile 65 gibt den neuen Wert aus.

Zusammenfassung

In dieser Stunde haben Sie gelernt, wie man neue Datentypen – Klassen – erzeugt und wie man Variablen dieser neuen Typen – sogenannte Objekte – definiert.

Eine Klasse verfügt über Datenelemente, die Variablen verschiedener Typen einschließlich anderer Klassen sein können. Zu einer Klasse gehören auch Elementfunktionen, die sogenannten Methoden. Man verwendet diese Elementfunktionen, um die Datenelemente zu manipulieren und andere Aufgaben auszuführen.

Klassenelemente – sowohl Daten als auch Funktionen – können öffentlich (public) oder privat sein. Öffentliche Elemente sind jedem Teil des Programms zugänglich. Auf private Elemente können nur die Elementfunktionen der Klasse zugreifen.

Fragen und Antworten

F Wie groß ist ein Klassenobjekt?

A *Die Größe eines Klassenobjekts im Speicher wird durch die Summe aller Größen seiner Elementvariablen bestimmt. Klassenmethoden belegen keinen Platz in dem für das Objekt reservierten Hauptspeicher.*

Manche Compiler richten die Variablen im Speicher so aus, dass 2-Byte-Variablen tatsächlich etwas mehr Speicher verbrauchen als 2 Byte. Es empfiehlt sich, hierzu in der Dokumentation des Compilers nachzusehen, aber momentan gibt es keinen Grund, sich mit diesen Dingen im Detail zu beschäftigen.

F Warum sollten Datenelemente nach Möglichkeit privat bleiben?

A *Indem man die Datenelemente privat macht, kann der Klient der Klasse die Daten verwenden, ohne sich um die Art und Weise ihrer Speicherung oder Verarbeitung kümmern zu müssen. Wenn z.B. die Klasse* `Cat` *eine Methode* `GetAge` *enthält, können die Klienten der Klasse* `Cat` *das Alter der Katze abrufen, ohne zu wissen oder sich darum zu kümmern, ob die Katze ihr Alter in einer Elementvariablen speichert oder es im Vorübergehen berechnet.*

Stunde 7

Mehr über Klassen

In Stunde 6 haben Sie gelernt, wie man neue Typen erzeugt, indem man Klassen deklariert. Diese Stunde beschäftigt sich mit der Verwaltung von Klassen und dem Einsatz des Compilers bei der Fehlersuche.

In dieser Stunde lernen Sie,

- was konstante Elementfunktionen sind,
- wie man die Schnittstelle der Klasse von ihrer Implementierung trennt.

Konstante Elementfunktionen

Neuer Begriff

Wenn man eine Elementfunktion einer Klasse als `const` deklariert, legt man fest, dass die Methode nicht den Wert irgendeines Elements der Klasse ändert. Um eine Klassenmethode als konstant zu deklarieren, schreibt man das Schlüsselwort `const` nach den Klammern und vor das Semikolon. Die Deklaration der *konstanten Elementfunktion* `SomeFunction` übernimmt keine Argumente und gibt `void` zurück. Sie sieht folgendermaßen aus:

```
void SomeFunction() const;
```

Zugriffsfunktionen werden häufig als konstante Funktionen mit Hilfe des Modifizierers `const` deklariert. Die Klasse `Cat` hat zwei Zugriffsfunktionen:

```
void SetAge(int anAge);
int GetAge();
```

`SetAge` kann nicht `const` sein, da diese Funktion die Elementvariable `itsAge` ändert. Dagegen kann und sollte man `GetAge` als `const` deklarieren, da diese Funktion die Klasse überhaupt nicht verändert. Sie gibt einfach den aktuellen Wert der Elementvariablen `itsAge` zurück. Die Deklaration dieser Funktionen schreibt man daher wie folgt:

```
void SetAge(int anAge);
int GetAge() const;
```

Wenn man eine Funktion als konstant deklariert und dann die Implementierung dieser Funktion das Objekt ändert (durch Änderung des Werts eines ihrer Elemente), zeigt der Compiler einen entsprechenden Fehler an. Wenn man z.B. `GetAge` derartig geschrieben hat, dass diese Variable die Anzahl der Anfragen nach dem Alter von `Cat` protokolliert, würde man einen Compiler-Fehler erhalten. Durch den Aufruf dieser Methode verändert man nämlich das `Cat`-Objekt.

Hinweis

Verwenden Sie `const` wann immer möglich. Deklarieren Sie Elementfunktionen als `const`, außer wenn sie das Objekt ändern sollen. Damit erleichtert Ihnen der Compiler die Fehlersuche. Das geht schneller und ist weniger aufwendig, als wenn man es selbst machen müsste.

Es gehört zum guten Programmierstil, so viele Methoden wie möglich als `const` zu deklarieren. Damit kann bereits der Compiler Fehler abfangen und die Fehler zeigen sich nicht erst bei laufendem Programm.

Schnittstelle und Implementierung

Wie Sie bereits wissen, sind Klienten die Teile des Programms, die Objekte einer bestimmten Klasse erzeugen und verwenden. Man kann sich die Schnittstelle zu dieser Klasse – die Klassendeklaration – als Vertrag mit diesen Klienten vorstellen. Der Vertrag sagt aus, welche Daten in der Klasse verfügbar sind und wie sich die Klasse verhält.

In der Klassendeklaration von `Cat` erzeugen Sie z.B. einen Vertrag, dass jedes `Cat`-Objekt über eine Elementvariable `itsAge` verfügt, die man mit dem Konstruktor der Klasse initialisieren, durch ihre Zugriffsfunktion `SetAge` zuweisen und durch ihre Zugriffsfunktion `GetAge` lesen kann. Außerdem sagen Sie zu, dass jedes `Cat`-Objekt weiß, wie zu miauen ist (Funktion `Meow`).

Wenn man `GetAge` zu einer konstanten Funktion macht (wie es empfohlen wird), verspricht der Vertrag auch, dass `GetAge` nicht das `Cat`-Objekt ändert, auf dem die Funktion aufgerufen wird.

Warum mit dem Compiler Fehler abfangen?

In der rauhen Wirklichkeit der Programmierung sieht es so aus, dass kein Mensch absolut fehlerfreien Code schreiben kann. Was die Profis von den Amateuren unterscheidet, ist nicht, dass der Code von Profis perfekt ist, sondern dass die Fehler *vor* der Auslieferung des Produkts und nicht danach gefunden werden.

Compiler-Fehler – d.h., während der Kompilierung gefundene Fehler – sind weitaus angenehmer als Laufzeitfehler – d.h., während der Ausführung des Programms auftretende Fehler.

Das hängt damit zusammen, dass sich Compiler-Fehler zuverlässiger einkreisen lassen. Es kann durchaus sein, dass ein Programm viele Male läuft, ohne alle möglichen Wege im Code zu durchlaufen. Somit kann ein Laufzeitfehler eine ganze Weile im Verborgenen bleiben. Compiler-Fehler werden während der Kompilierung gefunden, so dass man sie leicht identifizieren und beseitigen kann. Deshalb hat es sich bewährt, bereits im frühen Stadium der Programmentwicklung mit dem Compiler Fehler abzufangen.

Klassendeklarationen und Methodendefinitionen plazieren

Jede deklarierte Funktion muss eine Definition haben. Die Definition einer Funktion bezeichnet man auch als *Implementierung*. Wie jede andere Funktion hat auch die Definition einer Klassenmethode einen Funktionskopf und einen Funktionsrumpf.

Die Definition muss in einer Datei stehen, die der Compiler finden kann. Die meisten C++-Compiler erwarten, dass diese Datei auf .C oder .CPP endet. In diesem Buch kommt die Erweiterung .CPP zur Anwendung. Es empfiehlt sich aber, dass Sie in Ihrem Compiler-Handbuch nachsehen, welche Erweiterung Ihr Compiler bevorzugt.

Hinweis

Viele Compiler nehmen an, dass es sich bei Dateien mit der Erweiterung .C um C-Programme handelt und dass C++-Programme mit .CPP enden. Man kann zwar eine beliebige Erweiterung verwenden, mit .CPP schafft man aber klare Verhältnisse.

Diese .CPP-Dateien müssen Sie in Ihr Projekt oder in die Make-Datei aufnehmen. Das dazu erforderliche Vorgehen hängt vom konkreten Compiler ab. In einer integrierten Entwicklungsumgebung ist in der Regel ein Befehl wie »Dem Projekt hinzufügen« vorhanden. In das Projekt sind alle .CPP-Dateien aufzunehmen, damit sich das Projekt zur ausführbaren Datei kompilieren und linken lässt.

Klassendeklarationen in Header-Dateien

Obwohl man durchaus die Deklaration in der Quellcodedatei unterbringen kann, gehört dieses Vorgehen nicht zum guten Programmierstil. Die von den meisten Programmierern anerkannte Konvention ist die Unterbringung der Deklaration in einer sogenannten Header-Datei, die gewöhnlich den gleichen Namen hat, aber auf .H, .HP oder .HPP endet. Im Buch werden Header-Dateien mit der Erweiterung .HPP verwendet. Auch hierzu sollten Sie im Compiler-Handbuch nachschlagen.

Schreibt man z.B. die Deklaration der Klasse `Cat` in eine Datei namens CAT.HPP, wird die Definition der Klassenmethoden in der Datei CAT.CPP gespeichert. Die Header-Datei bindet man dann in die .CPP-Datei ein, indem man den folgenden Code an den Beginn von CAT.CPP schreibt:

```
#include Cat.hpp
```

Damit weist man den Compiler an, CAT.HPP in die Datei einzulesen, genauso als hätte man ihren Inhalt an dieser Stelle eingetippt. Warum macht man sich die

Mühe, diese Angaben in separate Dateien zu schreiben, wenn man sie ohnehin wieder zusammenführt? In der Regel kümmern sich die Klienten einer Klasse nicht um die Details der Implementierung. Es genügt demnach, die Header-Datei zu lesen, um alle erforderlichen Angaben beisammen zu haben.

Hinweis

Die Deklaration einer Klasse sagt dem Compiler, um welche Klasse es sich handelt, welche Daten sie aufnimmt und welche Funktionen sie ausführt. Die Deklaration der Klasse bezeichnet man als *Schnittstelle* (Interface), da der Benutzer hieraus die Einzelheiten zur Interaktion mit der Klasse entnehmen kann. Die Schnittstelle speichert man in der Regel in einer .HPP-Datei, einer sogenannten *Header-Datei.*

Die Funktionsdefinition sagt dem Compiler, wie die Funktion arbeitet. Man bezeichnet die Funktionsdefinition als *Implementierung* der Klassenmethode und legt sie in einer .CPP-Datei ab. Die Implementierungsdetails der Klasse sind nur für den Autor der Klasse von Belang. Klienten der Klasse – d.h., die Teile des Programms, die die Klasse verwenden – brauchen nicht zu wissen (und sich nicht darum zu kümmern), wie die Funktionen implementiert sind.

Inline-Implementierung

So wie man den Compiler auffordern kann, eine normale Funktion als Inline-Funktion einzubinden, kann man auch Klassenmethoden als inline implementieren. Das Schlüsselwort `inline` steht vor dem Rückgabewert. Die Inline-Implementierung der Funktion `GetWeight` sieht z.B. folgendermaßen aus:

```
inline int Cat::GetWeight()
{
    return itsWeight;     // das Datenelement Weight zurückgeben
}
```

Man kann auch die Definition einer Funktion in die Deklaration der Klasse schreiben, was die Funktion automatisch zu einer Inline-Funktion macht. Dazu das Beispiel:

```
class Cat
{
    public:
    int GetWeight() { return itsWeight; }    // inline
    void SetWeight(int aWeight);
};
```

Beachten Sie die Syntax der Definition von `GetWeight`. Der Rumpf der Inline-Funktion beginnt unmittelbar nach der Deklaration der Klassenmethode. Nach den Klammern steht kein Semikolon. Wie bei jeder Funktion beginnt die Definition mit einer öffnenden geschweiften Klammer und endet mit einer schließenden geschweiften Klammer. Wie üblich spielen Whitespaces keine Rolle. Man hätte die Deklaration auch wie folgt schreiben können:

```
class Cat
{
    public:
    int GetWeight()
        {
        return itsWeight;
    }                       // inline
    void SetWeight(int aWeight);
};
```

Die Listings 7.1 und 7.2 bringen eine Neuauflage der Klasse `Cat`. Jetzt aber ist die Deklaration in CAT.HPP und die Implementierung der Funktionen in CAT.CPP untergebracht. Listing 7.1 realisiert außerdem sowohl die Zugriffsfunktion als auch die Funktion `Meow` als Inline-Funktionen.

Eingabe

Listing 7.1: Die Klassendeklaration von Cat in CAT.HPP

```
#include <iostream.h>
class Cat
 {
public:
 Cat (int initialAge);
 ~Cat();
  int GetAge() { return itsAge;}                  // inline!
  void SetAge (int age) { itsAge = age;}      // inline!
  void Meow() { cout << "Miau.\n";}           // inline!
 private:
int itsAge;
};
```

Eingabe

Listing 7.2: Die Implementierung von Cat in CAT.CPP

```
 // Zeigt Inline-Funktionen
 // und das Einbinden von Header-Dateien

```

```
 4: #include "cat.hpp"  // Header-Dateien unbedingt einbinden!
 5:
 6:
 7: Cat::Cat(int initialAge)    // Konstruktor
 8: {
 9:    itsAge = initialAge;
10: }
11:
12: Cat::~Cat()               // Destruktor, keine Aktionen
13: {
14: }
15:
16: // Katze erzeugen, Alter festlegen, Miauen lassen
17: // Alter ausgeben, dann erneut miauen.
18: int main()
19: {
20:    Cat Frisky(5);
21:    Frisky.Meow();
22:    cout << "Frisky ist eine Katze, die " ;
23:    cout << Frisky.GetAge() << " Jahre alt ist.\n";
24:    Frisky.Meow();
25:    Frisky.SetAge(7);
26:    cout << "Jetzt ist Frisky " ;
27:    cout << Frisky.GetAge() << " Jahre alt.\n";
28:     return 0;
29: }
```

Hinweis

Auf der Begleit-CD sind alle Listings nach dem Schema Lkk_nn.CPP enthalten, wobei kk für die Kapitelnummer und nn für die Listingnummer innerhalb des Kapitels steht. Damit sich das obige Beispiel kompilieren lässt, benennen Sie bitte die Datei L07_01.CPP in CAT.HPP um oder kopieren Sie sie einfach in eine Datei mit diesem Namen. Dieser Schritt ist erforderlich, da Zeile 4 in Listing 7.2 die Datei CAT.HPP (d.h. die Datei, die Listing 7.1 entspricht) einbindet. Das Gleiche gilt sinngemäß für die anderen Listings in diesem Buch.

Ausgabe

```
Miau.
Frisky ist eine Katze, die 5 Jahre alt ist.
Miau.
Jetzt ist Frisky 7 Jahre alt.
```

Analyse

Zeile 7 in Listing 7.1 deklariert die Funktion `GetAge` und stellt ihre Inline-Implementierung bereit. Die Zeilen 8 und 9 enthalten weitere Inline-Funktionen, wobei aber die Funktionalität dieser Funktionen unverändert aus den vorherigen »Outline«-Implementierungen übernommen wurde.

Die Anweisung `#include "cat.hpp"` in Zeile 4 von Listing 7.2 bindet das Listing von CAT.HPP (Listing 7.1) ein. Damit wird in Zeile 4 auch die für `cout` erforderliche Header-Datei IOSTREAM.H übernommen.

Klassen als Datenelemente einer Klasse

Es ist durchaus üblich, eine komplexe Klasse aufzubauen, indem man einfachere Klassen deklariert und sie in die Deklaration der komplexeren Klasse einbindet. Beispielsweise kann man eine Klasse `aWheel`, eine Klasse `aMotor`, eine Klasse `aTransmission` usw. deklarieren und dann zur Klasse `aCar` kombinieren. Damit deklariert man eine »Hat-ein«-Beziehung: Ein Auto hat einen Motor, es hat Räder, es hat eine Kraftübertragung.

Sehen wir uns ein zweites Beispiel an. Ein Rechteck setzt sich aus Linien zusammen. Eine Linie ist durch zwei Punkte definiert. Ein Punkt ist durch eine X- und eine Y-Koordinate festgelegt. Listing 7.3 zeigt eine vollständige Deklaration einer Klasse `Rectangle`, wie sie in RECTANGLE.HPP stehen könnte. Da ein Rechteck mit vier Linien definiert ist, welche vier Punkte verbinden, und sich jeder Punkt auf eine Koordinate in einem Diagramm bezieht, wird zuerst die Klasse `Point` deklariert, um die X/Y-Koordinaten jedes Punkts aufzunehmen. Listing 7.4 zeigt eine vollständige Deklaration beider Klassen.

Eingabe ***Listing 7.3: Deklaration einer vollständigen Klasse***

```
// Beginn von Rect.hpp
#include <iostream.h>
class Point     // nimmt X/Y-Koordinaten auf
{
   // Kein Konstruktor, Standardkonstruktor verwenden
   public:
      void SetX(int x) { itsX = x; }
      void SetY(int y) { itsY = y; }
      int GetX()const { return itsX;}
      int GetY()const { return itsY;}
   private:
      int itsX;
      int itsY;
};    // Ende der Klassendeklaration von Point


class  Rectangle
{
```

```
    public:
       Rectangle (int top, int left, int bottom, int right);
       ~Rectangle () {}

       int GetTop() const { return itsTop; }
       int GetLeft() const { return itsLeft; }
       int GetBottom() const { return itsBottom; }
       int GetRight() const { return itsRight; }

       Point  GetUpperLeft() const { return itsUpperLeft; }
       Point  GetLowerLeft() const { return itsLowerLeft; }
       Point  GetUpperRight() const { return itsUpperRight; }
       Point  GetLowerRight() const { return itsLowerRight; }

       void SetUpperLeft(Point Location)  {itsUpperLeft = Location;}
       void SetLowerLeft(Point Location)  {itsLowerLeft = Location;}
       void SetUpperRight(Point Location)  {itsUpperRight = Location;}
       void SetLowerRight(Point Location)  {itsLowerRight = Location;}

       void SetTop(int top) { itsTop = top; }
       void SetLeft (int left) { itsLeft = left; }
       void SetBottom (int bottom) { itsBottom = bottom; }
       void SetRight (int right) { itsRight = right; }

       int GetArea() const;

    private:
       Point  itsUpperLeft;
       Point  itsUpperRight;
       Point  itsLowerLeft;
       Point  itsLowerRight;
       int    itsTop;
       int    itsLeft;
       int    itsBottom;
       int    itsRight;
 };
 // Ende von Rect.hpp
```

Eingabe *Listing 7.4: RECT.CPP*

```
// Beginn von rect.cpp
#include "rect.hpp"
Rectangle::Rectangle(int top, int left, int bottom, int right)
{
```

```
        itsTop = top;
        itsLeft = left;
        itsBottom = bottom;
        itsRight = right;

        itsUpperLeft.SetX(left);
        itsUpperLeft.SetY(top);

        itsUpperRight.SetX(right);
        itsUpperRight.SetY(top);

        itsLowerLeft.SetX(left);
        itsLowerLeft.SetY(bottom);

        itsLowerRight.SetX(right);
        itsLowerRight.SetY(bottom);
}


// Rechteckfläche berechnen. Dazu Ecken bestimmen,
// Breite und Höhe ermitteln, dann multiplizieren.
int Rectangle::GetArea() const
{
        int Width = itsRight-itsLeft;
        int Height = itsTop - itsBottom;
        return (Width * Height);
}

int main()
{
        // Eine lokale Rectangle-Variable initialisieren
        Rectangle MyRectangle (100, 20, 50, 80 );

        int Area = MyRectangle.GetArea();

        cout << "Flaeche: " << Area << "\n";
        cout << "Obere linke X-Koordinate: ";
        cout << MyRectangle.GetUpperLeft().GetX();
      return 0;
}
```

Ausgabe

```
Flaeche: 3000
Obere linke X-Koordinate: 20
```

Analyse

Die Zeilen 3 bis 14 in Listing 7.3 deklarieren die Klasse `Point`, die der Aufnahme einer bestimmten X/Y-Koordinate in einem Diagramm dient. In der hier gezeigten Form greift das Programm kaum auf `Point` zurück. Allerdings ist `Point` auch für andere Zeichenmethoden vorgesehen.

Die Klassendeklaration von `Point` deklariert in den Zeilen 12 und 13 zwei Elementvariablen – `itsX` und `itsY`. Diese Variablen nehmen die Werte der Koordinaten auf. Bei Vergrößerung der X-Koordinate verschiebt sich die Zeichnung im Diagramm nach rechts. Mit wachsender Y-Koordinate wandert die Zeichnung im Diagramm nach oben. (Es gibt auch Programme, die bei Vergrößerung der Y-Koordinate die Zeichnung im Fenster nach unten verschieben.)

Die Klasse `Point` verwendet Inline-Zugriffsfunktionen, um die in den Zeilen 7 bis 10 deklarierten Punkte `X` und `Y` zu lesen und zu setzen. Die Klasse `Point` übernimmt Standardkonstruktor und Standarddestruktor vom Compiler. Daher muss man die Koordinaten der Punkte explizit festlegen.

In Zeile 17 beginnt die Deklaration der Klasse `Rectangle`. Ein `Rectangle`-Objekt besteht aus vier Punkten, die die Ecken des Rechtecks darstellen.

Der Konstruktor für die Klasse `Rectangle` (Zeile 20) übernimmt vier Ganzzahlen, die als `top` (oben), `left` (links), `bottom` (unten) und `right` (rechts) bezeichnet sind. Die Klasse `Rectangle` kopiert die an den Konstruktor übergebenen Parameter in vier Elementvariablen und richtet dann vier `Point`-Objekte ein.

Außer den üblichen Zugriffsfunktionen verfügt `Rectangle` über eine Funktion namens `GetArea`, die in Zeile 43 deklariert ist. Die Klasse speichert die Fläche nicht in einer Variablen, sondern lässt sie berechnen. Diese Aufgabe übernimmt die Funktion `GetArea` in den Zeilen 26 bis 31 von Listing 7.4. Die Funktion ermittelt zunächst Breite und Höhe des Rechtecks und multipliziert dann beide Werte.

Um die X-Koordinate der oberen linken Ecke des Rechtecks zu ermitteln, muss man auf den Punkt `UpperLeft` zugreifen und von diesem Punkt den Wert für `X` abrufen. `GetUpperLeft` ist eine Methode von `Rectangle` und kann somit direkt auf die privaten Daten von `Rectangle` (einschließlich `itsUpperLeft`) zugreifen. Da `itsUpperLeft` ein `Point`-Objekt und der Wert `itsX` von `Point` als privat deklariert ist, stehen `GetUpperLeft` diese Daten nicht direkt zur Verfügung. Stattdessen muss man die öffentliche Zugriffsfunktion `GetX` verwenden, um diesen Wert zu erhalten.

In Zeile 33 von Listing 7.4 beginnt der Rumpf des eigentlichen Programms. Bis Zeile 35 ist praktisch noch nichts passiert. Es hat nicht einmal eine Reservierung von Speicher stattgefunden. Man hat dem Compiler bislang lediglich mitgeteilt, wie ein `Point`-Objekt und ein `Rectangle`-Objekt zu erzeugen ist, falls man diese Objekte irgendwann benötigt.

Zeile 36 definiert ein `Rectangle`-Objekt mit Übergabe der Werte für `top`, `left`, `bottom` und `right`.

Zeile 38 deklariert die lokale Variable `Area` vom Typ `int`. Diese Variable nimmt die Fläche des erzeugten `Rectangle`-Objekts auf. `Area` wird mit dem von der Funktion `GetArea` des Objekts `Rectangle` zurückgegebenen Wert initialisiert.

Ein Klient von `Rectangle` kann ein `Rectangle`-Objekt erzeugen und dessen Fläche berechnen, ohne die Implementierung von `GetArea` zu kennen.

Allein aus der Header-Datei mit der Deklaration der Klasse `Rectangle` kann der Programmierer ersehen, dass `GetArea` einen `int`-Wert zurückgibt. Wie `GetArea` diese magische Berechnung ausführt, ist für den Benutzer der Klasse `Rectangle` nicht von Belang. Im Prinzip könnte der Autor von `Rectangle` die Funktion `GetArea` ändern, ohne die Programme zu beeinflussen, die auf die Klasse `Rectangle` zugreifen.

Zusammenfassung

In dieser Stunde haben Sie Ihre Kenntnisse zur Erzeugung von Klassen vertieft.

Sie haben erfahren, wie man konstante Elementfunktionen erzeugt und worin sich die Schnittstelle (Interface) einer Klasse und die Implementierung der Klassenmethoden unterscheiden.

Es gehört zum guten Programmierstil, die Schnittstelle – oder Deklaration – der Klasse in einer separaten Datei unterzubringen. Gewöhnlich schreibt man die Schnittstelle in eine Datei mit der Erweiterung .HPP. Die Implementierung der Klassenmethoden bringt man in einer Datei mit der Erweiterung .CPP unter.

Fragen und Antworten

F Wenn ich mit einer konstanten Funktion eine Klasse ändere und dadurch einen Compiler-Fehler hervorrufe, warum sollte ich dann nicht einfach das Schlüsselwort `const` weglassen und Compiler-Fehlern aus dem Weg gehen?

A *Wenn Ihre Elementfunktion aufgrund der Logik die Klasse nicht ändern sollte, stellt die Verwendung des Schlüsselworts `const` eine gute Möglichkeit dar, den Compiler beim Aufspüren verzwickter Fehler hinzuzuziehen. Wenn z.B. `GetAge` keinen Grund hat, die Klasse `Cat` zu ändern, aber Ihre Implementierung die Zeile*

```
if (itsAge = 100) cout << "Hey! You're 100 years old\n";
```

enthält, führt die Deklaration von `GetAge` als `const` zu einem Compiler-Fehler. Hier war beabsichtigt, einen Test durchzuführen, ob `itsAge` gleich 100 ist. Statt-

dessen haben Sie versehentlich den Wert 100 an `itsAge` *zugewiesen. Diese Zuweisung ändert die Klasse. Da Sie aber explizit keine Änderungen zugelassen haben, kann der Compiler den Fehler ermitteln.*

Derartige Fehler lassen sich nur schwer aufspüren, wenn man den Code lediglich durchsucht – das Auge sieht oft nur das, was es sehen will. Viel wichtiger ist noch, dass das Programm korrekt zu laufen scheint, obwohl `itsAge` *nun auf eine falsche Zahl gesetzt wurde. Früher oder später treten dann Probleme auf.*

F Gibt es überhaupt einen Grund, in einem C++-Programm eine Struktur zu verwenden?

A *Viele C++-Programmierer reservieren das Schlüsselwort* `struct` *für Klassen ohne Funktionen. Das ist ein Rückfall in die alten C-Strukturen, die keine Funktionen haben konnten. Offen gesagt, sind Strukturen nur verwirrend und gehören nicht zum guten Programmierstil. Die heutige Struktur ohne Methoden braucht morgen vielleicht eine Methode. Dann ist man gezwungen, entweder den Typ in* `class` *zu ändern oder die Regel zu durchbrechen und schließlich eine Struktur mit Methoden zu erzeugen.*

Stunde 8

Programmsteuerung – weiterführende Themen

Programme verbringen den größten Teil ihrer Arbeit mit Verzweigungen und Schleifen.

In dieser Stunde lernen Sie,

- was Schleifen sind und wie man sie einsetzt,
- wie man verschiedene Schleifen konstruiert,
- wie man eine Alternativkonstruktion zu tief verschachtelten `if...else`-Anweisungen aufbaut.

Schleifenkonstruktionen

Viele Probleme der Programmierung lassen sich durch wiederholtes Ausführen einer oder mehrerer Anweisungen lösen.

Neuer Begriff

Iteration bedeutet die wiederholte Ausführung einer Aktion. Die Hauptmethode der Iteration ist die Schleife.

Ursprung der Schleifen – Konstruktionen mit goto

In den frühen Tagen der Informatik bestanden Schleifen aus einer Sprungmarke (Label), einigen Anweisungen und einem Sprung.

In C++ ist ein Label einfach ein Name, gefolgt von einem Doppelpunkt. Das Label steht links neben einer zulässigen C++-Anweisung. Einen Sprung realisiert man mit der Anweisung `goto` und dem sich anschließenden Namen des Labels. Listing 8.1 zeigt dazu ein Beispiel.

Eingabe

Listing 8.1: Schleifenkonstruktion mit goto

```
// Listing 8.1
// Schleifen mit goto

#include <iostream.h>

int main()
{
       int counter = 0;      // Zähler initialisieren
loop:  counter ++;           // Anfang der Schleife
         cout << "counter: " << counter << "\n";
        if (counter < 5)     // Den Wert testen
            goto loop; // Sprung an Anfang der Schleife

        cout << "Fertig. counter: " << counter << ".\n";
    return 0;
 }
```

Ausgabe

```
counter: 1
counter: 2
counter: 3
counter: 4
counter: 5
Fertig. counter: 5.
```

Analyse

Zeile 8 initialisiert den Zähler (`counter`) mit 0. Das Label `loop` in Zeile 9 markiert den Beginn der Schleife. Das Programm inkrementiert den Wert von `counter` und gibt den neuen Wert aus. Zeile 11 testet den Wert von `counter`. Ist er kleiner als 5, liefert die `if`-Anweisung das Ergebnis TRUE. Das Programm führt daraufhin die `goto`-Anweisung aus und springt zurück zu Zeile 9. Der Schleifendurchlauf wiederholt sich, bis `counter` gleich 5 ist. Das Programm übergeht dann die Schleife und führt die letzte Ausgabeanweisung (Zeile 14) aus.

Warum man goto nicht verwendet

In C++ verzichtet man in der Regel aus gutem Grund auf `goto`-Konstruktionen. Mit `goto`-Anweisungen lässt sich ein Sprung zu einer beliebigen Stelle im Quellcode realisieren, rückwärts oder vorwärts. Die unüberlegte Verwendung von `goto`-Anweisungen führt zu unübersichtlichen, schlechten und schwer zu lesenden Programmen, die man als Spagetti-Code bezeichnet.

Der strukturierten Programmierung kommen die intelligenteren Schleifenbefehle `for`, `while` und `do...while` entgegen, mit denen man `goto`-Konstruktionen von vornherein vermeiden kann.

while-Schleifen

Eine `while`-Schleife bewirkt die Wiederholung einer Folge von Anweisungen im Programm, solange die Startbedingung gleich TRUE bleibt. Das Beispiel mit `goto` in Listing 8.1 inkrementiert den Zähler (`counter`), bis er den Wert 5 erreicht. Listing 8.2 zeigt das gleiche Programm, das jetzt mit der `while`-Konstruktion realisiert ist.

Eingabe

Listing 8.2: while-Schleifen

```
// Listing 8.2
// Schleifen mit while

```

```
4:   #include <iostream.h>
5:
6:   int main()
7:   {
8:     int counter = 0;                // Bedingung initialisieren
9:
10:     while(counter < 5)      // Testbedingung immer noch true
11:      {
12:         counter++;              // Rumpf der Schleife
13:         cout << "counter: " << counter << "\n";
14:      }
15:
16:     cout << "Fertig. counter: " << counter << ".\n";
17:      return 0;
18:   }
```

```
counter: 1
counter: 2
counter: 3
counter: 4
counter: 5
Fertig. counter: 5.
```

Dieses einfache Beispiel demonstriert die Grundlagen der `while`-Schleife. Liefert der Test einer Bedingung den Wert TRUE, wird der Rumpf der `while`-Schleife ausgeführt. Im Beispiel testet die Bedingung in Zeile 10, ob `counter` kleiner als 5 ist. Ergibt der Test TRUE, führt das Programm den Rumpf der Schleife aus: Zeile 12 inkrementiert den Zähler und Zeile 13 gibt den Wert aus. Wenn die Bedingungsanweisung in Zeile 10 den Wert FALSE ergibt (wenn `counter` nicht mehr kleiner als 5 ist), wird der gesamte Rumpf der `while`-Schleife (in den Zeilen 11 bis 14) übersprungen. Die Programmausführung setzt dann sofort mit Zeile 15 fort.

Komplexere while-Anweisungen

Die in einer `while`-Schleife getestete Bedingung kann aus jedem zulässigen C++-Ausdruck bestehen. Es lassen sich auch Ausdrücke einbinden, die man mit den logischen Operatoren `&&` (AND), `||` (OR) und `!` (NOT) erstellt. Listing 8.3 zeigt eine etwas kompliziertere `while`-Anweisung.

Eingabe

Listing 8.3: Komplexe while-Schleifen

```
// Listing 8.3
// Komplexe while-Anweisungen

#include <iostream.h>

int main()
{
  unsigned short small;
  unsigned long  large;
   const unsigned short MAXSMALL=65535;

   cout << "Bitte eine kleine Zahl eingeben: ";
   cin >> small;
   cout << "Bitte eine grosse Zahl eingeben: ";
   cin >> large;

    cout << "Klein: " << small << "...";

   // Bei jedem Schleifendurchlauf drei Bedingungen testen
   while (small < large && large > 0 && small < MAXSMALL)

   {
      if (small % 5000 == 0)  // Alle 5000 Zeilen einen Punkt ausgeben
        cout << ".";

      small++;

      large-=2;
   }

   cout << "\nKlein: " << small << " Gross: " << large << endl;
  return 0;
 }
```

Ausgabe

```
Bitte eine kleine Zahl eingeben: 2
Bitte eine grosse Zahl eingeben: 100000
Klein: 2.........
Klein: 33335 Gross: 33334
```

Analyse

Dieses Programm stellt ein Spiel dar. Man gibt zwei Zahlen ein, eine kleine (`small`) und eine große (`large`). Die kleinere Zahl wird um 1 nach oben gezählt, die größere in Schritten von 2 abwärts. Es ist nun zu erraten, wann sich die Zahlen treffen.

In den Zeilen 12 bis 15 erfolgt die Eingabe der Zahlen. Zeile 20 richtet eine `while`-Schleife ein, deren Durchläufe von drei Bedingungen abhängig sind:

- `small` ist nicht größer als `large`
- `large` ist nicht negativ
- `small` überschreitet nicht die Größe einer kleinen Integer-Zahl (`MAXSMALL`)

Zeile 23 berechnet den Wert in `small` modulo 5.000. Der Wert in `small` bleibt dabei unverändert. Der Ausdruck liefert das Ergebnis 0, wenn `small` ein genaues Vielfaches von 5.000 ist. In diesem Fall gibt das Programm als Fortschrittskontrolle einen Punkt auf dem Bildschirm aus. Zeile 26 inkrementiert den Wert von `small`, während Zeile 28 den Wert von `large` um 2 dekrementiert.

Wenn irgendeine der drei Bedingungen in der `while`-Schleife nicht erfüllt ist, endet die Schleife, und die Ausführung des Programms setzt sich nach der schließenden Klammer der `while`-Schleife in Zeile 29 fort.

continue und break

Manchmal soll das Programm an den Anfang einer `while`-Schleife zurückkehren, bevor die gesamte Gruppe von Anweisungen in der `while`-Schleife abgearbeitet ist. Die `continue`-Anweisung bewirkt einen Sprung zurück an den Beginn der Schleife.

Es kann auch sein, dass man die Schleife verlassen muss, bevor die Ende-Bedingung erfüllt ist. Die `break`-Anweisung führt unmittelbar zum Austritt aus der `while`-Schleife und die Programmausführung setzt sich nach der schließenden Klammer fort.

Listing 8.4 demonstriert die Verwendung dieser Anweisungen. Dieses Mal ist das Spiel etwas komplizierter. Der Benutzer wird eingeladen, eine kleine Zahl (`small`), eine große Zahl (`large`), eine Sprungzahl (`skip`) und eine Zielzahl (`target`) einzugeben. Das Programm inkrementiert die Zahl `small` um 1 und dekrementiert die Zahl `large` um 2. Das Dekrementieren wird übersprungen, wenn `small` ein Vielfaches der Zahl `skip` ist. Das Spiel endet, sobald `small` größer als `large` ist. Wenn die Zahl `large` genau die Zielzahl `target` trifft, erscheint eine Mitteilung und das Spiel stoppt.

Der Benutzer muss versuchen, eine Zielzahl für die Zahl `large` einzugeben, die das Spiel stoppt.

Eingabe

Listing 8.4: Die Anweisungen break und continue

```
// Listing 8.4
// Demonstriert die Anweisungen break und continue

#include <iostream.h>

int main()
{
  unsigned short small;
  unsigned long  large;
   unsigned long  skip;
   unsigned long target;
   const unsigned short MAXSMALL=65535;

   cout << "Bitte eine kleine Zahl eingeben: ";
   cin >> small;
   cout << "Bitte eine grosse Zahl eingeben: ";
   cin >> large;
   cout << "Bitte eine Sprungzahl eingeben: ";
   cin >> skip;
   cout << "Bitte eine Zielzahl eingeben: ";
   cin >> target;

 cout << "\n";

  // 3 Abbruchbedingungen für die Schleife einrichten
   while (small < large && large > 0 && small < MAXSMALL)

   {

     small++;

      if (small % skip == 0)  // Dekrementieren überspringen?
      {
        cout << "Ueberspringen " << small << endl;
        continue;
      }

      if (large == target)    // target genau getroffen?
      {
        cout << "Ziel getroffen!";
        break;
      }

```

```
44:         large-=2;
45:      }                    // Ende der while-Schleife
46:
47:      cout << "\nKlein: " << small << " Gross: " << large << endl;
48:    return 0;
48:    }
```

```
Bitte eine kleine Zahl eingeben: 2
Bitte eine grosse Zahl eingeben: 20
Bitte eine Sprungzahl eingeben: 4
Bitte eine Zielzahl eingeben: 6
Ueberspringen 4
Ueberspringen 8
Klein: 10 Gross: 8
```

In diesem Spiel hat der Benutzer verloren. `small` wurde größer als `large`, bevor er die `target`-Zahl von 6 erreicht hat.

In Zeile 26 steht der Test der `while`-Bedingungen. Wenn `small` weiterhin kleiner als `large` ist, `large` größer als 0 ist und `small` noch nicht den Maximalwert für eine kleine `int`-Zahl überschritten hat, tritt die Programmausführung in den Rumpf der Schleife ein.

Die Anweisung in Zeile 32 berechnet den Rest der Ganzzahldivision von `small` und `skip`. Wenn `small` ein Vielfaches von `skip` ist, wird die `continue`-Anweisung erreicht und die Programmausführung springt an den Beginn der Schleife in Zeile 26. Damit übergeht das Programm den Test auf `target` und das Dekrementieren von `large`.

Zeile 38 testet `target` erneut gegen den Wert für `large`. Sind beide Werte gleich, hat der Benutzer gewonnen. Es erscheint eine Meldung, und das Programm erreicht die `break`-Anweisung. Das bewirkt einen sofortigen Austritt aus der `while`-Schleife und die Programmausführung setzt sich nach Zeile 45 fort.

Sowohl `continue` als auch `break` sollte man mit Umsicht einsetzen. Nach `goto` sind es die beiden nächsten gefährlichen Befehle und zwar aus den gleichen Gründen wie bei `goto` angeführt. Programme, die plötzlich die Richtung ändern, sind schwerer zu verstehen und der großzügige Einsatz von `continue` und `break` macht sogar eine kleine `while`-Schleifenkonstruktion unverständlich.

while(1)-Schleifen

Bei der in einer `while`-Schleife getesteten Bedingung kann es sich um einen beliebigen gültigen C++-Ausdruck handeln. Solange die Bedingung TRUE bleibt, setzt sich die `while`-Schleife fort. Man kann eine Endlosschleife erzeugen, indem man für die zu testende Bedingung die Zahl 1 verwendet. Da 1 immer TRUE ist, bricht die Schleife nur dann ab, wenn eine `break`-Anweisung auszuführen ist. Listing 8.5 realisiert mit Hilfe dieser Konstruktion einen Zähler bis 10.

Eingabe

Listing 8.5: while(1)-Schleifen

```
1:  // Listing 8.5
2:  // Demonstriert eine while-true-Schleife
3:
4:  #include <iostream.h>
5:
6:  int main()
7:  {
8:    int counter = 0;
9:
10:    while (1)
11:    {
12:       counter ++;
13:       if (counter > 10)
14:           break;
15:    }
16:    cout << "counter: " << counter << "\n";
17:     return 0;
18:  }
```

Ausgabe

```
counter: 11
```

Analyse

Zeile 10 richtet eine `while`-Schleife mit einer Bedingung ein, die niemals FALSE liefern kann. Die Schleife inkrementiert die Zählervariable (`counter`) in Zeile 12 und testet dann in Zeile 13, ob `counter` den Wert 10 überschritten hat. Ist das nicht der Fall, führt die Schleife einen erneuten Durchlauf aus. Wenn `counter` größer als 10 ist, beendet die `break`-Anweisung in Zeile 14 die `while`-Schleife und die Programmausführung geht direkt zu Zeile 16, wo die Ausgabe der Ergebnisse stattfindet.

Dieses Programm funktioniert zwar, ist aber nicht sehr elegant formuliert – ein gutes Beispiel für das falsche Werkzeug. Das Gleiche kann man realisieren, wenn man den Test des Zählerwerts dorthin schreibt, wo er hingehört: in die `while`-Bedingung.

Warnung

Endlosschleifen wie `while(1)` können dazu führen, dass sich der Computer aufhängt, wenn die Ende-Bedingung niemals erreicht wird. Verwenden Sie diese Konstruktion mit Vorsicht und führen Sie gründliche Tests durch.

C++ bietet verschiedene Möglichkeiten, um die gleiche Aufgabe zu realisieren. Das eigentliche Kunststück ist es, das richtige Werkzeug für die jeweilige Aufgabe herauszusuchen.

Was Sie tun sollen	Was nicht
Verzichten Sie auf die `goto`-Anweisung.	
Arbeiten Sie mit `while`-Schleifen, um Iterationen auszuführen, solange eine Bedingung TRUE ist.	
Setzen Sie die Anweisungen `continue` und `break` mit Umsicht ein.	
Stellen Sie sicher, dass es einen Austritt aus der Schleife gibt.	

do...while-Schleifen

Es kann sein, dass der Rumpf einer `while`-Schleife gar nicht zur Ausführung gelangt. Die `while`-Anweisung prüft die Bedingung vor allen Anweisungen. Liefert die Bedingung FALSE, überspringt das Programm den gesamten Rumpf der Schleife. Listing 8.6 verdeutlicht das.

Eingabe

Listing 8.6: Den Rumpf der while-Schleife überspringen

```
// Listing 8.6
// Den Rumpf der while-Schleife überspringen, wenn
// die Bedingung FALSE ist.

#include <iostream.h>

int main()
{
   int counter;
   cout << "Wie viele Hellos?: ";
```

```
11:        cin >> counter;
12:        while (counter > 0)
13:        {
14:           cout << "Hello!\n";
15:           counter--;
16:        }
17:        cout << "counter: " << counter;
18:         return 0;
19:     }
```

Ausgabe

```
Wie viele Hellos?: 2
Hello!
Hello!
counter: 0

Wie viele Hellos?: 0
counter: 0
```

Analyse

Die Anweisung in Zeile 10 fordert den Benutzer zur Eingabe eines Startwerts auf, der in der Integer-Variablen `counter` gespeichert wird. Zeile 12 führt einen Test des Werts in `counter` durch und dekrementiert ihn im Rumpf der `while`-Schleife. Beim ersten Programmdurchlauf hat der Benutzer für `counter` die Zahl 2 eingegeben, so dass die Schleife zweimal ausgeführt wurde. Beim zweiten Mal hat er allerdings eine 0 eingegeben. Beim Test von `counter` in Zeile 12 liefert die Bedingung FALSE, da `counter` nicht größer als 0 ist. Damit überspringt das Programm die gesamte `while`-Schleife und die Meldung »Hello!« erscheint überhaupt nicht.

Wie kann man nun sicherstellen, dass »Hello!« wenigstens einmal zu sehen ist? Die `while`-Schleife kann das nicht realisieren, da der Test der Bedingung vor jeglicher Ausgabe erfolgt. Man kann die Schleifenausführung erzwingen, indem man eine `if`-Anweisung unmittelbar vor dem Eintritt in die Schleife einbaut:

```
if (counter < 1)  // Einen Minimalwert erzwingen
counter = 1;
```

Das ist aber genau das, was der Programmierer als »Kludge« bezeichnet, eine häßliche und wenig elegante Lösung.

Die `do...while`-Schleife führt den Rumpf der Schleife aus, bevor der Test der Bedingung stattfindet. Damit ist gesichert, dass der Rumpf mindestens einmal abgearbeitet wird. Listing 8.7 zeigt das umgeschriebene Programm mit einer `do...while`-Schleife.

Eingabe

Listing 8.7: Demonstration einer do..while-Schleife

```
1:    // Listing 8.7
2:    // Demonstriert eine do while-Schleife
3:
4:    #include <iostream.h>
5:
6:    int main()
7:    {
8:       int counter;
9:       cout << "Wie viele Hellos? ";
10:      cin >> counter;
11:      do
12:      {
13:         cout << "Hello\n";
14:         counter--;
15:      }  while (counter >0 );
16:      cout << "counter: " << counter << endl;
17:       return 0;
18:   }
```

Ausgabe

```
Wie viele Hellos? 2
Hello
Hello
counter: 0
Wie viele Hellos?: 0
Hello
counter: -1
```

Analyse

Die Anweisung in Zeile 9 fordert den Benutzer zur Eingabe eines Startwerts auf, der in der Integer-Variablen `counter` gespeichert wird. Das Programm tritt in die `do...while`-Schleife ein, bevor der Test der Bedingung erfolgt. Damit ist die Ausführung der Schleife mindestens einmal garantiert. In Zeile 13 steht die Ausgabe der Meldung, Zeile 14 dekrementiert den Zähler und in Zeile 15 findet der Test der Bedingung statt. Wenn die Bedingung den Wert TRUE ergibt, springt die Ausführung an den Anfang der Schleife in Zeile 13, andernfalls geht es direkt zu Zeile 16.

Die Anweisungen `continue` und `break` arbeiten in der `do...while`-Schleife genauso wie in der `while`-Schleife. Der einzige Unterschied zwischen einer `while`- und einer `do...while`-Schleife besteht im Zeitpunkt für den Test der Bedingung.

for-Schleifen

Bei der Programmierung von while-Schleifen stellt man häufig fest, dass man eine Startbedingung festlegt, eine Bedingung auf TRUE testet und eine Variable bei jedem Schleifendurchlauf inkrementiert oder anderweitig verändert. Listing 8.8 zeigt dazu ein Beispiel.

Listing 8.8: Untersuchung einer while-Schleife

```
1:  // Listing 8.8
2:  // Schleifendurchläufe mit while
3:
4:  #include <iostream.h>
5:
6:  int main()
7:  {
8:    int counter = 0;
9:
10:     while(counter < 5)
11:     {
12:          counter++;
13:          cout << "Schleife!  ";
14:     }
15:
16:     cout << "\nCounter: " << counter << ".\n";
17:      return 0;
18:   }
```

```
Schleife!  Schleife!  Schleife!  Schleife!  Schleife!
Counter: 5.
```

Zeile 8 initialisiert die Variable counter für die Anfangsbedingung mit 0. Der Test in Zeile 10 prüft, ob counter kleiner als 5 ist. In Zeile 12 wird counter inkrementiert. Zeile 13 gibt nur eine einfache Meldung aus – hier sind aber auch wichtigere Aufgaben denkbar, die bei jedem Inkrementieren von counter zu erledigen sind.

Eine for-Schleife fasst die drei Schritte Initialisierung, Test und Inkrementierung in einer Anweisung zusammen. Die Syntax der for-Anweisung besteht aus dem Schlüsselwort for, gefolgt von einem Klammernpaar. Innerhalb dieser Klammern befinden sich drei durch Semikolons getrennte Anweisungen.

Die erste Anweisung ist die Initialisierung. Hier kann man jede zulässige C++-Anweisung angeben. Normalerweise verwendet man diese Anweisung aber, um eine Zählervariable zu erzeugen und zu initialisieren. Die zweite Anweisung realisiert den Test und kann ebenfalls jeder zulässige C++-Ausdruck sein. Diese Anweisung übernimmt die Rolle der Bedingung in der `while`-Schleife. Anweisung drei ist die Aktion. Normalerweise inkrementiert oder dekrementiert man einen Wert, obwohl auch alle zulässigen C++-Anweisungen möglich sind. Beachten Sie, dass zwar die erste und dritte Anweisung alle in C++ zulässigen Anweisungen sein können, dass aber für die zweite Anweisung ein Ausdruck erforderlich ist – eine C++-Anweisung, die einen Wert zurückgibt. Listing 8.9 demonstriert die `for`-Schleife.

Listing 8.9: Beispiel für eine for-Schleife

```
1:     // Listing 8.9
2:     // Schleifendurchläufe mit for
3:
4:     #include <iostream.h>
5:
6:     int main()
7:     {
8:       int counter;
9:       for (counter = 0; counter < 5; counter++)
10:          cout << "Schleife!  ";
11:
12:        cout << "\nCounter: " << counter << ".\n";
13:         return 0;
14:      }
```

```
Schleife!  Schleife!  Schleife!  Schleife!  Schleife!
Counter: 5.
```

Die `for`-Anweisung in Zeile 9 kombiniert die Initialisierung von `counter`, den Test, ob `counter` kleiner als 5 ist, und die Inkrementierung von `counter` auf einer Zeile. Der Rumpf der `for`-Anweisung steht in Zeile 10. Natürlich könnte man hier genausogut einen Block vorsehen.

Erweiterte for-Schleifen

for-Anweisungen sind leistungsfähig und flexibel. Die drei unabhängigen Anweisungen (Initialisierung, Test und Aktion) führen von selbst zu einer Reihe von Varianten.

Eine for-Schleife arbeitet nach folgendem Schema:

1. Ausführen der Operationen in der Initialisierung.
2. Auswerten der Bedingung.
3. Wenn die Bedingung TRUE ergibt, Ausführen der Aktionsanweisung und der Schleife.

Nach jedem Schleifendurchlauf wiederholt die for-Schleife die Schritte 2 und 3.

Mehrfache Initialisierung und Inkrementierung

Es ist durchaus üblich, mehrere Variablen auf einmal zu initialisieren, einen zusammengesetzten logischen Ausdruck zu testen und mehrere Anweisungen auszuführen. Die Anweisungen für Initialisierung und Aktion lassen sich durch mehrere C++-Anweisungen ersetzen, die jeweils durch Komma zu trennen sind. Listing 8.10 zeigt die Initialisierung und Inkrementierung von zwei Variablen.

Eingabe

Listing 8.10: Mehrere Anweisungen in for-Schleifen

```
// Listing 8.10
// Demonstriert mehrere Anweisungen in
// for-Schleifen

#include <iostream.h>

int main()
{
    for (int i=0, j=0; i<3; i++, j++)
        cout << "i: " << i << "  j: " << j << endl;
    return 0;
}
```

Ausgabe

```
i: 0  j: 0
i: 1  j: 1
i: 2  j: 2
```

Zeile 9 initialisiert die beiden Variablen `i` und `j` mit dem Wert 0. Die Auswertung der Testbedingung (`i<3`) liefert TRUE. Somit führt die `for`-Konstruktion die Anweisungen im Rumpf aus: hier die Ausgabe des Werts. Schließlich wird die dritte Klausel in der `for`-Anweisung ausgeführt: Inkrementieren von `i` und `j`.

Nach Abarbeitung von Zeile 10 wertet die `for`-Konstruktion die Bedingung erneut aus. Liefert die Auswertung weiterhin TRUE, wiederholt die `for`-Schleife die Aktionen (Inkrementieren von `i` und `j`) und führt den Rumpf der Schleife erneut aus. Das setzt sich so lange fort, bis der Test FALSE ergibt. Die Aktionsanweisung gelangt dann nicht mehr zur Ausführung und der Programmablauf setzt sich nach der Schleife fort.

Leere Anweisungen in for-Schleifen

In einer `for`-Schleife können einige oder alle Anweisungen leer sein. Dazu markiert man mit einem Semikolon die Stelle, wo die Anweisung normalerweise steht. Um eine `for`-Schleife zu erzeugen, die genau wie eine `while`-Schleife arbeitet, lässt man die ersten und dritten Anweisungen weg. Dazu zeigt Listing 8.11 ein Beispiel.

Listing 8.11: Eine for-Schleife mit leeren Anweisungen

```
// Listing 8.11
// for-Schleife mit leeren Anweisungen

#include <iostream.h>

int main()
{
    int counter = 0;

     for( ; counter < 5; )
     {
        counter++;
        cout << "Schleife!  ";
     }

     cout << "\nCounter: " << counter << ".\n";
    return 0;
}
```

```
Schleife! Schleife! Schleife! Schleife! Schleife!
Counter: 5.
```

Ein Vergleich mit der weiter vorn in Listing 8.8 gezeigten `while`-Schleife läßt eine nahezu identische Konstruktion erkennen. Die Initialisierung der Zählervariablen erfolgt in Zeile 8. Die `for`-Anweisung in Zeile 10 initialisiert keinerlei Werte, enthält aber einen Test für `counter < 5`. Weiterhin fehlt eine Inkrement-Anweisung, so dass sich diese Schleife wie die folgende Konstruktion verhält:

```
while (counter < 5)
```

Auch hier bietet C++ verschiedene Möglichkeiten, dasselbe zu verwirklichen. Kein erfahrener C++-Programmierer würde eine `for`-Schleife auf diese Weise verwenden. Das Beispiel verdeutlicht aber die Flexibilität der `for`-Anweisung. In der Tat ist es mit `break` und `continue` möglich, eine `for`-Schleife mit keiner der drei Anweisungen zu realisieren. Listing 8.12 zeigt dazu ein Beispiel.

Listing 8.12: Eine leere for-Schleifenanweisung

```
//Listing 8.12 zeigt eine
//leere for-Schleifenanweisung

#include <iostream.h>

int main()
{
    int counter=0;        // Initialisierung
    int max;
     cout << "Wie viele Hellos? ";
     cin >> max;
     for (;;)           // Endlosschleife mit for
     {
        if (counter < max)       // Test
        {
          cout << "Hello!\n";
          counter++;           // Inkrementieren
        }
        else
            break;
     }
    return 0;
 }
```

```
Wie viele Hellos? 3
Hello!
Hello!
Hello!
```

Damit hat man die `for`-Schleife bis zu ihrem absoluten Limit ausgereizt. Initialisierung, Test und Aktion wurden gänzlich aus der `for`-Anweisung herausgenommen. Die Initialisierung findet man in Zeile 8, bevor die `for`-Schleife überhaupt beginnt. Der Test erfolgt in einer separaten `if`-Anweisung in Zeile 14. Verläuft er erfolgreich, wird die Aktion – Inkrementieren von `counter` – in Zeile 17 ausgeführt. Wenn der Test scheitert, verlässt das Programm die Schleife mit der Anweisung in Zeile 20.

Wenn dieses Programm auch etwas absurd erscheint, kann es durchaus sein, dass man genau eine Schleife im Stil von `for(;;)` oder `while(1)` braucht. Ein Beispiel für einen sinnvolleren Einsatz derartiger Schleifen bei `switch`-Anweisungen folgt weiter hinten in diesem Kapitel.

Leere for-Schleifen

Der Kopf einer `for`-Anweisung bietet sehr viel Spielraum, so dass man manchmal auf einen Rumpf gänzlich verzichten kann. In diesem Fall muss man eine leere Anweisung (;) als Rumpf der Schleife vorsehen. Das Semikolon darf auf derselben Zeile wie der Kopf stehen, obwohl man es an dieser Stelle leicht übersehen kann. Listing 8.13 zeigt dazu ein Beispiel.

Listing 8.13: Darstellung einer leeren Anweisung als Rumpf einer for-Schleife

```
// Listing 8.13
// Zeigt eine leere Anweisung als Rumpf
// einer for-Schleife

#include <iostream.h>
int main()
{
   for (int i = 0; i<5; cout << "i: " << i++ << endl)
   ;
   return 0;
}
```

```
i: 0
i: 1
i: 2
i: 3
i: 4
```

Die for-Schleife in Zeile 8 enthält drei Anweisungen: Die Initialisierungsanweisung richtet den Zähler i ein und initialisiert ihn auf 0. Die Bedingungsanweisung testet auf i<5 und die Aktionsanweisung gibt den Wert in i aus und inkrementiert ihn.

Im Rumpf der for-Schleife selbst bleibt nichts weiter zu tun, so dass man hier eine leere Anweisung (;) schreibt. Es sei darauf hingewiesen, dass diese Konstruktion nicht die beste Lösung darstellt. Die Aktionsanweisung ist zu umfangreich. Die folgende Version ist besser geeignet:

```
8:        for (int i = 0; i<5; i++)
9:             cout << "i: " << i << endl;
```

Beide Versionen bewirken exakt dasselbe, das zweite Beispiel ist aber leichter zu verstehen.

Verschachtelte Schleifen

Befindet sich eine Schleife im Rumpf einer anderen Schleife, spricht man vom *Verschachteln* von Schleifen. Die innere Schleife wird bei jedem Durchlauf der äußeren vollständig abgearbeitet. Listing 8.14 zeigt ein Beispiel, das Markierungen in einer Matrix mit Hilfe verschachtelter for-Schleifen schreibt.

Listing 8.14: Verschachtelte for-Schleifen

```
// Listing 8.14
// Zeigt verschachtelte for-Schleifen

#include <iostream.h>

int main()
{
    int rows, columns;
    char theChar;
    cout << "Wie viele Zeilen? ";
    cin >> rows;
    cout << "Wie viele Spalten? ";
    cin >> columns;
    cout << "Welches Zeichen? ";
    cin >> theChar;
```

```
16:      for (int i = 0; i<rows; i++)
17:      {
18:         for (int j = 0; j<columns; j++)
19:             cout << theChar;
20:         cout << "\n";
21:      }
22:     return 0;
23:  }
```

```
Wie viele Zeilen? 4
Wie viele Spalten? 12
Welches Zeichen? x
xxxxxxxxxxxx
xxxxxxxxxxxx
xxxxxxxxxxxx
xxxxxxxxxxxx
```

Der Benutzer wird aufgefordert, die Anzahl der Zeilen (`rows`) und Spalten (`columns`) und ein auszugebendes Zeichen einzugeben. Die erste Schleife in Zeile 16 initialisiert einen Zähler `i` mit 0. Dann beginnt die Ausführung der äußeren Schleife.

In Zeile 18 richtet die erste Zeile im Rumpf der äußeren `for`-Schleife eine weitere `for`-Schleife ein. Hier wird ein zweiter Zähler (`j`) ebenfalls mit 0 initialisiert und der Rumpf der inneren `for`-Schleife ausgeführt. In Zeile 19 erfolgt die Ausgabe des gewählten Zeichens und die Steuerung kehrt zum Kopf der inneren `for`-Schleife zurück. Beachten Sie, dass die innere `for`-Schleife nur aus einer Anweisung besteht (der Ausgabe des Zeichens). Ergibt der Test der Bedingung `j<columns` das Ergebnis TRUE, wird `j` inkrementiert und das nächste Zeichen ausgegeben. Das setzt sich fort, bis `j` gleich der Anzahl der Spalten (`columns`) ist.

Sobald der Test der inneren Schleife den Wert FALSE liefert, in diesem Beispiel nach Ausgabe von zwölf x-Zeichen, springt die Ausführung direkt zu Zeile 20 und gibt eine neue Zeile aus. Die äußere `for`-Schleife kehrt nun zu ihrem Kopf zurück, wo die Bedingung `i<rows` getestet wird. Ergibt dieser Test TRUE, wird `i` inkrementiert und der Rumpf der Schleife ausgeführt.

Im zweiten Durchlauf der äußeren `for`-Schleife beginnt die innere `for`-Schleife von Neuem. Damit erhält `j` erneut den Anfangswert 0 und wieder wird die gesamte innere Schleife ausgeführt.

Dem Programm liegt der Gedanke zu Grunde, dass in einer verschachtelten Schleife die innere Schleife für jeden Durchlauf der äußeren Schleife ausgeführt wird. Die Anzahl der ausgegebenen Zeichen pro Zeile entspricht damit dem Wert in `columns`.

switch-Anweisungen

Wenn man if-Anweisungen und else...if-Anweisungen zu tief verschachtelt, kann man leicht den Überblick verlieren. C++ bietet für derartige Konstruktionen eine Alternative. Im Gegensatz zur if-Anweisung, die lediglich einen Wert auswertet, lassen sich mit switch-Anweisungen Verzweigungen in Abhängigkeit von mehreren unterschiedlichen Werten aufbauen. Die allgemeine Form der switch-Anweisung lautet:

```
switch (Ausdruck)
{
case Wert1: Anweisung;
                break;
case Wert2: Anweisung;
                break;
....
case WertN:   Anweisung;
                break;
default:       Anweisung;
}
```

Ausdruck ist jeder gültige C++-Ausdruck. Anweisung steht für beliebige C++-Anweisungen oder Anweisungsblöcke. switch wertet Ausdruck aus und vergleicht das Ergebnis mit allen Werten hinter case. Beachten Sie, dass die Auswertung nur auf Gleichheit erfolgt. Man kann weder relationale noch boolesche Operatoren verwenden.

Wenn einer der case-Werte mit dem Ausdruck übereinstimmt, springt die Ausführung zu diesen Anweisungen und arbeitet sie bis zum Ende des switch-Blocks oder bis zur nächsten break-Anweisung ab. Lässt sich keine Übereinstimmung ermitteln, verzweigt die Ausführung zur optionalen default-Anweisung. Ist kein default-Zweig vorhanden und gibt es keinen übereinstimmenden Wert, kommt es überhaupt nicht zur Abarbeitung von Anweisungen in der switch-Konstruktion – die Anweisung ist damit beendet.

Hinweis Es empfiehlt sich, in switch-Anweisungen immer einen default-Zweig vorzusehen. Auch wenn man diesen Zweig eigentlich nicht benötigt, kann man hier zumindest auf angeblich unmögliche case-Fälle testen und eine Fehlermeldung ausgeben. Damit lässt sich die Fehlersuche oft erheblich beschleunigen.

Wichtig ist insbesondere die break-Anweisung am Ende eines case-Zweigs. Wenn diese fehlt, geht das Programm zur Ausführung des nächsten case-Zweigs über. Manchmal ist das zwar gewollt, gewöhnlich handelt es sich aber um einen Fehler.

Falls Sie die Programmausführung tatsächlich mit dem nächsten `case`-Zweig fortsetzen möchten, sollten Sie mit einem Kommentar darauf hinweisen, dass die `break`-Anweisung nicht vergessen wurde.

Listing 8.15 zeigt ein Beispiel für die `switch`-Anweisung.

Eingabe ***Listing 8.15: Einsatz der switch-Anweisung***

```
// Listing 8.15
// Zeigt die switch-Anweisung

#include <iostream.h>

int main()
{
  unsigned short int number;
  cout << "Bitte eine Zahl zwischen 1 und 5 eingeben: ";
   cin >> number;
   switch (number)
   {
      case 0:   cout << "Leider zu klein!";
                break;
      case 5:  cout << "Gut!\n";  // Weiter mit nächstem case
      case 4:  cout << "Sehr gut!\n"; // Weiter mit nächstem case
      case 3:  cout << "Ausgezeichnet!\n"; // Weiter mit nächstem case
      case 2:  cout << "Meisterhaft!\n"; // Weiter mit nächstem case
      case 1:  cout << "Unglaublich!\n";
               break;
      default: cout << "Zu gross!\n";
               break;
   }
   cout << "\n\n";
    return 0;
 }
```

Ausgabe

```
Bitte eine Zahl zwischen 1 und 5 eingeben:  3
Ausgezeichnet!
Meisterhaft!
Unglaublich!

Bitte eine Zahl zwischen 1 und 5 eingeben: 8
Zu gross!
```

Analyse

Das Programm fragt zunächst eine Zahl vom Benutzer ab und wertet sie dann in der `switch`-Anweisung aus. Ist die Zahl gleich 0, stimmt das mit der `case`-Anweisung in Zeile 13 überein. Es erscheint die Meldung `Leider zu klein!` und die `break`-Anweisung beendet die `switch`-Struktur. Wenn der Wert gleich 5 ist, springt die Programmausführung zu Zeile 15, wo eine Meldung ausgegeben wird. Dann setzt die Ausführung mit Zeile 16 fort und gibt eine weitere Meldung aus. Das geht so lange, bis die `break`-Anweisung in Zeile 20 erreicht ist.

Im Endeffekt erscheinen bei Zahlen zwischen 2 und 5 mehrere Meldungen auf dem Bildschirm. Wenn die Zahl nicht im Bereich zwischen 0 und 5 liegt, gilt sie im Programm als zu groß. Diesen Fall behandelt die `default`-Anweisung in Zeile 21.

Zusammenfassung

In C++ gibt es mehrere Möglichkeiten für die Realisierung von Schleifen. `while`-Schleifen prüfen eine Bedingung. Ergibt dieser Test das Ergebnis TRUE, werden die Anweisungen im Rumpf der Schleife ausgeführt. `do...while`-Schleifen führen den Rumpf der Schleife aus und testen danach die Bedingung. `for`-Schleifen initialisieren einen Wert und testen dann einen Ausdruck. Wenn *Ausdruck* gleich TRUE ist, wird die letzte Anweisung im Kopf der `for`-Schleife ausgeführt und der Rumpf der Schleife abgearbeitet. Nach jedem Durchlauf testet die Schleifenanweisung den Ausdruck erneut.

Auf die `goto`-Anweisung verzichtet man im Allgemeinen, da man damit unbedingte Sprünge zu einer scheinbar willkürlichen Stelle im Code ausführen kann. Der Code ist dadurch unübersichtlicher und schwerer zu warten. Mit der `continue`-Anweisung kann man `while`-, `do...while`- und `for`-Schleifen sofort von vorn beginnen, während die `break`-Anweisung zu einem Verlassen von `while`-, `do....while`-, `for`- und `switch`-Anweisungen führt.

Fragen und Antworten

F Wie wählt man zwischen `if...else` und `switch` aus?

A *Wenn mehr als ein oder zwei* `else`*-Klauseln vorhanden sind und alle denselben Wert testen, sollte man eine* `switch`*-Anweisung verwenden.*

F Wie wählt man zwischen `while` und `do...while` aus?

A *Wenn der Rumpf der Schleife zumindest einmal auszuführen ist, verwendet man eine* `do...while`*-Schleife. Andernfalls kann man mit einer* `while`*-Schleife arbeiten.*

F Wie wählt man zwischen `while` und `for` aus?

A *Wenn man eine Zählvariable initialisiert, diese Variable testet und sie bei jedem Schleifendurchlauf inkrementiert, kommt eine* `for`*-Schleife in Frage. Ist die Variable bereits initialisiert und wird nicht bei jedem Schleifendurchlauf inkrementiert, kann eine* `while`*-Schleife die bessere Wahl darstellen.*

F Ist es besser, `while(1)` oder `for (;;)` zu verwenden?

A *Hier gibt es keinen wesentlichen Unterschied.*

TEIL III

Speicher-verwaltung

Stunde 9

Zeiger

Mit Zeigern (Pointern) lässt sich der Computer-Speicher direkt manipulieren. Damit gehören Zeiger einerseits zu den leistungsfähigsten Werkzeugen in der Hand des C++-Programmierers, andererseits aber auch zu den schwierigsten Aspekten von C++. Wenn man sich aber etwas mit den Grundlagen der Zeiger beschäftigt, dürfte der Umgang damit nicht weiter schwerfallen.

In dieser Stunde lernen Sie

- was Zeiger sind,
- wie man Zeiger deklariert und verwendet,
- was ein Heap (Freispeicher) ist und wie man den Speicher manipuliert.

Dieses Kapitel erläutert Schritt für Schritt, wie Zeiger funktionieren. Beachten Sie dabei aber bitte, dass der eigentliche Aha-Effekt erst mit fortschreitender Programmiertätigkeit (auf das Buch bezogen: mit späteren Kapiteln) zu Tage tritt.

Was ist ein Zeiger?

Neuer Begriff

Ein *Zeiger* ist eine Variable, welche eine Speicheradresse enthält.

Stopp. Lesen Sie das bitte noch einmal. Ein Zeiger ist eine Variable. Sie wissen bereits, was eine Variable ist: ein Objekt, das einen Wert aufnehmen kann. Eine Integer-Variable nimmt eine ganze Zahl auf. Eine Zeichenvariable speichert einen Buchstaben. Ein Zeiger ist eine Variable, welche eine Speicheradresse aufnimmt.

Was ist aber nun eine Speicheradresse? Um das voll und ganz zu verstehen, muss man ein wenig über den Speicher des Computers wissen. Keine Angst, es ist nicht schwierig.

Der Hauptspeicher des Computers nimmt alle Daten und Programme auf. Per Konvention teilt man den Hauptspeicher in fortlaufend numerierte Speicherzellen ein. Diese Nummern sind die sogenannten Speicheradressen, unter denen die Speicherstellen ansprechbar sind.

Jede Variable eines bestimmten Typs befindet sich an einer eindeutig adressierbaren Speicherstelle. Abbildung 9.1 zeigt schematisch die Speicherung der Integer-Variablen `theAge` vom Typ `unsigned long`.

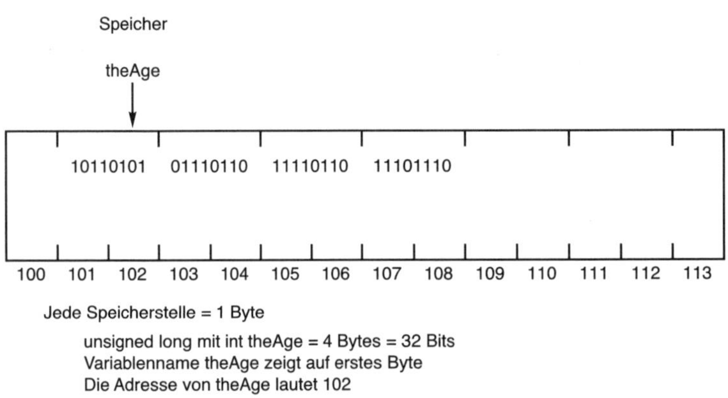

Abbildung 9.1: Schematische Darstellung von theAge im Hauptspeicher

Die Adressierung des Speichers unterscheidet sich bei den verschiedenen Computer-Typen. Normalerweise braucht der Programmierer die konkrete Adresse einer bestimmten Variablen gar nicht zu kennen, da sich der Compiler um die Einzelheiten kümmert.

Wenn man allerdings diese Informationen haben möchte, kann man sie mit Hilfe des Adressoperators (&) ermitteln, wie es Listing 9.1 zeigt.

Listing 9.1: Adressen von Variablen

```
1:   // Listing 9.1 - Adreßoperator und Adressen lokaler Variablen
2:
3:   #include <iostream.h>
4:
5:   int main()
6:   {
7:      unsigned short shortVar=5;
8:      unsigned long  longVar=65535;
9:      long sVar = -65535;
10:
11:      cout << "shortVar: " << shortVar;
12:      cout << "\t\tAdresse von shortVar:\t" <<  &shortVar << "\n";
13:      cout << "longVar:  "  << longVar;
14:      cout << "\t\tAdresse von longVar:\t"  <<  &longVar  << "\n";
15:      cout << "sVar:      " << sVar  << "\tAdresse von sVar:\t" <<  &sVar <<
        ➥"\n";
16:
17:     return 0;
18:  }
```

```
shortVar: 5           Adresse von shortVar: 0x8fc9:fff4
longVar:  65535       Adresse von longVar:  0x8fc9:fff2
sVar:     -65535      Adresse von sVar:     0x8fc9:ffee
```

(Die Ausgabe kann bei Ihrem Computer ein etwas anderes Aussehen haben.)

Das Programm deklariert und initialisiert drei Variablen: eine vom Typ `short` in Zeile 7, eine `unsigned long` in Zeile 8 und eine `long` in Zeile 9. Die Werte und Adressen dieser Variablen gibt das Programm in den Zeilen 11 bis 16 mit Hilfe des Adressoperators (&) aus.

Der Wert von `shortVar` lautet (wie erwartet) 5 und die Adresse bei Ausführung des Programms auf dem 386er-Computer des Autors ist `0x8fc9:fff4`. Diese Adresse hängt vom jeweiligen Computer ab und kann bei einem neuen Programmstart etwas anders aussehen. Was sich allerdings nicht ändert, ist die Differenz von 2 Byte zwischen den beiden ersten Adressen, falls die Darstellung von `short`-Integer-Zahlen auf Ihrem Computer mit 2 Byte erfolgt. Die Differenz zwischen der zweiten und dritten Adresse beträgt 4 Byte bei einer Darstellung von `long int` mit 4 Byte. Abbildung 9.2 zeigt, wie das Programm die Variablen im Speicher ablegt.

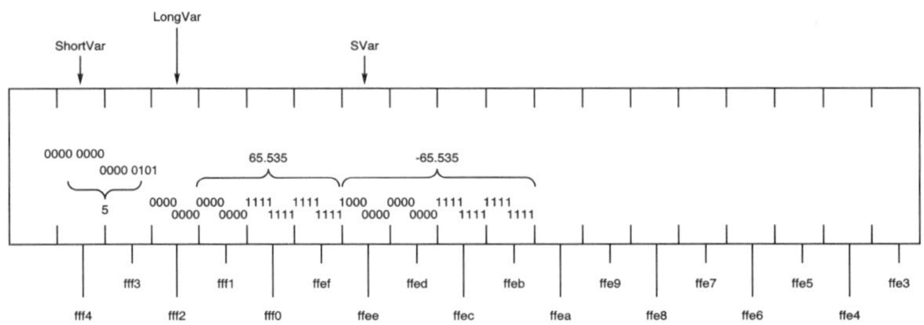

Abbildung 9.2: Speicherung der Variablen

Es gibt eigentlich keine Notwendigkeit, den tatsächlichen numerischen Wert der Adresse jeder Variablen zu kennen. Wichtig ist einzig, dass jede Variable eine Adresse hat und die entsprechende Anzahl von Bytes im Speicher reserviert sind.

Woher weiß nun der Compiler, wieviel Speicher eine bestimmte Variable benötigt? Man teilt das dem Compiler durch die Deklaration des Variablentyps mit.

Wenn man also eine Variable vom Typ `unsigned long` deklariert, weiß der Compiler, dass 4 Byte im Speicher zu reservieren sind, da jede Variable dieses Typs 4 Bytes benötigt. Der Compiler übernimmt auch die Zuweisung der tatsächlichen Adresse.

Die Adresse in einem Zeiger speichern

Jede Variable hat eine Adresse. Selbst ohne Kenntnis der genauen Adresse einer bestimmten Variablen kann man diese Adresse in einem Zeiger speichern.

Nehmen wir z.B. die Variable `howOld` als Integer an. Um einen Zeiger namens `pAge` zur Aufnahme ihrer Adresse zu deklarieren, schreibt man

```
int *pAge = 0;
```

Damit deklariert man `pAge` als Zeiger auf `int`, d.h. `pAge` wird für die Aufnahme der Adresse einer `int`-Zahl deklariert.

Beachten Sie, dass `pAge` eine Variable wie jede andere Variable ist. Wenn man eine Integer-Variable (vom Typ `int`) deklariert, wird sie für die Aufnahme einer ganzen Zahl eingerichtet. Ein Zeiger ist einfach ein spezieller Typ einer Variablen, die man für die Aufnahme der Adresse eines bestimmten Objekts im Speicher einrichtet. In diesem Beispiel nimmt `pAge` die Adresse einer Integer-Variablen auf.

Die obige Anweisung initialisiert `pAge` mit 0. Ein Zeiger mit dem Wert 0 heißt *Null-Zeiger*. Alle Zeiger sollte man bei ihrer Erzeugung initialisieren. Wenn man nicht weiß, was man dem Zeiger zuweisen soll, wählt man einfach den Wert 0. Ein nicht initialisierter Zeiger ist ein sogenannter *wilder Zeiger*. Wie der Name vermuten lässt, sind derartige Zeiger gefährlich.

Hinweis

Praktizieren Sie sichere Programmierung: Initialisieren Sie Zeiger!

Wenn man den Zeiger mit 0 initialisiert, muss man explizit die Adresse von `howOld` an `pAge` zuweisen. Das lässt sich beispielsweise wie folgt realisieren:

```
unsigned short int howOld = 50;      // eine Integer-Variable erzeugen
unsigned short int * pAge = 0;       // einen Zeiger erzeugen
pAge = &howOld;                      // die Adresse von howOld an pAge zuweisen
```

Die erste Zeile erzeugt die Variable `howOld` mit dem Typ `unsigned short int` und initialisiert sie mit dem Wert 50. Die zweite Zeile deklariert `pAge` als Zeiger auf den Typ `unsigned short int` und initialisiert sie mit 0. Das Sternchen (*) nach dem Variablentyp und vor dem Variablennamen kennzeichnet `pAge` als Zeiger.

Die dritte und letzte Zeile weist die Adresse von `howOld` an den Zeiger `pAge` zu. Die Zuweisung einer Adresse kennzeichnet der Adressoperator (&). Ohne diesen Operator hätte man den *Wert* von `howOld` zugewiesen. Auch wenn es sich dabei um eine gültige Adresse handeln sollte, hat diese wahrscheinlich nichts mit der beabsichtigten Adresse gemein.

Nunmehr enthält `pAge` als Wert die Adresse von `howOld`. Die Variable `howOld` hat ihrerseits den Wert 50. Das Ganze kann man auch mit einem Schritt weniger erreichen:

```
unsigned short int howOld = 50;       // eine Variable erzeugen
unsigned short int * pAge = &howOld;  // einen Zeiger auf howOld erzeugen
```

`pAge` ist ein Zeiger, der nun die Adresse der Variablen `howOld` enthält. Mittels `pAge` kann man tatsächlich den Wert von `howOld` bestimmen, der im Beispiel 50 lautet. Den Zugriff auf `howOld` über den Zeiger `pAge` nennt man *Umleitung* (Indirektion), da man indirekt auf `howOld` mit Hilfe von `pAge` zugreift. Später in diesem Kapitel erfahren Sie, wie man mit der Indirektion auf den Wert einer Variablen zugreift.

Indirektion bedeutet den Zugriff auf die Variable an der im Zeiger gespeicherten Adresse. Der Zeiger stellt einen indirekten Weg bereit, um den an dieser Adresse abgelegten Wert zu erhalten.

Zeigernamen

Zeiger können jeden Namen erhalten, der auch für andere Variablen gültig ist. Dieses Buch folgt den Konventionen zur Benennung von Zeigern mit einem vorangestellten `p` wie in `pAge` und `pNumber` (`p` steht für Pointer – Zeiger).

Der Indirektionsoperator

Den Indirektionsoperator (*) bezeichnet man auch als *Dereferenzierungsoperator*. Wenn ein Zeiger dereferenziert wird, ruft man den Wert an der im Zeiger gespeicherten Adresse ab.

Normale Variablen erlauben direkten Zugriff auf ihre eigenen Werte. Wenn man eine neue Variable vom Typ `unsigned short int` namens `yourAge` erzeugt und den Wert in `howOld` dieser neuen Variablen zuweisen möchte, schreibt man

```
unsigned short int yourAge;
yourAge = howOld;
```

Ein Zeiger bietet indirekten Zugriff auf den Wert der Variablen, dessen Adresse er speichert. Um den Wert in `howOld` an die neue Variable `yourAge` mit Hilfe des Zeigers `pAge` zuzuweisen, schreibt man

```
unsigned short int yourAge;
yourAge = *pAge;
```

Der Indirektionsoperator (*) vor der Variablen `pAge` bedeutet »der an der nachfolgenden Adresse gespeicherte Wert«. Die Zuweisung ist wie folgt zu lesen: »Nimm den an der Adresse in `pAge` gespeicherten Wert und weise ihn `yourAge` zu.«

Hinweis

Der Indirektionsoperator (*) kommt bei Zeigern in zwei unterschiedlichen Versionen vor: Deklaration und Dereferenz. Bei der Deklaration eines Zeigers gibt das Sternchen an, dass es sich um einen Zeiger und nicht um eine normale Variable handelt. Dazu ein Beispiel:

```
unsigned short * pAge = 0; // einen Zeiger auf unsigned short erzeugen
```

Wenn der Zeiger dereferenziert wird, gibt der Indirektionsoperator an, dass auf den Wert an der im Zeiger abgelegten Speicheradresse zuzugreifen ist und nicht auf die Adresse selbst:

```
*pAge = 5; // Der Speicherzelle, deren Adresse in pAge steht, den Wert
5 zuweisen
```

Beachten Sie auch, dass C++ das gleiche Zeichen (*) als Multiplikationsoperator verwendet. Der Compiler erkennt aus dem Kontext, welcher Operator gemeint ist.

Zeiger, Adressen und Variablen

Die folgenden drei Dinge muss man sicher auseinanderhalten können, um Probleme mit Zeigern zu vermeiden:

- Zeiger
- die vom Zeiger gespeicherte Adresse
- Wert an der im Zeiger enthaltenen Adresse

Sehen Sie sich das folgende Codefragement an:

```
int theVariable = 5;
int * pPointer = &theVariable ;
```

Die Variable `theVariable` ist als Integer-Variable deklariert und mit dem Wert 5 initialisiert. `pPointer` ist als Zeiger auf einen Integer deklariert und wird mit der Adresse von `theVariable` initialisiert. `pPointer` ist der Zeiger. Die von `pPointer` gespeicherte Adresse ist die Adresse von `theVariable`. Der Wert an der von `pPointer` gespeicherten Adresse lautet 5. Abbildung 9.3 zeigt eine schematische Darstellung von `theVariable` und `pPointer`.

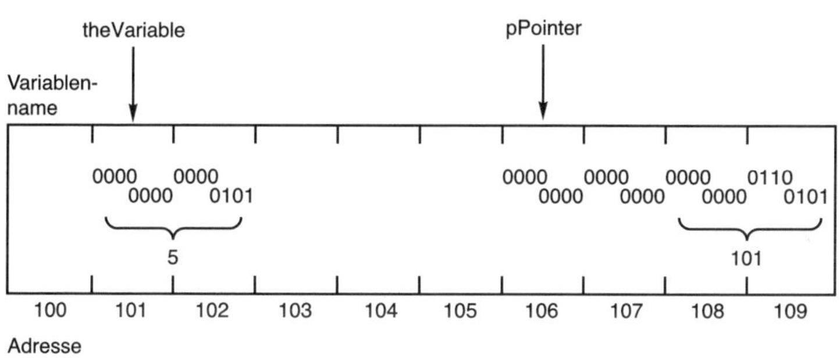

Abbildung 9.3: Schematische Darstellung des Speichers

Daten mit Hilfe von Zeigern manipulieren

Nachdem man einem Zeiger die Adresse einer Variablen zugewiesen hat, kann man mit diesem Zeiger auf die Daten in der Variablen zugreifen. Listing 9.2 demonstriert, wie der Zugriff auf eine lokale Variable mittels eines Zeigers vonstatten geht und wie der Zeiger die Werte in dieser Variablen manipuliert.

Listing 9.2: Daten mit Hilfe von Zeigern manipulieren

```
// Listing 9.2 Verwendung von Zeigern

#include <iostream.h>

int main()
{
   unsigned short int myAge;         // eine Variable
   unsigned short int * pAge = 0;    // ein Zeiger
   myAge = 5;
   cout << "myAge: " << myAge << "\n";

   pAge = &myAge;     // Adresse von myAge an pAge zuweisen

   cout << "*pAge: " << *pAge << "\n\n";

   cout << "*pAge = 7\n";

   *pAge = 7;         // myAge auf 7 setzen

   cout << "*pAge: " << *pAge << "\n";
   cout << "myAge: " << myAge << "\n\n";


   cout << "myAge = 9\n";

   myAge = 9;

   cout << "myAge: " << myAge << "\n";
   cout << "*pAge: " << *pAge << "\n";

return 0;
}
```

```
myAge: 5
*pAge: 5

*pAge = 7
*pAge: 7
myAge: 7

myAge = 9
myAge: 9
*pAge: 9
```

Dieses Programm deklariert zwei Variablen: `myAge` vom Typ `unsigned short` und `pAge` als Zeiger auf eine Variable vom Typ `unsigned short`. Der Zeiger nimmt die Adresse von `myAge` auf. Zeile 10 weist der Variablen `myAge` den Wert 5 zu. Die Ausgabe in Zeile 11 dient der Kontrolle der Zuweisung.

Zeile 13 weist `pAge` die Adresse von `myAge` zu. Zeile 15 dereferenziert `pAge` und gibt das erhaltene Ergebnis aus. Es zeigt, dass der Wert an der in `pAge` gespeicherten Adresse der in `myAge` abgelegte Wert 5 ist. Zeile 19 weist den Wert 7 der Variablen zu, die sich an der in `pAge` gespeicherten Adresse befindet. Damit setzt man `myAge` auf 7. Eine Bestätigung liefern die Ausgabeanweisungen in den Zeilen 21 und 22.

Zeile 27 weist der Variablen `myAge` den Wert 9 zu. Diesen Wert erhält man direkt in Zeile 29 und indirekt – durch Dereferenzierung von `pAge` – in Zeile 30.

Adressen untersuchen

Zeiger erlauben die Manipulation von Adressen, ohne dass man deren eigentlichen Wert kennt. Nach der heutigen Stunde wissen Sie genau, dass der Wert eines Zeigers die Adresse der Variablen darstellt, wenn man deren Adresse an den Zeiger zuweist. Überprüfen wir das gleich einmal an einem Beispiel. Listing 9.3 zeigt ein entsprechendes Programm.

Listing 9.3: Untersuchen, was in einem Zeiger gespeichert ist

```
 // Listing 9.3 Was in einem Zeiger gespeichert ist

#include <iostream.h>

int main()
{
   unsigned short int myAge = 5, yourAge = 10;
   unsigned short int * pAge = &myAge;  // ein Zeiger

   cout << "myAge:\t" << myAge <<  "\tyourAge:\t" << yourAge << "\n";
   cout << "&myAge:\t" << &myAge <<  "\t&yourAge:\t" << &yourAge <<"\n";

   cout << "pAge:\t" << pAge << "\n";
   cout << "*pAge:\t" << *pAge << "\n";

   pAge = &yourAge;       // den Zeiger erneut zuweisen

   cout << "myAge:\t" << myAge <<  "\tyourAge:\t" << yourAge << "\n";
   cout << "&myAge:\t" << &myAge <<  "\t&yourAge:\t" << &yourAge <<"\n";
```

```
20:
21:        cout << "pAge:\t" << pAge << "\n";
22:        cout << "*pAge:\t" << *pAge << "\n";
23:
24:        cout << "&pAge:\t" << &pAge << "\n";
25:     return 0;
26:     }
```

```
myAge:     5          yourAge:  10
&myAge:    0x355C     &yourAge: 0x355E
pAge:      0x355C
*pAge:     5
myAge:     5          yourAge:  10
&myAge:    0x355C     &yourAge: 0x355E
pAge:      0x355E
*pAge:     10
&pAge:     0x355A
```

(Die Ausgabe kann bei Ihnen etwas andere Ergebnisse zeigen.)

Dieses Programm deklariert zwei Variablen: `myAge` vom Typ `unsigned short` und `pAge` als Zeiger auf eine Variable vom Typ `unsigned short`. Der Zeiger nimmt die Adresse von `myAge` auf. Zeile 10 weist der Variablen `myAge` den Wert 5 zu. Die Ausgabe in Zeile 11 dient der Kontrolle der Zuweisung.

Die Zeilen 11 und 12 geben die Werte und Adressen von `myAge` und `yourAge` aus. Zeile 14 zeigt den Inhalt von `pAge` an, wobei es sich um die Adresse von `myAge` handelt. Zeile 15 dereferenziert `pAge` und zeigt das Ergebnis an: den Wert an der in `pAge` verzeichneten Adresse, d.h. den Wert in `myAge`, also 5.

Das Wesen der Zeiger dürfte nun klar sein. Zeile 14 zeigt, dass `pAge` die Adresse von `myAge` speichert, und Zeile 15 zeigt, wie man den in `myAge` gespeicherten Wert durch Dereferenzierung des Zeigers `pAge` ermittelt. Bevor Sie im Stoff fortfahren, sollten Ihnen diese Dinge in Fleisch und Blut übergegangen sein. Studieren Sie den Code und sehen Sie sich die Ausgaben an.

In Zeile 17 findet eine Neuzuweisung von `pAge` statt, so dass diese Variable (Zeiger) nun auf die Adresse von `yourAge` weist. Die Werte und Adressen werden auch hier wieder ausgegeben. Anhand der Ausgabe kann man ablesen, dass `pAge` nun die Adresse der Variablen `yourAge` enthält und dass die Dereferenzierung den Wert in `yourAge` holt.

Zeile 25 gibt die Adresse von `pAge` selbst aus. Wie jede Variable hat auch `pAge` eine Adresse und diese Adresse lässt sich in einem Zeiger speichern. (Auf die Zuweisung der Adresse eines Zeigers an einen anderen Zeiger gehen wir in Kürze ein.)

Was Sie tun sollen	**Was nicht**
Verwenden Sie den Indirektionsoperator (*), um auf die Daten an einer in einem Zeiger enthaltenen Adresse zuzugreifen.	
Initialisieren Sie alle Zeiger entweder mit einer gültigen Adresse oder mit Null (0).	
Denken Sie an den Unterschied zwischen der Adresse in einem Zeiger und dem Wert an dieser Adresse.	

Bisher haben Sie in einzelnen Schritten die Zuweisung der Adresse einer Variablen an einen Zeiger kennen gelernt. In der Praxis wird das allerdings in dieser Form kaum vorkommen. Warum plagt man sich überhaupt mit einem Zeiger herum, wenn man bereits eine Variable mit Zugriff auf deren Wert hat? Diese Art der Zeigermanipulation einer automatischen Variablen sollte hier nur die Arbeitsweise von Zeigern demonstrieren. Nachdem Sie nun mit der Syntax der Zeiger vertraut sind, können Sie sich den echten Einsatzfällen zuwenden. Vorwiegend kommen dabei drei Aufgaben in Betracht:

- Verwalten von Daten im Heap
- Zugriff auf Datenelemente und Funktionen einer Klasse
- Übergabe von Variablen als Referenz an Funktionen

Das restliche Kapitel konzentriert sich auf die Verwaltung von Daten im Heap und den Zugriff auf Datenelemente und Funktionen einer Klasse. In Stunde 10 lernen Sie, wie man Variablen als Referenz übergibt.

Stack und Heap

Der Programmierer hat es im Allgemeinen mit fünf Speicherbereichen zu tun:

- Bereich der globalen Namen
- Heap
- Register
- Codebereich
- Stack

Lokale Variablen befinden sich zusammen mit den Funktionsparametern auf dem Stack. Der Code steht natürlich im Codebereich und globale Variablen im globalen Namensbereich. Die Register dienen internen Verwaltungsaufgaben. Dazu gehören beispielsweise Stack-Operationen und die Steuerung des Programmablaufs. Der verbleibende Speicher geht an den sogenannten *Heap* (auch Freispeicher genannt).

Leider sind lokale Variablen nicht dauerhaft verfügbar: Kehrt eine Funktion zurück, werden die Variablen verworfen. Globale Variablen lösen dieses Problem für den Preis des uneingeschränkten Zugriffs durch das gesamte Programm hindurch. Dabei entsteht Code, der schwer zu verstehen und zu warten ist. Bringt man die Daten auf den *Heap*, umgeht man beide Nachteile.

Man kann sich den Heap als massiven Speicherbereich vorstellen, in dem Tausende von fortlaufend nummerierten Fächern auf Ihre Daten warten. Genau wie beim Stack lassen sich diese Fächer aber nicht benennen. Man muss die Adresse des zu reservierenden Fachs abrufen und diese Adresse dann in einem Zeiger festhalten.

Als Analogie dazu folgendes Beispiel: Ein Freund gibt Ihnen die gebührenfreie Rufnummer für Acme Mail Order. Sie gehen nach Hause und programmieren Ihr Telefon mit dieser Nummer. Dann schmeißen Sie den Zettel weg, auf dem Sie sich die Nummer notiert hatten. Wenn Sie die Kurzwahltaste drücken, läutet das Telefon irgendwo und Acme Mail Order antwortet. An die Nummer können Sie sich nicht erinnern und Sie wissen auch nicht, wo sich das andere Telefon befindet. Aber die Kurzwahltaste gibt Ihnen den Zugriff zu Acme Mail Order. Vergleichbar mit Acme Mail Order sind die Daten in Ihrem Heap. Sie wissen nicht, wo sie abgelegt sind, aber Sie wissen, wie man sie holen kann. Man greift darauf mit der Adresse zu – im obigen Beispiel mit der Telefonnummer. Diese Nummer müssen Sie aber nicht kennen, Sie brauchen sie nur in einem Zeiger ablegen – d.h. der Kurzwahltaste zuordnen. Der Zeiger gibt Ihnen den Zugriff auf Ihre Daten, ohne dass Sie sich um die Details kümmern müssen.

Kehrt eine Funktion zurück, räumt sie automatisch den Stack auf. Alle lokalen Variablen verlieren ihren Gültigkeitsbereich und verschwinden vom Stack. Den Heap räumt ein Programm erst am Ende auf. Es liegt in Ihrer Verantwortung, reservierten Speicher freizugeben, wenn Sie ihn nicht mehr benötigen.

Der Vorteil des Heap liegt darin, dass der reservierte Speicher verfügbar bleibt, bis man ihn explizit freigibt. Wenn man Speicher auf dem Heap reserviert, während das Programm eine Funktion abarbeitet, bleibt der Speicher nach Rückkehr der Funktion weiterhin zugänglich.

Gegenüber globalen Variablen bringt ein derartiger Zugriff auf den Speicher den Vorteil, dass nur Funktionen mit Zugriff auf den Zeiger auch auf die Daten zugreifen können. Damit hat man eine gut kontrollierte Schnittstelle zu den Daten und vermeidet die Probleme, dass fremde Funktionen die Daten in unerwarteter und nicht vorgesehener Weise verändern.

Damit das Ganze funktioniert, muss man einen Zeiger auf einen Bereich im Heap erzeugen und den Zeiger an Funktionen übergeben können. Die folgenden Abschnitte erläutern diese Vorgehensweise.

new

In C++ weist man Speicher im Heap mit dem Schlüsselwort `new` zu. An `new` schließt sich der Typ des betreffenden Objekts an, damit der Compiler die erforderliche Speichergröße kennt. Damit reserviert `new unsigned short int` 2 Byte auf dem Heap und `new long` 4 Byte.

Der Rückgabewert von `new` ist eine Speicheradresse. Diese muss man einem Zeiger zuweisen. Um einen `unsigned short` im Heap zu erzeugen, schreibt man etwa

```
unsigned short int * pPointer;
pPointer = new unsigned short int;
```

Hierbei kann man gleichzeitig auch den Zeiger initialisieren:

```
unsigned short int * pPointer = new unsigned short int;
```

In beiden Fällen zeigt nun `pPointer` auf einen `unsigned short int` im Heap. Man kann diesen Zeiger wie jeden anderen Zeiger auf eine Variable verwenden und einen Wert in diesem Bereich des Speichers ablegen. Dazu ist beispielsweise folgende Anweisung zu formulieren:

```
*pPointer = 72;
```

Das bedeutet: »lege 72 am Wert in `pPointer` ab« oder »weise den Wert 72 an den Bereich im Heap zu, auf den `pPointer` zeigt«.

Wenn `new` keinen Speicher im Heap erzeugen kann – Speicher ist immerhin eine begrenzte Ressource –, erhält man als Rückgabewert einen Null-Zeiger. Man muss daher bei jeder Anforderung von neuem Speicher auf einen Null-Zeiger prüfen.

Warnung

Bei jeder Speicheranforderung mit dem Schlüsselwort `new` muss man sich vergewissern, dass der Zeiger nicht Null ist. Bei neueren Compilern können Sie auch mit Ausnahmen (Exceptions) arbeiten.

---

delete

Wenn man den Speicherbereich nicht mehr benötigt, ruft man `delete` auf dem Zeiger auf. `delete` gibt den Speicher an den Heap zurück. Denken Sie daran, dass der Zeiger selbst – im Gegensatz zum Speicher, auf den er zeigt – eine lokale Variable ist. Wenn die Funktion, in der er deklariert ist, zurückkehrt, verliert der Zeiger seinen Gültigkeitsbereich und ist nicht mehr zugänglich. Der mit dem Operator `new` reservierte Speicher wird allerdings nicht automatisch freigegeben. Auf den Speicher kann man nicht mehr zugreifen – es entsteht eine sogenannte *Speicherlücke*. Diese Lücke lässt sich bis zum Ende des Programms nicht mehr beseitigen. Es stellt sich so dar, als ob der Computer leck wäre und Speicher verliert.

Mit dem Schlüsselwort `delete` gibt man Speicher an den Heap wie im folgenden Beispiel zurück:

```
delete pPointer;
```

Wenn man den Zeiger löscht, gibt man praktisch den Speicher frei, dessen Adresse im Zeiger abgelegt ist. Man sagt also »gib an den Heap den Speicher zurück, auf den der Zeiger verweist«. Der Zeiger bleibt weiterhin ein Zeiger und kann erneut zugewiesen werden. Listing 9.4 zeigt, wie man eine Variable auf dem Heap reserviert, diese Variable verwendet und sie dann löscht.

Warnung

Wenn man `delete` auf einem Zeiger aufruft, wird der Speicher, auf den der Zeiger verweist, freigegeben. Ruft man `delete` erneut auf diesem Zeiger auf, stürzt das Programm ab! Einen Zeiger sollte man beim Löschen auf `0` (Null) setzen. Der Aufruf von `delete` auf einem Null-Zeiger ist garantiert sicher. Dazu folgendes Beispiel:

```
Animal *pDog = new Animal;
delete pDog;  // gibt den Speicher frei
   pDog = 0;  // setzt den Zeiger auf Null
   //...
delete pDog;  // harmlos
```

Eingabe

Listing 9.4: Zuweisen und Löschen eines Zeigers

```
// Listing 9.4
// Zuweisen und Löschen eines Zeigers

#include <iostream.h>
int main()
{
   int localVariable = 5;
   int * pLocal= &localVariable;
   int * pHeap = new int;
   *pHeap = 7;
   cout << "localVariable: " << localVariable << "\n";
   cout << "*pLocal: " << *pLocal << "\n";
   cout << "*pHeap: " << *pHeap << "\n";
```

```
14:        delete pHeap;
15:        pHeap = new int;
16:                *pHeap = 9;
17:        cout << "*pHeap: " << *pHeap << "\n";
18:        delete pHeap;
19:     return 0;
20:     }
```

```
localVariable: 5
*pLocal: 5
*pHeap: 7
*pHeap: 9
```

Zeile 7 deklariert und initialisiert eine lokale Variable. Zeile 8 deklariert und initialisiert einen Zeiger mit der Adresse der lokalen Variablen. Zeile 9 deklariert einen weiteren Zeiger, initialisiert ihn aber mit dem Ergebnis aus dem Aufruf von `new int`. Damit reserviert man Speicher im Heap für eine ganze Zahl (`int`).

Zeile 10 weist den Wert 7 an die neu reservierte Speicherstelle zu. Zeile 11 gibt den Wert der lokalen Variablen aus und Zeile 12 zeigt den Wert an, auf den `pLocal` verweist. Wie erwartet, sind die Ergebnisse gleich. Zeile 13 gibt den Wert aus, auf den `pHeap` zeigt. Der in Zeile 10 zugewiesene Wert ist also tatsächlich zugänglich.

Der Aufruf von `delete` in Zeile 14 gibt den in Zeile 9 reservierten Speicher an den Heap zurück. Diese Aktion gibt den Speicher frei und hebt die Zuordnung des Zeigers zu diesem Speicherbereich auf. `pHeap` steht nun wieder als Zeiger für einen anderen Speicherbereich zur Verfügung. In den Zeilen 15 und 16 findet eine erneute Zuweisung statt und Zeile 17 bringt das Ergebnis auf den Bildschirm. Zeile 18 gibt den Speicher an den Heap zurück.

Obwohl Zeile 28 redundant ist (durch das Ende des Programms wird der Speicher ohnehin zurückgegeben), empfiehlt es sich immer, diesen Speicher explizit freizugeben. Wenn man das Programm ändert oder erweitert, ist es vorteilhaft, dass dieser Schritt bereits berücksichtigt wurde.

Speicherlücken

Unbeabsichtigte Speicherlücken entstehen auch, wenn man einen Zeiger neu zuweist, ohne vorher den vom Zeiger referenzierten Speicher freizugeben. Sehen Sie sich das folgende Codefragment an:

```
unsigned short int * pPointer = new unsigned short int;
*pPointer = 72;
pPointer = new unsigned short int;
*pPointer = 84;
```

Zeile 1 erzeugt pPointer und weist ihm die Adresse eines Bereichs auf dem Heap zu. Zeile 2 speichert den Wert 72 in diesem Speicherbereich. Zeile 3 nimmt eine erneute Zuweisung von pPointer auf einen anderen Speicherbereich vor. Zeile 4 plaziert den Wert 84 in diesem Bereich. Der ursprüngliche Bereich, in dem sich der Wert 72 befindet, ist nun nicht mehr zugänglich, da der Zeiger auf diesen Speicherbereich neu zugewiesen wurde. Es gibt keine Möglichkeit, auf diesen Originalspeicherbereich zuzugreifen und man kann auch nicht diesen Speicher freigeben, bevor das Programm terminiert.

Der Code sollte wie folgt formuliert werden:

```
1:  unsigned short int * pPointer = new unsigned short int;
2:  *pPointer = 72;
3:  delete pPointer;
4:  pPointer = new unsigned short int;
5:  *pPointer = 84;
```

In Zeile 3 löscht man den Speicher, auf den pPointer ursprünglich gezeigt hat, und gibt damit diesen Bereich frei.

Hinweis

Für jeden Aufruf von new sollte auch ein korrespondierender Aufruf von delete vorhanden sein. An jedem Punkt im Programm muss klar sein, welcher Zeiger einen Speicherbereich besitzt. Außerdem ist sicherzustellen, dass nicht mehr benötigter Speicher umgehend an den Heap zurückgegeben wird.

Zusammenfassung

Zeiger bieten eine leistungsfähige Möglichkeit für den indirekten Zugriff auf Daten. Jede Variable hat eine Adresse, die sich über den Adressoperator (&) ermitteln lässt. Die Adresse kann man in einem Zeiger speichern.

Die Deklaration eines Zeigers besteht aus dem Typ des Objekts, auf das der Zeiger verweist, gefolgt vom Indirektionsoperator (*) und dem Namen des Zeigers. Es empfiehlt sich, Zeiger zu initialisieren, so dass sie auf ein Objekt oder NULL (0) zeigen.

Auf den Wert, der an der in einem Zeiger gespeicherten Adresse abgelegt ist, greift man mit dem Indirektionsoperator (*) zu. Durch die Deklaration von konstanten Zeigern lassen sich erneute Zuweisungen des Zeigers auf ein anderes Objekt verhindern. Zeiger auf konstante Objekte gestatten keine Änderung der Objekte, auf die sie verweisen.

Mit dem Schlüsselwort `new` erzeugt man neue Objekte auf dem Heap. Die von `new` zurückgegebene Adresse legt man in einem Zeiger ab. Durch Aufruf von `delete` auf dem Zeiger gibt man den Speicher frei. Der betreffende Zeiger wird dabei aber nicht zerstört. Aus diesem Grund muss man den Zeiger nach Freigabe des Speichers erneut zuweisen.

Fragen und Antworten

F Warum sind Zeiger so wichtig?

A *Heute haben Sie erfahren, wie Zeiger die Adresse von Objekten im Heap aufnehmen und wie man sie bei der Übergabe von Argumenten als Referenz verwendet. In Stunde 13 lernen Sie, wie man Zeiger bei polymorphen Klassen einsetzt.*

F Warum soll ich mir die Mühe machen, Objekte auf dem Heap zu deklarieren?

A *Objekte auf dem Heap bleiben auch nach Rückkehr einer Funktion bestehen. Darüber hinaus kann man zur Laufzeit entscheiden, wieviele Objekte man benötigt, und muss die Objekte nicht im voraus deklarieren. Auf dieses Thema geht Stunde 10 ein.*

Stunde **10**

Zeiger – weiterführende Themen

Mit Zeigern (Pointern) lässt sich der Computer-Speicher direkt manipulieren. Damit gehören Zeiger zu den leistungsfähigsten Werkzeugen in der Hand des C++-Programmierers.

In dieser Stunde lernen Sie,

- wie man Zeiger effektiv einsetzt,
- wie man Speicherprobleme bei Verwendung von Zeigern vermeidet,
- wie man Objekte auf dem Heap erzeugt.

Objekte auf dem Heap erzeugen

So wie man einen Zeiger auf eine Ganzzahl erzeugen kann, lässt sich auch ein Zeiger auf ein beliebiges Objekt erzeugen. Wenn man ein Objekt vom Typ `Cat` deklariert hat, kann man einen Zeiger auf diese Klasse deklarieren und ein `Cat`-Objekt auf dem Heap instantiieren, wie es auch auf dem Stack möglich ist. Die Syntax entspricht der für Integer-Objekte:

```
Cat *pCat = new Cat;
```

Damit wird der Standardkonstruktor aufgerufen – der Konstruktor, der keine Parameter übernimmt. Der Aufruf des Konstruktors findet immer statt, wenn man ein Objekt – auf dem Stack oder dem Heap – erzeugt.

Objekte löschen

Beim Aufruf von `delete` auf einem Zeiger zu einem Objekt auf dem Heap wird der Destruktor dieses Objekts aufgerufen, bevor die Freigabe des Speichers erfolgt. Damit kann die Klasse Aufräumungsarbeiten erledigen, genau wie bei Objekten, die auf dem Stack abgebaut werden. Listing 10.1 demonstriert das Erzeugen und Löschen von Objekten auf dem Heap.

Eingabe

Listing 10.1: Objekte auf dem Heap erzeugen und löschen

```
// Listing 10.1
// Objekte auf dem Heap erzeugen

 #include <iostream.h>

 class SimpleCat
 {
 public:
        SimpleCat();
          ~SimpleCat();
  private:
          int itsAge;
     };

     SimpleCat::SimpleCat()
     {
            cout << "Konstruktor aufgerufen.\n";
            itsAge = 1;
     }

```

```
21:        SimpleCat::~SimpleCat()
22:        {
23:              cout << "Destruktor aufgerufen.\n";
24:        }
25:
26:        int main()
27:        {
28:              cout << "SimpleCat Frisky...\n";
29:              SimpleCat Frisky;
30:              cout << "SimpleCat *pRags = new SimpleCat...\n";
31:              SimpleCat * pRags = new SimpleCat;
32:              cout << "Loeschen pRags...\n";
33:              delete pRags;
34:              cout << "Beenden, Frisky geht...\n";
35:        return 0;
36:          }
```

```
SimpleCat Frisky...
Konstruktor aufgerufen.
SimpleCat * pRags = new SimpleCat...
Konstruktor aufgerufen.
Loeschen pRags...
Destruktor aufgerufen.
Beenden, Frisky geht...
Destruktor aufgerufen.
```

Die Zeilen 6 bis 13 deklarieren die abgespeckte Klasse `SimpleCat`. Zeile 9 deklariert den Konstruktor von `SimpleCat` und die Zeilen 15 bis 19 enthalten dessen Definition. Der Destruktor von `SimpleCat` steht in Zeile 10, die zugehörige Definition in den Zeilen 21 bis 24.

Zeile 29 erzeugt das Objekt `Frisky` auf dem Stack und bewirkt damit den Aufruf des Konstruktors. Zeile 31 erzeugt auf dem Heap ein `SimpleCat`-Objekt, auf das `pRags` zeigt. Der Konstruktor wird erneut aufgerufen. Zeile 33 ruft `delete` auf `pRags` auf und löst damit den Aufruf des Destruktors aus. Am Ende der Funktion verliert `Frisky` den Gültigkeitsbereich und der Destruktor wird aufgerufen.

Auf Datenelemente zugreifen

Auf Datenelemente und Funktionen greift man bei lokal erzeugten `Cat`-Objekten mit dem Punktoperator (.) zu. Um das `Cat`-Objekt im Heap anzusprechen, muss man den Zeiger dereferenzieren und den Punktoperator auf dem Objekt aufrufen, auf das der Zeiger verweist. Für einen Zugriff auf die Elementfunktion `GetAge` schreibt man daher

```
(*pRags).GetAge();
```

Mit den Klammern stellt man sicher, dass `pRags` vor dem Zugriff auf `GetAge` dereferenziert wird.

Da diese Methode umständlich ist, bietet C++ einen Kurzoperator für den indirekten Zugriff: den Elementverweis-Operator (->), der aus einem Bindestrich und einem unmittelbar folgenden Größer-als-Symbol besteht. C++ behandelt diese Zeichenfolge als ein einzelnes Symbol. Listing 10.2 demonstriert den Zugriff auf Elementvariablen und Funktionen von Objekten, die auf dem Heap erzeugt wurden.

Listing 10.2: Zugriff auf Datenelemente von Objekten auf dem Heap

```
// Listing 10.2
// Zugriff auf Datenelemente von Objekten auf dem Heap

 #include <iostream.h>

 class SimpleCat
 {
 public:
        SimpleCat() {itsAge = 2; }
         ~SimpleCat() {}
         int GetAge() const { return itsAge; }
         void SetAge(int age) { itsAge = age; }
 private:
         int itsAge;
   };

   int main()
   {
          SimpleCat * Frisky = new SimpleCat;
          cout << "Frisky ist " << Frisky->GetAge() << " Jahre alt.\n";
          Frisky->SetAge(5);
          cout << "Frisky ist " << Frisky->GetAge() << " Jahre alt.\n";
          delete Frisky;
   return 0;
   }
```

```
Frisky ist 2 Jahre alt.
Frisky ist 5 Jahre alt.
```

Zeile 19 instantiiert ein `SimpleCat`-Objekt auf dem Heap. Der Standardkonstruktor setzt das Alter auf 2. Zeile 20 ruft die Methode `GetAge` auf. Da es sich hierbei um einen Zeiger handelt, wird der Elementverweis-Operator (`->`) für den Zugriff auf Datenelemente und Funktionen verwendet. In Zeile 21 steht der Aufruf von `SetAge` und in Zeile 22 findet ein erneuter Zugriff auf `GetAge` statt.

Datenelemente auf dem Heap

Datenelemente einer Klasse lassen sich als Zeiger auf ein Objekt im Heap deklarieren. Der Speicher kann im Konstruktor der Klasse oder einer ihrer Methoden reserviert und in ihrem Destruktor gelöscht werden, wie es Listing 10.3 verdeutlicht.

Listing 10.3: Zeiger als Datenelemente

```
// Listing 10.3
// Zeiger als Datenelemente

  #include <iostream.h>

  class SimpleCat
  {
  public:
          SimpleCat();
          ~SimpleCat();
          int GetAge() const { return *itsAge; }
          void SetAge(int age) { *itsAge = age; }

          int GetWeight() const { return *itsWeight; }
          void setWeight (int weight) { *itsWeight = weight; }

   private:
          int * itsAge;
          int * itsWeight;
     };

     SimpleCat::SimpleCat()
     {
          itsAge = new int(2);
          itsWeight = new int(5);
     }
```

```
27:
28:     SimpleCat::~SimpleCat()
29:     {
30:         delete itsAge;
31:         delete itsWeight;
32:     }
33:
34:     int main()
35:     {
36:          SimpleCat *Frisky = new SimpleCat;
37:          cout << "Frisky ist " << Frisky->GetAge() << " Jahre alt.\n";
38:          Frisky->SetAge(5);
39:          cout << "Frisky ist " << Frisky->GetAge() << " Jahre alt.\n";
40:          delete Frisky;
41:     return 0;
42:     }
```

```
Frisky ist 2 Jahre alt.
Frisky ist 5 Jahre alt.
```

Die Klasse `SimpleCat` deklariert in den Zeilen 18 und 19 zwei Elementvariablen als Zeiger auf Integer. Der Konstruktor (Zeilen 22 bis 26) initialisiert die Zeiger auf einen Bereich im Heap und auf Standardwerte.

Der Destruktor (Zeilen 28 bis 32) räumt den reservierten Speicher auf. Da es sich um den Destruktor handelt, gibt es keinen Grund, diesen Zeigern Null zuzuweisen, da sie nicht mehr zugänglich sind. Hier kann man ausnahmsweise die Regel brechen, dass gelöschte Zeiger den Wert Null erhalten sollten, obwohl die Einhaltung dieser Regel auch nicht stört.

Die aufrufende Funktion – in diesem Fall `main` – ist nicht davon unterrichtet, dass `itsAge` und `itsWeight` Zeiger auf Speicher im Heap sind. `main` ruft weiterhin `GetAge` und `SetAge` auf und die Einzelheiten der Speicherverwaltung werden – wie es sich gehört – in der Implementierung der Klasse versteckt.

Beim Löschen von `Frisky` in Zeile 40 wird der Destruktor aufgerufen. Der Destruktor löscht alle zugehörigen Elementzeiger. Wenn diese ihrerseits auf Objekte anderer benutzerdefinierter Klassen zeigen, werden deren Destruktoren ebenfalls aufgerufen.

Der Zeiger this

Jede Elementfunktion einer Klasse verfügt über einen versteckten Parameter: den Zeiger `this`, der auf das eigene Objekt zeigt. Deswegen ist bei jedem Aufruf von `GetAge` oder `SetAge` der Zeiger `this` für das Objekt als versteckter Parameter eingebunden.

Die Aufgabe des Zeigers `this` besteht darin, auf das jeweilige Objekt zu verweisen, dessen Methode aufgerufen wurde. Normalerweise ist das nicht erforderlich. Man ruft einfach Methoden auf und setzt Elementvariablen. Gelegentlich benötigt man aber den Zugriff auf das Objekt selbst (etwa um einen Zeiger auf das aktuelle Objekt zurückzugeben). Hier erweist sich der Zeiger `this` als hilfreich.

Normalerweise braucht man den Zeiger `this` nicht, um auf Elementvariablen eines Objekts über die Methoden dieses Objekts zuzugreifen. Allerdings kann man ohne weiteres den Zeiger `this` explizit aufrufen. Diese Vorgehensweise zeigt Listing 10.4, das die Existenz und Arbeitsweise des Zeigers `this` demonstriert.

Eingabe ***Listing 10.4: Der Zeiger this***

```
// Listing 10.4
// Verwendung des Zeigers this

#include <iostream.h>

class Rectangle
{
public:
     Rectangle();
      ~Rectangle();
      void SetLength(int length) { this->itsLength = length; }
      int GetLength() const { return this->itsLength; }

      void SetWidth(int width) { itsWidth = width; }
      int GetWidth() const { return itsWidth; }

 private:
      int itsLength;
      int itsWidth;
 };

 Rectangle::Rectangle()
 {
     itsWidth = 5;
```

```
        itsLength = 10;
    }
    Rectangle::~Rectangle()
    {}

    int main()
    {
        Rectangle theRect;
        cout << "theRect ist " << theRect.GetLength() << " Meter lang.\n";
        cout << "theRect ist " << theRect.GetWidth() << " Meter breit.\n";
        theRect.SetLength(20);
        theRect.SetWidth(10);
        cout << "theRect ist " << theRect.GetLength()<< " Meter lang.\n";
        cout << "theRect ist " << theRect.GetWidth()<< " Meter breit.\n";
    return 0;
    }
```

Ausgabe

```
theRect ist 10 Meter lang.
theRect ist 5 Meter breit.
theRect ist 20 Meter lang.
theRect ist 10 Meter breit.
```

Analyse

Die Zugriffsfunktionen `SetLength` und `GetLength` verwenden explizit den Zeiger `this`, um auf die Elementvariablen des Objekts `Rectangle` zuzugreifen. Dagegen arbeiten die Zugriffsfunktionen `SetWidth` und `GetWidth` ohne diesen Zeiger. Im Verhalten ist kein Unterschied festzustellen, obwohl die Syntax leichter zu verstehen ist.

Zweck des Zeigers this

Wäre das alles, wofür der Zeiger `this` gut ist, hätte man kaum Anlass, sich mit diesem Zeiger zu beschäftigen. Gerade aber weil `this` ein Zeiger ist, kann er die Speicheradresse eines Objekts aufnehmen. In dieser Eigenschaft ist der Zeiger ein leistungsfähiges Werkzeug.

Die praktische Verwendung des Zeigers `this` lernen Sie später in diesem Buch kennen, wenn es um das Überladen von Operatoren geht. Momentan genügt es zu wissen, dass es den Zeiger `this` gibt und dass er ein Zeiger auf das Objekt selbst ist.

Um das Erzeugen oder Löschen des Zeigers `this` braucht man sich nicht zu kümmern. Das erledigt der Compiler.

Wilde Zeiger

Zu den schwer zu lokalisierenden Fehlerquellen gehören wilde Zeiger. Derartige Zeiger entstehen, wenn man `delete` auf einem Zeiger aufruft – dabei den Speicher freigibt, auf den der Zeiger verweist – und später versucht, diesen Zeiger erneut ohne Neuzuweisung zu verwenden.

Es verhält sich genauso, als ob die Firma Acme Mail Order umgezogen wäre und man weiterhin dieselbe Kurzwahltaste auf dem Telefon betätigt. Vielleicht passiert nichts Furchtbares – ein Telefon klingelt in einem verwaisten Warenhaus. Die Telefonnummer könnte aber auch eine Munitionsfabrik erhalten haben und Ihr Anruf löst eine Explosion aus und bläst die ganze Stadt weg!

Man sollte also keinen Zeiger verwenden, nachdem man darauf `delete` aufgerufen hat. Der Zeiger verweist immer noch auf den alten Speicherbereich, aber der Compiler kann dort ohne Weiteres andere Daten unterbringen. Die Verwendung des Zeigers kann zum Absturz des Programms führen. Der schlimmere Fall ist, dass das Programm noch unbekümmert läuft und erst einige Minuten später abstürzt – eine sogenannte *Zeitbombe*. Setzen Sie daher den Zeiger sicherheitshalber auf `Null` (`0`), nachdem Sie ihn gelöscht haben. Damit ist der Zeiger entwaffnet.

Konstante Zeiger

Bei Zeigern kann man das Schlüsselwort `const` vor oder nach dem Typ (oder an beiden Stellen) verwenden. Die folgenden Beispiele zeigen gültige Deklarationen:

```
const int * pOne;
int * const pTwo;
const int * const pThree;
```

Neuer Begriff

`pOne` ist ein *Zeiger auf eine konstante* Ganzzahl. Der Wert, auf den er zeigt, lässt sich nicht über diesen Zeiger ändern. Man kann also nicht schreiben

```
*pOne = 5
```

Versucht man es, reagiert der Compiler mit einem Fehler.

Neuer Begriff

pTwo ist ein *konstanter Zeiger* auf eine Ganzzahl. Die Ganzzahl kann man ändern, aber pTwo kann nicht auf etwas Anderes zeigen. Ein konstanter Zeiger läßt sich nicht erneut zuweisen. Eine Anweisung wie

```
pTwo = &x
```

verbietet sich also.

Neuer Begriff

pThree ist ein *konstanter Zeiger auf eine konstante Ganzzahl.* Hier lässt sich weder der Wert ändern, auf den der Zeiger verweist, noch kann man pThree durch eine erneute Zuweisung auf etwas Anderes zeigen lassen.

Ziehen Sie eine gedachte Linie unmittelbar rechts vom Sternchen. Wenn das Schlüsselwort const links der Linie vorkommt, bedeutet das ein konstantes Objekt. Taucht das Schlüsselwort const rechts der Linie auf, ist der Zeiger selbst konstant.

```
const int * p1;  // die int-Variable, auf die verwiesen wird, ist konstant
int * const p2;  // p2 ist konstant und kann nicht auf irgend etwas anderes zeigen
```

Konstante Zeiger und Elementfunktionen

In Stunde 6 haben Sie gelernt, dass man das Schlüsselwort const auf eine Elementfunktion anwenden kann. Bei einer als const deklarierten Funktion bringt der Compiler einen Fehler, wenn man Daten im Objekt aus dieser Funktion heraus verändern möchte.

Wenn man einen Zeiger auf ein konstantes Objekt deklariert, lassen sich mit diesem Zeiger einzig und allein konstante Methoden aufrufen. Listing 10.5 verdeutlicht diesen Sachverhalt.

Eingabe

Listing 10.5: Zeiger auf const-Objekt

```
// Listing 10.5
// Zeiger bei konstanten Methoden

#include <iostream.h>

class Rectangle
{
```

```
    public:
        Rectangle();
        ~Rectangle();
        void SetLength(int length) { itsLength = length; }
        int GetLength() const { return itsLength; }

        void SetWidth(int width) { itsWidth = width; }
        int GetWidth() const { return itsWidth; }

    private:
        int itsLength;
        int itsWidth;
    };

    Rectangle::Rectangle():
    itsWidth(5),
    itsLength(10)
    {}

    Rectangle::~Rectangle()
    {}

    int main()
    {
        Rectangle* pRect =  new Rectangle;
        const Rectangle * pConstRect = new Rectangle;
        Rectangle * const pConstPtr = new Rectangle;

        cout << "pRect Breite:      " << pRect->GetWidth() << " Meter\n";
        cout << "pConstRect Breite: " ;
        cout << pConstRect->GetWidth() << " Meter\n";
        cout << "pConstPtr Breite:  " << pConstPtr->GetWidth() << "
                                      ➥Meter\n";

        pRect->SetWidth(10);
        // pConstRect->SetWidth(10);
        pConstPtr->SetWidth(10);

        cout << "pRect Breite:      " << pRect->GetWidth() << " Meter\n";
        cout << "pConstRect Breite: ";
        cout << pConstRect->GetWidth() << " Meter\n";
        cout << "pConstPtr Breite:  " << pConstPtr->GetWidth() << "
                                      ➥Meter\n";
    return 0;
    }
```

Ausgabe

```
pRect Breite:       5 Meter
pConstRect Breite:  5 Meter
pConstPtr Breite:   5 Meter
pRect Breite:       10 Meter
pConstRect Breite:  5 Meter
pConstPtr Breite:   10 Meter
```

Analyse

In den Zeilen 6 bis 20 steht die Deklaration der Klasse `Rectangle`. Zeile 12 deklariert die Elementmethode `GetLength` als `const`. Zeile 32 deklariert einen Zeiger auf `Rectangle`. Zeile 33 deklariert `pConstRect` als Zeiger auf das konstante `Rectangle`-Objekt und Zeile 34 `pConstPtr` als konstanten Zeiger auf `Rectangle`.

Die Zeilen 36 bis 39 geben die Werte der Breiten aus.

Zeile 41 setzt die Breite des Rechtecks über `pRect` auf den Wert 10. In Zeile 42 käme eigentlich `pConstRect` zum Einsatz. Die Deklaration dieses Zeigers bezieht sich aber auf ein konstantes `Rectangle`-Objekt. Deshalb ist der Aufruf einer nicht als `const` deklarierten Elementfunktion unzulässig und die Zeile wurde auskommentiert. In Zeile 43 ruft `pConstPtr` die Methode `SetWidth(10)` auf. Zeile 34 deklariert `pConstPtr` als konstanten Zeiger auf ein Rechteck. Der Zeiger ist also konstant und kann nicht auf irgendetwas Anderes zeigen, aber das Rechteck ist nicht konstant und somit geht dieser Aufruf in Ordnung.

Konstante this-Zeiger

Wenn man ein Objekt als `const` deklariert, hat man praktisch den Zeiger `this` als Zeiger auf ein konstantes Objekt deklariert. Einen `const this`-Zeiger kann man nur auf konstante Elementfunktionen anwenden.

Konstante Objekte und konstante Zeiger behandeln wir noch einmal in der nächsten Stunde, wenn es um Referenzen auf konstante Objekte geht.

Zusammenfassung

Zeiger stellen in Bezug auf die Verwaltung von Objekten im Heap ein sehr leistungsfähiges Instrument dar. Sie bergen aber die Gefahr von Speicherlücken und wilden Zeigern in sich. Wenn man aber sorgfältig arbeitet, sind sie sicher und wirkungsvoll in Programmen einzusetzen.

Zeiger lassen sich als konstant deklarieren. Bei Fehlern, die sich auf den nicht beabsichtigten Einsatz von Zeigern beziehen, kann man damit Unterstützung vom Compiler erhalten.

Fragen und Antworten

F Warum soll ich ein Objekt als `const` deklarieren, obwohl dadurch die Verwendungsmöglichkeiten eingeschränkt sind?

A *Als Programmierer möchte man den Compiler auch zur Fehlersuche einsetzen. So sind beispielsweise solche Fehler schwer zu finden, die darauf beruhen, dass eine aufgerufene Funktion ein Objekt ändert, diese Änderung aber mit der aufrufenden Funktion nicht im ursächlichen Zusammenhang steht. Durch die Deklaration des Objekts als* `const` *verhindert man derartige Änderungen.*

F Warum soll ich mir die Mühe machen, Objekte auf dem Heap zu deklarieren?

A *Objekte auf dem Heap bleiben auch nach Rückkehr einer Funktion bestehen. Außerdem lassen sich mit Objekten, die man auf dem Heap deklariert, komplexe Datenstrukturen erstellen, wie es Stunde 19 erläutert.*

Stunde 11

Referenzen

In den beiden letzten Stunden haben Sie gelernt, wie man Zeiger verwendet, Objekte im Heap manipuliert und auf Objekte indirekt verweist. Referenzen bieten nahezu die gleiche Leistung wie Zeiger, aber mit einer wesentlich einfacheren Syntax.

In dieser Stunde lernen Sie,

- was Referenzen sind,
- wie sich Referenzen von Zeigern unterscheiden,
- wie man Referenzen erzeugt und verwendet,
- welche Beschränkungen bei Referenzen vorhanden sind,
- wie man Werte und Objekte in und aus Funktionen als Referenz übergibt.

Was ist eine Referenz?

Eine *Referenz* ist ein Alias-Name. Wenn man eine Referenz erzeugt, initialisiert man sie mit dem Namen eines anderen Objekts, dem *Ziel*. Von diesem Moment an wirkt die Referenz als alternativer Name für das Ziel und alles, was man mit der Referenz anstellt, bezieht sich tatsächlich auf das Ziel.

Das war's. Einige C++-Programmierer behaupten, dass Referenzen Zeiger sind. Das ist nicht korrekt. Auch wenn Referenzen oftmals mit Hilfe von Zeigern implementiert werden, ist das nur von Belang für die Compiler-Bauer. Als Programmierer muss man beide Konzepte – Referenzen und Zeiger – auseinander halten.

Zeiger sind Variablen, die die Adresse eines anderen Objekts aufnehmen. Referenzen sind Aliase auf eine andere Referenz.

Referenzen erzeugen

Die Deklaration einer Referenz besteht aus dem Typ des Zielobjekts, gefolgt vom Referenzoperator (`&`) und dem Namen der Referenz. Die Regeln für die Benennung von Referenzen entsprechen den gültigen Variablennamen. Im Buch erhalten Referenzen durchgängig ein vorangestelltes `r`. Zum Beispiel erzeugt man für eine Integer-Variable `someInt` eine Referenz mit der folgenden Anweisung:

```
int &rSomeRef = someInt;
```

Man liest das als: »`rSomeRef` ist eine Referenz auf einen Integer, der mit einem Verweis auf `someInt` initialisiert ist«. Listing 11.1 zeigt, wie man Referenzen erzeugt und verwendet.

Hinweis

Beachten Sie, dass C++ für den Referenzoperator (`&`) dasselbe Symbol verwendet wie für den Adressoperator.

Eingabe

Listing 11.1: Referenzen erzeugen und verwenden

```
// Listing 11.1
// Zeigt die Verwendung von Referenzen

#include <iostream.h>

```

```
 6:  int main()
 7:  {
 8:       int  intOne;
 9:       int &rSomeRef = intOne;
10:
11:       intOne = 5;
12:       cout << "intOne: " << intOne << endl;
13:       cout << "rSomeRef: " << rSomeRef << endl;
14:
15:       rSomeRef = 7;
16:       cout << "intOne: " << intOne << endl;
17:       cout << "rSomeRef: " << rSomeRef << endl;
18:       return 0;
19:  }
```

```
intOne: 5
rSomeRef: 5
intOne: 7
rSomeRef: 7
```

Zeile 8 deklariert die lokale `int`-Variable `intOne`. In Zeile 9 wird eine Referenz auf die Integer-Zahl `rSomeRef` deklariert und mit `intOne` initialisiert. Wenn man eine Referenz deklariert, aber nicht initialisiert, erhält man einen Compiler-Fehler. Referenzen müssen initialisiert werden.

Zeile 11 weist `intOne` den Wert 5 zu. Die Anweisungen in den Zeilen 12 und 13 geben die Werte in `intOne` und `rSomeRef` aus. Natürlich sind sie gleich, da `rSomeRef` lediglich die Referenz auf `intOne` ist.

In Zeile 15 steht die Zuweisung von 7 an `rSomeRef`. Da es sich um eine Referenz handelt, ist es ein Alias für `intOne`. Die Zuweisung von 7 wirkt demzufolge auf `intOne`, wie es die Ausgaben in den Zeilen 16 und 17 belegen.

Der Adressoperator bei Referenzen

Wenn man die Adresse einer Referenz abfragt, erhält man die Adresse des Ziels der Referenz. Genau das ist das Wesen der Referenzen – sie sind Aliase für das Ziel. Listing 11.2 verdeutlicht diesen Sachverhalt.

Eingabe

Listing 11.2: Die Adresse einer Referenz ermitteln

```
// Listing 11.2
// Zeigt die Verwendung von Referenzen

#include <iostream.h>

int main()
{
    int  intOne;
    int &rSomeRef = intOne;

    intOne = 5;
    cout << "intOne: " << intOne << endl;
    cout << "rSomeRef: " << rSomeRef << endl;

    cout << "&intOne: "  << &intOne << endl;
    cout << "&rSomeRef: " << &rSomeRef << endl;

    return 0;
}
```

Ausgabe

```
intOne: 5
rSomeRef: 5
&intOne:  0x3500
&rSomeRef: 0x3500
```

Analyse

Auch hier wird `rSomeRef` als Referenz auf `intOne` initialisiert. Die Ausgabe zeigt diesmal die Adressen der beiden Variablen – sie sind identisch. C++ bietet keine Möglichkeit, auf die Adresse der Referenz selbst zuzugreifen, da sie im Gegensatz zu einem Zeiger oder einer anderen Variablen nicht von Bedeutung ist. Referenzen werden bei ihrer Erzeugung initialisiert und agieren immer als Synonyme für ihre Ziele, selbst wenn man den Adressoperator anwendet.

Bei einer Klasse wie z.B. `President` kann man eine Instanz dieser Klasse wie folgt deklarieren:

```
President  William_Jefferson_Clinton;
```

Dann lässt sich eine Referenz auf `President` deklarieren und mit diesem Objekt initialisieren:

```
President &Bill_Clinton = William_Jefferson_Clinton;
```

Es gibt nur ein `President`-Objekt; beide Bezeichner beziehen sich auf dasselbe Objekt derselben Klasse. Alle Aktionen, die man auf `Bill_Clinton` ausführt, werden genauso auf `William_Jefferson_Clinton` unternommen.

Achten Sie auf den Unterschied zwischen dem Symbol `&` in Zeile 9 von Listing 11.2, das eine Referenz auf `int` namens `rSomeRef` deklariert, und den Symbolen `&` in den Zeilen 15 und 16, die die Adressen der Integer-Variablen `intOne` und der Referenz `rSomeRef` zurückgeben.

Bei Referenzen arbeitet man normalerweise nicht mit dem Adressoperator. Man setzt die Referenz einfach so ein, als würde man direkt mit der Zielvariablen arbeiten. Zeile 13 zeigt dazu ein Beispiel.

Selbst erfahrene C++-Programmierer, die die Regel kennen, dass Referenzen nicht erneut zugewiesen werden können und immer Aliase für ihr Ziel sind, wissen manchmal nicht, was beim erneuten Zuweisen einer Referenz passiert. Was wie eine Neuzuweisung aussieht, stellt sich als Zuweisung eines neuen Werts an das Ziel heraus. Diese Tatsache zeigt Listing 11.3.

Eingabe ***Listing 11.3: Zuweisungen an eine Referenz***

```
// Listing 11.3
// Neuzuweisung einer Referenz

 #include <iostream.h>

 int main()
 {
      int  intOne;
      int &rSomeRef = intOne;

       intOne = 5;
       cout << "intOne:\t" << intOne << endl;
       cout << "rSomeRef:\t" << rSomeRef << endl;
       cout << "&intOne:\t"  << &intOne << endl;
       cout << "&rSomeRef:\t" << &rSomeRef << endl;

       int intTwo = 8;
       rSomeRef = intTwo;
       cout << "\nintOne:\t" << intOne << endl;
       cout << "intTwo:\t" << intTwo << endl;
       cout << "rSomeRef:\t" << rSomeRef << endl;
       cout << "&intOne:\t"  << &intOne << endl;
       cout << "&intTwo:\t"  << &intTwo << endl;
```

```
24:        cout << "&rSomeRef:\t" << &rSomeRef << endl;
25:        return 0;
26:    }
```

```
intOne:        5
rSomeRef:      5
&intOne:       0x68cbc
&rSomeRef:     0x68cbc

intOne:        8
intTwo:        8
rSomeRef:      8
&intOne:       0x68cbc
&intTwo:       0x68cb4
&rSomeRef:     0x68cbc
```

Die Zeilen 8 und 9 deklarieren auch hier wieder eine Integer-Variable und eine Referenz auf einen Integer. In Zeile 11 erhält die Integer-Variable den Wert 5 zugewiesen und die Ausgabe der Werte und ihrer Adressen erfolgt in den Zeilen 12 bis 15.

Zeile 17 erzeugt die neue Variable `intTwo` und initialisiert sie mit dem Wert 8. In Zeile 18 versucht der Programmierer, `rSomeRef` erneut als Alias für die Variable `intTwo` zuzuweisen. Allerdings passiert etwas anderes: `rSomeRef` wirkt nämlich weiterhin als Alias für `intOne`, so dass diese Zuweisung mit der folgenden gleichbedeutend ist:

```
intOne = intTwo;
```

Tatsächlich sind die in den Zeilen 19 bis 21 ausgegebenen Werte von `intOne` und `rSomeRef` gleich `intTwo`. Die Ausgabe der Adressen in den Zeilen 22 bis 24 beweist, dass sich `rSomeRef` weiterhin auf `intOne` und nicht auf `intTwo` bezieht.

Was Sie tun sollen	**Was nicht**
Verwenden Sie Referenzen, um einen Alias auf ein Objekt zu erzeugen.	
Initialisieren Sie alle Referenzen.	
	Versuchen Sie nicht, eine Referenz erneut zuzuweisen.
	Verwechseln Sie nicht den Adressoperator mit dem Referenzoperator.

Was kann man referenzieren?

Alle Objekte, einschließlich der benutzerdefinierten Objekte, lassen sich referenzieren. Beachten Sie, dass man eine Referenz auf ein Objekt und nicht auf eine Klasse erzeugt. Beispielsweise schreibt man nicht:

```
int & rIntRef = int;     // falsch
```

Man muss `rIntRef` auf eine bestimmte Integer-Zahl initialisieren, etwa so:

```
int howBig = 200;
int & rIntRef = howBig;
```

Ebenso initialisiert man eine Referenz nicht auf die Klasse CAT:

```
CAT & rCatRef = CAT;    // falsch
```

Es ist `rCatRef` auf ein bestimmtes CAT-Objekt zu initialisieren:

```
CAT Frisky;
CAT & rCatRef = Frisky;
```

Referenzen auf Objekte verwendet man genau wie das Objekt selbst. Auf Datenelemente und Methoden greift man mit dem normalen Zugriffsoperator (.) der Klasse zu. Und genau wie bei den vordefinierten Typen wirkt die Referenz als Alias für das Objekt.

Null-Zeiger und Null-Referenzen

Wenn man Zeiger löscht oder nicht initialisiert, sollte man ihnen Null (0) zuweisen. Für Referenzen gilt das nicht. In der Tat darf eine Referenz nicht Null sein, und ein Programm mit einer Referenz auf ein Null-Objekt ist unzulässig. Bei einem unzulässigen Programm kann nahezu alles passieren. Vielleicht läuft das Programm, vielleicht löscht es aber auch alle Dateien auf der Festplatte.

Die meisten Compiler unterstützen ein Null-Objekt, ohne sich darüber zu beschweren. Erst wenn man das Objekt verwendet, gibt es Ärger. Allerdings sollte man auf diese »Unterstützung« verzichten. Denn wenn man das Programm auf einer anderen Maschine oder mit einem anderen Compiler laufen lässt, können sich bei vorhandenen Null-Objekten geheimnisvolle Fehler einschleichen.

Funktionsargumente als Referenz übergeben

In Stunde 5 haben Sie gelernt, dass Funktionen zwei Einschränkungen aufweisen: Die Übergabe von Argumenten erfolgt als Wert und die `return`-Anweisung kann nur einen einzigen Wert zurückgeben.

Die Übergabe von Werten an eine Funktion als Referenz hebt beide Einschränkungen auf. In C++ realisiert man die Übergabe als Referenz entweder mit Zeigern oder mit Referenzen. Die Syntax ist unterschiedlich, die Wirkung gleich: Die Funktion legt in ihrem Gültigkeitsbereich keine Kopie an, sondern greift auf das Originalobjekt zu. Damit kann die Funktion das betreffende Objekt verändern.

Die Funktion `swap` in Listing 11.4 vertauscht zwei Werte, wobei die Übergabe der Parameter als Wert erfolgt.

Eingabe ***Listing 11.4: Übergabe von Argumenten als Wert***

```
// Listing 11.4 Zeigt die Übergabe als Wert

 #include <iostream.h>

 void swap(int x, int y);

 int main()
 {
   int x = 5, y = 10;

     cout << "Main. Vor Vertauschung, x: " << x << " y: " << y << "\n";
     swap(x,y);
     cout << "Main. Nach Vertauschung, x: " << x << " y: " << y << "\n";
 return 0;
 }

  void swap (int x, int y)
  {
     int temp;

     cout << "Swap. Vor Vertauschung, x: " << x << " y: " << y << "\n";

     temp = x;
     x = y;
     y = temp;

```

```
        cout << "Swap. Nach Vertauschung, x: " << x << " y: " << y << "\n";

    }
```

```
Main. Vor Vertauschung, x: 5 y: 10
Swap. Vor Vertauschung, x: 5 y: 10
Swap. Nach Vertauschung, x: 10 y: 5
Main. Nach Vertauschung, x: 5 y: 10
```

Dieses Programm initialisiert zwei Variablen in `main` und übergibt sie dann an die Funktion `swap`, die auf den ersten Blick eine Vertauschung der Werte vornimmt. Inspiziert man aber die Werte erneut in `main`, haben sie ihre Plätze nicht gewechselt!

Das Problem besteht hier darin, dass die Übergabe von `x` und `y` an die Funktion `swap` als Wert erfolgt. Das heißt, die Funktion legt lokale Kopien dieser Variablen an. Man müsste also `x` und `y` als Referenz übergeben.

In C++ bieten sich hier zwei Möglichkeiten: Man kann die Parameter der Funktion `swap` als Zeiger auf die Originalwerte ausbilden oder Referenzen auf die Originalwerte übergeben.

Parameter mit Zeigern übergeben

Die Übergabe eines Zeigers bedeutet, dass man die Adresse des Objekts übergibt. Daher kann die Funktion den Wert an dieser Adresse manipulieren. Damit `swap` die eigentlichen Werte mit Hilfe von Zeigern vertauscht, deklariert man die Parameter der Funktion `swap` als zwei `int`-Zeiger. Die Funktion dereferenziert diese beiden Zeiger und vertauscht damit wie beabsichtigt die Werte von `x` und `y`. Listing 11.5 verdeutlicht dieses Konzept.

Listing 11.5: Übergabe als Referenz mit Zeigern

```
// Listing 11.5 Zeigt die Übergabe als Referenz

 #include <iostream.h>

 void swap(int *x, int *y);

 int main()
 {
   int x = 5, y = 10;

```

```
11:     cout << "Main. Vor Vertauschung, x: " << x << " y: " << y << "\n";
12:     swap(&x,&y);
13:     cout << "Main. Nach Vertauschung, x: " << x << " y: " << y << "\n";
14:     return 0;
15:   }
16:
17:   void swap (int *px, int *py)
18:   {
19:     int temp;
20:
21:     cout << "Swap. Vor Vertauschung, *px: " << *px << " *py: "
                                              ➥<< *py << "\n";
22:
23:     temp = *px;
24:     *px = *py;
25:     *py = temp;
26:
27:     cout << "Swap. Nach Vertauschung, *px: " << *px << " *py: "
                                              ➥<< *py << "\n";
28:
29:   }
```

```
Main. Vor Vertauschung, x: 5 y: 10
Swap. Vor Vertauschung, *px: 5 *py: 10
Swap. Nach Vertauschung, *px: 10 *py: 5
Main. Nach Vertauschung, x: 10 y: 5
```

Erfolg gehabt! Der geänderte Prototyp von `swap` in Zeile 5 zeigt nun an, dass die beiden Parameter als Zeiger auf `int` und nicht als `int`-Variablen spezifiziert sind. Der Aufruf von `swap` in Zeile 12 übergibt als Argumente die Adressen von `x` und `y`.

Die Funktion `swap` deklariert in Zeile 19 die lokale Variable `temp`. Diese Variable braucht kein Zeiger zu sein, sie nimmt einfach den Wert von `*px` (d.h. den Wert von `x` in der aufrufenden Funktion) während der Lebensdauer der Funktion auf. Nachdem die Funktion zurückgekehrt ist, wird `temp` nicht mehr benötigt.

Zeile 23 weist `temp` den Wert von `px` zu. In Zeile 24 erhält `px` den Wert von `py`. In Zeile 25 wird der in `temp` zwischengespeicherte Wert (d.h. der Originalwert von `px`) nach `py` übertragen.

In der aufrufenden Funktion sind die Werte, die als Adressen an `swap` übergeben wurden, nun tatsächlich vertauscht.

Parameter mit Referenzen übergeben

Das obige Programm funktioniert zwar, die Syntax der Funktion `swap` ist aber in zweierlei Hinsicht umständlich. Erstens führt die mehrfache Dereferenzierung der Zeiger in der Funktion `swap` eher zu Programmfehlern und das Ganze ist schwer zu lesen. Zweitens legt die erforderliche Übergabe der Variablenadressen in der aufrufenden Funktion die inneren Abläufe von `swap` für den Benutzer in vielleicht nicht gewünschter Weise frei.

Ein Ziel von C++ ist es, dass sich der Benutzer mit der Arbeitsweise einer Funktion nicht zu belasten braucht. Bei der Übergabe mit Zeigern hat die aufrufende Funktion Arbeiten zu erledigen, die eigentlich in die aufgerufene Funktion gehören. Listing 11.6 zeigt eine Neufassung der Funktion mit der Übergabe von Referenzen.

Eingabe ***Listing 11.6: Die Funktion swap mit Übergabe von Referenzen***

```
// Listing 11.6 Zeigt die Parameterübergabe
// mit Referenzen

   #include <iostream.h>

   void swap(int &x, int &y);

   int main()
   {
        int x = 5, y = 10;

        cout << "Main. Vor Vertauschung, x: " << x << " y: " << y << "\n";
        swap(x,y);
        cout << "Main. Nach Vertauschung, x: " << x << " y: "
                                                 ➥<< y << "\n";
        return 0;
       }

       void swap (int &rx, int &ry)
       {
         int temp;
          cout << "Swap. Vor Vertauschung, rx: ";
          cout << rx << " ry: " << ry << "\n";

          temp = rx;
          rx = ry;
          ry = temp;
```

```
27:             cout << "Swap. Nach Vertauschung, rx: ";
28:     cout << rx << " ry: " << ry << "\n";
29:
30:           }
```

```
Main. Vor Vertauschung, x:5 y: 10
Swap. Vor Vertauschung, rx:5 ry:10
Swap. Nach Vertauschung, rx:10 ry:5
Main. Nach Vertauschung, x:10 y:5
```

Genau wie im Zeigerbeispiel deklariert dieses Programm in Zeile 10 zwei Variablen und gibt deren Werte in Zeile 12 aus. Der Aufruf der Funktion `swap` erfolgt in Zeile 13. Dieses Mal übergibt aber die aufrufende Funktion einfach die Variablen `x` und `y` und nicht deren Adressen.

Beim Aufruf von `swap` geht die Programmausführung zu Zeile 18, wo die Variablen als Referenzen gekennzeichnet sind. Für die Ausgabe der Werte in Zeile 21 sind keine speziellen Operatoren erforderlich. Es handelt sich um die Aliase für die Originalwerte, die man unverändert einsetzen kann.

Die Vertauschung der Werte geschieht in den Zeilen 24 bis 26, die Ausgabe in den Zeilen 27 und 28. Dann geht die Programmausführung zurück zur aufrufenden Funktion. In Zeile 14 gibt `main` die Werte aus. Da die Parameter an `swap` als Referenzen deklariert sind, werden die Werte aus `main` als Referenz übergeben und sind demnach in `main` ebenfalls vertauscht.

Referenzen lassen sich genauso komfortabel und einfach wie normale Variablen verwenden, sind aber leistungsfähig wie Zeiger und erlauben die Übergabe als Referenz.

Header und Prototypen von Funktionen

Listing 11.5 zeigt die Funktion `swap` mit Übergabe von Zeigern und Listing 11.6 mit Übergabe von Referenzen. Funktionen mit Referenzen als Parameter lassen sich einfacher handhaben und der Code ist verständlicher. Woher weiß aber die aufrufende Funktion, ob die Übergabe als Referenz oder als Wert stattfindet? Als Klient (oder Benutzer) von `swap` muss der Programmierer sicherstellen, dass `swap` tatsächlich die Parameter ändert bzw. vertauscht.

Hier finden wir eine weitere Einsatzmöglichkeit für den Funktionsprototyp. Normalerweise sind die Prototypen in einer Header-Datei zusammengefasst. Die im Prototyp deklarierten Parameter verraten dem Programmierer, dass die an `swap` übergebenen Werte als Referenz zu übergeben sind und demnach geeignet vertauscht werden.

Handelt es sich bei `swap` um eine Elementfunktion einer Klasse, lassen sich diese Informationen aus der – ebenfalls in einer Header-Datei untergebrachten – Klassendeklaration ablesen.

In C++ stützen sich die Klienten von Klassen und Funktionen auf die Header-Datei, um alle erforderlichen Angaben zu erhalten. Die Header-Datei wirkt als Schnittstelle zur Klasse oder Funktion. Die eigentliche Implementierung bleibt dem Klienten verborgen. Damit kann sich der Programmierer auf das unmittelbare Problem konzentrieren und die Klasse oder Funktion einsetzen, ohne sich um deren Arbeitsweise kümmern zu müssen.

Mehrere Werte zurückgeben

Wie bereits erwähnt, können Funktionen nur einen Wert zurückgeben. Was macht man nun, wenn zwei Werte aus einer Funktion zurückzugeben sind? Eine Möglichkeit zur Lösung dieses Problems besteht in der Übergabe von zwei Objekten an die Funktion, und zwar als Referenz. Da eine Funktion bei Übergabe als Referenz die Originalobjekte ändern kann, lassen sich mit der Funktion praktisch zwei Informationsteile zurückgeben. Diese Lösung umgeht den Rückgabewert der Funktion, den man am besten für die Meldung von Fehlern vorsieht.

Auch hier kann man sowohl mit Referenzen als auch mit Zeigern arbeiten. Listing 11.7 zeigt eine Funktion, die drei Werte zurückgibt, zwei als Zeigerparameter und einen als Rückgabewert der Funktion.

Listing 11.7: Rückgabe von Werten mit Zeigern

```
// Listing 11.7
// Mehrere Werte aus einer Funktion zurückgeben

#include <iostream.h>

short Factor(int, int*, int*);

int main()
{
   int number, squared, cubed;
   short error;

   cout << "Bitte eine Zahl eingeben (0 - 20): ";
   cin >> number;

```

```
16:      error = Factor(number, &squared, &cubed);
17:
18:      if (!error)
19:      {
20:          cout << "Zahl: " << number << "\n";
21:          cout << "Quadrat: " << squared << "\n";
22:          cout << "Dritte Potenz: "  << cubed   << "\n";
23:      }
24:      else
25:        cout << "Fehler!!\n";
26:      return 0;
27:   }
28:
29:   short Factor(int n, int *pSquared, int *pCubed)
30:   {
31:   short Value = 0;
32:      if (n > 20)
33:         Value = 1;
34:      else
35:      {
36:          *pSquared = n*n;
37:          *pCubed = n*n*n;
38:          Value = 0;
39:      }
40:      return Value;
41:   }
```

Ausgabe

```
Bitte eine Zahl eingeben (0-20): 3
Zahl: 3
Quadrat: 9
Dritte Potenz: 27
```

Analyse

Zeile 10 definiert `number`, `squared` und `cubed` als `int`s. Die Variable `number` nimmt die vom Benutzer eingegebene Zahl auf. Diese wird zusammen mit den Adressen von `squared` und `cubed` an die Funktion `Factor` übergeben.

`Factor` testet den ersten – als Wert übergebenen – Parameter. Ist er größer als 20 (der Maximalwert, den diese Funktion behandeln kann), setzt die Funktion die Variable `Value` auf einen Fehlerwert. Beachten Sie, dass der Rückgabewert aus `Factor` entweder für diesen Fehlerwert oder den Wert 0 reserviert ist, wobei 0 die ordnungsgemäße Funktionsausführung anzeigt. Die Rückgabe des entsprechenden Werts findet in Zeile 40 statt.

Die eigentlich benötigten Werte, das Quadrat und die dritte Potenz von `number`, liefert die Funktion nicht über den normalen Rückgabemechanismus, sondern durch Ändern der an die Funktion übergebenen Zeiger.

In den Zeilen 36 und 37 erfolgt die Zuweisung der Rückgabewerte an die Zeiger. Zeile 38 setzt `Value` auf den Wert für erfolgreiche Ausführung (`0`) und Zeile 40 gibt `Value` zurück.

Als Verbesserung dieses Programms könnte man Folgendes deklarieren:

```
enum ERROR_VALUE { SUCCESS, FAILURE};
```

Dann gibt man nicht 0 oder 1 zurück, sondern SUCCESS (alles OK) oder FAILURE (fehlerhafte Ausführung).

Werte als Referenz zurückgeben

Das Programm in Listing 11.7 funktioniert zwar, lässt sich aber mit der Übergabe von Referenzen anstelle von Zeigern wartungsfreundlicher und übersichtlicher gestalten. Listing 11.8 zeigt das gleiche Programm, allerdings in der neuen Fassung mit Übergabe von Referenzen und Rückgabe eines Aufzählungstyps für den Fehlerwert (ERROR).

Eingabe

Listing 11.8: Mit Übergabe von Referenzen

```
// Listing 11.8
// Rückgabe mehrerer Werte aus einer Funktion
// mit Referenzen

#include <iostream.h>

enum ERR_CODE { SUCCESS, ERROR };

 ERR_CODE Factor(int, int&, int&);

 int main()
 {
      int number, squared, cubed;
      ERR_CODE result;

      cout << "Bitte eine Zahl eingeben (0 - 20): ";
      cin >> number;

      result = Factor(number, squared, cubed);

      if (result == SUCCESS)
      {
            cout << "Zahl: " << number << "\n";
```

```
24:              cout << "Quadrat: " << squared << "\n";
25:              cout << "Dritte Potenz: "  << cubed   << "\n";
26:         }
27:         else
28:           cout << "Fehler!!\n";
29:         return 0;
30:    }
31:
32:    ERR_CODE Factor(int n, int &rSquared, int &rCubed)
33:    {
34:         if (n > 20)
35:              return ERROR;   // Einfacher Fehlercode
36:         else
37:         {
38:              rSquared = n*n;
39:              rCubed = n*n*n;
40:              return SUCCESS;
41:         }
42:    }
```

Ausgabe

```
Bitte eine Zahl eingeben (0-20): 3
Zahl: 3
Quadrat: 9
Dritte Potenz: 27
```

Analyse

Listing 11.8 ist mit Listing 11.7 bis auf zwei Ausnahmen identisch. Der Aufzählungstyp `ERR_CODE` erlaubt es, die Fehlermeldungen in den Zeilen 56 und 40 sowie die Fehlerbehandlung in Zeile 21 komfortabler zu schreiben. Die größere Änderung besteht allerdings darin, dass `Factor` nun für die Übernahme von Referenzen statt Zeigern auf `squared` und `cubed` ausgelegt ist. Die Arbeit mit diesen Parametern gestaltet sich damit einfacher und ist verständlicher.

Zusammenfassung

In dieser Stunde haben Sie gelernt, was Referenzen sind und in welchem Verhältnis sie zu Zeigern stehen. Man muss Referenzen mit einem Verweis auf ein existierendes Objekt initialisieren und darf keine erneute Zuweisung auf ein anderes Objekt vornehmen. Jede Aktion, die man auf einer Referenz ausführt, wird praktisch auf dem Zielobjekt der Referenz ausgeführt. Ruft man die Adresse einer Referenz ab, erhält man die Adresse des Zielobjekts zurück.

Fragen und Antworten

F Warum gibt es Referenzen, wenn sich das Gleiche auch mit Zeigern realisieren lässt?

A *Referenzen sind leichter zu verwenden und zu verstehen. Die Umleitung bleibt verborgen und man muss die Variable nicht wiederholt dereferenzieren.*

F Warum gibt es Zeiger, wenn Referenzen einfacher zu handhaben sind?

A *Referenzen dürfen nicht Null sein und lassen sich nicht erneut zuweisen. Zeiger bieten mehr Flexibilität, sind aber etwas schwieriger einzusetzen.*

Stunde 12

Referenzen und Zeiger – weiterführende Themen

In den letzten drei Stunden haben Sie gelernt, wie man Referenzen und Zeiger verwendet.

In dieser Stunde lernen Sie,

- wie man Programme durch Übergabe als Referenz effizienter gestaltet,
- wie man entscheidet, wann Referenzen und wann Zeiger zu verwenden sind,
- wie man Speicherprobleme bei Verwendung von Zeigern vermeidet,
- wie man Fallen bei der Verwendung von Referenzen umgeht.

Übergabe als Referenz der Effizienz wegen

Übergibt man ein Objekt an eine Funktion als Wert, legt die Funktion eine Kopie des Objekts an. Bei der Rückgabe eines Objekts aus einer Funktion als Wert wird eine weitere Kopie erstellt.

Bei größeren, benutzerdefinierten Objekten machen sich diese Kopien deutlich bemerkbar. Man belegt mehr Speicher als eigentlich erforderlich und letztendlich läuft das Programm langsamer.

Die Größe eines benutzerdefinierten Objekts auf dem Stack ergibt sich aus der Summe seiner Elementvariablen. Bei diesen kann es sich wiederum um benutzerdefinierte Objekte handeln und die Übergabe einer derartig massiven Struktur durch das Kopieren auf den Stack geht sehr zu Lasten der Leistung und des Speicherverbrauchs.

Andere Faktoren sind ebenfalls zu berücksichtigen. Bei den von Ihnen erzeugten Klassen werden diese temporären Kopien erzeugt, wenn der Compiler einen speziellen Konstruktor aufruft: den Kopierkonstruktor. In Stunde 13 lernen Sie, wie Kopierkonstruktoren arbeiten und wie man eigene erzeugt. Momentan geben wir uns mit der Aussage zufrieden, dass beim Aufruf des Kopierkonstruktors eine temporäre Kopie des Objekts auf den Stack gestellt wird.

Bei Rückkehr der Funktion wird das temporäre Objekt abgebaut und der Destruktor des Objekts aufgerufen. Wenn man ein Objekt als Wert zurückgibt, muss eine Kopie dieses Objekts angelegt und ebenfalls wieder abgebaut werden.

Bei großen Objekten gehen diese Konstruktor- und Destruktor-Aufrufe zu Lasten der Geschwindigkeit und des Speicherverbrauchs. Listing 12.1 verdeutlicht das mit einer vereinfachten Version eines benutzerdefinierten Objekts: `SimpleCat`. Ein reales Objekt wäre wesentlich größer und umfangreicher. Aber auch an diesem Objekt lässt sich zeigen, wie oft die Aufrufe von Konstruktor und Destruktor stattfinden.

Listing 12.1 erzeugt das Objekt `SimpleCat` und ruft dann zwei Funktionen auf. Die erste Funktion übernimmt `Cat` als Wert und gibt das Objekt als Wert zurück. Die zweite Funktion erhält das Objekt als Zeiger (nicht als Objekt selbst) und gibt einen Zeiger auf das Objekt zurück.

Eingabe

Listing 12.1: Objekte als Referenz übergeben

```
// Listing 12.1
// Zeiger auf Objekte übergeben

#include <iostream.h>
```

```

class SimpleCat
{
public:
        SimpleCat ();                    // Konstruktor
        SimpleCat(SimpleCat&);     // Kopierkonstruktor
        ~SimpleCat();                    // Destruktor
 };

 SimpleCat::SimpleCat()
 {
        cout << "SimpleCat Konstruktor...\n";
 }

 SimpleCat::SimpleCat(SimpleCat&)
 {
        cout << "SimpleCat Kopierkonstruktor...\n";
 }

 SimpleCat::~SimpleCat()
 {
        cout << "SimpleCat Destruktor...\n";
 }

 SimpleCat FunctionOne (SimpleCat theCat);
 SimpleCat* FunctionTwo (SimpleCat *theCat);

 int main()
 {
        cout << "Eine Katze erzeugen...\n";
        SimpleCat Frisky;
        cout << "FunctionOne aufrufen...\n";
        FunctionOne(Frisky);
        cout << "FunctionTwo aufrufen...\n";
        FunctionTwo(&Frisky);
        return 0;
 }

 // FunctionOne, Übergabe als Wert
 SimpleCat FunctionOne(SimpleCat theCat)
 {
                cout << "FunctionOne. Rueckkehr...\n";
                return theCat;
 }

 // FunctionTwo, Übergabe als Referenz
 SimpleCat* FunctionTwo (SimpleCat  *theCat)
```

```
52:   {
53:                   cout << "FunctionTwo. Rueckkehr...\n";
54:                   return theCat;
55:   }
```

Ausgabe

```
 1: Eine Katze erzeugen...
 2: SimpleCat Konstruktor...
 3: FunctionOne aufrufen...
 4: SimpleCat Kopierkonstruktor...
 5: FunctionOne. Rueckkehr...
 6: SimpleCat Kopierkonstruktor...
 7: SimpleCat Destruktor...
 8: SimpleCat Destruktor...
 9: FunctionTwo aufrufen...
10: FunctionTwo. Rueckkehr...
11: SimpleCat Destruktor...
```

Hinweis

Die hier angegebenen Zeilennummern erscheinen nicht in der Ausgabe, sondern dienen nur als Hilfsmittel für die Analyse.

Analyse

Die Zeilen 6 bis 12 deklarieren eine sehr vereinfachte Klasse `SimpleCat`. Der Konstruktor, Kopierkonstruktor und Destruktor geben jeweils eine Meldung aus, damit man über die Zeitpunkte der Aufrufe informiert ist.

In Zeile 34 gibt `main` eine Meldung aus, die als Ausgabezeile 1 zu sehen ist. In Zeile 35 wird ein `SimpleCat`-Objekt instantiiert. Das bewirkt den Aufruf des Konstruktors. Die entsprechende Meldung erscheint als Ausgabezeile 2.

In Zeile 36 meldet die Funktion `main`, dass sie die Funktion `FunctionOne` aufruft (Ausgabezeile 3). Da `FunctionOne` mit Übergabe des Objekts `SimpleCat` als Wert aufgerufen wird, legt die Funktion ein lokales Objekt als Kopie des Objekts `SimpleCat` auf dem Stack an. Das bewirkt den Aufruf des Kopierkonstruktors, der die Ausgabezeile 4 erzeugt.

Die Programmausführung springt zur Zeile 45 in der aufgerufenen Funktion, die eine Meldung als Ausgabezeile 5 bringt. Die Funktion kehrt dann zurück und gibt dabei das Objekt `SimpleCat` als Wert zurück. Das erzeugt eine weitere Kopie des Objekts, wobei der Kopierkonstruktor aufgerufen und Ausgabezeile 6 produziert wird.

Das Programm weist den Rückgabewert aus der Funktion `FunctionOne` keinem Objekt zu, so daß das für die Rückgabe erzeugte Objekt mit Aufruf des Destruktors (Meldung in Ausgabezeile 7) verworfen wird. Da `FunctionOne` beendet ist, verliert die lokale Kopie ihren Gültigkeitsbereich und wird mit Aufruf des Destruktors (Meldung in Ausgabezeile 8) abgebaut.

Das Programm kehrt nach `main` zurück und ruft `FunctionTwo` mit Übergabe der Parameter als Referenz auf. Da die Funktion keine Kopie anlegt, gibt es auch keine Ausgabe. `FunctionTwo` produziert die als Ausgabezeile 10 erscheinende Meldung und gibt dann das Objekt `SimpleCat` – auch hier als Referenz – zurück. Aus diesem Grund finden hier ebenfalls keine Aufrufe von Konstruktor oder Destruktor statt.

Schließlich endet das Programm und `Frisky` verliert seinen Gültigkeitsbereich. Das führt zum letzten Aufruf des Destruktors und zur Meldung in Ausgabezeile 11.

Summa summarum: Aufgrund der Übergabe als Wert produziert der Aufruf der Funktion `FunctionOne` zwei Aufrufe des Kopierkonstruktors und zwei Aufrufe des Destruktors, während der Aufruf von `FunctionTwo` keinerlei derartige Aufrufe erzeugt.

Einen konstanten Zeiger übergeben

Die Übergabe eines Zeigers bei `FunctionTwo` ist zwar effizienter, aber auch gefährlicher. `FunctionTwo` darf nicht das übergebene Objekt `SimpleCat` ändern, obwohl die Funktion die Adresse von `SimpleCat` erhält. Damit genießt das Objekt nicht mehr den Schutz gegenüber Änderungen wie bei der Übergabe als Wert.

Die Übergabe als Wert verhält sich so, als würde man einem Museum eine Fotografie des eigenen Kunstwerks geben und nicht das Kunstwerk selbst. Krakelt jemand im Museum auf Ihrem Bild herum, bleibt Ihnen in jedem Fall das Original erhalten. Bei der Übergabe als Referenz übermittelt man dem Museum lediglich seine Heimatadresse und lädt die Besucher ein, das echte Meisterwerk im eigenen Haus anzusehen.

Die Lösung besteht in der Übergabe eines konstanten Zeigers auf `SimpleCat`. Damit verhindert man den Aufruf nichtkonstanter Methoden auf `SimpleCat` und schützt demzufolge das Objekt gegen Änderungen. Listing 12.2 verdeutlicht dieses Konzept.

Eingabe

Listing 12.2: Übergabe von konstanten Zeigern

```
// Listing 12.2 - Zeiger auf Objekte übergeben

#include <iostream.h>

```

```
class SimpleCat
{
public:
   SimpleCat();
   SimpleCat(SimpleCat&);
    ~SimpleCat();

    int GetAge() const { return itsAge; }
    void SetAge(int age) { itsAge = age; }

 private:
    int itsAge;
   };

 SimpleCat::SimpleCat()
 {
    cout << "SimpleCat Konstruktor...\n";
    itsAge = 1;
 }

 SimpleCat::SimpleCat(SimpleCat&)
 {
    cout << "SimpleCat Kopierkonstruktor...\n";
 }

 SimpleCat::~SimpleCat()
 {
    cout << "SimpleCat Destruktor...\n";
 }

 const SimpleCat * const
    FunctionTwo (const SimpleCat * const theCat);

 int main()
 {
    cout << "Eine Katze erzeugen...\n";
    SimpleCat Frisky;
    cout << "Frisky ist ";
    cout << Frisky.GetAge() << " Jahre alt.\n";
    int age = 5;
    Frisky.SetAge(age);
    cout << "Frisky ist ";
    cout << Frisky.GetAge() << " Jahre alt.\n";
    cout << "FunctionTwo aufrufen...\n";
    FunctionTwo(&Frisky);
    cout << "Frisky ist ";
    cout << Frisky.GetAge() << " Jahre alt.\n";
```

```
52:       return 0;
53:    }
54:
55:    // FunctionTwo übernimmt einen konstanten Zeiger
56:    const SimpleCat * const
57:       FunctionTwo (const SimpleCat * const theCat)
58:    {
59:       cout << "FunctionTwo. Rueckkehr...\n";
60:       cout << "Frisky ist jetzt " << theCat->GetAge();
61:       cout << " Jahre alt.\n";
62:       // theCat->SetAge(8);   const!
63:       return theCat;
64:    }
```

Ausgabe

```
Eine Katze erzeugen...
SimpleCat Konstruktor...
Frisky ist 1 Jahre alt.
Frisky ist 5 Jahre alt.
FunctionTwo aufrufen...
FunctionTwo. Rueckkehr...
Frisky ist jetzt 5 Jahre alt.
Frisky ist 5 Jahre alt.
SimpleCat Destruktor...
```

Analyse

Die Klasse `SimpleCat` hat zwei Zugriffsfunktionen erhalten: die konstante Funktion `GetAge` in Zeile 12 und die nicht konstante Funktion `SetAge` in Zeile 13. Außerdem ist die Elementvariable `itsAge` in Zeile 16 neu hinzugekommen.

Die Definitionen von Konstruktor, Kopierkonstruktor und Destruktor enthalten weiterhin die Ausgabe von Meldungen. Allerdings findet überhaupt kein Aufruf des Kopierkonstruktors statt, da die Übergabe des Objekts als Referenz erfolgt und damit keine Kopien angelegt werden. Zeile 41 erzeugt ein Objekt, die Zeilen 42 und 43 geben dessen Standardwert für das Alter (`Age`) aus.

In Zeile 45 wird `itsAge` mit der Zugriffsfunktion `SetAge` gesetzt und das Ergebnis in den Zeilen 46 und 47 ausgegeben. `FunctionOne` kommt in diesem Programm nicht zum Einsatz. `FunctionTwo` weist leichte Änderungen auf: Jetzt sind in den Zeilen 35 und 36 der Parameter und der Rückgabewert für einen konstanten Zeiger auf ein konstantes Objekt und die Rückgabe eines konstanten Zeigers auf ein konstantes Objekt deklariert.

Da die Übergabe der Parameter und des Rückgabewerts weiterhin als Referenz erfolgt, legt die Funktion keine Kopien an und ruft auch nicht den Kopierkonstruktor auf. Der Zeiger in `FunctionTwo` ist jetzt allerdings eine Konstante und kann demnach nicht die nicht konstante Methode `SetAge` aufrufen. Deshalb ist der Aufruf von `SetAge` in Zeile 62 auskommentiert – das Programm ließe sich sonst nicht kompilieren.

Beachten Sie, dass das in `main` erzeugte Objekt nicht konstant ist und `Frisky` die Funktion `SetAge` aufrufen kann. Die Adresse dieses nicht konstanten Objekts wird an die Funktion `FunctionTwo` übergeben. Da aber in `FunctionTwo` der Zeiger als konstant deklariert ist, wird das Objekt wie ein konstantes Objekt behandelt!

Referenzen als Alternative

Listing 12.3 vermeidet zusätzliche Kopien durch konstante Zeiger auf konstante Objekte und spart damit die Aufrufe von Kopierkonstruktor und Destruktor ein. Gleichzeitig löst sich damit das Problem der Änderung des Objekts. Allerdings ist das Ganze dennoch etwas umständlich, da die an die Funktion übergebenen Objekte Zeiger sind.

Da das Objekt niemals Null sein darf, verlegt man besser die ganze Arbeit in die Funktion und übergibt eine Referenz statt eines Zeigers. Dieses Vorgehen zeigt Listing 12.3.

Eingabe

Listing 12.3: Referenzen auf Objekte übergeben

```
// Listing 12.3
// Referenzen auf Objekte übergeben

#include <iostream.h>

class SimpleCat
{
public:
        SimpleCat();
         SimpleCat(SimpleCat&);
         ~SimpleCat();

         int GetAge() const { return itsAge; }
         void SetAge(int age) { itsAge = age; }

 private:
         int itsAge;
    };

    SimpleCat::SimpleCat()
    {
```

```
            cout << "SimpleCat Konstruktor...\n";
            itsAge = 1;
     }

     SimpleCat::SimpleCat(SimpleCat&)
     {
            cout << "SimpleCat Kopierkonstruktor...\n";
     }

     SimpleCat::~SimpleCat()
     {
            cout << "SimpleCat Destruktor...\n";
     }

     const    SimpleCat & FunctionTwo (const SimpleCat & theCat);

     int main()
     {
            cout << "Eine Katze erzeugen...\n";
            SimpleCat Frisky;
            cout << "Frisky ist " << Frisky.GetAge() << " Jahre alt.\n";
            int age = 5;
            Frisky.SetAge(age);
            cout << "Frisky ist " << Frisky.GetAge() << " Jahre alt.\n";
            cout << "FunctionTwo aufrufen...\n";
            FunctionTwo(Frisky);
            cout << "Frisky ist " << Frisky.GetAge() << " Jahre alt.\n";
    return 0;
     }

     // FunctionTwo übergibt eine Referenz auf ein konstantes Objekt
     const SimpleCat & FunctionTwo (const SimpleCat & theCat)
     {
                     cout << "FunctionTwo. Rueckkehr...\n";
                     cout << "Frisky ist jetzt " << theCat.GetAge();
                     cout << " Jahre alt.\n";
                     // theCat.SetAge(8);   const!
                     return theCat;
     }
```

```
Eine Katze erzeugen...
SimpleCat Konstruktor...
Frisky ist 1 Jahre alt.
Frisky ist 5 Jahre alt.
FunctionTwo aufrufen
FunctionTwo. Rueckkehr...
```

```
Frisky ist jetzt 5 Jahre alt.
Frisky ist 5 Jahre alt.
SimpleCat Destruktor...
```

Analyse

Die Ausgabe ist mit der von Listing 12.2 produzierten Ausgabe identisch. Die einzige signifikante Änderung besteht darin, dass `FunctionTwo` jetzt die Übernahme und Rückgabe mit einer Referenz auf ein konstantes Objekt realisiert. Auch hier ist das Arbeiten mit Referenzen etwas einfacher als das Arbeiten mit Zeigern. Man erreicht die gleiche Einsparung und Effizienz sowie die Sicherheit, die durch `const` geboten wird.

Wann verwendet man Referenzen und wann Zeiger?

C++-Programmierer arbeiten lieber mit Referenzen als mit Zeigern. Referenzen sind sauberer und einfacher zu verwenden und eignen sich besser für das Verbergen von Informationen, wie Sie im vorherigen Beispiel gesehen haben.

Allerdings kann man Referenzen nicht erneut zuweisen. Wenn man zuerst auf ein Objekt und dann auf ein anderes zeigen muss, ist die Verwendung eines Zeigers Pflicht. Referenzen dürfen nicht Null sein. Ist dennoch mit einem Null-Objekt zu rechnen, kann man nicht mit Referenzen arbeiten und muss auf Zeiger ausweichen.

Ein Beispiel für das letztere Thema ist der Operator `new`. Wenn `new` keinen Speicher im Heap reservieren kann, liefert der Operator einen Null-Zeiger zurück. Da Null-Referenzen nicht zulässig sind, muss man die Referenz zunächst auf Null prüfen, bevor man eine Referenz auf diesen Speicher initialisiert. Das folgende Beispiel zeigt, wie man das in den Griff bekommt:

```
int *pInt = new int;
if (pInt != NULL)
int &rInt = *pInt;
```

Dieses Beispiel deklariert den Zeiger `pInt` auf `int` und initialisiert ihn mit dem vom Operator `new` zurückgegebenen Speicher. Die zweite Anweisung testet die Adresse in `pInt`. Ist diese nicht NULL, dereferenziert die dritte Anweisung `pInt`. Das Ergebnis der Dereferenzierung einer `int`-Variablen ist ein `int`-Objekt, und `rInt` wird mit einem Verweis auf dieses Objekt initialisiert. Somit wird `rInt` zu einem Alias auf den vom Operator `new` zurückgegebenen `int`.

Referenzen auf nicht mehr vorhandene Objekte

Nachdem sich C++-Programmierer einmal mit der Übergabe als Referenz angefreundet haben, können sie kaum noch davon lassen. Man kann allerdings auch des Guten zuviel tun. Denken Sie daran, dass eine Referenz immer ein Alias auf irgendein anderes Objekt ist.

Wenn man eine Referenz in oder aus einer Funktion übergibt, sollte man sich die kritische Frage stellen: »Was ist das Objekt, das ich unter einem Alias anspreche, und existiert es auch wirklich, wenn ich es verwende?«

Listing 12.4 verdeutlicht die Gefahr bei der Rückgabe einer Referenz auf ein Objekt, das nicht mehr existiert.

Eingabe

Listing 12.4: Rückgabe einer Referenz auf ein nicht existierendes Objekt

```
// Listing 12.4
// Rückgabe einer Referenz auf ein Objekt,
// das nicht mehr existiert

#include <iostream.h>

class SimpleCat
{
public:
       SimpleCat (int age, int weight);
       ~SimpleCat() {}
       int GetAge() { return itsAge; }
       int GetWeight() { return itsWeight; }
 private:
      int itsAge;
      int itsWeight;
 };

 SimpleCat::SimpleCat(int age, int weight):
 itsAge(age), itsWeight(weight) {}

 SimpleCat &TheFunction();

 int main()
 {
      SimpleCat &rCat = TheFunction();
      int age = rCat.GetAge();
      cout << "rCat ist " << age << " Jahre alt!\n";
      return 0;
 }

 SimpleCat &TheFunction()
 {
      SimpleCat Frisky(5,9);
```

```
35:         return Frisky;
36:     }
```

Ausgabe

Bei einem Borland-Compiler erhalten Sie die folgende Meldung:

```
Compile error: Attempting to return a reference to a local object!
```

Der Compiler auf der Begleit-CD gibt eine Warnung aus:

```
L12_04.cpp: In function 'class SimpleCat & TheFunction()':
L12_04.cpp:34: warning: reference to local variable 'Frisky' returned!
```

Warnung

Dieses Programm lässt sich nicht mit dem Borland-Compiler kompilieren, sondern nur mit Microsoft-Compilern. Allerdings sei angemerkt, dass es sich nicht gerade um guten Programmierstil handelt.

Analyse

Die Zeilen 7 bis 17 deklarieren `SimpleCat`. In Zeile 26 wird eine Referenz auf `SimpleCat` mit dem Ergebnis des Aufrufs der Funktion `TheFunction` initialisiert. Die Funktion `TheFunction` ist in Zeile 22 deklariert und gibt eine Referenz auf `SimpleCat` zurück.

Der Rumpf der Funktion `TheFunction` deklariert ein lokales Objekt vom Typ `SimpleCat` und initialisiert dessen Alter (`age`) und Gewicht (`weight`). Dann gibt die Funktion dieses lokale Objekt als Referenz zurück. Manche Compiler sind intelligent genug, um diesen Fehler abzufangen und erlauben gar nicht erst den Start des Programms. Andere lassen die Programmausführung zu, was aber zu unvorhersehbaren Ergebnissen führt.

Bei Rückkehr der Funktion `TheFunction` wird das lokale Objekt `Frisky` zerstört. (Der Autor versichert, dass das schmerzlos geschieht.) Die von dieser Funktion zurückgegebene Referenz wird ein Alias auf ein nicht existentes Objekt und das geht irgendwann schief.

Referenzen auf Objekte im Heap zurückgeben

Man mag versucht sein, das Problem in Listing 12.4 zu lösen, indem man die Funktion `TheFunction` im Heap erzeugen lässt. Damit existiert `Frisky` weiterhin, wenn `TheFunction` zurückkehrt.

Das Problem bei dieser Variante ist: Was fängt man mit dem für `Frisky` zugewiesenen Speicher an, wenn die Arbeit damit beendet ist? Listing 12.5 verdeutlicht dieses Problem.

Listing 12.5: Speicherlücken

```
// Listing 12.5
// Beseitigen von Speicherlücken
#include <iostream.h>

class SimpleCat
{
public:
        SimpleCat (int age, int weight);
       ~SimpleCat() {}
       int GetAge() { return itsAge; }
       int GetWeight() { return itsWeight; }

private:
      int itsAge;
      int itsWeight;
 };

 SimpleCat::SimpleCat(int age, int weight):
 itsAge(age), itsWeight(weight) {}

 SimpleCat & TheFunction();

 int main()
 {
      SimpleCat & rCat = TheFunction();
      int age = rCat.GetAge();
      cout << "rCat ist " << age << " Jahre alt!\n";
      cout << "&rCat: " << &rCat << endl;
      // Wie wird man diesen Speicher wieder los?
      SimpleCat * pCat = &rCat;
      delete pCat;
      // Worauf verweist denn nun rCat?!?
return 0;
 }

 SimpleCat &TheFunction()
 {
      SimpleCat * pFrisky = new SimpleCat(5,9);
      cout << "pFrisky: " << pFrisky << endl;
      return *pFrisky;
 }
```

Ausgabe

```
pFrisky:  0x68fb0
rCat ist 5 Jahre alt!
&rCat:    0x68fb0
```

Warnung

Dieses Programm lässt sich kompilieren und scheint zu arbeiten. Es handelt sich aber um eine Zeitbombe, die nur auf ihre Zündung wartet.

Analyse

Die Funktion `TheFunction` gibt jetzt eine Referenz auf eine lokale Variable zurück. Zeile 38 reserviert Speicher im Heap und weist ihm einen Zeiger zu. Es folgt die Ausgabe der vom Zeiger gespeicherten Adresse. Dann wird der Zeiger dereferenziert und das `SimpleCat`-Objekt als Referenz zurückgegeben.

In Zeile 25 weist das Ergebnis des Funktionsaufrufs von `TheFunction` eine Referenz auf ein `SimpleCat`-Objekt zu. Über dieses Objekt wird das Alter der Katze ermittelt und in Zeile 27 ausgegeben.

Um sich davon zu überzeugen, dass die in `main` deklarierte Referenz auf das in der Funktion `TheFunction` im Heap abgelegte Objekt verweist, wird der Adressoperator auf `rCat` angewandt. Tatsächlich erscheint die Adresse des betreffenden Objekts und diese stimmt mit der Adresse des Objekts im Heap überein.

So weit so gut. Wie aber wird dieser Speicher freigegeben? Auf der Referenz kann man `delete` nicht aufrufen. Eine clevere Lösung ist die Erzeugung eines anderen Zeigers und dessen Initialisierung mit der Adresse, die man aus `rCat` erhält. Damit löscht man den Speicher und stopft die Speicherlücke. Trotzdem bleibt ein Beigeschmack: Worauf bezieht sich `rCat` nach Zeile 31? Wie bereits erwähnt, muss eine Referenz immer als Alias für ein tatsächliches Objekt agieren. Wenn sie auf ein Null-Objekt verweist (wie in diesem Fall), ist das Programm ungültig.

Warnung

Man kann nicht genug darauf hinweisen, dass sich ein Programm mit einer Referenz auf ein Null-Objekt zwar kompilieren lässt, aber das Programm ist nicht zulässig und seine Leistung nicht vorhersehbar.

Für dieses Problem gibt es eigentlich drei Lösungen. Die erste ist die Deklaration eines `SimpleCat`-Objekts in Zeile 25 und die Rückgabe dieser Katze aus der Funktion `TheFunction` als Wert. Als zweite Lösung kann man das `SimpleCat`-Objekt auf dem Heap in der Funktion `TheFunction` deklarieren, aber die Funktion `TheFunction` einen Zeiger auf diesen Speicher zurückgeben lassen. Dann kann die aufrufende Funktion den Zeiger nach Abschluss der Arbeiten löschen.

Die dritte und beste Lösung besteht in der Deklaration des Objekts in der aufrufenden Funktion. Dann übergibt man das Objekt an `TheFunction` als Referenz.

Wem gehört der Zeiger?

Wenn man Speicher im Heap reserviert, bekommt man einen Zeiger zurück. Es ist zwingend erforderlich, einen Zeiger auf diesen Speicher aufzubewahren, denn wenn der Zeiger verloren ist, lässt sich der Speicher nicht mehr löschen – es entsteht eine Speicherlücke.

Bei der Übergabe dieses Speicherblocks zwischen Funktionen nimmt irgendwer den Zeiger »in Besitz«. Normalerweise wird der Wert im Block mittels Referenzen übergeben, und die Funktion, die den Speicher erzeugt hat, löscht ihn auch wieder. Das ist aber nur eine allgemeine Regel und kein eisernes Gesetz.

Gefahr ist im Verzug, wenn eine Funktion Speicher erzeugt und eine andere ihn freigibt. Unklare Besitzverhältnisse in bezug auf den Zeiger können zu zwei Problemen führen: Man vergisst, den Zeiger zu löschen, oder man löscht ihn zweimal. Beides bringt ernsthafte Schwierigkeiten für das Programm. Funktionen sollte man sicherheitshalber so konzipieren, dass sie den erzeugten Speicher auch selbst wieder löschen.

Wenn Sie eine Funktion schreiben, die Speicher erzeugen muss und ihn dann zurück an die aufrufende Funktion übergibt, sollten Sie eine Änderung der Schnittstelle in Betracht ziehen. Lassen Sie die aufrufende Funktion den Speicher reservieren und übergeben Sie ihn an die Funktion als Referenz. Damit nehmen Sie die gesamte Speicherverwaltung aus dem Programm heraus und überlassen sie der Funktion, die auf das Löschen des Speichers vorbereitet ist.

Was Sie tun sollen	**Was nicht**
Übergeben Sie Parameter als Wert, wenn es erforderlich ist.	
Geben Sie als Wert zurück, wenn es erforderlich ist.	
Übergeben Sie nicht als Referenz, wenn das referenzierte Objekt seinen Gültigkeitsbereich verlieren kann.	
Verwenden Sie keine Referenzen auf Null-Objekte.	

Zusammenfassung

In dieser Stunde haben Sie gesehen, dass die Übergabe von Objekten als Referenz effizienter sein kann als die Übergabe als Wert. Die Übergabe als Referenz gestattet der aufgerufenen Funktion auch, den als Argument übergebenen Wert in geänderter Form an die aufrufende Funktion zurückzugeben.

Es wurde gezeigt, dass Argumente an Funktionen und die von Funktionen zurückgegebenen Werte als Referenz übergeben werden können und dass sich dies sowohl mit Zeigern als auch mit Referenzen realisieren lässt.

Das Kapitel hat dargestellt, wie man konstante Zeiger und Referenzen für die sichere Übergabe von Werten zwischen Funktionen verwendet und dabei die gleiche Effizienz wie bei Übergabe als Referenz erreicht.

Fragen und Antworten

F Warum verwendet man Zeiger, wenn Referenzen einfacher zu handhaben sind?

A *Referenzen dürfen nicht Null sein und lassen sich nicht erneut zuweisen. Zeiger bieten mehr Flexibilität, sind aber etwas schwieriger einzusetzen.*

F Warum gestaltet man die Rückgabe aus einer Funktion überhaupt als Wert?

A *Wenn das zurückzugebende Objekt lokal ist, muss man als Wert zurückgeben. Andernfalls gibt man eine Referenz auf ein nicht existentes Objekt zurück.*

F Warum gibt man nicht immer als Wert zurück, wenn die Rückgabe als Referenz gefährlich ist?

A *Die Rückgabe als Referenz ist weitaus effizienter. Man spart Speicher und das Programm läuft schneller.*

Teil IV

Leistungsfähige Werkzeuge

Stunde 13

Funktionen – weiterführende Themen

In Stunde 5 haben Sie die Grundlagen für die Arbeit mit Funktionen kennen gelernt. Nachdem Sie nun wissen, wie Zeiger und Referenzen arbeiten, können Sie tiefer in diese Materie eindringen.

In dieser Stunde lernen Sie,

- wie man Elementfunktionen überlädt,
- wie man Funktionen schreibt, die Klassen mit dynamisch zugewiesenen Variablen unterstützen.

Überladene Elementfunktionen

In Stunde 5 haben Sie gelernt, wie man Funktionspolymorphie – oder das Überladen von Funktionen – implementiert, indem man zwei oder mehr Funktionen mit demselben Namen, aber mit unterschiedlichen Parametern schreibt. Elementfunktionen von Klassen lassen sich ebenfalls überladen.

Die in Listing 13.1 dargestellte Klasse `Rectangle` hat zwei Funktionen namens `DrawShape`. Eine Funktion hat keine Parameter und zeichnet das `Rectangle`-Objekt auf der Basis der aktuellen Werte in der Klasse. Die andere Funktion übernimmt zwei Werte, `width` (Breite) und `height` (Höhe). Diese Funktion zeichnet das `Rectangle`-Objekt mit den übergebenen Werten und ignoriert die aktuellen Klassenwerte.

Eingabe

Listing 13.1: Überladen von Elementfunktionen

```
// Listing 13.1 Überladen von Elementfunktionen
#include <iostream.h>

// Deklaration der Klasse Rectangle
class Rectangle
{
public:
   // Konstruktoren
   Rectangle(int width, int height);
   ~Rectangle(){}

   // Überladene Klassenfunktion DrawShape
   void DrawShape() const;
   void DrawShape(int aWidth, int aHeight) const;

private:
   int itsWidth;
   int itsHeight;
};

// Implementierung des Konstruktors
Rectangle::Rectangle(int width, int height)
{
   itsWidth = width;
   itsHeight = height;
}


// Überladene Elementfunktion DrawShape - übernimmt
```

```
// keine Werte. Zeichnet mit aktuellen Datenelementen.
void Rectangle::DrawShape() const
{
    DrawShape( itsWidth, itsHeight);
}


// Überladene Elementfunktion DrawShape - übernimmt
// zwei Werte und zeichnet nach diesen Parametern.
void Rectangle::DrawShape(int width, int height) const
{
   for (int i = 0; i<height; i++)
   {
      for (int j = 0; j< width; j++)
      {
         cout << "*";
      }
      cout << "\n";
   }
}

// Rahmenprogramm zur Demo für überladene Funktionen
int main()
{
   // Ein Rechteck mit 30,5 initialisieren
   Rectangle theRect(30,5);
   cout << "DrawShape(): \n";
   theRect.DrawShape();
   cout << "\nDrawShape(40,2): \n";
   theRect.DrawShape(40,2);
  return 0;
}
```

```
DrawShape():
******************************
******************************
******************************
******************************
******************************

DrawShape(40,2):
****************************************
****************************************
```

Hinweis

Das Programm von Listing 13.1 übergibt die Werte von `width` und `height` an verschiedene Funktionen. Zu beachten ist, dass manchmal `width` und manchmal `height` als Erstes übergeben wird.

Analyse

Den für das Thema wichtigen Code finden Sie im Listing in den Zeilen 13 und 14, wo die Funktion `DrawShape` überladen wird. Die Implementierung für diese überladenen Klassenmethoden ist in den Zeilen 29 bis 49 untergebracht. Beachten Sie, dass die Version von `DrawShape`, die keine Parameter übernimmt, einfach die Version aufruft, die zwei Parameter übernimmt, und dabei die aktuellen Elementvariablen übergibt. Man sollte tunlichst vermeiden, den gleichen Code in zwei Funktionen zu wiederholen. Es ist immer schwierig und fehlerträchtig, beide Funktionen synchron zu halten, wenn man Änderungen an der einen oder anderen Funktion vornimmt.

Das Rahmenprogramm in den Zeilen 52 bis 61 erzeugt ein `Rectangle`-Objekt und ruft dann `DrawShape` auf. Beim ersten Mal werden keine Parameter und beim zweiten Aufruf zwei Ganzzahlen übergeben.

Der Compiler entscheidet anhand der Anzahl und des Typs der eingegebenen Parameter, welche Methode aufzurufen ist. Man kann sich eine dritte überladene Funktion namens `DrawShape` vorstellen, die eine Abmessung und einen Aufzählungstyp entweder für Breite oder Höhe – je nach Wahl des Benutzers – übernimmt.

Standardwerte

Genau wie »klassenlose« Funktionen einen oder mehrere Standardwerte haben können, gilt das auch für alle Elementfunktionen einer Klasse. Für die Deklaration von Standardwerten sind ebenfalls die gleichen Regeln anzuwenden, wie es Listing 13.2 verdeutlicht.

Eingabe

Listing 13.2: Standardwerte

```
// Listing 13.2 Standardwerte in Elementfunktionen
#include <iostream.h>


// Deklaration der Klasse Rectangle
```

```
class Rectangle
{
public:
   // Konstruktoren
   Rectangle(int width, int height);
   ~Rectangle(){}
   void DrawShape(int aWidth, int aHeight,
     bool UseCurrentVals = false) const;
private:
   int itsWidth;
   int itsHeight;
};

// Implementierung des Konstruktors
Rectangle::Rectangle(int width, int height):
itsWidth(width),       // Initialisierungen
itsHeight(height)
{}                     // Leerer Rumpf


// Standardwerte für dritten Parameter
void Rectangle::DrawShape(
   int width,
   int height,
   bool UseCurrentValue
   ) const
{
   int printWidth;
   int printHeight;

   if (UseCurrentValue == true)
   {
      printWidth = itsWidth;       // Aktuelle Klassenwerte verwenden
      printHeight = itsHeight;
   }
   else
   {
      printWidth = width;          // Parameterwerte verwenden
      printHeight = height;
   }


   for (int i = 0; i<printHeight; i++)
   {
      for (int j = 0; j< printWidth; j++)
      {
         cout << "*";
      }
```

```
54:            cout << "\n";
55:        }
56:    }
57:
58:    // Rahmenprogramm für Demo überladener Funktionen
59:    int main()
60:    {
61:       // Ein Rechteck mit 10,20 initialisieren
62:       Rectangle theRect(30,5);
63:       cout << "DrawShape(0,0,true)...\n";
64:       theRect.DrawShape(0,0,true);
65:       cout <<"DrawShape(40,2)...\n";
66:       theRect.DrawShape(40,2);
67:     return 0;
68:    }
```

Ausgabe

```
DrawShape(0,0,true)...
******************************
******************************
******************************
******************************
******************************

DrawShape(40,2)...
****************************************
****************************************
```

Analyse

Listing 13.2 ersetzt die überladene Funktion `DrawShape` durch eine einzelne Funktion mit Standardparametern. Die Funktion wird in den Zeilen 11 und 12 deklariert und übernimmt drei Parameter. Die ersten beiden, `aWidth` und `aHeight`, sind vom Typ `USHORT`, der dritte, `UseCurrentVals`, ist vom Typ `bool` (`true` oder `false`) mit dem Standardwert `false`.

Analyse

Die Implementierung für diese etwas unhandliche Funktion beginnt in Zeile 27. Die `if`-Anweisung in Zeile 36 wertet den dritten Parameter, `UseCurrentValue`, aus. Ist er `true`, erhalten die lokalen Variablen `printWidth` und `printHeight` die Werte der lokalen Elementvariablen `itsWidth` bzw. `itsHeight`.

Ist `UseCurrentValue` gleich `false`, weil es sich entweder um den Standardwert `false` handelt oder der Benutzer diesen Wert so festgelegt hat, übernimmt die Funktion für `printWidth` und `printHeight` die beiden ersten Parameter.

Wenn `UseCurrentValue` gleich `true` ist, werden die Werte der beiden anderen Parameter ignoriert.

Standardwerte oder überladene Funktionen?

Die Programme der Listings 13.1 und 13.2 realisieren die gleiche Aufgabe, wobei aber die überladenen Funktionen in Listing 13.1 einfacher zu verstehen und natürlicher in der Handhabung sind. Wenn man außerdem eine dritte Variation benötigt – wenn vielleicht der Benutzer entweder die Breite oder die Höhe, jedoch nicht beide Werte, bereitstellen möchte – kann man überladene Funktionen leicht erweitern. Mit Standardwerten ist schnell die Grenze des sinnvoll Machbaren bei neuen Varianten erreicht.

Anhand der folgenden Punkte können Sie entscheiden, ob überladene Funktionen oder Standardwerte im konkreten Fall besser geeignet sind:

Überladene Funktionen empfehlen sich, wenn

- es keinen vernünftigen Standardwert gibt,
- unterschiedliche Algorithmen erforderlich sind,
- variierende Typen in der Parameterliste erforderlich sind.

Der Standardkonstruktor

Wie bereits in Stunde 6 erwähnt, erzeugt der Compiler einen Standardkonstruktor, der keine Parameter aufweist und keine Aktionen ausführt, wenn man nicht explizit einen Konstruktor für die Klasse deklariert. Es ist jedoch ohne Weiteres möglich, einen eigenen Standardkonstruktor zu erstellen, der ohne Argumente auskommt, aber das Objekt wie gewünscht einrichtet.

Der automatisch bereitgestellte Konstruktor heißt zwar »Standardkonstruktor«, was aber per Konvention auch für alle Konstruktoren gilt, die keine Parameter übernehmen. Normalerweise geht es aus dem Kontext hervor, welcher Konstruktor gemeint ist.

Sobald man irgendeinen Konstruktor selbst erstellt, steuert der Compiler *keinen* Standardkonstruktor mehr bei. Wenn Sie also einen Konstruktor brauchen, der keine Parameter übernimmt, und Sie haben irgendwelche anderen Konstruktoren erstellt, müssen Sie den Standardkonstruktor selbst erzeugen!

Konstruktoren überladen

Ein Konstruktor dient der Erzeugung eines Objekts. Beispielsweise erzeugt der `Rectangle`-Konstruktor ein Rechteck. Vor Ausführen des Konstruktors gibt es kein

Rechteck, lediglich einen Speicherbereich. Nach Abschluss des Konstruktors ist ein vollständiges und sofort einsetzbares `Rectangle`-Objekt vorhanden.

Wie alle Elementfunktionen lassen sich auch Konstruktoren überladen. Diese Fähigkeit ist sehr leistungsfähig und flexibel.

Nehmen wir z.B. ein `Rectangle`-Objekt mit zwei Konstruktoren an: Der erste übernimmt eine Länge und eine Breite und erstellt ein Rechteck dieser Größe. Der zweite übernimmt keine Werte und erzeugt ein Rechteck mit Standardgröße. Der Compiler wählt den richtigen Konstruktor genauso aus wie bei überladenen Funktionen: anhand der Anzahl und des Typs der Parameter.

Konstruktoren kann man überladen, Destruktoren dagegen *nicht*. Per Definition haben Destruktoren immer genau die gleiche Signatur: den Namen der Klasse, dem eine Tilde [~] vorangeht, und keine Parameter.

Objekte initialisieren

Bis jetzt haben wir immer die Elementvariablen von Objekten im Rumpf des Konstruktors eingerichtet. Konstruktoren werden allerdings in zwei Stufen erzeugt: zuerst im Initialisierungsteil und dann im Rumpf des Konstruktors.

Die meisten Variablen lassen sich in beiden Stufen festlegen, entweder durch Initialisierung im Initialisierungsteil oder durch Zuweisung im Rumpf des Konstruktors. Eine saubere und oft auch effizientere Lösung besteht in der Initialisierung der Elementvariablen im Initialisierungsteil. Das folgende Beispiel zeigt, wie man Elementvariablen initialisiert:

```
CAT():          // Name und Parameter des Konstruktors
itsAge(5),      // Initialisierungsliste
itsWeight(8)
{ }             // Rumpf des Konstruktors
```

Nach der schließenden Klammer der Parameterliste des Konstruktors steht ein Doppelpunkt. Dann schreiben Sie den Namen der Elementvariablen und ein Klammernpaar. In die Klammern kommt der Ausdruck zur Initialisierung dieser Elementvariablen. Gibt es mehrere Initialisierungen, sind diese jeweils durch Komma zu trennen.

Denken Sie daran, dass Referenzen und Konstanten initialisiert werden *müssen* und keine Zuweisungen erlauben. Wenn Referenzen oder Konstanten als Datenelemente vorkommen, muss man sie wie hier gezeigt initialisieren.

Weiter vorn wurde darauf hingewiesen, dass es effizienter ist, Elementvariablen zu initialisieren statt sie zuzuweisen. Um dies zu verstehen, muss man sich zunächst mit dem Kopierkonstruktor auseinander setzen.

Der Kopierkonstruktor

Neben der Bereitstellung eines Standardkonstruktors und -destruktors liefert der Compiler auch einen Standardkopierkonstruktor. Der Aufruf des Kopierkonstruktors erfolgt jedes Mal, wenn die Kopie eines Objekts angelegt wird.

Übergibt man ein Objekt als Wert, entweder an eine Funktion oder als Rückgabewert einer Funktion, legt die Funktion eine temporäre Kopie des Objekts an. Handelt es sich um ein benutzerdefiniertes Objekt, wird der Kopierkonstruktor der Klasse aufgerufen.

Alle Kopierkonstruktoren übernehmen einen Parameter: eine Referenz auf ein Objekt derselben Klasse. Es empfiehlt sich, diese Referenz als konstant zu deklarieren, da der Konstruktor das übergebene Objekt nicht ändern muss. Zum Beispiel:

```
CAT(const CAT & theCat);
```

Hier übernimmt der `CAT`-Konstruktor eine konstante Referenz auf ein existierendes `CAT`-Objekt. Ziel des Kopierkonstruktors ist das Anlegen einer Kopie von `theCat`.

Der Standardkopierkonstruktor kopiert einfach jede Elementvariable von dem als Parameter übergebenen Objekt in die Elementvariablen des neuen Objekts. Man spricht hier von einer elementweisen (oder flachen) Kopie. Obwohl das bei den meisten Elementvariablen durchaus funktioniert, klappt das bei Elementvariablen, die Zeiger auf Objekte im Heap sind, schon nicht mehr.

Neuer Begriff

Eine *flache* oder *elementweise* Kopie kopiert die genauen Werte der Elementvariablen des einen Objekts in ein anderes Objekt. Zeiger in beiden Objekten verweisen letztendlich auf denselben Speicher. Eine *tiefe* Kopie überträgt andererseits die auf dem Heap reservierten Werte im neu zugewiesenen Speicher.

Wenn die `CAT`-Klasse eine Elementvariable `itsAge` enthält, die auf einen Integer im Heap zeigt, kopiert der Standardkonstruktor die übergebene Elementvariable `itsAge` von `CAT` in die neue Elementvariable `itsAge` von `CAT`. Die beiden Objekte zeigen dann auf denselben Speicher, wie es Abbildung 13.1 verdeutlicht.

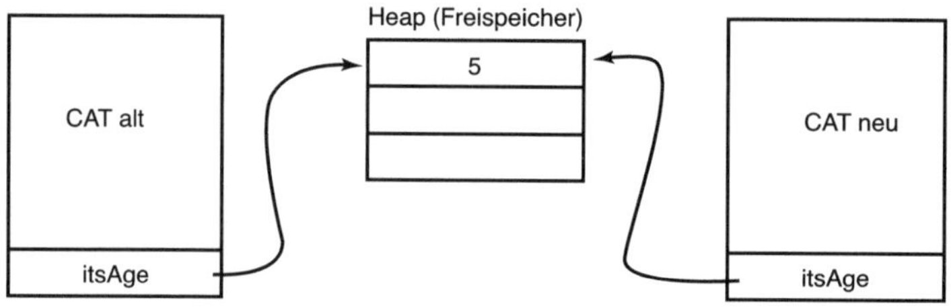

Abbildung 13.1: Arbeiten mit dem Standardkonstruktor

Das führt zur Katastrophe, wenn eines der beiden `CAT`-Objekte den Gültigkeitsbereich verliert. Der dann aufgerufene Destruktor versucht nämlich, den zugewiesenen Speicher aufzuräumen.

Nehmen wir im Beispiel an, dass das originale `CAT`-Objekt den Gültigkeitsbereich verliert. Der Destruktor dieses Objekts gibt den zugewiesenen Speicher frei. Die Kopie zeigt aber weiterhin auf diesen Speicherbereich und wenn man auf diesen Speicher zugreift, stürzt das Programm ab (wenn Sie Glück haben). Abbildung 13.2 zeigt diesen Problemfall.

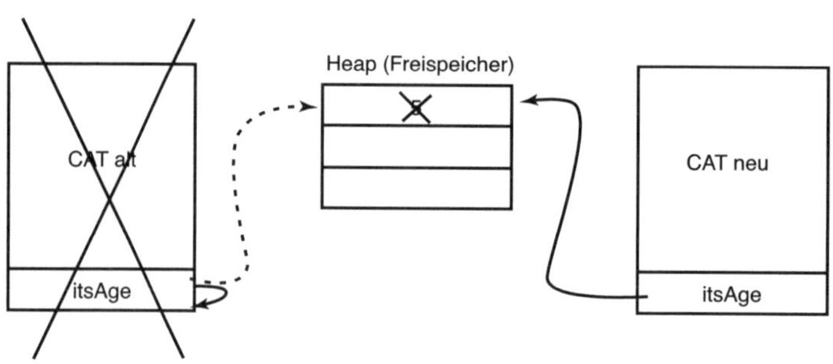

Abbildung 13.2: Einen wilden Zeiger erzeugen

Die Lösung besteht darin, einen eigenen Kopierkonstruktor zu definieren und den Speicher wie in der Kopie erforderlich zuzuweisen. Anschließend kann man die alten Werte in den neuen Speicher kopieren. Diesen Vorgang bezeichnet man als *tiefe Kopie*. Listing 13.3 zeigt ein Programm, das nach diesem Verfahren arbeitet.

Eingabe ***Listing 13.3: Kopierkonstruktoren***

```
// Listing 13.3
// Kopierkonstruktoren

```

```
#include <iostream.h>

class CAT
{
    public:
        CAT();                          // Standardkonstruktor
        CAT (const CAT &);      // Kopierkonstruktor
        ~CAT();                         // Destruktor
        int GetAge() const { return *itsAge; }
        int GetWeight() const { return *itsWeight; }
        void SetAge(int age) { *itsAge = age; }

     private:
        int *itsAge;
        int *itsWeight;
};

CAT::CAT()
{
     itsAge = new int;
     itsWeight = new int;
     *itsAge = 5;
     *itsWeight = 9;
}

CAT::CAT(const CAT & rhs)
{
     itsAge = new int;
     itsWeight = new int;
     *itsAge = rhs.GetAge();
     *itsWeight = rhs.GetWeight();
}

CAT::~CAT()
{
     delete itsAge;
     itsAge = 0;
     delete itsWeight;
     itsWeight = 0;
}

int main()
{
     CAT frisky;
     cout << "Alter von Frisky: " << frisky.GetAge() << endl;
     cout << "Alter von Frisky auf 6 setzen...\n";
     frisky.SetAge(6);
     cout << "Boots von Frisky erzeugen\n";
```

```
52:        CAT boots(frisky);
53:        cout << "Alter von Frisky: " <<     frisky.GetAge() << endl;
54:        cout << "Alter von Boots: " << boots.GetAge() << endl;
55:        cout << "Alter von Frisky auf 7 setzen...\n";
56:        frisky.SetAge(7);
57:        cout << "Alter von Frisky: " <<     frisky.GetAge() << endl;
58:        cout << "Alter von Boots: " << boots.GetAge() << endl;
59:     return 0;
60:  }
```

```
Alter von Frisky: 5
Alter von Frisky auf 6 setzen...
Boots von Frisky erzeugen
Alter von Frisky: 6
Alter von Boots:  6
Alter von Frisky auf 7 setzen...
Alter von Frisky: 7
Alter von Boots: 6
```

Die Zeilen 6 bis 19 deklarieren die Klasse `CAT`. In Zeile 9 steht die Deklaration eines Standardkonstruktors, in Zeile 10 die Deklaration eines Kopierkonstruktors.

Das Programm deklariert in den Zeilen 17 und 18 zwei Elementvariablen als Zeiger auf einen Integer. Normalerweise gibt es kaum einen Grund, dass eine Klasse Elementvariablen vom Typ `int` als Zeiger speichert. Hier aber soll dies verdeutlichen, wie man Elementvariablen im Heap verwaltet.

Der Standardkonstruktor in den Zeilen 21 bis 27 reserviert im Heap Platz für zwei `int`-Variablen und weist ihnen dann Werte zu.

Der Kopierkonstruktor beginnt in Zeile 29. Der Parameter ist wie bei einem Kopierkonstruktor üblich mit `rhs` benannt, was für *right-hand side* – zur rechten Seite – steht. Bei den Zuweisungen in den Zeilen 33 und 34 steht das als Parameter übergebene Objekt auf der rechten Seite des Gleichheitszeichens. Die Funktionsweise stellt sich wie folgt dar:

- Die Zeilen 31 und 32 reservieren Speicher auf dem Heap. Dann überträgt das Programm die Werte aus dem existierenden `CAT`-Objekt in die neuen Speicherstellen (Zeilen 33 und 34).
- Der Parameter `rhs` ist ein `CAT`-Objekt, dessen Übergabe an den Kopierkonstruktor als konstante Referenz erfolgt. Die Elementfunktion `rhs.GetAge` gibt den Wert aus dem Speicher zurück, auf den die Elementvariable `itsAge` von `rhs` zeigt. Als `CAT`-Objekt verfügt `rhs` über alle Elementvariablen wie jedes andere `CAT`-Objekt.

- Beim Aufruf des Kopierkonstruktors zum Erzeugen eines neuen CAT-Objekts wird ein vorhandenes CAT-Objekt als Parameter übergeben.

Abbildung 13.3 zeigt die Abläufe. Die Werte, auf die das existierende CAT-Objekt verweist, werden in den für das neue CAT-Objekt zugewiesenen Speicher kopiert.

Zeile 47 erzeugt ein CAT-Objekt namens `frisky`. Zeile 48 gibt das Alter von `frisky` aus und setzt es dann in Zeile 50 auf den Wert 6. Die Anweisung in Zeile 52 erzeugt das neue CAT-Objekt `boots` mit dem Kopierkonstruktor und übergibt dabei `frisky`. Hätte man `frisky` als Parameter an eine Funktion übergeben, würde der Compiler den gleichen Aufruf des Kopierkonstruktors ausführen.

Die Zeilen 53 und 54 geben das Alter beider CAT-Objekte aus. Wie erwartet hat `boots` das Alter von `frisky` (6) und nicht den Standardwert von 5. Zeile 56 setzt das Alter von `frisky` auf 7 und Zeile 57 gibt erneut das Alter aus. Dieses Mal ist das Alter von `frisky` gleich 7, während das Alter von `boots` bei 6 bleibt. Damit ist nachgewiesen, dass sich die Objekte in separaten Speicherbereichen befinden.

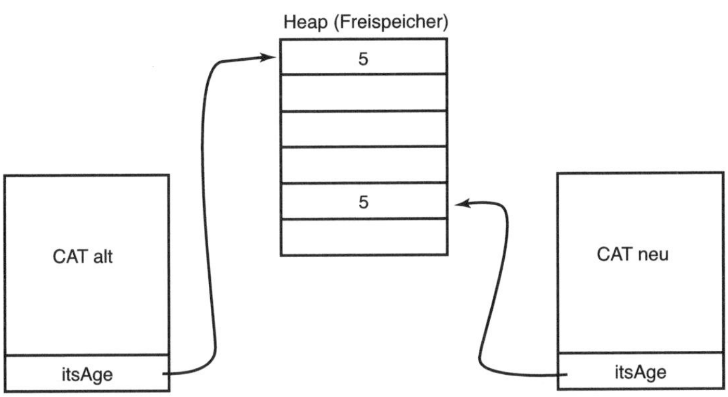

Abbildung 13.3: Darstellung einer tiefen Kopie

Wenn die CAT-Objekte ihren Gültigkeitsbereich verlieren, findet automatisch der Aufruf ihrer Destruktoren statt. Die Implementierung des CAT-Destruktors ist in den Zeilen 37 bis 43 zu finden. Der Aufruf von `delete` auf den beiden Zeigern `itsAge` und `itsWeight` gibt den zugewiesenen Speicher an den Heap zurück. Aus Sicherheitsgründen ist eine erneute Zuweisung von `NULL` an beide Zeiger vorgesehen.

Zusammenfassung

In dieser Stunde haben Sie gelernt, wie man Elementfunktionen von Klassen überlädt. Weiterhin haben Sie gesehen, wie man Standardwerte in Funktionen bereitstellt und die Entscheidung fällt, wann Standardwerte zu verwenden sind und wann das Überladen günstiger ist.

Mit dem Überladen von Klassenkonstruktoren lassen sich flexible Klassen erzeugen, die man aus anderen Objekten erstellen kann. Die Initialisierung von Objekten findet in der Initialisierungsstufe der Konstruktion statt, was effizienter ist als das Zuweisen von Werten im Rumpf des Konstruktors.

Der Compiler stellt einen Kopierkonstruktor bereit, wenn man selbst keinen erzeugt. Die Kopie der Klasse erfolgt dabei aber elementweise. In Klassen, die Zeiger auf den Heap als Datenelemente enthalten, ist diese Methode zu redefinieren, damit man Speicher für das Zielobjekt zuweisen kann.

Fragen und Antworten

F Warum verwendet man überhaupt Standardwerte, wenn man eine Funktion überladen kann?

A *Es ist einfacher, nur eine statt zwei Funktion(en) zu verwalten. Oftmals ist eine Funktion mit Standardparametern auch verständlicher und man muss sich nicht mit zwei verschiedenen Funktionsrümpfen auseinandersetzen. Darüber hinaus bildet die Aktualisierung nur einer der Funktionen bei vergessener Aktualisierung der zweiten Funktion eine beliebte Fehlerquelle.*

F Warum verwendet man nicht immer Standardwerte, wenn man die Probleme mit überladenen Funktionen kennt?

A *Überladene Funktionen bieten Möglichkeiten, die bei Standardvariablen nicht verfügbar sind, beispielsweise die Variation der Parameterliste nach dem Typ statt nur nach der Anzahl.*

F Wie entscheidet man beim Schreiben eines Klassenkonstruktors, was im Initialisierungsabschnitt und was im Rumpf des Konstruktors stehen muss?

A *Als Faustregel sollte man soviel wie möglich in der Initialisierungsphase erledigen – d.h. alle Elementvariablen an dieser Stelle mit einem Anfangswert versehen. Bestimmte Dinge, wie Berechnungen und Ausgabeanweisungen, muss man im Rumpf des Konstruktors unterbringen.*

F Kann eine überladene Funktion einen Standardparameter haben?

A *Ja. Es gibt keinen Grund, auf die Kombination dieser leistungsfähigen Merkmale zu verzichten. Die überladenen Funktionen (eine oder auch mehrere) können jeweils eigene Standardwerte haben, die den üblichen Regeln für Standardvariablen in einer beliebigen Funktion entsprechen.*

Stunde 14

Überladen von Operatoren

In der vorherigen Stunde haben Sie gelernt, wie man Elementmethoden überlädt und wie man einen Kopierkonstruktor für tiefe Kopien erzeugt.

In dieser Stunde lernen Sie,

- wie man Elementfunktionen überlädt,
- wie man den Zuweisungsoperator zur Speicherverwaltung überlädt,
- wie man Funktionen schreibt, um Klassen mit dynamisch zugewiesenen Variablen zu unterstützen.

Operatoren überladen

C++ verfügt über eine Reihe vordefinierter Typen, beispielsweise `int`, `float` oder `char`. Zu jedem dieser Typen gehören verschiedene vordefinierte Operatoren wie Addition (+) und Multiplikation (*). In C++ können Sie diese Operatoren auch in eigene Klassen aufnehmen.

Listing 14.1 erzeugt die neue Klasse `Counter`, um das Überladen von Operatoren umfassend untersuchen zu können. Ein `Counter`-Objekt realisiert Zählvorgänge in Schleifen und anderen Konstruktionen, wo man eine Zahl inkrementieren, dekrementieren oder in ähnlicher Weise behandeln muss.

Eingabe

Listing 14.1: Die Klasse Counter

```
// Listing 14.1
// Die Klasse Counter


#include <iostream.h>

class Counter
{
   public:
      Counter();
      ~Counter(){}
      int GetItsVal()const { return itsVal; }
      void SetItsVal(int x) {itsVal = x; }

   private:
      int itsVal;

};

Counter::Counter():
itsVal(0)
{};

int main()
{
   Counter i;
   cout << "Wert von i: " << i.GetItsVal() << endl;
 return 0;
}
```

```
Wert von i: 0
```

Die in den Zeilen 7 bis 18 definierte Klasse ist eigentlich recht nutzlos. Die einzige Elementvariable ist ein `int`. Der in Zeile 10 deklarierte und in Zeile 20 implementierte Standardkonstruktor initialisiert die Elementvariable `itsVal` mit `0`.

Im Gegensatz zu einem echten, vordefinierten, »Vollblut«-`int` lässt sich das `Counter`-Objekt nicht inkrementieren, dekrementieren, addieren, zuweisen noch anderweitig manipulieren. Dafür gestaltet sich die Ausgabe seines Werts wesentlich schwieriger!

Eine Inkrement-Funktion schreiben

Das Überladen von Operatoren stellt einen großen Teil der Funktionalität wieder her, die benutzerdefinierten Klassen wie `Counter` verwehrt bleibt. Listing 14.2 zeigt, wie man den Inkrement-Operator überlädt.

Listing 14.2: Den Inkrement-Operator überladen

```
// Listing 14.2
// Den Inkrement-Operator überladen


#include <iostream.h>

class Counter
{
   public:
      Counter();
      ~Counter(){}
      int GetItsVal()const { return itsVal; }
      void SetItsVal(int x) {itsVal = x; }
      void Increment() { ++itsVal; }
      const Counter& operator++ ();

   private:
      int itsVal;

};

Counter::Counter():
```

```
23:   itsVal(0)
24:   {};
25:
26:   const Counter& Counter::operator++()
27:   {
28:      ++itsVal;
29:      return *this;
30:   }
31:
32:   int main()
33:   {
34:      Counter i;
35:      cout << "Wert von i: " << i.GetItsVal() << endl;
36:      i.Increment();
37:      cout << "Wert von i: " << i.GetItsVal() << endl;
38:      ++i;
39:      cout << "Wert von i: " << i.GetItsVal() << endl;
40:      Counter a = ++i;
41:      cout << "Wert von a: " << a.GetItsVal();
42:      cout << " und von i: " << i.GetItsVal() << endl;
43:    return 0;
44:   }
```

```
Wert von i: 0
Wert von i: 1
Wert von i: 2
Wert von a: 3 und von i: 3
```

Die Implementierung des Inkrement-Operators `operator++` in den Zeilen 26 bis 30 hat sich geändert, um den Zeiger `this` zu dereferenzieren und das aktuelle Objekt zurückzugeben. Damit steht ein `Counter`-Objekt bereit, das sich an `a` zuweisen lässt. Falls ein derartiges `Counter`-Objekt Speicher reserviert, sollte man den Kopierkonstruktor redefinieren. Im vorliegenden Fall genügt der Standardkopierkonstruktor.

Der zurückgegebene Wert ist eine `Counter`-Referenz. Damit vermeidet man die Erzeugung eines zusätzlichen temporären Objekts. Die Referenz ist konstant – die Funktion, die diesen `Counter` verwendet, soll nämlich nicht den Wert ändern.

Den Postfix-Operator überladen

Was wäre nun, wenn Sie den Inkrement-Operator in der Postfix-Version überladen möchten? Hier hat der Compiler ein Problem. Wie lässt sich zwischen Präfix und Postfix unterscheiden? Per Konvention stellt man eine Integer-Variable als Parameter der Operator-Deklaration bereit. Der Wert des Parameters wird ignoriert – er dient nur als Signal, dass es sich um den Postfix-Operator handelt.

Unterschied zwischen Präfix und Postfix

Bevor man den Postfix-Operator schreiben kann, muss man den Unterschied zum Präfix-Operator kennen. Präfix heißt »inkrementiere und hole dann«, während Postfix »hole und inkrementiere dann« bedeutet.

Demnach kann der Präfix-Operator einfach den Wert inkrementieren und dann das Objekt selbst zurückgeben, während der Postfix-Operator den Wert zurückgeben muss, der *vor* der Inkrementierung vorhanden war. Dazu ist letztendlich ein temporäres Objekt zu erzeugen. Es hebt den Originalwert auf, wenn man den Wert des Originalobjekts inkrementiert. Da der Postfix-Operator nach dem *Originalwert* fragt und nicht nach dem inkrementierten Wert, gibt man das temporäre Objekt zurück.

Untersuchen wir das noch einmal. Schreibt man

```
a = x++;
```

und hatte x den Wert 5, erhält a nach dieser Anweisung den Wert 5 und x den Wert 6. Zunächst wird der Wert aus x geholt und an a zugewiesen. Daran schließt sich die Inkrementierung von x an. Wenn x ein Objekt ist, muss der Postfix-Operator den Originalwert (5) in einem temporären Objekt aufbewahren, den Wert von x auf 6 inkrementieren und dann das temporäre Objekt zurückgeben, um dessen Wert an a zuzuweisen.

Da das temporäre Objekt bei Rückkehr der Funktion den Gültigkeitsbereich verliert, ist es als Wert und nicht als Referenz zurückzugeben.

Listing 14.3 demonstriert die Verwendung der Präfix- und Postfix-Operatoren.

Eingabe

Listing 14.3: Präfix- und Postfix-Operatoren

```
// Listing 14.3
// Gibt den dereferenzierten this-Zeiger zurück


#include <iostream.h>

class Counter
{
public:
   Counter();
   ~Counter(){}
   int GetItsVal()const { return itsVal; }
   void SetItsVal(int x) {itsVal = x; }
   const Counter& operator++ ();      // Präfix
```

```
      const Counter operator++ (int);    // Postfix

   private:
      int itsVal;
   };

   Counter::Counter():
   itsVal(0)
   {}

   const Counter& Counter::operator++()
   {
      ++itsVal;
      return *this;
   }

   const Counter Counter::operator++(int)
   {
      Counter temp(*this);
      ++itsVal;
      return temp;
   }

   int main()
   {
      Counter i;
      cout << "Wert von i: " << i.GetItsVal() << endl;
      i++;
      cout << "Wert von i: " << i.GetItsVal() << endl;
      ++i;
      cout << "Wert von i: " << i.GetItsVal() << endl;
      Counter a = ++i;
      cout << "Wert von a: " << a.GetItsVal();
      cout << " und von i: " << i.GetItsVal() << endl;
      a = i++;
      cout << "Wert von a: " << a.GetItsVal();
      cout << " und von i: " << i.GetItsVal() << endl;
    return 0;
   }
```

```
Wert von i: 0
Wert von i: 1
Wert von i: 2
Wert von a: 3 und von i: 3
Wert von a: 4 und von i: 4
```

Die Deklaration des Postfix-Operators steht in Zeile 15 und die Implementierung in den Zeilen 31 bis 36. Beachten Sie, dass der Aufruf des Präfix-Operators in Zeile 14 keine als Flag dienende Integer-Zahl (`x`) enthält, sondern die normale Syntax verwendet. Der Postfix-Operator kennzeichnet mit einem Flag-Wert (`x`), dass es sich um Postfix und nicht um Präfix handelt. Der Flag-Wert (`x`) selbst wird allerdings nicht weiter benötigt.

operator+

Der Inkrement-Operator ist ein *unärer* Operator, wirkt also nur auf ein Objekt. Dagegen ist der Additionsoperator (`+`) ein binärer Operator, da er zwei Objekte verknüpft. Wie implementiert man nun das Überladen des Additionsoperators für `Counter`?

Man muss in der Lage sein, zwei `Counter`-Variablen zu deklarieren und sie dann zu addieren, wie es folgendes Beispiel zeigt:

```
Counter varOne, varTwo, varThree;
VarThree = VarOne + VarTwo;
```

Auch hier kann man zuerst die Funktion `Add` schreiben, die ein `Counter`-Objekt als Argument übernimmt, die Werte addiert und dann ein `Counter`-Objekt mit dem Ergebnis zurückgibt. Listing 14.4 zeigt diese Lösung.

Listing 14.4: Die Funktion Add

```
// Listing 14.4
// Die Funktion Add


#include <iostream.h>

class Counter
{
public:
   Counter();
   Counter(int initialValue);
   ~Counter(){}
   int GetItsVal()const { return itsVal; }
   void SetItsVal(int x) {itsVal = x; }
   Counter Add(const Counter &);

private:
```

```
18:        int itsVal;
19:
20:     };
21:
22:     Counter::Counter(int initialValue):
23:     itsVal(initialValue)
24:     {}
25:
26:     Counter::Counter():
27:     itsVal(0)
28:     {}
29:
30:     Counter Counter::Add(const Counter & rhs)
31:     {
32:        return Counter(itsVal+ rhs.GetItsVal());
33:     }
34:
35:     int main()
36:     {
37:        Counter varOne(2), varTwo(4), varThree;
38:        varThree = varOne.Add(varTwo);
39:        cout << "varOne: " << varOne.GetItsVal()<< endl;
40:        cout << "varTwo: " << varTwo.GetItsVal() << endl;
41:        cout << "varThree: " << varThree.GetItsVal() << endl;
42:
43:      return 0;
44:     }
```

```
varOne: 2
varTwo: 4
varThree: 6
```

Die Deklaration der Funktion `Add` steht in Zeile 15. Die Funktion übernimmt eine konstante `Counter`-Referenz. Diese stellt den Wert dar, der auf das aktuelle Objekt zu addieren ist. Die Funktion gibt ein `Counter`-Objekt zurück. Dieses Ergebnis ist der linken Seite der Anweisung wie in Zeile 38 zuzuweisen. Das heißt, `varOne` ist das Objekt, `varTwo` ist der Parameter an die Funktion `Add` und das Ergebnis weist man an `varThree` zu.

Um `varThree` zu erzeugen, ohne einen Wert dafür zu initialisieren, ist ein Standardkonstruktor erforderlich. Der Standardkonstruktor initialisiert `itsVal` mit 0, wie es aus den Zeilen 26 bis 28 ersichtlich ist. Da `varOne` und `varTwo` mit einem Wert ungleich Null zu initialisieren sind, wurde ein weiterer Konstruktor erzeugt (Zeilen 22 bis 24). Eine andere Lösung für dieses Problem wäre die Bereitstellung des Standardwerts 0 für den in Zeile 11 deklarierten Konstruktor.

Den operator+ überladen

Die Funktion `Add` selbst ist in den Zeilen 30 bis 33 zu sehen. Sie funktioniert zwar, ist aber ungewöhnlich einzusetzen. Das Überladen von `operator+` würde eine natürlichere Verwendung der `Counter`-Klasse bringen. Listing 14.5 zeigt diese Lösung.

Eingabe

Listing 14.5: Der operator+

```
1:   // Listing 14.5
2:   // operator+ überladen
3:
4:
5:   #include <iostream.h>
6:
7:   class Counter
8:   {
9:   public:
10:     Counter();
11:     Counter(int initialValue);
12:     ~Counter(){}
13:     int GetItsVal()const { return itsVal; }
14:     void SetItsVal(int x) {itsVal = x; }
15:     Counter operator+ (const Counter &);
16:  private:
17:     int itsVal;
18:  };
19:
20:  Counter::Counter(int initialValue):
21:  itsVal(initialValue)
22:  {}
23:
24:  Counter::Counter():
25:  itsVal(0)
26:  {}
27:
28:  Counter Counter::operator+ (const Counter & rhs)
29:  {
30:     return Counter(itsVal + rhs.GetItsVal());
31:  }
32:
33:  int main()
34:  {
35:     Counter varOne(2), varTwo(4), varThree;
36:     varThree = varOne + varTwo;
```

```
37:        cout << "varOne: " << varOne.GetItsVal()<< endl;
38:        cout << "varTwo: " << varTwo.GetItsVal() << endl;
39:        cout << "varThree: " << varThree.GetItsVal() << endl;
40:
41:      return 0;
42:    }
```

```
varOne: 2
varTwo: 4
varThree: 6
```

Die Deklaration von `operator+` finden Sie in Zeile 15 und die Definition in den Zeilen 28 bis 31. Vergleichen Sie das mit der Deklaration und der Definition der Funktion `Add` im vorherigen Listing – sie sind nahezu identisch. Die Syntax unterscheidet sich allerdings grundlegend. Gegenüber der Anweisung

```
varThree = varOne.Add(varTwo);
```

ist die folgende Formulierung natürlicher:

```
varThree = varOne + varTwo;
```

Durch diese kleine Änderung lässt sich das Programm einfacher anwenden und besser verstehen.

Einschränkungen beim Überladen von Operatoren

Operatoren von vordefinierten Typen (wie zum Beispiel `int`) lassen sich nicht überladen. Man kann weder die Rangfolge noch die Art – unär oder binär – des Operators ändern. Es lassen sich auch keine neuen Operatoren daraus aufbauen. Beispielsweise ist es nicht möglich, den Operator `**` als »Potenz«-Operator zu deklarieren.

Was überlädt man?

Das Überladen von Operatoren ist einer der Aspekte von C++, den neue Programmierer zu häufig und missbräuchlich anwenden. Es ist zwar verlockend, neue und interessante Einsatzfälle für die ungewöhnlicheren Operatoren auszuprobieren, dies führt aber beständig zu Code, der verwirrend und schwer zu lesen ist.

Es kann natürlich lustig sein, den `+`-Operator zur Subtraktion und den `*`-Operator zur Addition zu »überreden«. Ein professioneller Programmierer ist aber über derartige Späße erhaben. Die größere Gefahr liegt in der zwar gut gemeinten, aber unüblichen Verwendung eines Operators – zum Beispiel `+` für die Verkettung einer Zeichenfolge oder / für die Teilung eines String. Manchmal mag das sinnvoll sein, trotzdem sollte man hier Vorsicht walten lassen. Rufen wir uns das Ziel beim Überladen von Operatoren ins Bewusstsein: die Brauchbarkeit und Verständlichkeit zu erhöhen.

operator=

Wie Sie wissen, stellt der Compiler einen Standardkonstruktor, einen Destruktor und einen Kopierkonstruktor bereit. Als vierte und letzte Funktion bietet der Compiler den Zuweisungsoperator (`operator=`), wenn man keinen eigenen spezifiziert.

Der Aufruf dieses Operators erfolgt bei der Zuweisung eines Objekts. Dazu folgendes Beispiel:

```
CAT catOne(5,7);
CAT catTwo(3,4);
// ... hier steht anderer Code
catTwo = catOne;
```

Diese Anweisungen erzeugen `catOne` und initialisieren `itsAge` mit 5 und `itsWeight` mit 7. Es schließt sich die Erzeugung von `catTwo` mit der Zuweisung der Werte 3 und 4 an.

Beachten Sie, dass in diesem Fall kein Aufruf des Kopierkonstruktors erfolgt. Das Objekt `catTwo` existiert bereits, man muss es nicht konstruieren.

In Stunde 13 haben Sie den Unterschied zwischen einer flachen – oder elementweisen – Kopie auf der einen Seite und einer tiefen – oder vollständigen – Kopie auf der anderen kennen gelernt. Eine flache Kopie kopiert einfach die Elemente und beide Objekte zeigen schließlich auf denselben Bereich im Heap. Eine tiefe Kopie reserviert einen neuen Speicherbereich. Sehen Sie sich dazu gegebenenfalls noch einmal Abbildung 13.1 an.

Das gleiche Problem mit dem Kopierkonstruktor tritt auch hier bei der Zuweisung zu Tage. Hier gibt es allerdings eine weitere Unebenheit. Das Objekt `catTwo` existiert bereits und hat Speicher reserviert. Diesen Speicher muss man löschen, wenn man Speicherlücken vermeiden möchte.

Bei der Implementierung des Zuweisungsoperators ist daher zuerst der Speicher zu löschen, der seinen Zeigern zugewiesen ist. Was passiert aber, wenn man `catTwo` an sich selbst wie folgt zuweist:

```
catTwo = catTwo;
```

Kaum jemand schreibt so etwas absichtlich, doch das Programm muss diesen Fall behandeln können. Derartige Anweisungen können nämlich auch zufällig entstehen, wenn referenzierte und dereferenzierte Zeiger die Tatsache verdecken, dass die Zuweisung des Objekts auf sich selbst vorliegt.

Wenn man dieses Problem nicht umsichtig behandelt, löscht `catTwo` die eigene Speicherzuweisung. Steht dann das Kopieren von der rechten Seite der Zuweisung an die linke an, haben wir ein Problem: Der Speicher ist nicht mehr vorhanden.

Zur Absicherung muss der Zuweisungsoperator prüfen, ob auf der rechten Seite das Objekt selbst steht. Dazu untersucht er den Zeiger `this`. Listing 14.6 zeigt eine Klasse mit einem Zuweisungsoperator.

Eingabe

Listing 14.6: Ein Zuweisungsoperator

```
// Listing 14.6
// Kopierkonstruktoren

#include <iostream.h>

class CAT
{
   public:
        CAT();                         // Standardkonstruktor
// Aus Platzgründen auf Kopierkonstruktor und Destruktor verzichtet!
         int GetAge() const { return *itsAge; }
         int GetWeight() const { return *itsWeight; }
         void SetAge(int age) { *itsAge = age; }
         CAT& operator=(const CAT &);

    private:
         int *itsAge;
         int *itsWeight;
};

CAT::CAT()
{
    itsAge = new int;
  itsWeight = new int;
  *itsAge = 5;
  *itsWeight = 9;
}


CAT& CAT::operator=(const CAT & rhs)
{
   if (this == &rhs)
      return *this;
   delete itsAge;
   delete itsWeight;
   itsAge = new int;
```

```
37:     itsWeight = new int;
38:     *itsAge = rhs.GetAge();
39:     *itsWeight = rhs.GetWeight();
40:     return *this;
41: }
42:
43:
44:      int main()
45:      {
46:          CAT frisky;
47:          cout << "Alter von Fristky: " << frisky.GetAge() << endl;
48:          cout << "Alter von Frisky auf 6 setzen...\n";
49:          frisky.SetAge(6);
50:          CAT whiskers;
51:          cout << "Alter von Whiskers: " << whiskers.GetAge() << endl;
52:          cout << "Frisky auf Whiskers kopieren...\n";
53:          whiskers = frisky;
54:          cout << "Alter von Whiskers: " << whiskers.GetAge() << endl;
55:      return 0;
56:      }
```

Ausgabe

```
Alter von Frisky: 5
Alter von Frisky auf 6 setzen...
Alter von Whiskers: 5
Frisky auf Whiskers kopieren...
Alter von Whiskers: 6
```

Analyse

Listing 14.6 enthält die bekannte `CAT`-Klasse, verzichtet aber aus Platzgründen auf den Kopierkonstruktor und den Destruktor. In Zeile 14 steht die Deklaration des Zuweisungsoperators, in den Zeilen 30 bis 41 die Definition.

Der Test in Zeile 32 prüft, ob das aktuelle Objekt (das heißt, das auf der linken Seite der Zuweisung stehende `CAT`-Objekt) dasselbe ist, wie das zuzuweisende `CAT`-Objekt. Dazu vergleicht man die Adresse von `rhs` mit der im Zeiger `this` gespeicherten Adresse.

Den Gleichheitsoperator (==) kann man natürlich ebenfalls überladen und damit selbst festlegen, was Gleichheit bei Objekten zu bedeuten hat.

Hinweis

In den Zeilen 34 bis 37 werden die Elementvariablen gelöscht und dann auf dem Heap neu angelegt. Das ist zwar nicht zwingend erforderlich, gehört aber zum guten Programmierstil und vermeidet Speicherlücken, wenn Sie mit Objekten variabler Länge arbeiten, die ihren Zuweisungsoperator nicht überladen.

Umwandlungsoperatoren

Was passiert, wenn man eine Variable eines vordefinierten Typs wie etwa `int` oder `unsigned short` einem Objekt einer benutzerdefinierten Klasse zuweist? Listing 14.7 bedient sich wieder der `Counter`-Klasse und versucht, eine Variable vom Typ `int` an ein `Counter`-Objekt zuzuweisen.

Warnung

Listing 14.7 lässt sich nicht kompilieren!

Eingabe

Listing 14.7: Versuch, einen Zähler an einen int zuzuweisen

```
   // Listing 14.7
   // Dieser Code läßt sich nicht kompilieren!


   #include <iostream.h>

   class Counter
   {
      public:
         Counter();
         ~Counter(){}
         int GetItsVal()const { return itsVal; }
         void SetItsVal(int x) {itsVal = x; }
      private:
         int itsVal;

   };

   Counter::Counter():
   itsVal(0)
   {}

int main()
{
   int theShort = 5;
   Counter theCtr = theShort;
   cout << "theCtr: " << theCtr.GetItsVal() << endl;
 return 0;
}
```

```
... conversion from 'int' to non-scalo-type 'Counter' requested
```

Die in den Zeilen 7 bis 17 deklarierte Klasse `Counter` hat nur einen Standardkonstruktor und deklariert keine besondere Methode für die Umwandlung eines `int` in ein `Counter`-Objekt, so dass Zeile 26 einen Compiler-Fehler produziert. Der Compiler kann nicht erkennen, dass der Wert einer angegebenen `int`-Variablen an die Elementvariable `itsVal` zuzuweisen ist, sofern man das nicht ausdrücklich spezifiziert.

Zu diesem Zweck erzeugt die korrigierte Lösung in Listing 14.8 einen Umwandlungsoperator: einen Konstruktor, der einen `int` übernimmt und ein `Counter`-Objekt produziert.

Listing 14.8: Konvertieren eines int in ein Counter-Objekt

```
1:      // Listing 14.8
2:      // Konstruktor als Umwandlungsoperator
3:
4:
5:      #include <iostream.h>
6:
7:      class Counter
8:      {
9:         public:
10:           Counter();
11:           Counter(int val);
12:           ~Counter(){}
13:           int GetItsVal()const { return itsVal; }
14:           void SetItsVal(int x) {itsVal = x; }
15:        private:
16:           int itsVal;
17:
18:     };
19:
20:     Counter::Counter():
21:     itsVal(0)
22:     {}
23:
24:  Counter::Counter(int val):
25:  itsVal(val)
26:  {}
27:
28:
```

```
29:   int main()
30:   {
31:      int theShort = 5;
32:      Counter theCtr = theShort;
33:      cout << "theCtr: " << theCtr.GetItsVal() << endl;
34:    return 0;
35:   }
```

Ausgabe

```
theCtr: 5
```

Analyse

Als wesentliche Änderung wird in Zeile 11 der Konstruktor überladen, um einen `int` zu übernehmen. Die Implementierung des Konstruktors, der ein `Counter`-Objekt aus einem `int` erzeugt, steht in den Zeilen 24 bis 26.

Mit diesen Angaben kann der Compiler den Konstruktor – der einen `int` als Argument übernimmt – aufrufen. Sehen Sie sich nun an, was bei der umgekehrten Zuweisung wie im folgenden Beispiel passiert:

```
Counter theCtr(5);
int theShort = theCtr;
cout << "theShort : " << theShort  << endl;
```

Auch hier erhält man einen Compiler-Fehler. Obwohl der Compiler jetzt weiß, wie man ein `Counter`-Objekt aus einem `int` erzeugt, bleibt ihm der umgekehrte Vorgang weiterhin ein Rätsel.

Der Operator unsigned short()

Für diese und ähnliche Probleme bietet C++ die Umwandlungsoperatoren, die man in eine Klasse aufnehmen kann. Damit lässt sich in einer Klasse festlegen, wie implizite Konvertierungen in vordefinierte Typen auszuführen sind. Listing 14.9 verdeutlicht dies. Es sei allerdings darauf hingewiesen, dass Umwandlungsoperatoren keinen Rückgabewert spezifizieren, obwohl sie tatsächlich einen konvertierten Wert zurückgeben.

Eingabe

Listing 14.9: Konvertieren eines Counter-Objekts in einen unsigned short

```
// Listing 14.9
// Umwandlungsoperator


#include <iostream.h>
```

```
6:
7: class Counter
8: {
9:   public:
10:     Counter();
11:     Counter(int val);
12:     ~Counter(){}
13:     int GetItsVal()const { return itsVal; }
14:     void SetItsVal(int x) {itsVal = x; }
15:     operator int();
16:   private:
17:     int itsVal;
18:
19:  };
20:
21:  Counter::Counter():
22:  itsVal(0)
23:  {}
24:
25: Counter::Counter(int val):
26: itsVal(val)
27: {}
28:
29: Counter::operator int ()
30: {
31:    return ( int (itsVal) );
32: }
33:
34: int main()
35: {
36:    Counter ctr(5);
37:    int theShort = ctr;
38:    cout << "theShort: " << theShort << endl;
39:     return 0;
40: }
```

```
theShort: 5
```

Zeile 15 deklariert den Umwandlungsoperator. Beachten Sie, dass er keinen Rückgabewert hat. Die Implementierung dieser Funktion steht in den Zeilen 29 bis 32. Zeile 31 gibt den Wert von `itsVal` konvertiert in einen `int` zurück.

Der Compiler weiß jetzt, wie `int`-Variablen in `Counter`-Objekte und umgekehrt umzuwandeln sind, und man kann sie ohne Weiteres einander zuweisen.

Zusammenfassung

In dieser Stunde haben Sie das Überladen von Operatoren kennen gelernt.

Der Compiler stellt den Kopierkonstruktor und den Operator `operator=` bereit, wenn man diese nicht selbst erzeugt. Allerdings wird lediglich eine elementweise Kopie der Klasse angelegt. In Klassen mit Datenelementen als Zeiger auf den Heap muss man diese Methoden überschreiben, damit man selbst Speicher für das Zielobjekt zuweisen kann.

Fast alle C++-Operatoren lassen sich überladen. Es empfiehlt sich, nur solche Operatoren zu erzeugen, deren Verwendung ohne Weiteres auf der Hand liegt. Man kann weder die Art des Operators – unär oder binär – ändern noch neue Operatoren erfinden.

Der Zeiger `this` verweist auf das aktuelle Objekt und ist ein unsichtbarer Parameter auf alle Elementfunktionen. Überladene Operatoren geben häufig den dereferenzierten Zeiger `this` zurück.

Mit Umwandlungsoperatoren kann man Klassen erzeugen und in Ausdrücken verwenden, die einen anderen Objekttyp erwarten. Sie bilden die Ausnahme zur Regel, dass alle Funktionen einen expliziten Wert zurückgeben. Genau wie Konstruktoren und Destruktoren haben Umwandlungsoperatoren keinen Rückgabetyp.

Fragen und Antworten

F Warum überlädt man eigentlich einen Operator, wenn man auch einfach eine Elementmethode erzeugen kann?

A *Es ist einfacher, Operatoren zu überladen, wenn ihr Verhalten ohne Weiteres erkennbar ist. In der Klasse lässt sich damit die Funktionalität der vordefinierten Typen nachbilden.*

F Worin besteht der Unterschied zwischen dem Kopierkonstruktor und dem Zuweisungsoperator?

A *Der Kopierkonstruktor erzeugt ein neues Objekt mit denselben Werten wie ein existierendes Objekt. Der Zuweisungsoperator ändert ein existierendes Objekt, so dass es dieselben Werte wie das andere Objekt annimmt.*

F Was passiert mit dem `int`, den man in Postfix-Operatoren verwendet?

A *Nichts. Dieser `int` wird lediglich als Flag (Signal) für das Überladen der Postfix- und Präfix-Operatoren und im Übrigen nicht weiter verwendet.*

Stunde 15

Arrays

In den vorherigen Kapiteln haben Sie einzelne Elemente vom Typ `int`, `char` oder andere Einzelobjekte deklariert. Oftmals wünscht man sich eine Sammlung von Objekten, wie etwa 20 Ganzzahlen oder ein Körbchen voller Katzen (`CAT`-Objekte).

In dieser Stunde lernen Sie,

- was Arrays sind und wie man sie deklariert,
- was Strings sind und wie man sie mit Zeichen-Arrays erstellt,
- welche Beziehung zwischen Arrays und Zeigern besteht,
- wie man Zeigerarithmetik bei Arrays anwendet.

Was ist ein Array?

Neuer Begriff

Ein *Array* (Datenfeld) ist eine Zusammenfassung von Speicherstellen für Daten desselben Datentyps. Die einzelnen Speicherstellen bezeichnet man als Elemente des Array.

Neuer Begriff

Man deklariert ein Array, indem man den Typ, gefolgt vom Namen des Array und dem Index schreibt. Der *Index* bezeichnet die Anzahl der Elemente im Array und wird in eckige Klammern eingeschlossen.

Zum Beispiel deklariert

```
long LongArray[25];
```

ein Array namens `LongArray` mit 25 Zahlen des Typs `long`. Der Compiler reserviert bei dieser Deklaration einen Speicherbereich für die Aufnahme aller 25 Elemente. Da jede Zahl vom Typ `long` genau 4 Byte erfordert, reserviert diese Deklaration 100 zusammenhängende Bytes im Speicher wie es Abbildung 15.1 verdeutlicht.

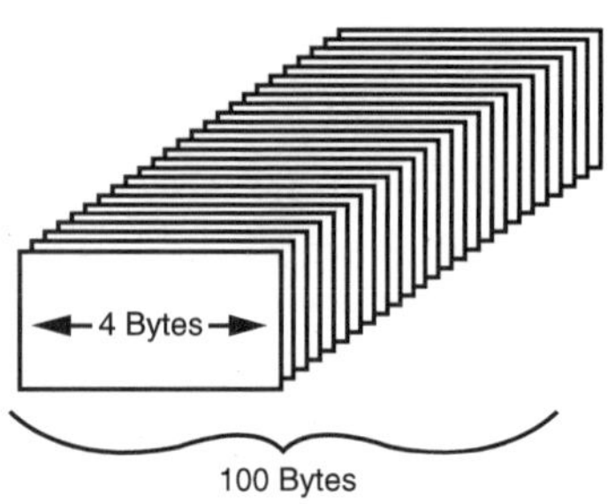

Abbildung 15.1:
Ein Array deklarieren

Array-Elemente

Auf die Elemente des Array greift man über einen Offset (Verschiebung) bezüglich des Array-Namens zu. Die Zählung der Array-Elemente beginnt bei 0. Das erste Element des Array heißt demzufolge `arrayName[0]`. Im obigen Beispiel steht `LongArray[0]` für das erste Array-Element, `LongArray[1]` für das zweite usw.

Diese Zählweise ist genau zu beachten. Das Array SomeArray[3] enthält drei Elemente: SomeArray[0], SomeArray[1] und SomeArray[2]. Allgemein ausgedrückt verfügt SomeArray[n] über n Elemente, die mit SomeArray[0] bis SomeArray[n-1] nummeriert sind.

Die Elemente in LongArray[25] sind demnach von LongArray[0] bis LongArray[24] nummeriert. Listing 15.1 zeigt, wie man ein Array mit fünf Ganzzahlen deklariert und jedes Element mit einem Wert füllt.

Eingabe

Listing 15.1: Ein Array für Integer-Zahlen

```
1:    // Listing 15.1 - Arrays
2:    #include <iostream.h>
3:
4:    int main()
5:    {
6:       int myArray[5],
7:         int i;
8:    for (i=0; i<5; i++)  // 0-4
9:       {
10:         cout << "Wert fuer myArray[" << i << "]: ";
11:         cin >> myArray[i];
12:      }
13:      for (i = 0; i<5; i++)
14:         cout << i << ": " << myArray[i] << "\n";
15:      return 0;
16:   }
```

Ausgabe

```
Wert fuer myArray[0]:  3
Wert fuer myArray[1]:  6
Wert fuer myArray[2]:  9
Wert fuer myArray[3]:  12
Wert fuer myArray[4]:  15

0: 3
1: 6
2: 9
3: 12
4: 15
```

Analyse

Zeile 6 deklariert das Array myArray, das fünf Integer-Variablen aufnimmt. Zeile 7 richtet eine Schleife ein, die von 0 bis 4 zählt und damit den Indexbereich für ein fünfelementiges Array überstreicht. Der Benutzer gibt einen Wert ein, den das Programm am richtigen Offset im Array speichert.

Der erste Wert kommt nach `myArray[0]`, der zweite nach `myArray[1]` usw. Die zweite `for`-Schleife gibt alle Werte auf dem Bildschirm aus.

Hinweis

Die Indizierung von Arrays beginnt bei 0 und nicht bei 1. Hier liegt die Ursache für viele Fehler, die gerade bei Neueinsteigern in C++ auftreten. Man sollte immer daran denken, dass ein Array mit 10 Elementen von `ArrayName[0]` bis `ArrayName[9]` nummeriert wird und es kein Element `ArrayName[10]` gibt.

Über das Ende eines Array schreiben

Der Compiler berechnet anhand der Größe jedes Elements und dem angegebenen Index, wohin ein bestimmter Wert in ein Array zu schreiben ist. Angenommen, es ist ein Wert in `LongArray[5]` – also im sechsten Element – einzutragen. Der Compiler multipliziert den Offset – 5 – mit der Größe des Einzelelements – in diesem Beispiel 4. Es ergibt sich eine Verschiebung (Offset) von 20 Byte bezüglich des Array-Beginns. An diese Stelle schreibt das Programm den Wert.

Wenn man zum Beispiel in das Element `LongArray[50]` schreiben möchte, ignoriert der Compiler die Tatsache, dass es kein derartiges Element gibt, berechnet die Verschiebung zum ersten Element – 200 Byte – und schreibt den Wert über den bereits an dieser Stelle gespeicherten Wert. Dort können allerdings nahezu beliebige Daten stehen, so dass das Überschreiben mit den neuen Daten zu unvorhersehbaren Ergebnissen führen kann. Wenn man Glück hat, stürzt das Programm sofort ab. Andernfalls erhält man wesentlich später im Programm seltsame Ergebnisse und kann nur schwer herausfinden, was hier schief gegangen ist.

Der Compiler verhält sich wie ein Blinder, der die Entfernung von seinem Haus abschreitet. Er beginnt beim ersten Haus, `MainStreet[0]`. Wenn man ihn bittet, zum sechsten Haus in der Main Street zu gehen, denkt er sich: »Ich muss noch weitere fünf Häuser gehen. Jedes Haus ist vier große Schritte lang. Ich gehe also noch weitere 20 Schritte.« Bittet man ihn, zur `MainStreet[100]` zu gehen, und die Main Street hat nur 25 Häuser, wird er 400 Schritte zurücklegen. Bevor er allerdings an seinem Ziel ankommt, läuft er vielleicht in einen fahrenden Bus. Passen Sie also auf, wo Sie den Mann hinschicken.

Fence Post Errors

Es kommt so häufig vor, dass man die Grenzen des Array um genau ein Element überschreitet, dass dieser Fehler einen eigenen Namen bekommen hat: *Fence Post Error*, zu Deutsch etwa »Zaunfeldfehler«. Gerade bei schnellen Denkspielen begegnet man der Frage, wieviele Zaunpfähle für einen Zaun von 10 Meter Länge erforderlich sind, wenn man einen Pfahl pro Meter benötigt. Die unüberlegte Antwort lautet oft 10, obwohl es natürlich 11 sind. Abbildung 15.2 verdeutlicht das.

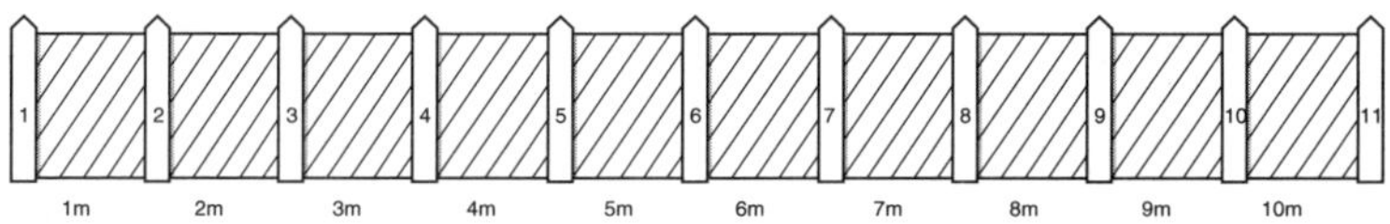

Abbildung 15.2: Fence Post Errors

Aufgrund dieser Zählweise haben sich Programmierer schon unzählige Male die Haare gerauft. Mit der Zeit geht es aber in Fleisch und Blut über, dass ein 25elementiges Array nur bis zum Element 24 nummeriert ist und dass man beim Zählen bei 0 beginnen muss. (Programmierer wundern sich oft, warum Häuser keine Etage 0 haben. In der Tat sind manche so schlau, die Taste 4 zu drücken, wenn sie in den fünften Stock möchten.)

Arrays initialisieren

Bei der Deklaration eines einfachen Array mit vordefinierten Typen wie Integer-Zahlen und Zeichen kann man das Array auch initialisieren. Dazu schreibt man nach dem Array-Namen ein Gleichheitszeichen und eine in geschweiften Klammern eingeschlossene Liste mit den durch Komma getrennten Werten. Beispielsweise deklariert

```
int IntegerArray[5] = { 10, 20, 30, 40, 50 };
```

das Array `IntegerArray` mit fünf Ganzzahlen. Das Element `IntegerArray[0]` erhält den Wert 10 zugewiesen, das Element `IntegerArray[1]` den Wert 20 usw.

Wenn man die Größe des Array nicht angibt, wird ein Array entsprechend der spezifizierten Initialisierungswerte erzeugt. Schreibt man daher

```
int IntegerArray[] = { 10, 20, 30, 40, 50 };
```

erzeugt man exakt das gleiche Array wie im vorherigen Beispiel.

Muss man die Größe des Array ermitteln, kann man den Compiler die Größe berechnen lassen. Zum Beispiel setzt

```
const int IntegerArrayLength = sizeof(IntegerArray)/sizeof(IntegerArray[0]);
```

die konstante `int`-Variable `IntegerArrayLength` auf das Ergebnis, das man aus der Division von Gesamtgröße des Array durch die Größe des einzelnen Eintrags im Array erhält. Der Quotient gibt die Anzahl der Elemente im Array an.

Mehr als die für das Array deklarierte Anzahl von Elementen lassen sich nicht initialisieren. Die Anweisung

```
int IntegerArray[5] = { 10, 20, 30, 40, 50, 60};
```

führt zu einem Compiler-Fehler, da man ein fünfelementiges Array deklariert hat, aber sechs Werte initialisieren will. Dagegen ist die folgende Anweisung zulässig:

```
int IntegerArray[5] = { 10, 20};
```

Obwohl nicht initialisierte Array-Elemente keine garantierten Werte enthalten, werden Gruppierungen praktisch immer auf 0 gesetzt. Wenn man ein Array-Element nicht initialisiert, erhält es automatisch den Wert 0.

Arrays von Objekten

Jedes Objekt – gleichgültig ob vordefiniert oder benutzerdefiniert – lässt sich in einem Array speichern. Wenn man das Array deklariert, teilt man dem Compiler den zu speichernden Typ und die Anzahl der Objekte mit, für die Platz zu reservieren ist. Der Compiler weiß anhand der Klassendeklaration, wieviel Speicher jedes Objekt belegt. Die Klasse muss über einen Standardkonstruktor ohne Argumente verfügen, damit sich das Objekt bei der Definition des Array erzeugen lässt.

Der Zugriff auf Datenelemente in einem Array mit Objekten läuft in zwei Schritten ab. Man identifiziert das Element des Array mit dem Index-Operator (`[ ]`) und fügt dann den Elementoperator (.) an, um auf die betreffende Elementvariable zuzugreifen. Listing 15.2 demonstriert, wie man ein Array mit fünf `CAT`-Objekten erzeugt.

Eingabe ***Listing 15.2: Ein Array von Objekten erzeugen***

```
// Listing 15.2 - Ein Array von Objekten

#include <iostream.h>

class CAT
{
   public:
      CAT() { itsAge = 1; itsWeight=5; }      // Standardkonstruktor
      ~CAT() {}                                // Destruktor
      int GetAge() const { return itsAge; }
```

```
11:         int GetWeight() const { return itsWeight; }
12:         void SetAge(int age) { itsAge = age; }
13:
14:      private:
15:         int itsAge;
16:         int itsWeight;
17:   };
18:
19:   int main()
20:   {
21:      CAT Litter[5];
22:      int i;
23:      for (i = 0; i < 5; i++)
24:         Litter[i].SetAge(2*i +1);
25:
26:      for (i = 0; i < 5; i++)
27:         cout << "Katze #" << (i+1) << ": " << Litter[i].GetAge() << endl;
28:      return 0;
29:   }
```

```
Katze #1: 1
Katze #2: 3
Katze #3: 5
Katze #4: 7
Katze #5: 9
```

Die Zeilen 5 bis 17 deklarieren die Klasse `CAT`. Diese Klasse muss über einen Standardkonstruktor verfügen, damit sich `CAT`-Objekte in einem Array erzeugen lassen. Denken Sie daran, dass der Compiler keinen Standardkonstruktor bereitstellt, wenn man irgendeinen anderen Konstruktor erzeugt – in diesem Fall müssen Sie einen eigenen Standardkonstruktor erstellen.

Die erste `for`-Schleife (in den Zeilen 23 und 24) setzt das Alter aller fünf `CAT`-Objekte im Array. Die zweite `for`-Schleife (in den Zeilen 26 und 27) greift auf alle Elemente des Array zu und ruft `GetAge` auf.

Der Aufruf der `GetAge`-Methode für die einzelnen `CAT`-Objekte erfolgt über den Namen des Array-Elements `Litter[i]`, gefolgt vom Punktoperator (.) und der Elementfunktion.

Mehrdimensionale Arrays

Arrays lassen sich in mehreren Dimensionen anlegen. Jede Dimension stellt man durch einen entsprechenden Index im Array dar. Ein zweidimensionales Array hat demzufolge zwei Indizes und ein dreidimensionales drei Indizes. Prinzipiell ist die Anzahl der Dimensionen nicht begrenzt, obwohl man in der Praxis kaum mit mehr als zwei Dimensionen arbeitet.

Ein Schachbrett liefert ein gutes Beispiel für ein zweidimensionales Array. Die acht Reihen sind der einen Dimension, die acht Spalten der anderen Dimension zugeordnet. Abbildung 15.3 zeigt dieses Konzept.

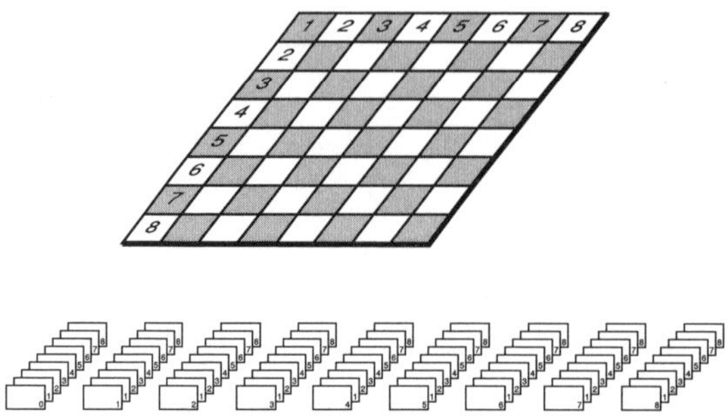

Abbildung 15.3: Ein Schachbrett und ein zweidimensionales Array

Als Beispiel sei eine Klasse `SQUARE` gegeben. Ein Array `Board` zur Darstellung des Schachbretts deklariert man dann wie folgt:

```
SQUARE Board[8][8];
```

Die gleichen Daten ließen sich auch in einem eindimensionalen Array für 64 Quadrate unterbringen:

```
SQUARE Board[64];
```

Diese Darstellung lehnt sich allerdings nicht so eng an das reale Objekt wie ein zweidimensionales Array an. Bei Spielbeginn steht der König in der vierten Spalte der ersten Reihe. Da die Zählung bei 0 beginnt, entspricht diese Position

```
Board[0][3];
```

vorausgesetzt, dass der erste Index der Zeile und der zweite Index der Spalte zugeordnet sind. Die Anordnung aller Brettpositionen ist aus Abbildung 15.3 ersichtlich.

Mehrdimensionale Arrays initialisieren

Um mehrdimensionale Arrays zu initialisieren, weist man den Array-Elementen die Liste der Werte der Reihe nach zu, wobei sich jeweils der letzte Index ändert, während der vorhergehende konstant bleibt. Beim Array

```
int theArray[5][3]
```

kommen zum Beispiel die ersten drei Elemente nach `theArray[0]`, die nächsten drei nach `theArray[1]` usw.

Zur Initialisierung des Array schreibt man

```
int theArray[5][3] = { 1,2,3,4,5,6,7,8,9,10,11,12,13,14,15 }
```

Diese Anweisung lässt sich übersichtlicher darstellen, wenn man die einzelnen Initialisierungen mit geschweiften Klammern gruppiert:

```
int theArray[5][3] = {  {1,2,3},
                        {4,5,6},
                        {7,8,9},
                        {10,11,12},
                        {13,14,15} };
```

Die inneren geschweiften Klammern ignoriert der Compiler – sie dienen lediglich dem Programmierer zur übersichtlichen Gruppierung der Zahlen.

Jeder Wert ist durch ein Komma zu trennen, unabhängig von eventuell vorhandenen Klammern. Die gesamte Initialisierungsliste ist in geschweifte Klammern einzuschließen und muss mit einem Semikolon enden.

Listing 15.3 erzeugt ein zweidimensionales Array. Die erste Dimension ist eine Zahlengruppe von 0 bis 5. Die zweite Dimension enthält das Doppelte jedes Werts der ersten Dimension.

Eingabe

Listing 15.3: Ein mehrdimensionales Array erzeugen

```
#include <iostream.h>
int main()
{
   int SomeArray[5][2] = { {0,0}, {1,2}, {2,4}, {3,6}, {4,8}};
   for (int i = 0; i<5; i++)
      for (int j=0; j<2; j++)
      {
         cout << "SomeArray[" << i << "][" << j << "]: ";
         cout << SomeArray[i][j]<< endl;
      }

   return 0;
}
```

Ausgabe

```
SomeArray[0][0]: 0
SomeArray[0][1]: 0
SomeArray[1][0]: 1
SomeArray[1][1]: 2
SomeArray[2][0]: 2
SomeArray[2][1]: 4
```

```
SomeArray[3][0]: 3
SomeArray[3][1]: 6
SomeArray[4][0]: 4
SomeArray[4][1]: 8
```

Analyse

Zeile 4 deklariert `SomeArray` als zweidimensionales Array. Die erste Dimension besteht aus fünf, die zweite Dimension aus zwei Ganzzahlen. Damit entsteht eine 5-mal-2-Matrix, wie sie Abbildung 15.4 zeigt.

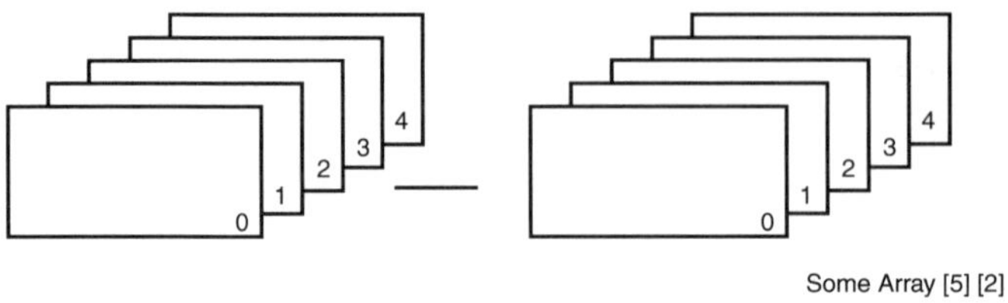

Abbildung 15.4: Eine 5-mal-2-Matrix

Die Initialisierung des Array erfolgt mit Wertepaaren, obwohl man die Werte genauso gut auch berechnen könnte. Die Zeilen 5 und 6 bilden eine verschachtelte `for`-Schleife. Die äußere `for`-Schleife durchläuft alle Elemente der ersten Dimension. Für jedes dieser Elemente durchläuft die innere `for`-Schleife alle Elemente der zweiten Dimension. Dieser Ablauf dokumentiert sich in der Ausgabe: auf `SomeArray[0][0]` folgt `SomeArray[0][1]`. Jeweils nach dem Inkrementieren der zweiten Dimension erhöht die äußere `for`-Schleife den Index für die erste Dimension um 1. Dann beginnt die zweite Dimension wieder von vorn (bei 0).

Ein Wort zum Speicher

Mit der Deklaration eines Array teilt man dem Compiler die genaue Anzahl der im Array zu speichernden Objekte mit. Der Compiler reserviert Speicher für alle Objekte, auch wenn man sie überhaupt nicht verwendet. Bei Arrays, deren Größe von vornherein in etwa bekannt ist, stellt das kein Problem dar. Beispielsweise hat ein Schachbrett genau 64 Felder und Katzen (`CAT`-Objekte) bekommen zwischen 1 und 10 Kätzchen. Wenn man allerdings nur eine vage Vorstellung von der Anzahl der benötigten Objekte hat, muss man auf ausgefeiltere Datenstrukturen ausweichen.

Dieses Buch geht auf Arrays von Zeigern, Arrays im Heap und verschiedene andere Gruppierungen ein. Komplexere Datenstrukturen, mit denen sich Probleme bei sehr umfangreichen Datenbeständen lösen lassen, gehören aber nicht zum Themenbereich dieses Buchs. Bei der Programmierung zeigen sich vor allem zwei Dinge: Es gibt immer noch mehr zu lernen und es gibt immer noch andere Bücher, in denen man sich kundig machen kann.

Arrays von Zeigern

Die bisher behandelten Arrays speichern ihre Elemente auf dem Stack. Normalerweise ist der Stack-Speicher streng limitiert, während im Heap wesentlich mehr Platz zur Verfügung steht. Es ist möglich, jedes Objekt im Heap zu deklarieren und dann nur einen Zeiger auf das Objekt im Array abzulegen. Damit reduziert sich die benötigte Stack-Größe drastisch. Listing 15.4 ist eine Neuauflage von Listing 15.2, speichert aber nun alle Objekte im Heap. Als Hinweis für den jetzt möglichen größeren Speicher ist das Array von 5 auf 500 Elemente erweitert und der Name von `Litter` (Körbchen) auf `Family` (Familie) geändert worden.

Eingabe ***Listing 15.4: Ein Array im Heap unterbringen***

```
// Listing 15.4 - Ein Array von Zeigern auf Objekte

#include <iostream.h>

class CAT
{
   public:
      CAT() { itsAge = 1; itsWeight=5; }         // Standardkonstruktor
      ~CAT() {}                                  // Destruktor
      int GetAge() const { return itsAge; }
      int GetWeight() const { return itsWeight; }
      void SetAge(int age) { itsAge = age; }

   private:
      int itsAge;
      int itsWeight;
};

int main()
{
   CAT * Family[500];
   int i;
   CAT * pCat;
   for (i = 0; i < 500; i++)
   {
      pCat = new CAT;
      pCat->SetAge(2*i +1);
      Family[i] = pCat;
   }

   for (i = 0; i < 500; i++)
```

```
32:         cout << "Katze #" << (i+1) << ": " << Family[i]->GetAge() << endl;
33:     return 0;
34: }
```

```
Katze #1: 1
Katze #2: 3
Katze #3: 5
...
Katze #499: 997
Katze #500: 999
```

Das in den Zeilen 5 bis 17 deklarierte CAT-Objekt ist mit dem in Listing 15.2 deklarierten CAT-Objekt identisch. Das in Zeile 21 deklarierte Array heißt jetzt aber Family und ist für die Aufnahme von 500 Zeigern auf CAT-Objekte ausgelegt.

Die Initialisierungsschleife (in den Zeilen 24 bis 29) erzeugt neue CAT-Objekte im Heap und setzt die Werte für das Alter auf den zweifachen Indexwert plus 1. Das Alter im ersten CAT-Objekt enthält demnach den Wert 1, das zweite den Wert 3, das dritte den Wert 5 usw. Schließlich legt die Initialisierungsschleife den Zeiger im Array ab.

Da das Array für die Aufnahme von Zeigern deklariert ist, wird im Array der Zeiger – und nicht der dereferenzierte Wert des Zeigers – gespeichert.

Die zweite Schleife (Zeilen 31 und 32) gibt alle Werte aus. Das Programm greift auf den Zeiger über den Index `Family[i]` zu. Mit der daraus erhaltenen Adresse findet der Zugriff auf die Methode GetAge statt.

Dieses Beispiel speichert das Array Family und alle dazugehörenden Zeiger auf dem Stack, während die 500 erzeugten CAT-Objekte im Heap abgelegt werden.

Arrays im Heap

Man kann auch das gesamte Array im Freispeicher, dem sogenannten *Heap*, unterbringen. Dazu ruft man new auf und verwendet den Index-Operator. Das Ergebnis ist ein Zeiger auf einen Bereich im Heap, der das Array aufnimmt. Beispielsweise deklariert

```
CAT *Family = new CAT[500];
```

Family als Zeiger auf das erste Objekt in einem Array von 500 CAT-Objekten. Mit anderen Worten zeigt Family auf das Element `Family[0]` bzw. enthält dessen Adresse.

Auf diese Weise kann man über Family mittels Zeigerarithmetik auf jedes Element von Family zugreifen. Beispielsweise lässt sich schreiben:

```
CAT *Family = new CAT[500];
CAT *pCat = Family;              // pCat zeigt auf Family[0]
pCat->SetAge(10);                // setzt Family[0] auf 10
pCat++;                          // geht weiter zu Family[1]
pCat->SetAge(20);                // setzt Family[1] auf 20
```

Dieses Codefragment deklariert ein neues Array von 500 CAT-Objekten und einen Zeiger, der auf den Beginn des Array verweist. Über diesen Zeiger ruft man die Funktion SetAge des ersten CAT-Objekts auf und übergibt den Wert 10. Die vierte Anweisung inkrementiert den Zeiger, der nun auf das nächste CAT-Objekt verweist. Daran schließt sich der Aufruf der SetAge-Methode des zweiten CAT-Objekts an.

Zeiger auf ein Array und ein Array von Zeigern

Sehen Sie sich die folgenden drei Deklarationen an:

```
1: CAT   FamilyOne[500];
2: CAT * FamilyTwo[500];
3: CAT * FamilyThree = new CAT[500];
```

FamilyOne ist ein Array von 500 CAT-Objekten, FamilyTwo ein Array von 500 Zeigern auf CAT-Objekte und FamilyThree ein Zeiger auf ein Array mit 500 CAT-Objekten.

Die Unterschiede zwischen den drei Codezeilen haben entscheidenden Einfluss auf die Arbeitsweise der drei Arrays. Überraschender ist vielleicht, dass FamilyThree eine Variante von FamilyOne ist, sich aber grundsätzlich von FamilyTwo unterscheidet.

Damit stellt sich die heikle Frage, wie sich Zeiger zu Arrays verhalten. Im dritten Fall ist FamilyThree ein Zeiger auf ein Array. Das heißt, die Adresse in FamilyThree ist die Adresse des ersten Elements in diesem Array. Genau das trifft auch auf FamilyOne zu.

Zeiger und Array-Namen

In C++ ist ein Array-Name ein konstanter Zeiger auf das erste Element des Array. In der Deklaration

```
CAT Family[50];
```

ist Family demzufolge ein Zeiger auf das Element &Family[0] – das heißt die erste Adresse des ersten Array-Elements von Family.

Es ist zulässig, Array-Namen als konstante Zeiger – und umgekehrt – zu verwenden. Demzufolge kann man mit Family + 4 auf die Daten in Family[4] zugreifen.

Der Compiler führt die korrekten Berechnungen aus, wenn man Zeiger addiert, inkrementiert oder dekrementiert. Die Adresse für den Ausdruck `Family + 4` liegt nämlich nicht einfach 4 Bytes nach der Adresse von `Family`, sondern 4 Objekte danach. Hat jedes Objekt eine Länge von 4 Bytes, bedeutet `Family + 4` eine Adressverschiebung von 16 Byte. Handelt es sich zum Beispiel um `CAT`-Objekte mit vier Elementvariablen vom Typ `long` (jeweils 4 Bytes) und zwei Elementvariablen vom Typ `short` (jeweils 2 Bytes), dann beträgt die Länge eines `CAT`-Objekts 20 Bytes und `Family + 4` liegt 80 Bytes hinter dem Array-Anfang.

Listing 15.5 zeigt die Deklaration und Verwendung eines Array im Heap.

Eingabe ***Listing 15.5: Ein Array mit new erzeugen***

```
// Listing 15.5 - Ein Array im Heap

#include <iostream.h>

class CAT
{
   public:
      CAT() { itsAge = 1; itsWeight=5; }       // Standardkonstruktor
     ~CAT();                                   // Destruktor
     int GetAge() const { return itsAge; }
     int GetWeight() const { return itsWeight; }
     void SetAge(int age) { itsAge = age; }

   private:
     int itsAge;
     int itsWeight;
};

CAT :: ~CAT()
{
   // cout << "Destruktor aufgerufen!\n";
}

int main()
{
   CAT * Family = new CAT[500];
   int i;
   CAT * pCat;
   for (i = 0; i < 500; i++)
   {
     pCat = new CAT;
     pCat->SetAge(2*i +1);
```

```
33:         Family[i] = *pCat;
34:         delete pCat;
35:       }
36:
37:       for (i = 0; i < 500; i++)
38:         cout << "Katze #" << (i+1) << ": " << Family[i].GetAge() << endl;
39:
40:       delete [] Family;
41:
42:       return 0;
43:   }
```

```
Katze #1: 1
Katze #2: 3
Katze #3: 5
...
Katze #499: 997
Katze #500: 999
```

Zeile 26 deklariert das Array `Family` für 500 `CAT`-Objekte. Der Aufruf `new CAT[500]` erzeugt das gesamte Array im Heap. Ebenfalls auf den Heap kommt jedes dem Array hinzugefügte `CAT`-Objekt (Zeile 31). Beachten Sie, dass dieses Mal nicht der Zeiger, sondern das Objekt selbst in das Array aufgenommen wird. Es handelt sich nicht um ein Array von Zeigern auf `CAT`-Objekte – es ist ein Array von `CAT`-Objekten.

Arrays im Heap löschen

`Family` ist ein Zeiger, und zwar ein Zeiger auf das Array im Heap. Wenn Zeile 33 den Zeiger `pCat` dereferenziert, wird das `CAT`-Objekt selbst im Array gespeichert. (Warum auch nicht? Das Array befindet sich ja im Heap.) Im nächsten Schleifendurchlauf kommt allerdings wieder `pCat` zum Einsatz. Besteht da nicht die Gefahr, dass es jetzt keinen Zeiger auf dieses `CAT`-Objekt gibt und eine Speicherlücke entsteht?

Man hat es hier mit einem großen Problem zu tun, es sei denn, dass durch Löschen von `Family` der gesamte für das Array zugewiesene Speicher zurückgegeben wird. Der Compiler ist intelligent genug, um alle Objekte im Array abzubauen und dessen Speicher an den Heap zurückzugeben.

Davon können Sie sich selbst überzeugen. Ändern Sie die Größe des Array in den Zeilen 26, 29 und 37 von 500 auf 10. Entfernen Sie außerdem die Kommentarzeichen vor der `cout`-Anweisung in Zeile 21. Erreicht das Programm Zeile 40 und zerstört das Array, wird der Destruktor für jedes `CAT`-Objekt aufgerufen.

Erzeugt man mit new ein Element auf dem Heap, realisiert man das Löschen dieses Elements und die Freigabe des zugehörigen Speichers immer mit delete. Wenn man ein Array mit new <class>[size] erzeugt, schreibt man delete[], um dieses Array zu löschen und dessen Speicher freizugeben. Die eckigen Klammern signalisieren dem Compiler, dass ein Array zu löschen ist.

Wenn man die Klammern weglässt, wird nur das erste Objekt im Array gelöscht. Sie können das selbst nachprüfen, indem Sie die eckigen Klammern in Zeile 40 entfernen. Zeile 21 sollte auch hier keine Kommentarzeichen enthalten, damit sich der Destruktor meldet. Beim Programmlauf stellen Sie dann fest, dass nur ein einziges CAT-Objekt zerstört wird. Herzlichen Glückwunsch! Gerade haben Sie eine Speicherlücke erzeugt.

Was Sie tun sollen	**Was nicht**
Denken Sie daran, dass ein Array mit *n* Elementen von 0 bis *n*-1 nummeriert ist.	
Schreiben oder lesen Sie nicht über das Ende eines Array hinaus.	
Verwechseln Sie nicht ein Array von Zeigern mit einem Zeiger auf ein Array.	
Verwenden Sie Array-Indizierung mit Zeigern, die auf Arrays verweisen.	

char-Arrays

Ein *String* ist eine Folge einzelner Zeichen. Die bisher gezeigten Strings waren ausnahmslos unbenannte String-Konstanten in cout-Anweisungen wie zum Beispiel

```
cout << "hello world.\n";
```

Ein String in C++ ist ein Array mit Elementen vom Typ char und endet mit einem Null-Zeichen. Man kann einen String genauso deklarieren und initialisieren wie jedes andere Array. Dazu folgendes Beispiel:

```
char Greeting[] = { 'H', 'e', 'l', 'l', 'o', ' ', 'W','o','r','l','d', '\0' };
```

Das letzte Zeichen, '\0', ist das Null-Zeichen, das viele Funktionen in C++ als Abschlusszeichen eines String erkennen. Obwohl diese zeichenweise Lösung funktioniert, ist sie umständlich einzugeben und bietet viel Spielraum für Fehler. C++ erlaubt eine Kurzform für die obige Codezeile:

```
char Greeting[] = "Hello World";
```

Bei dieser Syntax sind zwei Punkte zu beachten:

- Statt der in Apostrophe eingeschlossenen, durch Komma getrennten und von geschweiften Klammern umgebenen Zeichen ist die gesamte Zeichenfolge in Anführungszeichen zu setzen und ohne Kommas sowie ohne geschweifte Klammern zu schreiben.
- Das Null-Zeichen braucht man nicht hinzufügen, da der Compiler dies automatisch erledigt.

Der String `Hello World` hat eine Länge von 12 Bytes: `Hello` mit 5 Bytes, ein Leerzeichen mit 1 Byte, `World` mit 5 Bytes und das abschließende Null-Zeichen mit 1 Byte.

Man kann auch nicht initialisierte Zeichen-Arrays erzeugen. Wie bei allen Arrays darf man nur soviele Zeichen in den Puffer stellen, wie Platz dafür reserviert ist.

Listing 15.6 zeigt die Verwendung eines nicht initialisierten Puffers.

Eingabe

Listing 15.6: Ein Array füllen

```
1:    // Listing 15.6 Puffer für Zeichen-Array
2:
3:    #include <iostream.h>
4:
5:    int main()
6:    {
7:       char buffer[80];
8:       cout << "Geben Sie den String ein: ";
9:       cin >> buffer;
10:      cout << "Inhalt des Puffers:  " << buffer << endl;
11:      return 0;
12:   }
```

Ausgabe

```
Geben Sie den String ein: Hello World
Inhalt des Puffers: Hello
```

Analyse

Zeile 7 deklariert einen Puffer für 80 Zeichen. Diese Größe genügt, um eine Zeichenfolge mit 79 Zeichen und dem abschließenden Null-Zeichen aufzunehmen.

Die Anweisung in Zeile 8 fordert den Benutzer zur Eingabe einer Zeichenfolge auf, die das Programm in Zeile 9 in den Puffer übernimmt. Die Syntax von `cin` schreibt nach der eingegebenen Zeichenfolge ein abschließendes Null-Zeichen in den Puffer.

Das Programm in Listing 15.6 weist zwei Probleme auf. Erstens: Wenn der Benutzer mehr als 79 Zeichen eingibt, schreibt `cin` über das Ende des Puffers hinaus. Zweitens: Wenn der Benutzer ein Leerzeichen eingibt, nimmt `cin` das Ende des Strings an und beendet die Eingabe in den Puffer.

Um diese Probleme zu lösen, muß man die spezielle Methode `get().cin` aufrufen, die drei Parameter übernimmt:

- den zu füllenden Puffer
- die maximale Anzahl der zu übernehmenden Zeichen
- das Begrenzerzeichen, das die Eingabe abschließt

Der Standardbegrenzer ist `newline` (Zeichen für neue Zeile). Listing 15.7 zeigt dazu ein Beispiel.

Eingabe

Listing 15.7: Ein Array füllen

```
1:   // Listing 15.7 Arbeiten mit cin.get()
2:
3:   #include <iostream.h>
4:
5:   int main()
6:   {
7:      char buffer[80];
8:      cout << "Geben Sie den String ein: ";
9:       cin.get(buffer, 79);       // Bis maximal 79 Zeichen oder bis newline
                                        einlesen
10:     cout << "Inhalt des Puffers:  " << buffer << endl;
11:     return 0;
12:  }
```

Ausgabe

```
Geben Sie den String ein: Hello World
Inhalt des Puffers: Hello World
```

Analyse

Zeile 9 ruft die Methode `get` von `cin` auf und übergibt den in Zeile 7 deklarierten Puffer als erstes Argument. Das zweite Argument gibt die maximal zu holenden Zeichen an. In diesem Fall muß dieser Wert gleich 79 sein, um Platz für das abschließende Null-Zeichen zu lassen. Auf die Angabe eines Zeichens für das Ende der Eingabe kann man verzichten, da der Standardwert `newline` unseren Ansprüchen genügt.

Stunde 21 geht auf `cin` in allen Variationen bei der detaillierten Behandlung von Streams ein.

strcpy() und strncpy()

C++ erbt von C eine Funktionsbibliothek für die Behandlung von Strings. Unter den zahlreichen Funktionen finden sich zwei für das Kopieren eines String in einen anderen: `strcpy` und `strncpy`. Die Funktion `strcpy` kopiert den gesamten Inhalt eines String in den angegebenen Puffer. Listing 15.8 zeigt ein entsprechendes Beispiel.

Listing 15.8: Die Funktion strcpy

```
1:  #include <iostream.h>
2:  #include <string.h>
3:  int main()
4:  {
5:     char String1[] = "Keiner lebt fuer sich allein.";
6:     char String2[80];
7:
8:     strcpy(String2,String1);   // strcpy (Ziel, Quelle)
9:
10:    cout << "String1: " << String1 << endl;
11:    cout << "String2: " << String2 << endl;
12:    return 0;
13: }
```

```
String1: Keiner lebt fuer sich allein.
String2: Keiner lebt fuer sich allein.
```

Zeile 2 bindet die Header-Datei `STRING.H` ein. Diese Datei enthält den Prototyp der Funktion `strcpy`. Als Parameter übernimmt die Funktion `strcpy` zwei Zeichen-Arrays – ein Ziel und anschließend eine Quelle. Wenn die Quelle größer als das Ziel ist, schreibt `strcpy` über das Ende des Puffers hinaus.

Mit der Funktion `strncpy` aus der Standardbibliothek kann man sich dagegen schützen. Diese Version übernimmt die Maximalzahl der zu kopierenden Zeichen. Die Funktion `strncopy` kopiert bis zum ersten Null-Zeichen oder bis zu der als Argument übergebenen Maximalzahl von Zeichen in den Zielpuffer.

Listing 15.9 zeigt die Verwendung von `strncpy`.

Eingabe ***Listing 15.9: Die Funktion strncpy***

```
1:  #include <iostream.h>
2:  #include <string.h>
3:  int main()
4:  {
5:     const int MaxLength = 80;
6:     char String1[] = "Keiner lebt fuer sich allein.";
7:     char String2[MaxLength+1];
8:
9:     strncpy(String2,String1,MaxLength);
10:
11:    cout << "String1: " << String1 << endl;
12:    cout << "String2: " << String2 << endl;
13:    return 0;
14: }
```

Ausgabe

```
String1: Keiner lebt fuer sich allein.
String2: Keiner lebt fuer sich allein.
```

Analyse

In Zeile 10 wurde der Aufruf von `strcpy` in `strncpy` geändert. Hinzugekommen ist ein dritter Parameter: die maximale Anzahl der zu kopierenden Zeichen. Der Puffer `String2` ist für die Aufnahme von `MaxLength+1` Zeichen deklariert. Der zusätzliche Platz ist für das Null-Zeichen reserviert, das sowohl `strcpy` als auch `strncpy` automatisch an das Ende des String anfügen.

String-Klassen

Zu den meisten C++-Compilern gehört eine umfangreiche Bibliothek mit Klassen für die Manipulation von Daten. Als Standardkomponente ist eine `String`-Klasse vorhanden.

C++ hat zwar den Null-terminierten String und die Funktionsbibliothek mit der Funktion `strcpy` von C geerbt, allerdings fügen sich diese Funktionen nicht in das objektorientierte Konzept ein. Eine `String`-Klasse stellt einen gekapselten Satz von

Daten und Funktionen für die Manipulation dieser Daten sowie Zugriffsfunktionen bereit, so dass die Daten selbst gegenüber den Klienten der `String`-Klasse verborgen sind.

Wenn zu Ihrem Compiler noch keine `String`-Klasse gehört (und selbst, wenn sie dazu gehört), sollten Sie sich eine eigene zusammenbauen.

Zumindest sollte die `String`-Klasse die grundlegenden Beschränkungen von Zeichen-Arrays aufheben. Wie alle Arrays sind auch Zeichen-Arrays statisch. Damit ist von vornherein ihre Größe festgelegt und sie belegen immer den gleichen Platz im Speicher, auch wenn man ihn überhaupt nicht nutzt. Das Schreiben über das Ende des Array hinaus hat verheerende Folgen.

Eine gute `String`-Klasse reserviert nur soviel Speicher wie nötig. Dabei ist aber immer genug Speicher bereitzustellen, um für alle Eventualitäten gerüstet zu sein. Reicht der angeforderte Speicher nicht aus, sollte das Programm nicht einfach abstürzen, sondern eine ordnungsgemäße Fehlerbehandlung ermöglichen.

Zusammenfassung

In dieser Stunde haben Sie gelernt, wie man in C++ Arrays erzeugt. Ein Array ist eine in der Größe festgelegte Sammlung von Objekten, die alle vom gleichen Typ sind.

Arrays führen keine Bereichsprüfungen durch. Daher ist es zulässig, über das Ende eines Array hinaus zu lesen oder zu schreiben. Allerdings kann das verheerende Folgen haben. Die Indizierung von Arrays beginnt bei 0. Ein häufiger Fehler besteht darin, bei einem Array mit `n` Elementen in das Element mit dem Index `n` zu schreiben.

Arrays können eindimensional oder mehrdimensional sein. In jedem Fall lassen sich die Elemente des Array initialisieren, solange das Array entweder vordefinierte Typen wie `int` oder Objekte einer Klasse mit Standardkonstruktor enthält.

Arrays und ihre Inhalte kann man auf dem Heap oder auf dem Stack anlegen. Wenn man ein Array im Heap löscht, sollte man die eckigen Klammern im Aufruf von `delete` nicht vergessen.

Array-Namen sind konstante Zeiger auf das jeweils erste Element des Array. Zeiger und Arrays arbeiten mit Zeigerarithmetik, um das nächste Element in einem Array zu lokalisieren.

Strings sind Arrays von Zeichen oder Variablen vom Typ `char`. C++ stellt spezielle Funktionen für die Verwaltung von `char`-Arrays bereit. Dazu gehört die Initialisierung der Strings mit Zeichenfolgen, die in Anführungszeichen eingeschlossen sind.

Fragen und Antworten

F Was passiert, wenn ich in das Element 25 eines 24elementigen Array schreibe?

A *Der Schreibvorgang findet in einem außerhalb des Array liegenden Speicherbereich statt und kann damit verheerende Folgen im Programm haben.*

F Was ist in einem nicht initialisierten Array-Element gespeichert?

A *Jeweils das, was sich gerade im Speicher befindet. Die Ergebnisse bei der Verwendung dieses Elements ohne vorherige Zuweisung eines Wertes sind nicht vorhersehbar.*

F Kann ich Arrays zusammenfassen?

A *Ja. Bei einfachen Arrays kann man sie mit Hilfe von Zeigern zu einem neuen, größeren Array kombinieren. Bei Strings kann man mit den integrierten Funktionen wie zum Beispiel* `strcat` *arbeiten, um Zeichenfolgen zu verketten.*

Teil V

Vererbung und Polymorphie

Stunde 16

Vererbung

Zu den Grundzügen der menschlichen Intelligenz gehören das Auffinden, Erkennen und Erzeugen von Beziehungen zwischen Begriffen. Wir konstruieren Hierarchien, Matrizen, Netzwerke und andere Zwischenverbindungen, um die Wechselwirkungen zwischen den Dingen zu erläutern und zu verstehen. C++ fängt diese Abstraktionsvorgänge in Vererbungshierarchien ein. Lernen Sie nun,

- was Vererbung ist,
- wie man eine Klasse von einer anderen ableitet,
- was geschützter Zugriff ist und wie man ihn einsetzt.

Was ist Vererbung?

Was ist ein Hund? Wenn Sie sich Ihr Haustier ansehen, was stellen Sie fest? Ein Biologe sieht eine Vernetzung von miteinander in Wechselwirkung stehenden Organen, ein Physiker sieht Atome und wirkende Kräfte, ein Systematiker sieht einen Vertreter der Familie *Canis familiaris* und meine Mutter sieht vor allem Hundehaare.

Im Moment interessiert uns hier der Standpunkt des Systematikers. Für ihn ist ein Hund ein Säugetier, ein Säugetier ist eine Tierart usw. Systematiker gliedern die Lebewesen in Reich, Abteilung, Stamm, Klasse, Ordnung, Familie, Gattung und Art.

Die Hierarchie des Systematikers richtet eine »ist-ein«-Beziehung ein. Ein Hund ist ein Raubtier. Überall begegnen uns »ist-ein«-Beziehungen: Ein Toyota ist ein Auto, dieses wiederum ist ein Fortbewegungsmittel. Ein Pudding ist ein Nachtisch, der wieder ein Nahrungsmittel ist.

Auf diese Weise schaffen wir systematische Kategorien, die von oben nach unten eine zunehmende Spezialisierung aufweisen. Zum Beispiel ist ein Auto eine spezielle Art von Fortbewegungsmittel. Autos und Busse sind beides Fortbewegungsmittel. Man unterscheidet sie nach ihren spezifischen Merkmalen – Merkmale, die für Autos typisch sind, und Merkmale, die für Busse typisch sind. Auf der Spezialisierungsstufe »Fortbewegungsmittel« betrachtet man beide als identisch.

Vererbung und Ableitung

Der Begriff *Hund* erbt – das heißt, erhält automatisch – alle Merkmale eines Säugetiers. Von einem Säugetier ist bekannt, dass es sich bewegt und atmet – alle Säugetiere bewegen sich und atmen per Definition. Der Vorstellung vom Hund fügt man nun das Bellen, Schwanzwedeln usw. hinzu. Die Charakteristika eines Hundes sind spezialisiert, während die Charakteristika eines Säugetiers allen Säugetieren gemein sind.

Hunde lassen sich weiter einteilen in Jagdhunde und Terrier und wir können Terrier weiter untergliedern in Yorkshire Terrier, Dandie Dinmont Terrier usw.

Ein Yorkshire Terrier ist eine Art von Terrier, ist demnach eine Art von Hund, demzufolge eine Art von Säugetier, demzufolge eine Art von Tier und demzufolge eine Art der Lebewesen. Diese Hierarchie zeigt Abbildung 16.1.

C++ versucht, diese Beziehungen durch die Definition von Klassen darzustellen, die sich von einer anderen Klasse ableiten. Die Ableitung ist eine Möglichkeit, eine »ist-ein«-Beziehung auszudrücken. Man leitet eine neue Klasse `Dog` (Hund) von der Klasse `Mammal` (Säugetier) ab. Dabei muss man nicht explizit feststellen, dass sich Hunde bewegen, da sie diese Eigenschaft von `Mammal` erben. Da eine `Dog`-Klasse von einer `Mammal`-Klasse erbt, bewegt sich `Dog` *automatisch*.

Eine Klasse, die eine existierende Klasse um neue Funktionalität erweitert, bezeichnet man als von dieser Originalklasse *abgeleitet*. Die Originalklasse heißt *Basisklasse* der neuen Klasse.

Wenn man die Klasse `Dog` von der Klasse `Mammal` ableitet, dann ist `Mammal` die Basisklasse von `Dog`. Abgeleitete Klassen sind Obermengen ihrer Basisklassen. Genau wie ein Hund der Vorstellung von einem Säugetier bestimmte Merkmale hinzufügt, erweitert die Klasse `Dog` die Klasse `Mammal` um bestimmte Methoden oder Daten.

Normalerweise verfügt eine Basisklasse über mehrere abgeleitete Klassen. Da Hunde, Katzen und Pferde zu den Säugetieren gehören, leiten sich ihre Klassen von der Klasse `Mammal` ab.

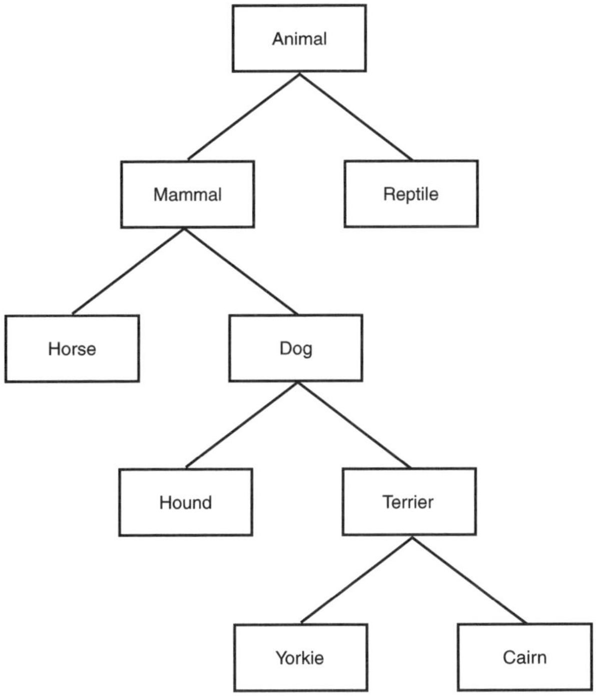

Abbildung 16.1: Hierarchie von Tieren

Das Tierreich

Um die Behandlung von Ableitung und Vererbung einfacher zu gestalten, konzentriert sich dieses Kapitel auf die Beziehungen zwischen einer Reihe von Klassen, die Tiere darstellen. Nehmen wir an, dass die Simulation eines Bauernhofs als Kinderspiel zu entwickeln ist.

Mit der Zeit schafft man einen ganzen Satz von Tieren auf dem Bauernhof. Dazu gehören Pferde, Kühe, Hunde, Katzen und Schafe. Man erzeugt Methoden für diese Klassen, damit sie sich so verhalten, wie es ein Kind erwartet. Momentan erzeugen wir aber nur Stub-Methoden mit einer einfachen Ausgabeanweisung.

Neuer Begriff

Eine *Stub*-Routine (zu Deutsch »Stummel«) enthält keinen ausführbaren Code, besteht gewöhnlich aus Kommentaren, die den endgültigen Verwendungszweck erläutern, und zeigt lediglich in der Art eines Platzhalters, wie die Funktion aufzurufen ist. Die Einzelheiten der Funktion schreibt man später, wenn mehr Zeit zur Verfügung steht. Manchmal liegen Stub-Funktionen jahrelang herum und harren der glorreichen Zeiten, wenn der Programmierer mehr Zeit zu haben glaubt.

Es hindert Sie keiner daran, den in diesem Kapitel vorgestellten Minimalcode so zu erweitern, dass sich die Tiere realistischer verhalten. Wenn man nur mehr Zeit hätte ...

Die Syntax der Ableitung

Bei der Deklaration einer Klasse schreibt man nach dem Klassennamen einen Doppelpunkt, den Typ der Ableitung (zum Beispiel *public*) und den Namen der Basisklasse, von der sich die neue Klasse ableitet. Dazu folgendes Beispiel:

```
class Dog : public Mammal
```

Auf den Typ der Ableitung gehen wir weiter hinten in diesem Kapitel ein. Momentan verwenden wir immer *public*. Die Basisklasse muss bereits vorher deklariert worden sein, da man sonst einen Compiler-Fehler erhält. Listing 16.1 deklariert eine *Dog*-Klasse, die von einer *Mammal*-Klasse abgeleitet ist.

Eingabe

Listing 16.1: Einfache Vererbung

```
// Listing 16.1 Einfache Vererbung

#include <iostream.h>
enum BREED { YORKIE, CAIRN, DANDIE, SHETLAND, DOBERMAN, LAB };

class Mammal
{
public:
   // Konstruktoren
   Mammal();
```

```
11:        ~Mammal();
12:
13:        // Zugriffsfunktionen
14:        int GetAge()const;
15:        void SetAge(int);
16:        int GetWeight() const;
17:        void SetWeight();
18:
19:        // Andere Methoden
20:        void Speak();
21:        void Sleep();
22:
23:
24:     protected:
25:        int itsAge;
26:        int itsWeight;
27:     };
28:
29:     class Dog : public Mammal
30:     {
31:     public:
32:
33:        // Konstruktoren
34:        Dog();
35:        ~Dog();
36:
37:        // Zugriffsfunktionen
38:        BREED GetBreed() const;
39:        void SetBreed(BREED);
40:
41:        // Andere Methoden
42:        // WagTail();
43:        // BegForFood();
44:
45:     protected:
46:        BREED itsBreed;
47:     };
```

Ausgabe

Dieses Programm liefert keine Ausgaben, da es sich nur um einen Satz von Deklarationen ohne die zugehörigen Implementierungen handelt. Trotzdem enthält dieses Listing interessante Details.

Analyse

Die Zeilen 6 bis 27 deklarieren die Klasse `Mammal`. In diesem Beispiel leitet sich `Mammal` von keiner anderen Klasse ab. Normalerweise wäre das aber der Fall – das heißt, Säugetiere gehören zur Klasse der Wirbeltiere. In einem C++-Programm kann man nur einen Bruchteil der Informationen darstellen, die man über ein gegebenes Objekt hat. Die Realität ist zu komplex, um sie vollständig wiederzugeben, so dass jede C++-Hierarchie eine etwas willkürliche Darstellung der verfügbaren Daten ist. Die Kunst eines guten Entwurfs besteht in einer einigermaßen wahrheitsgetreuen Widerspiegelung der Realität.

Die Hierarchie muss an irgendeiner Stelle beginnen. Im Beispielprogramm ist das die Klasse `Mammal`. Aufgrund dieser Entscheidung finden wir hier einige Elementvariablen, die vielleicht in einer höheren Basisklasse besser aufgehoben wären. Beispielsweise haben mit Sicherheit alle Tiere ein Alter und ein Gewicht, so dass man bei einer Ableitung der Klasse `Mammal` von `Animal` diese Attribute erben könnte. Im Beispiel erscheinen die Attribute jedoch in der Klasse `Mammal`.

Um das Programm relativ einfach und übersichtlich zu halten, wurden in die Klasse `Mammal` lediglich sechs Methoden aufgenommen – vier Zugriffsmethoden, `Speak` (Sprechen) und `Sleep` (Schlafen).

Aus der Syntax in Zeile 29 geht hervor, dass die Klasse `Dog` von `Mammal` erbt. Jedes `Dog`-Objekt verfügt über drei Elementvariablen: `itsAge`, `itsWeight` und `itsBreed`. Beachten Sie, dass in der Klassendeklaration von `Dog` die Elementvariablen `itsAge` und `itsWeight` nicht aufgeführt sind. `Dog`-Objekte erben diese Variablen sowie alle Methoden von der Klasse `Mammal`. Ausgenommen hiervon sind der Kopieroperator, die Konstruktoren und der Destruktor.

Private und Protected

Sicherlich haben Sie das neue Zugriffsschlüsselwort `protected` in den Zeilen 24 und 45 von Listing 16.1 bemerkt. Bisher haben wir Klassendaten als private deklariert. Für abgeleitete Klassen sind `private` Elemente allerdings nicht verfügbar. Man könnte zwar `itsAge` und `itsWeight` als `public` deklarieren, das ist aber nicht wünschenswert. Andere Klassen sollen nämlich nicht auf diese Datenelemente direkt zugreifen können.

Man braucht also eine Kennzeichnung, die Folgendes aussagt: »Mache dieses Element sichtbar zu dieser Klasse und zu Klassen, die sich von dieser Klasse ableiten.« Genau das bewirkt das Schlüsselwort `protected` (geschützt). Geschützte Datenelemente und Funktionen sind für abgeleitete Klassen vollständig sichtbar, sonst aber privat.

Insgesamt gibt es drei Spezifizierer für den Zugriff: `public`, `protected` und `private`. Kommt in einer Funktion ein Objekt einer bestimmten Klasse vor, kann die Funktion auf alle öffentlichen (`public`) Datenelemente und Elementfunktionen dieser Klasse zugreifen. Die Elementfunktionen können wiederum auf alle privaten (`private`) Datenelemente und Funktionen ihrer eigenen Klasse und alle geschützten (`protected`) Datenelemente und Funktionen einer beliebigen Klasse, von der sie sich ableiten, zugreifen.

Demzufolge kann die Funktion `Dog::WagTail` auf die privaten Daten `itsBreed` und auf die geschützten Daten in der Klasse `Mammal` zugreifen.

Selbst wenn sich in der Hierarchie andere Klassen zwischen `Mammal` und `Dog` befinden (beispielsweise `DomesticAnimals`, Haustiere), kann die Klasse `Dog` weiterhin auf die geschützten Elemente von `Mammal` zugreifen. Das setzt allerdings voraus, dass die dazwischen liegenden Klassen mit öffentlicher Vererbung arbeiten.

Listing 16.2 demonstriert, wie man Objekte vom Typ `Dog` erzeugt und auf die Daten und Funktionen dieses Typs zugreift.

Eingabe

Listing 16.2: Ein abgeleitetes Objekt

```
// Listing 16.2 Ein abgeleitetes Objekt verwenden

#include <iostream.h>
enum BREED { YORKIE, CAIRN, DANDIE, SHETLAND, DOBERMAN, LAB };

class Mammal
{
public:
   // Konstruktoren
   Mammal():itsAge(2), itsWeight(5){}
   ~Mammal(){}

   // Zugriffsfunktionen
   int GetAge()const { return itsAge; }
   void SetAge(int age) { itsAge = age; }
   int GetWeight() const { return itsWeight; }
   void SetWeight(int weight) { itsWeight = weight; }

   // Andere Methoden
   void Speak()const { cout << "Mammal gib Laut!\n"; }
   void Sleep()const { cout << "Psst. Ich schlafe.\n"; }


protected:
   int itsAge;
   int itsWeight;
};

class Dog : public Mammal
{
```

```
31:   public:
32:
33:      // Konstruktoren
34:      Dog():itsBreed(YORKIE){}
35:      ~Dog(){}
36:
37:      // Zugriffsfunktionen
38:      BREED GetBreed() const { return itsBreed; }
39:      void SetBreed(BREED breed) { itsBreed = breed; }
40:
41:      // Andere Methoden
42:      void WagTail() { cout << "Schwanzwedeln...\n"; }
43:      void BegForFood() { cout << "Um Futter betteln...\n"; }
44:
45:   private:
46:      BREED itsBreed;
47:   };
48:
49:   int main()
50:   {
51:      Dog fido;
52:      fido.Speak();
53:      fido.WagTail();
54:      cout << "Fido ist " << fido.GetAge() << " Jahre alt.\n";
55:      return 0;
56:   }
```

Ausgabe

```
Mammal gib Laut!
Schwanzwedeln...
Fido ist 2 Jahre alt.
```

Analyse

Die Zeilen 6 bis 27 deklarieren die Klasse `Mammal` (zur Platzersparnis sind alle Funktionen inline definiert). In den Zeilen 29 bis 47 wird die Klasse `Dog` als abgeleitete Klasse von `Mammal` deklariert. Aufgrund dieser Deklarationen verfügen alle `Dog`-Objekte über ein Alter (`age`), ein Gewicht (`weight`) und eine Rasse (`breed`).

Konstruktoren und Destruktoren

`Dog`-Objekte sind `Mammal`-Objekte. Das ist das Wesen einer »ist-ein«-Beziehung. Beim Erzeugen von Fido wird zuerst dessen Konstruktor aufgerufen, der ein `Mammal`-Objekt erzeugt. Dann folgt der Aufruf des Dog-Konstruktors, der die Konstruktion des `Dog`-Objekts vervollständigt. Da `Fido` keine Parameter übernimmt, wird in diesem Fall der Standardkonstruktor aufgerufen. Fido existiert erst, nachdem dieses Objekt vollständig erzeugt wurde, das heißt, sowohl der Mammal-Teil als auch der Dog-Teil aufgebaut ist. Daher ist der Aufruf beider Konstruktoren erforderlich.

Beim Abbau des Fido-Objekts wird zuerst der Dog-Destruktor und dann der Destruktor für den Mammal-Teil von Fido aufgerufen. Jeder Destruktor hat die Möglichkeit, seinen eigenen Teil von Fido aufzuräumen. Denken Sie daran, hinter Ihrem Hund sauber zu machen! Listing 16.3 demonstriert die Abläufe.

Eingabe

Listing 16.3: Aufgerufene Konstruktoren und Destruktoren

```
// Listing 16.3 Aufgerufene Konstruktoren und Destruktoren.

#include <iostream.h>
enum BREED { YORKIE, CAIRN, DANDIE, SHETLAND, DOBERMAN, LAB };

class Mammal
{
public:
   // Konstruktoren
   Mammal();
   ~Mammal();

   // Zugriffsfunktionen
   int GetAge() const { return itsAge; }
   void SetAge(int age) { itsAge = age; }
   int GetWeight() const { return itsWeight; }
   void SetWeight(int weight) { itsWeight = weight; }

   // Andere Methoden
   void Speak() const { cout << "Mammal gib Laut!\n"; }
   void Sleep() const { cout << "Psst. Ich schlafe.\n"; }


protected:
   int itsAge;
   int itsWeight;
};

class Dog : public Mammal
{
public:

   // Konstruktoren
   Dog();
   ~Dog();
```

```

      // Zugriffsfunktionen
      BREED GetBreed() const { return itsBreed; }
      void SetBreed(BREED breed) { itsBreed = breed; }

      // Andere Methoden
      void WagTail() { cout << "Schwanzwedeln...\n"; }
      void BegForFood() { cout << "Um Futter betteln...\n"; }

   private:
      BREED itsBreed;
   };

   Mammal::Mammal():
   itsAge(1),
   itsWeight(5)
   {
      cout << "Mammal-Konstruktor...\n";
   }

   Mammal::~Mammal()
   {
      cout << "Mammal-Destruktor...\n";
   }

   Dog::Dog():
   itsBreed(YORKIE)
   {
      cout << "Dog-Konstruktor...\n";
   }

   Dog::~Dog()
   {
      cout << "Dog-Destruktor...\n";
   }
   int main()
   {
      Dog fido;
      fido.Speak();
      fido.WagTail();
      cout << "Fido ist " << fido.GetAge() << " Jahre alt.\n";
      return 0;
   }
```

```
Mammal-Konstruktor...
Dog-Konstruktor...
Mammal gib Laut!
Schwanzwedeln...
Fido ist 1 Jahre alt.
Dog-Destruktor...
Mammal-Destruktor...
```

Listing 16.3 entspricht etwa Listing 16.2, enthält jetzt aber die Ausgabe von Meldungen für die Aufrufe von Konstruktoren und Destruktoren. Als Erstes erfolgt der Aufruf des Konstruktors von `Mammal`. Daran schließt sich der Aufruf des Konstruktors von `Dog` an. Damit existiert das `Dog`-Objekt vollständig und man kann dessen Methoden aufrufen. Verliert das `Fido`-Objekt den Gültigkeitsbereich, wird der Destruktor von `Dog` und daran anschließend der Destruktor von `Mammal` aufgerufen.

Argumente an Basiskonstruktoren übergeben

Den Konstruktor von `Mammal` möchte man vielleicht überladen, um ein bestimmtes Alter zu übernehmen, und den Konstruktor von `Dog` überlädt man, um etwa eine bestimmte Rasse zu übernehmen. Wie lassen sich die Parameter für Alter und Gewicht an die richtigen Konstruktoren in `Mammal` übergeben? Wie lässt sich erreichen, dass man nur bei `Dog`-Objekten das Gewicht initialisiert, bei `Mammals`-Objekten jedoch nicht?

Die Initialisierung der Basisklasse lässt sich während der Klasseninitialisierung vornehmen, indem man den Namen der Basisklasse und anschließend die von der Basisklasse erwarteten Parameter angibt. Listing 16.4 zeigt dazu ein Beispiel.

Listing 16.4: Konstruktoren in abgeleiteten Klassen überladen

```
// Listing 16.4 Konstruktoren in abgeleiteten Klassen überladen

#include <iostream.h>
enum BREED { YORKIE, CAIRN, DANDIE, SHETLAND, DOBERMAN, LAB };

class Mammal
{
public:
   // Konstruktoren
   Mammal();
   Mammal(int age);
   ~Mammal();

   // Zugriffsfunktionen
```

```
    int GetAge() const { return itsAge; }
    void SetAge(int age) { itsAge = age; }
    int GetWeight() const { return itsWeight; }
    void SetWeight(int weight) { itsWeight = weight; }

    // Andere Methoden
    void Speak() const { cout << "Mammal gib Laut!\n"; }
    void Sleep() const { cout << "Psst. Ich schlafe.\n"; }


protected:
    int itsAge;
    int itsWeight;
};

class Dog : public Mammal
{
public:

    // Konstruktoren
    Dog();
    Dog(int age);
    Dog(int age, int weight);
    Dog(int age, BREED breed);
    Dog(int age, int weight, BREED breed);
    ~Dog();

    // Zugriffsfunktionen
    BREED GetBreed() const { return itsBreed; }
    void SetBreed(BREED breed) { itsBreed = breed; }

    // Andere Methoden
    void WagTail() { cout << "Schwanzwedeln...\n"; }
    void BegForFood() { cout << "Um Futter betteln...\n"; }

private:
    BREED itsBreed;
};

Mammal::Mammal():
itsAge(1),
itsWeight(5)
{
    cout << "Mammal-Konstruktor...\n";
}

Mammal::Mammal(int age):
```

```
itsAge(age),
itsWeight(5)
{
   cout << "Mammal(int)-Konstruktor...\n";
}

Mammal::~Mammal()
{
   cout << "Mammal-Destruktor...\n";
}

Dog::Dog():
Mammal(),
itsBreed(YORKIE)
{
   cout << "Dog-Konstruktor...\n";
}

Dog::Dog(int age):
Mammal(age),
itsBreed(YORKIE)
{
   cout << "Dog(int)-Konstruktor...\n";
}

Dog::Dog(int age, int weight):
Mammal(age),
itsBreed(YORKIE)
{
   itsWeight = weight;
   cout << "Dog(int, int)-Konstruktor...\n";
}

Dog::Dog(int age, int weight, BREED breed):
Mammal(age),
itsBreed(breed)
{
   itsWeight = weight;
  cout << "Dog(int, int, BREED)-Konstruktor...\n";
}

Dog::Dog(int age, BREED breed):
Mammal(age),
itsBreed(breed)
{
   cout << "Dog(int, BREED)-Konstruktor...\n";
}
```

```
Dog::~Dog()
{
   cout << "Dog-Destruktor...\n";
}
int main()
{
   Dog fido;
   Dog rover(5);
   Dog buster(6,8);
   Dog yorkie (3,YORKIE);
   Dog dobbie (4,20,DOBERMAN);
   fido.Speak();
   rover.WagTail();
   cout << "Yorkie ist " << yorkie.GetAge() << " Jahre alt.\n";
   cout << "Dobbie wiegt " << dobbie.GetWeight() << " Pfund.\n";
   return 0;
}
```

Hinweis

Die Nummerierung der Ausgabezeilen gehört nicht zur tatsächlich erzeugten Ausgabe, sondern dient nur der Bezugnahme im Analyseteil.

Ausgabe

```
 1: Mammal-Konstruktor...
 2: Dog-Konstruktor...
 3: Mammal(int)-Konstruktor...
 4: Dog(int)-Konstruktor...
 5: Mammal(int)-Konstruktor...
 6: Dog(int, int)-Konstruktor...
 7: Mammal(int)-Konstruktor...
 8: Dog(int, BREED)-Konstruktor...
 9: Mammal(int)-Konstruktor...
10: Dog(int, int, BREED)-Konstruktor...
11: Mammal gib Laut!
12: Schwanzwedeln...
13: Yorkie ist 3 Jahre alt.
14: Dobbie wiegt 20 Pfund.
15: Dog-Destruktor...
16: Mammal-Destruktor...
17: Dog-Destruktor...
18: Mammal-Destruktor...
19: Dog-Destruktor...
20: Mammal-Destruktor...
21: Dog-Destruktor...
22: Mammal-Destruktor...
```

```
23: Dog-Destruktor...
24: Mammal-Destruktor...
```

Die Zeile 11 überlädt den Konstruktor von `Mammal`, um das Alter des Säugetiers als ganze Zahl zu übernehmen. Die Implementierung in den Zeilen 61 bis 66 initialisiert `itsAge` mit dem an den Konstruktor übergebenen Wert sowie `itsWeight` mit dem Wert 5.

In den Zeilen 35 bis 39 stehen fünf überladene Konstruktoren von `Dog`. Der erste ist der Standardkonstruktor. Der zweite übernimmt das Alter, wobei es sich um den gleichen Parameter handelt, den auch der Konstruktor von `Mammal` übernimmt. Der dritte Konstruktor übernimmt sowohl Alter als auch Gewicht, der vierte Alter und Rasse und im fünften Konstruktor finden wir die Parameter Alter, Gewicht und Rasse.

Beachten Sie in Zeile 74, dass der Standardkonstruktor von `Dog` den Standardkonstruktor von `Mammal` aufruft. Obwohl das nicht zwingend erforderlich ist, dient es der Dokumentation, dass man den Basiskonstruktor aufrufen möchte, der keine Parameter übernimmt. Der Basiskonstruktor wird in jedem Fall aufgerufen, das hier gezeigte Verfahren verdeutlicht aber Ihre Absichten explizit.

In den Zeilen 80 bis 85 steht die Implementierung des `Dog`-Konstruktors, der eine ganze Zahl übernimmt. In dessen Initialisierungsphase (Zeilen 81 und 82) initialisiert `Dog` seine Basisklasse mit Übergabe des Parameters und initialisiert dann seine Rasse (`itsBreed`).

Ein weiterer `Dog`-Konstruktor ist in den Zeilen 87 bis 93 zu finden. Dieser übernimmt zwei Parameter. Wieder erfolgt die Initialisierung der Basisklasse durch Aufruf des passenden Konstruktors. Dieses Mal findet aber auch die Zuweisung von `weight` an die Variable `itsWeight` der Basisklasse von `Dog` statt. Beachten Sie, dass die Zuweisung an eine Variable der Basisklasse in der Initialisierungsphase nicht möglich ist. Da `Mammal` keinen Konstruktor hat, der einen Parameter übernimmt, muss man die Zuweisung innerhalb des Rumpfes des Konstruktors von `Dog` erledigen.

Sehen Sie sich die verbleibenden Konstruktoren an, um sich mit deren Arbeitsweise vertraut zu machen. Achten Sie darauf, was man initialisieren kann und was noch im Rumpf des Konstruktors zuzuweisen ist.

Die Nummerierung der Ausgabezeilen dient lediglich der Bezugnahme in dieser Analyse. Die beiden ersten Zeilen der Ausgabe repräsentieren die Instantiierung von `Fido` mit Hilfe des Standardkonstruktors.

In den Ausgabezeilen 3 und 4 dokumentiert sich die Erzeugung von `rover`, in den Zeilen 5 und 6 von `buster`. Beachten Sie den Aufruf des Mammal-Konstruktors mit einem Integer-Wert als Parameter, während der `Dog`-Konstruktor zwei Integer-Werte übernimmt.

Nach dem Erstellen aller Objekte werden diese verwendet, sie verlieren anschließend ihren Gültigkeitsbereich. Beim Abbau der einzelnen Objekte findet zuerst der Aufruf des `Dog`-Destruktors und danach des `Mammal`-Destruktors statt. Insgesamt sind es jeweils fünf Aufrufe.

Funktionen redefinieren

Ein `Dog`-Objekt hat Zugriff auf alle Elementfunktionen in der Klasse `Mammal` sowie alle Elementfunktionen (wie `WagTail`), die die Deklaration der `Dog`-Klasse gegebenenfalls hinzufügt. Ein `Dog`-Objekt kann auch eine Funktion der Basisklasse redefinieren, das heißt, die Implementierung einer Funktion der Basisklasse in einer abgeleiteten Klasse ändern. Wenn man ein Objekt der abgeleiteten Klasse erstellt, wird die korrekte Funktion aufgerufen.

Neuer Begriff

Erzeugt eine abgeleitete Klasse eine Funktion mit demselben Rückgabetyp und derselben Signatur wie eine Elementfunktion in der Basisklasse, aber mit einer neuen Implementierung, spricht man vom *Redefinieren* dieser Methode.

Die redefinierte Funktion muß bezüglich Rückgabetyp und Signatur mit der Funktion in der Basisklasse übereinstimmen. Als Signatur bezeichnet man alles, was zu einem Funktionsprototyp außer dem Rückgabetyp gehört: Name, Parameterliste und – falls verwendet – das Schlüsselwort `const`.

Listing 16.5 zeigt die Abläufe, wenn die `Dog`-Klasse die Methode `Speak` in `Mammal` redefiniert. Um Platz zu sparen, wurde auf die Zugriffsfunktionen in diesen Klassen verzichtet.

Eingabe

Listing 16.5: Eine Methode der Basisklasse in einer abgeleiteten Klasse redefinieren

```
   // Listing 16.5 Eine Methode der Basisklasse in einer abgeleiteten Klasse
   ➥redefinieren

#include <iostream.h>
enum BREED { YORKIE, CAIRN, DANDIE, SHETLAND, DOBERMAN, LAB };

class Mammal
{
public:
   // Konstruktoren
```

```
    Mammal() { cout << "Mammal-Konstruktor...\n"; }
    ~Mammal() { cout << "Mammal-Destruktor...\n"; }

    // Andere Methoden
    void Speak()const { cout << "Mammal gib Laut!\n"; }
    void Sleep()const { cout << "Psst. Ich schlafe.\n"; }


protected:
    int itsAge;
    int itsWeight;
};

class Dog : public Mammal
{
public:

    // Konstruktoren
    Dog(){ cout << "Dog-Konstruktor...\n"; }
    ~Dog(){ cout << "Dog-Destruktor...\n"; }

    // Andere Methoden
    void WagTail() { cout << "Schwanzwedeln...\n"; }
    void BegForFood() { cout << "Um Futter betteln...\n"; }
    void Speak()const { cout << "Wuff!\n"; }

private:
    BREED itsBreed;
};

int main()
{
    Mammal bigAnimal;
    Dog fido;
    bigAnimal.Speak();
    fido.Speak();
    return 0;
}
```

```
Mammal-Konstruktor...
Mammal-Konstruktor...
Dog-Konstruktor...
Mammal gib Laut!
Wuff!
Dog-Destruktor...
Mammal-Destruktor...
Mammal-Destruktor...
```

Analyse

In Zeile 34 redefiniert die `Dog`-Klasse die Methode `Speak`. Dadurch sagt das `Dog`-Objekt »Wuff!«, wenn man die Methode `Speak` aufruft. Zeile 42 erzeugt das `Mammal`-Objekt `bigAnimal`, das die erste Ausgabezeile produziert, wenn der `Mammal`-Konstruktor aufgerufen wird. Zeile 43 erzeugt das `Dog`-Objekt `Fido`, das die beiden nächsten Ausgabezeilen beim Aufruf der `Mammal`- und `Dog`-Konstruktoren auf den Bildschirm bringt.

Das `Mammal`-Objekt ruft in Zeile 44 seine Methode `Speak` auf. In Zeile 45 ruft dann das Dog-Objekt seine `Speak`-Methode auf. Die Ausgabe zeigt, dass die korrekten Methoden aufgerufen wurden. Schließlich verlieren die beiden Objekte ihren Gültigkeitsbereich und die Aufrufe der Destruktoren schließen sich an.

Überladen und Redefinieren

Diese beiden Verfahren führen ähnliche Aufgaben aus. Wenn man eine Methode überlädt, erzeugt man mehrere Methoden mit dem gleichen Namen, aber unterschiedlichen Signaturen. Redefiniert man eine Methode, erzeugt man eine Methode in einer abgeleiteten Klasse mit dem gleichen Namen wie die Methode in der Basisklasse und mit der gleichen Signatur.

Die Methode der Basisklasse verbergen

Im vorhergehenden Listing verbirgt die Methode `Speak` der Klasse `Dog` die Methode der Basisklasse. Dies ist zwar beabsichtigt, kann aber zu unerwarteten Ergebnissen führen. Wenn `Mammal` über eine überladene Methode `Move` verfügt und `Dog` diese Methode redefiniert, verbirgt die Dog-Methode alle `Mammal`-Methoden mit diesem Namen.

Wenn `Mammal` die Methode `Move` mit drei Methoden überlädt – eine ohne Parameter, eine mit einem Integer-Parameter und eine mit einer Ganzzahl und einer Richtung – und `Dog` einfach die Methode `Move` ohne Parameter redefiniert, kann man mit einem Dog-Objekt nicht mehr ohne Weiteres auf die beiden anderen Methoden zugreifen. Listing 16.6 verdeutlicht dieses Problem.

Eingabe

Listing 16.6: Methoden verbergen

```
// Listing 16.6 Methoden verbergen

#include <iostream.h>

class Mammal
```

```
6:   {
7:   public:
8:      void Move() const { cout << "Mammal geht einen Schritt.\n"; }
9:      void Move(int distance) const
10:       { cout << "Mammal geht " << distance <<" Schritte.\n"; }
11:  protected:
12:     int itsAge;
13:     int itsWeight;
14:  };
15:
16:  class Dog : public Mammal
17:  {
18:  public:
19:     void Move() const { cout << "Hund geht 5 Schritte.\n"; }
20:  };      // Hier können Sie eine Warnung erhalten, daß Sie eine Funktion
     ➥verbergen!
21:
22:  int main()
23:  {
24:     Mammal bigAnimal;
25:     Dog fido;
26:     bigAnimal.Move();
27:     bigAnimal.Move(2);
28:     fido.Move();
29:     // fido.Move(10);
30:     return 0;
31: }
```

Ausgabe

```
Mammal geht einen Schritt.
Mammal geht 2 Schritte.
Hund geht 5 Schritte.
```

Analyse

Diese Klassen verzichten auf alle überflüssigen Methoden und Daten. In den Zeilen 8 und 9 deklariert die `Mammal`-Klasse die überladenen `Move`-Methoden. In Zeile 19 redefiniert `Dog` die parameterlose Version von `Move`. Diese Methoden werden in den Zeilen 26 bis 28 aufgerufen und die Ausgabe spiegelt ihre Ausführung wider.

Zeile 29 ist allerdings auskommentiert, da sie einen Compiler-Fehler hervorruft. Die `Dog`-Klasse könnte normalerweise die Methode `Move(int)` aufrufen, wenn diese Klasse nicht die parameterlose Version von `Move` redefiniert hätte. Nun ist aber diese Methode redefiniert. Möchte man beide Methoden verwenden, muss man auch beide Methoden redefinieren. Das erinnert an die Regel, dass der Compiler keinen Standardkonstruktor bereitstellt, wenn man irgendeinen Konstruktor erzeugt.

Es ist ein häufiger Fehler, dass man das Schlüsselwort `const` vergisst. Das Schlüsselwort `const` gehört zur Signatur. Lässt man es weg, ändert man die Signatur und verbirgt damit die Methode, statt sie – wie eigentlich beabsichtigt – zu redefinieren.

Die Basismethode aufrufen

Eine redefinierte Basismethode kann man weiterhin aufrufen, wenn man den vollständigen Namen der Methode angibt. Dazu schreibt man den Basisnamen, zwei Doppelpunkte und dann den Methodennamen wie im folgenden Beispiel:

```
Mammal::Move()
```

In Listing 16.6 lässt sich Zeile 29 neu schreiben, so dass der Compiler keinen Fehler mehr produziert:

```
29:     fido.Mammal::Move(10);
```

Diese Anweisung ruft explizit die `Mammal`-Methode auf. Listing 16.7 zeigt dieses Konzept in seiner Gesamtheit.

Eingabe

Listing 16.7: Die Basismethode von einer redefinierten Methode aufrufen

```
// Listing 16.7 Basismethode von redefinierter Methode aufrufen.

#include <iostream.h>

class Mammal
{
public:
   void Move() const { cout << "Mammal geht einen Schritt. \n"; }
   void Move(int distance) const
      { cout << "Mammal geht " << distance << " Schritte.\n"; }
protected:
   int itsAge;
   int itsWeight;
};

class Dog : public Mammal
{
public:
   void Move()const;
};

void Dog::Move() const
```

```
23:   {
24:      cout << "In Move von Dog...\n";
25:      Mammal::Move(3);
26:   }
27:
28:   int main()
29:   {
30:      Mammal bigAnimal;
31:      Dog fido;
32:      bigAnimal.Move(2);
33:      fido.Mammal::Move(6);
34:      return 0;
35:  }
```

Ausgabe

```
Mammal geht 2 Schritte.
Mammal geht 6 Schritte.
```

Analyse

Zeile 30 erzeugt das `Mammal`-Objekt `bigAnimal`. Die Zeile 31 erzeugt das `Dog`-Objekt `Fido`. Die Anweisung in Zeile 32 ruft die Methode `Move` des `Mammal`-Objekts mit Übergabe eines `int`-Werts auf.

Der Programmierer möchte `Move(int)` auf dem `Dog`-Objekt aufrufen, hatte aber ein Problem. `Dog` redefiniert die Methode `Move`, überlädt sie aber nicht und stellt keine Version bereit, die einen `int` übernimmt. Das lässt sich durch den expliziten Aufruf der Methode `Move(int)` der Basisklasse in Zeile 33 lösen.

Was Sie tun sollen	**Was nicht**
Erweitern Sie die Funktionalität von ausgetesteten Klassen durch Ableiten.	
Ändern Sie das Verhalten von bestimmten Funktionen in der abgeleiteten Klasse durch Redefinieren der Methoden der Basisklasse.	
	Verbergen Sie keine Funktion der Basisklasse, indem Sie die Signatur der Funktion ändern.

Zusammenfassung

In dieser Stunde haben Sie gelernt, wie man abgeleitete Klassen von Basisklassen erbt. Klassen erben alle öffentlichen (`public`) und geschützten (`protected`) Daten und Funktionen von ihren Basisklassen.

Der geschützte Zugriff ist bezüglich der abgeleiteten Klassen öffentlich und zu allen anderen Objekten privat. Selbst abgeleitete Klassen können nicht auf private Daten oder Funktionen in ihren Basisklassen zugreifen.

Konstruktoren lassen sich vor dem Rumpf des Konstruktors initialisieren. Genau zu diesem Zeitpunkt werden die Konstruktoren der Basisklasse aufgerufen und man kann Parameter an die Basisklasse übergeben.

Funktionen in der Basisklasse lassen sich in der abgeleiteten Klasse redefinieren. Wenn die Funktionen der Basisklasse virtuell sind und wenn man auf das Objekt über einen Zeiger oder eine Referenz zugreift, werden die Funktionen der abgeleiteten Klasse je nach dem zur Laufzeit wirksamen Typ des referenzierten Objekts aufgerufen.

Methoden in der Basisklasse lassen sich explizit aufrufen, indem man vor den Namen der Funktion den Namen der Basisklasse und zwei Doppelpunkte schreibt. Erbt zum Beispiel `Dog` von `Mammal`, ruft man die Methode `Walk` von `Mammal` mit `Mammal::Walk` auf.

Fragen und Antworten

F Werden vererbte Elemente und Funktionen an nachfolgende Generationen weitergereicht? Wenn sich `Dog` von `Mammal` ableitet und `Mammal` von `Animal`, erbt dann `Dog` die Funktionen und Daten von `Animal`?

A *Ja. Setzt man die Ableitung fort, erben die abgeleiteten Klassen die Gesamtheit aller Funktionen und Daten aller darüber liegenden Basisklassen.*

F Kann man in einer abgeleiteten Klasse eine öffentliche Basisfunktion als privat deklarieren?

A *Ja. Diese Funktion bleibt dann aber für alle nachfolgenden Ableitungen ebenfalls privat.*

Stunde 17

Polymorphie und abgeleitete Klassen

In der letzten Stunde haben Sie gelernt, was man unter Vererbung versteht und wie abgeleitete Klassen eine Vererbungshierarchie bilden. Weiterhin wurde gezeigt, wie sich Methoden der Basisklasse in der abgeleiteten Klasse redefinieren lassen. Das vorliegende Kapitel beschäftigt sich damit, wie man die Basisklassen mit virtuellen Methoden polymorph nutzen kann.

In dieser Stunde lernen Sie,

- was virtuelle Methoden sind,
- wie man virtuelle Destruktoren und Kopierkonstruktoren verwendet,
- wo die Gefahren liegen und zu welchen Lasten virtuelle Methoden gehen.

Virtuelle Methoden

Im vorherigen Kapitel wurde die Tatsache betont, dass ein `Dog`-Objekt ein `Mammal`-Objekt ist. Bisher hat das nur bedeutet, dass das `Dog`-Objekt die Attribute (Daten) und Fähigkeiten (Methoden) seiner Basisklasse geerbt hat. In C++ geht die »ist-ein«-Beziehung allerdings noch weiter.

C++ erweitert die Polymorphie dahingehend, dass sich abgeleitete Klassenobjekte an Zeiger auf die Basisklassen zuweisen lassen. Deshalb kann man schreiben:

```
Mammal* pMammal = new Dog;
```

Diese Anweisung erzeugt ein neues `Dog`-Objekt auf dem Heap. Der von `new` zurückgegebene Zeiger auf dieses Objekt wird einem Zeiger auf `Mammal` zugewiesen. Das ist durchaus sinnvoll, da ein Hund `Dog` ein Säugetier `Mammal` ist.

Hinweis

Wir haben es hier mit dem Wesen der Polymorphie zu tun. Man kann zum Beispiel viele unterschiedliche Typen von Fenstern erzeugen – etwa Dialogfelder, Fenster mit Bildlaufleisten und Listenfelder – und jedem von ihnen eine virtuelle Methode `draw` (Zeichnen) spendieren. Die Methode `draw` lässt sich ohne Beachtung des eigentlichen Laufzeittyps des referenzierten Objekts aufrufen, wenn man einen Zeiger auf ein Fenster erzeugt und diesem Zeiger Dialogfelder oder andere abgeleitete Typen zuweist. Es wird immer die richtige `draw`-Funktion aufgerufen.

Über diesen Zeiger kann man jede Methode in `Mammal` aufrufen. Wünschenswert ist natürlich, dass die in `Dog` redefinierten Methoden die korrekte Funktion aufrufen. Virtuelle Elementfunktionen erlauben genau das. Listing 17.1 zeigt deren Arbeitsweise und stellt Aufrufe von nicht virtuellen Methoden dagegen.

Eingabe

Listing 17.1: Virtuelle Methoden

```
// Listing 17.1 Einsatz virtueller Methoden

#include <iostream.h>
```

```
4:
5:    class Mammal
6:    {
7:    public:
8:       Mammal():itsAge(1) { cout << "Mammal-Konstruktor...\n"; }
9:       ~Mammal() { cout << "Mammal-Destruktor...\n"; }
10:      void Move() const { cout << "Mammal geht einen Schritt.\n"; }
11:      virtual void Speak() const { cout << "Mammal spricht!\n"; }
12:   protected:
13:      int itsAge;
14:
15:   };
16:
17:   class Dog : public Mammal
18:   {
19:   public:
20:      Dog() { cout << "Dog-Konstruktor...\n"; }
21:      ~Dog() { cout << "Dog-Destruktor...\n"; }
22:      void WagTail() { cout << "Schwanzwedeln...\n"; }
23:      void Speak()const { cout << "Wuff!\n"; }
24:      void Move()const { cout << "Dog geht 5 Schritte...\n"; }
25:   };
26:
27:   int main()
28:   {
29:
30:      Mammal *pDog = new Dog;
31:      pDog->Move();
32:      pDog->Speak();
33:
34:    return 0;
35:  }
```

Ausgabe

```
Mammal-Konstruktor...
Dog-Konstruktor...
Mammal geht einen Schritt.
Wuff!
```

Analyse

Zeile 11 stellt für `Mammal` eine virtuelle Methode – `Speak` – bereit. Der Designer dieser Klasse gibt dabei zu erkennen, dass diese Klasse letztendlich als Basistyp für eine andere Klasse dienen soll. Die abgeleitete Klasse wird wahrscheinlich diese Funktion redefinieren.

Zeile 30 erzeugt einen Zeiger `pDog` auf `Mammal`, weist ihm aber die Adresse eines neuen `Dog`-Objekts zu. Da ein `Dog`-Objekt von `Mammal` abgeleitet ist, stellt dies eine zulässige Zuweisung dar. Mit diesem Zeiger findet dann ein Aufruf der Funktion `Move` statt. Da der Compiler `pDog` nur als `Mammal`-Objekt kennt, sucht er beim `Mammal`-Objekt nach der Methode `Move`.

In Zeile 32 verweist der Zeiger auf die Methode Speak. Da `Speak` virtuell ist, wird so die in `Dog` redefinierte `Speak`-Methode in `Dog` aufgerufen.

Das ist schon fast Zauberei. Der aufrufenden Funktion ist eigentlich nur bekannt, dass sie einen `Mammal`-Zeiger hat. Hier wird aber eine Methode von `Dog` aufgerufen. In der Tat ließe sich ein Array von Zeigern auf `Mammal` einrichten, in dem jeder Zeiger auf eine Unterklasse von `Mammal` verweist. Führt man nacheinander Aufrufe mit diesen Zeigern aus, aktiviert das Programm immer die korrekte Funktion. Listing 17.2 verdeutlicht dieses Konzept.

Eingabe

Listing 17.2: Mehrere virtuelle Elementfunktionen der Reihe nach aufrufen

```
// Listing 17.2 Mehrere virtuelle Elementfunktionen der Reihe nach aufrufen

 #include <iostream.h>

class Mammal
{
public:
   Mammal():itsAge(1) {  }
   ~Mammal() { }
   virtual void Speak() const { cout << "Mammal gib Laut!\n"; }
protected:
   int itsAge;
};

class Dog : public Mammal
{
public:
   void Speak()const { cout << "Wuff!\n"; }
};


class Cat : public Mammal
{
public:
   void Speak()const { cout << "Miau!\n"; }
};


```

```
class Horse : public Mammal
{
public:
   void Speak()const { cout << "Wieher!\n"; }
};

class Pig : public Mammal
{
public:
   void Speak()const { cout << "Grunz!\n"; }
};

int main()
{
   Mammal* theArray[5];
   Mammal* ptr;
   int choice, i;
  for ( i = 0; i<5; i++)
  {
     cout << "(1)Hund (2)Katze (3)Pferd (4)Schwein: ";
     cin >> choice;
     switch (choice)
     {
        case 1: ptr = new Dog;
        break;
        case 2: ptr = new Cat;
        break;
        case 3: ptr = new Horse;
        break;
        case 4: ptr = new Pig;
        break;
        default: ptr = new Mammal;
        break;
     }
     theArray[i] = ptr;
  }
   for (i=0;i<5;i++)
      theArray[i]->Speak();
   return 0;
}
```

Ausgabe

```
(1)Hund (2)Katze (3)Pferd (4)Schwein: 1
(1)Hund (2)Katze (3)Pferd (4)Schwein: 2
(1)Hund (2)Katze (3)Pferd (4)Schwein: 3
(1)Hund (2)Katze (3)Pferd (4)Schwein: 4
(1)Hund (2)Katze (3)Pferd (4)Schwein: 5
Wuff!
```

```
Miau!
Wieher!
Grunz!
Mammal gib Laut!
```

Analyse

Dieses abgespeckte Programm, das lediglich die grundlegende Funktionalität für jede Klasse bereitstellt, zeigt virtuelle Elementfunktionen in ihrer reinsten Form. Die vier deklarierten Klassen – `Dog`, `Cat`, `Horse` und `Pig` (Hund, Katze, Pferd und Schwein) – sind alle von `Mammal` abgeleitet.

Zeile 10 deklariert die Funktion `Speak` von `Mammal` als virtuell. In den Zeilen 18, 25, 32 und 38 redefinieren die vier abgeleiteten Klassen die Implementierung von `Speak`.

Der Benutzer soll auswählen, welche Objekte zu erzeugen sind. Dementsprechend werden die Zeiger in den Zeilen 46 bis 64 in das Array aufgenommen.

Hinweis

Beachten Sie, dass zur Kompilierzeit überhaupt noch nicht bekannt ist, welches Objekt erzeugt und welche der `Speak`-Methoden demzufolge aufgerufen wird. Der Zeiger `ptr` wird an sein Objekt zur Laufzeit gebunden. Man bezeichnet das als *dynamisches Binden* oder *Binden zur Laufzeit* im Gegensatz zum statischen Binden oder Binden zur Kompilierzeit.

Arbeitsweise virtueller Elementfunktionen

Beim Erzeugen eines abgeleiteten Objekts, etwa eines `Dog`-Objekts, wird zuerst der Konstruktor für die Basisklasse und dann der Konstruktor für die abgeleitete Klasse aufgerufen. Abbildung 17.1 zeigt, wie sich das `Dog`-Objekt nach dessen Erzeugung darstellt. Beachten Sie, dass der `Mammal`-Teil des Objekts im Anschluss an den `Dog`-Teil im Speicher abgelegt ist.

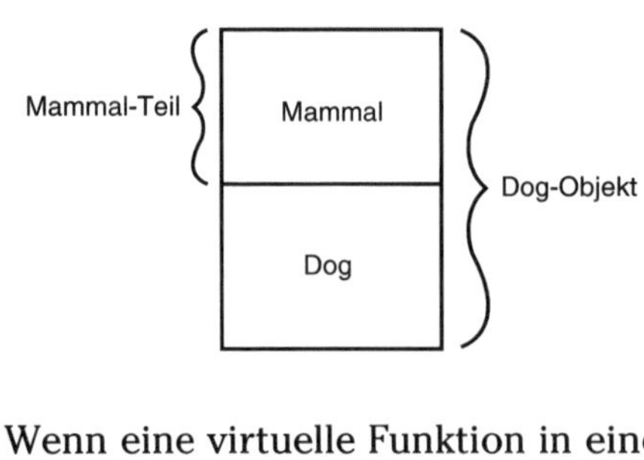

Abbildung 17.1: Das Dog-Objekt nach dessen Erzeugung

Wenn eine virtuelle Funktion in einem Objekt erzeugt wird, muss das Objekt die Spur dieser Funktion verfolgen. Viele Compiler bauen eine sogenannte *V-Tabelle* für virtuelle Funktionen auf. Jeder Typ erhält eine eigene Tabelle und jedes Objekt dieses Typs verwaltet einen virtuellen Tabellenzeiger (einen sogenannten `vptr` oder V-Zeiger) auf diese Tabelle.

Trotz verschiedenartiger Implementierungen müssen alle Compiler die gleiche Aufgabe umsetzen, so dass diese Beschreibung zumindest im Kern zutrifft.

Jeder `vptr` eines Objekts zeigt auf die V-Tabelle, die wiederum Zeiger auf alle virtuellen Elementfunktionen enthält. Beim Erzeugen des `Mammal`-Teils von `Dog` wird `vptr` mit einem Zeiger auf den entsprechenden Teil der V-Tabelle initialisiert. Abbildung 17.2 verdeutlicht diesen Sachverhalt.

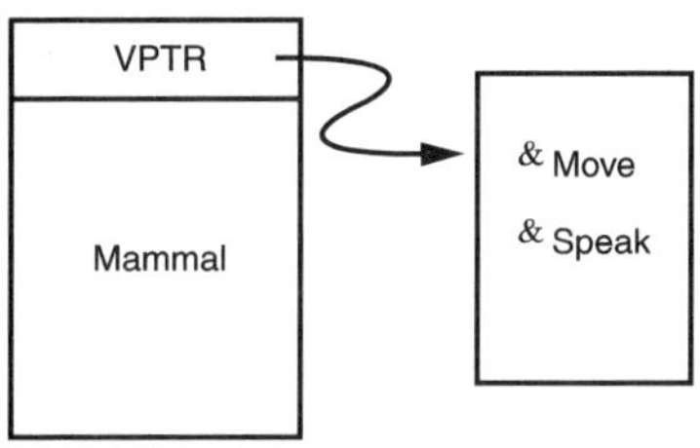

Abbildung 17.2: Die V-Tabelle eines Mammal-Objekts

Wenn beim Aufruf des `Dog`-Konstruktors der `Dog`-Teil dieses Objekts hinzukommt, wird `vptr` angepasst und zeigt nun auf die redefinierten virtuellen Funktionen (falls vorhanden) im `Dog`-Objekt, wie es Abbildung 17.3 zeigt.

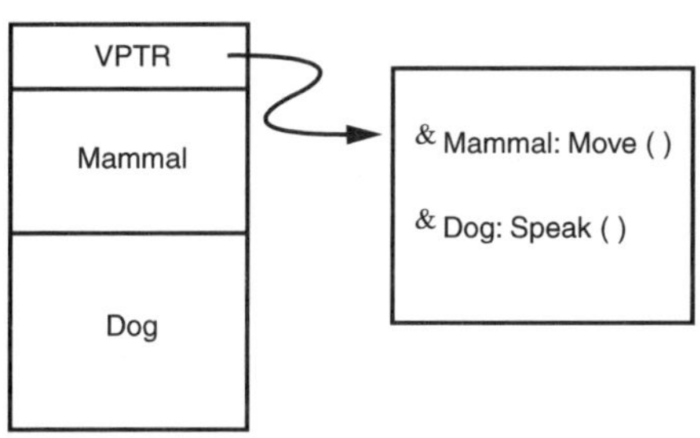

Abbildung 17.3: Die V-Tabelle eines Dog-Objekts

Wenn man einen Zeiger auf ein `Mammal` verwendet, weist der `vptr` weiterhin – je nach tatsächlichem Typ des Objekts – auf die richtige Funktion. Ruft man `Speak` auf, aktiviert das Programm folglich die betreffende Funktion.

Verbotene Pfade

Verfügt das `Dog`-Objekt über eine Methode `WagTail`, die im `Mammal`-Objekt nicht vorhanden ist, kann man mit dem Zeiger auf `Mammal` nicht auf diese Methode zugreifen (solange man keine Typumwandlung in einen Zeiger auf `Dog` vornimmt). Da `WagTail` keine virtuelle Funktion ist und sich diese Methode nicht in einem `Mammal`-Objekt befindet, lässt sich dieser Weg nur über ein `Dog`-Objekt oder einen Dog-Zeiger beschreiten.

Obwohl man den `Mammal`-Zeiger in einen `Dog`-Zeiger umwandeln kann, gibt es wesentlich bessere und sicherere Wege, um die Methode `WagTail` aufzurufen. In C++ sollte man auf explizite Typumwandlungen verzichten, da sie fehleranfällig sind. Auf dieses Thema geht Stunde 18 im Zusammenhang mit der Mehrfachvererbung sowie Stunde 24 im Detail ein.

Slicing (Datenteilung)

Der Zauber der virtuellen Funktionen funktioniert nur bei Zeigern und Referenzen. Die Übergabe eines Objekts als Wert lässt den Aufruf virtueller Elementfunktionen nicht zu. Listing 17.3 verdeutlicht dieses Problem.

Eingabe

Listing 17.3: Datenteilung bei Übergabe als Wert

```
 // Listing 17.3 Datenteilung bei Übergabe als Wert

 #include <iostream.h>

class Mammal
{
public:
   Mammal():itsAge(1) {  }
   ~Mammal() { }
   virtual void Speak() const { cout << "Mammal gib Laut!\n"; }
protected:
   int itsAge;
};

class Dog : public Mammal
{
public:
   void Speak()const { cout << "Wuff!\n"; }
};

class Cat : public Mammal
{
public:
   void Speak()const { cout << "Miau!\n"; }
};

void ValueFunction (Mammal);
void PtrFunction   (Mammal*);
void RefFunction (Mammal&);
int main()
```

```
{
   Mammal* ptr=0;
   int choice;
   while (1)
   {
      bool fQuit = false;
      cout << "(1)Hunde (2)Katze (0)Beenden: ";
      cin >> choice;
      switch (choice)
      {
         case 0: fQuit = true;
         break;
         case 1: ptr = new Dog;
         break;
         case 2: ptr = new Cat;
         break;
         default: ptr = new Mammal;
         break;
      }
       if (fQuit)
         break;
       PtrFunction(ptr);
       RefFunction(*ptr);
       ValueFunction(*ptr);
   }
   return 0;
}

void ValueFunction (Mammal MammalValue)
{
   MammalValue.Speak();
}

void PtrFunction (Mammal * pMammal)
{
   pMammal->Speak();
}

void RefFunction (Mammal & rMammal)
{
   rMammal.Speak();
}
```

```
(1)Hunde (2)Katze (0)Beenden: 1
Wuff!
Wuff!
Mammal gib Laut!
(1)Hunde (2)Katze (0)Beenden: 2
Miau!
Miau!
Mammal gib Laut!
(1)Hunde (2)Katze (0)Beenden: 0
```

Die Zeilen 5 bis 25 deklarieren abgespeckte Versionen der Klassen `Mammal`, `Dog` und `Cat`. Die drei deklarierten Funktionen `PtrFunction`, `RefFunction` und `ValueFunction` übernehmen einen Zeiger auf ein `Mammal`, eine `Mammal`-Referenz bzw. ein `Mammal`-Objekt. Alle drei Funktionen bewirken dann das Gleiche – sie rufen die Methode `Speak` auf.

Der Benutzer wird aufgefordert, einen Hund (`Dog`-Objekt) oder eine Katze (`Cat`-Objekt) zu wählen. Gemäß der Auswahl erzeugen die Zeilen 43 bis 48 einen Zeiger auf den richtigen Typ.

In der ersten Ausgabezeile hat der Benutzer einen Hund gewählt. Zeile 43 erzeugt das `Dog`-Objekt im Heap. Dann erfolgt die Übergabe des `Dog`-Objekts an drei Funktionen als Zeiger, als Referenz und als Wert.

Der Zeiger und die Referenzen rufen virtuelle Elementfunktionen auf und es wird die Elementfunktion `Dog->Speak` aktiviert. Das zeigt sich in den beiden ersten Ausgabezeilen nach der Benutzerauswahl.

Die Übergabe des dereferenzierten Zeigers erfolgt allerdings als Wert. Die Funktion erwartet ein `Mammal`-Objekt, so dass der Compiler das `Dog`-Objekt genau bis zum `Mammal`-Teil auftrennt – das sogenannte Slicing. An diesem Punkt erfolgt der Aufruf der `Mammal`-Methode `Speak`, wie es die dritte Ausgabezeile nach der Benutzerauswahl dokumentiert.

Dieses Experiment wiederholt sich mit entsprechenden Ergebnissen für das `Cat`-Objekt.

Virtuelle Destruktoren

Es ist zulässig und üblich, einen Zeiger auf ein abgeleitetes Objekt zu übergeben, wenn ein Zeiger auf ein Basisobjekt erwartet wird. Was passiert, wenn dieser Zeiger auf ein abgeleitetes Objekt gelöscht wird? Ist der Destruktor virtuell (wie es sein sollte), geht alles in Ordnung – der Destruktor der abgeleiteten Klasse wird aufgerufen. Da der Destruktor der abgeleiteten Klasse automatisch den Destruktor der Basisklasse aufruft, wird das gesamte Objekt geeignet abgebaut.

Als Faustregel für diesen Fall gilt: Wenn irgendeine Funktion in der Klasse virtuell ist, sollte der Destruktor ebenfalls virtuell sein.

Virtuelle Kopierkonstruktoren

Wie bereits erwähnt, können Konstruktoren nicht virtuell sein. Trotzdem kann es vorkommen, dass ein Programm unbedingt einen Zeiger auf ein Basisobjekt übergeben muss und eine Kopie des erzeugten und korrekt abgeleiteten Objekts braucht. Eine übliche Lösung für dieses Problem besteht in der Erzeugung einer `Clone`-Methode in der Basisklasse, wobei man diese Methode virtuell deklariert. Eine `Clone`-Methode erzeugt eine neue Kopie des aktuellen Objekts und gibt dieses Objekt zurück.

Da jede abgeleitete Klasse die `Clone`-Methode überschreibt, wird eine Kopie der abgeleiteten Klasse erzeugt. Listing 17.4 zeigt einen entsprechenden Einsatzfall.

Eingabe ***Listing 17.4: Virtueller Kopierkonstruktor***

```
// Listing 17.4 Virtueller Kopierkonstruktor

#include <iostream.h>

class Mammal
{
public:
   Mammal():itsAge(1) { cout << "Mammal-Konstruktor...\n"; }
   ~Mammal() { cout << "Mammal-Destruktor...\n"; }
   Mammal (const Mammal & rhs);
   virtual void Speak() const { cout << "Mammal gib Laut!\n"; }
   virtual Mammal* Clone() { return new Mammal(*this); }
   int GetAge()const { return itsAge; }
protected:
   int itsAge;
};

Mammal::Mammal (const Mammal & rhs):itsAge(rhs.GetAge())
{
   cout << "Mammal-Kopierkonstruktor...\n";
}

class Dog : public Mammal
{
public:
   Dog() { cout << "Dog-Konstruktor...\n"; }
   ~Dog() { cout << "Dog-Destruktor...\n"; }
   Dog (const Dog & rhs);
   void Speak()const { cout << "Wuff!\n"; }
```

```
      virtual Mammal* Clone() { return new Dog(*this); }
   };

   Dog::Dog(const Dog & rhs):
   Mammal(rhs)
   {
      cout << "Dog-Kopierkonstruktor...\n";
   }

   class Cat : public Mammal
   {
   public:
      Cat() { cout << "Cat-Konstruktor...\n"; }
      ~Cat() { cout << "Cat-Destruktor...\n"; }
      Cat (const Cat &);
      void Speak()const { cout << "Miau!\n"; }
      virtual Mammal* Clone() { return new Cat(*this); }
   };

   Cat::Cat(const Cat & rhs):
   Mammal(rhs)
   {
      cout << "Cat-Kopierkonstruktor...\n";
   }

   enum ANIMALS { MAMMAL, DOG, CAT};
   const int NumAnimalTypes = 3;
   int main()
   {
      Mammal *theArray[NumAnimalTypes];
      Mammal* ptr;
      int choice,i;
      for (i = 0; i<NumAnimalTypes; i++)
      {
         cout << "(1)Hund (2)Katze (3)Säugetier: ";
         cin >> choice;
         switch (choice)
         {
            case DOG: ptr = new Dog;
            break;
            case CAT: ptr = new Cat;
            break;
            default: ptr = new Mammal;
            break;
         }
         theArray[i] = ptr;
      }
```

```
77:       Mammal *OtherArray[NumAnimalTypes];
78:       for (i=0;i<NumAnimalTypes;i++)
79:       {
80:          theArray[i]->Speak();
81:          OtherArray[i] = theArray[i]->Clone();
82:       }
83:       for (i=0;i<NumAnimalTypes;i++)
84:          OtherArray[i]->Speak();
85:       return 0;
86:    }
```

```
(1)Hund (2)Katze (3)Säugetier: 1
Mammal-Konstruktor...
Dog-Konstruktor...
(1)Hund (2)Katze (3)Säugetier: 2
Mammal-Konstruktor...
Cat-Konstruktor...
(1)Hund (2)Katze (3)Säugetier: 3
Mammal-Konstruktor...
Wuff!
Mammal-Kopierkonstruktor...
Dog-Kopierkonstruktor...
Miau!
Mammal-Kopierkonstruktor...
Cat-Kopierkonstruktor...
Mammal gib Laut!
Mammal-Kopierkonstruktor...
Wuff!
Miau!
Mammal gib Laut!
```

Listing 17.4 ist den beiden vorherigen Listings sehr ähnlich. Lediglich die `Mammal`-Klasse hat eine neue virtuelle Methode erhalten: `Clone`. Diese Methode gibt einen Zeiger auf ein neues `Mammal`-Objekt durch Aufruf des Kopierkonstruktors zurück und übergibt sich dabei selbst (`*this`) als konstante Referenz.

`Dog` und `Cat` überschreiben die `Clone`-Methode, wobei sie deren Daten initialisieren und Kopien von sich selbst an ihre eigenen Kopierkonstruktoren übergeben. Da `Clone` eine virtuelle Methode ist, erzeugt dies praktisch einen virtuellen Kopierkonstruktor, wie es aus Zeile 81 hervorgeht.

Der Benutzer wählt hier Hunde, Katzen oder Säugetiere, deren Erzeugung in den Zeilen 62 bis 74 erfolgt. Zeile 75 speichert einen Zeiger auf jede Auswahl in einem Array.

Beim Durchlauf durch das Array lässt jedes Objekt in den Zeilen 80 und 81 der Reihe nach seine Methoden `Speak` und `Clone` aufrufen. Der Aufruf von `Clone` liefert einen Zeiger auf eine Kopie des Objekts, das Zeile 81 dann in einem zweiten Array speichert.

Ausgabezeile 1 zeigt die Benutzeraufforderung und die eingegebene 1 für die Auswahl eines Hundes. Damit werden die `Mammal`- und `Dog`-Konstruktoren aufgerufen. Das Ganze wiederholt sich für die Konstruktoren von `Cat` und `Mammal` in den Ausgabezeilen 4 bis 8.

Zeile 9 der Ausgabe gibt den Aufruf von `Speak` auf dem ersten Objekt, dem `Dog`-Objekt, wieder. Das Programm ruft die virtuelle Methode `Speak` auf und aktiviert die korrekte Version. Es schließt sich der Aufruf der Methode `Clone` an. Da sie ebenfalls virtuell ist, folgt der Aufruf der Methode `Clone` des `Dog`-Objekts, was zum Aufruf des `Mammal`-Konstruktors und des `Dog`-Kopierkonstruktors führt.

Das Gleiche wiederholt sich für `Cat` in den Ausgabezeilen 12 bis 14 und für `Mammal` in den Ausgabezeilen 15 und 16. Schließlich wird das neue Array durchlaufen, wobei jedes neue Objekt die Methode `Speak` aufruft.

Der Preis der virtuellen Methoden

Da Objekte mit virtuellen Methoden über eine V-Tabelle arbeiten, fallen zusätzliche Verwaltungsaufgaben an. Bei einer kleinen Klasse, von der man kaum eine andere Klasse ableitet, gibt es für virtuelle Methoden überhaupt keine Berechtigung.

Hat man irgendwelche Methoden als virtuell deklariert, sind die »Anschaffungskosten« für die V-Tabelle zum größten Teil bereits bezahlt (auch wenn jeder Eintrag etwas zusätzliche Speicherverwaltung mit sich bringt). Jetzt kommt der Zeitpunkt, wo der Destruktor auch virtuell sein soll und man schließt messerscharf, dass alle anderen Methoden wahrscheinlich ebenfalls virtuell werden. Sehen Sie sich eingehend alle nicht virtuellen Methoden an, bis Ihnen klar ist, warum diese nicht virtuell sind.

Was Sie tun sollen	**Was nicht**
Verwenden Sie virtuelle Methoden, wenn man davon ausgehen kann, dass eine Klasse diese Methode ableitet.	
Verwenden Sie einen virtuellen Destruktor, wenn irgendeine Methode virtuell ist.	
Kennzeichnen Sie den Konstruktor nicht als virtuell.	

Zusammenfassung

In dieser Stunde haben Sie gelernt, wie man virtuelle Elementfunktionen einsetzt, um den abgeleiteten Klassen ein polymorphes Verhalten bezüglich ihrer Basisklassen zu ermöglichen.

In Klassen mit virtuellen Methoden sollte man den Destruktor eigentlich immer als virtuell deklarieren. Ein virtueller Destruktor stellt sicher, dass der abgeleitete Teil des Objekts beim Aufruf von `delete` auf dem Zeiger freigegeben wird. Konstruktoren dürfen nicht virtuell sein. Virtuelle Kopierkonstruktoren lassen sich effektiv erzeugen, indem man eine virtuelle Funktion einrichtet, die den Kopierkonstruktor aufruft.

Fragen und Antworten

F Warum deklariert man nicht alle Funktionen einer Klasse als virtuell?

A *Bei der ersten virtuellen Funktion entsteht zusätzlicher Verwaltungsaufwand durch das Anlegen einer V-Tabelle. Danach lässt sich der Overhead vernachlässigen. Viele C++-Programmierer gehen einfach davon aus, dass alle Funktionen virtuell zu sein haben, wenn mindestens eine Funktion als virtuell deklariert ist. Andere Programmierer stimmen damit nicht überein, sondern fragen immer nach einem vernünftigen Grund für eine virtuelle Funktion.*

F Angenommen sei eine virtuelle Funktion `SomeFunc` in einer Basisklasse. Diese Funktion wird überladen und übernimmt entweder einen oder zwei Integer-Wert(e). Die abgeleitete Klasse redefiniert nun die Version mit *einem* Integer-Wert. Welche Funktion wird dann aktiviert, wenn ein Zeiger auf ein abgeleitetes Objekt die Version mit *zwei* Integer-Argumenten aufruft?

A *Das Redefinieren der Version mit einem Integer-Argument verbirgt die gesamte Funktion der Basisklasse. Demzufolge erhält man einen Compiler-Fehler mit dem Hinweis, dass diese Funktion nur einen Integer-Wert erfordert.*

Stunde 18

Polymorphie – weiterführende Themen

In den vorherigen Stunden haben Sie gelernt, wie man virtuelle Funktionen in abgeleiteten Klassen schreibt. Es handelt sich hier um den Grundpfeiler der Polymorphie: die Fähigkeit, spezielle, abgeleitete Klassenobjekte an Zeiger der Basisklasse zur Laufzeit zu binden.

In dieser Stunde lernen Sie,

- was man unter »absteigender Typumwandlung« versteht und warum man sie einsetzt,
- was abstrakte Datentypen sind,
- was abstrakte Funktionen sind.

Probleme mit einfacher Vererbung

In den vorherigen Kapiteln wurde die polymorphe Behandlung abgeleiteter Objekte bezüglich ihrer Basisklassen besprochen. Wenn zum Beispiel die Methode `Speak` der Basisklasse in der abgeleiteten Klasse redefiniert wird, führt ein Zeiger auf ein Basisobjekt, dem ein abgeleitetes Objekt zugewiesen wurde, »die richtige Sache« aus. Listing 18.1 verdeutlicht dieses Konzept.

Eingabe ***Listing 18.1: Virtuelle Methoden***

```
 // Listing 18.1 - Virtuelle Methoden
#include <iostream.h>
class Mammal
{
public:
   Mammal():itsAge(1) { cout << "Mammal-Konstruktor...\n"; }
   ~Mammal() { cout << "Mammal-Destruktor...\n"; }
   virtual void Speak() const { cout << "Mammal gib Laut!\n"; }
protected:
   int itsAge;
 };

 class Cat: public Mammal
 {
 public:
    Cat() { cout << "Cat-Konstruktor...\n"; }
    ~Cat() { cout << "Cat-Destruktor...\n"; }
    void Speak()const { cout << "Miau\n"; }
 };

 int main()
 {
    Mammal *pCat = new Cat;
```

```
24:        pCat ->Speak();
25:        return 0;
26:    }
```

```
Mammal-Konstruktor...
Cat-Konstruktor...
Miau!
```

Zeile 8 deklariert `Speak` als virtuelle Methode. Zeile 18 redefiniert diese Methode und Zeile 24 ruft sie auf. Beachten Sie wieder, dass `pCat` als Zeiger auf `Mammal` deklariert ist, aber die Adresse von `Cat` zugewiesen bekommt. Es handelt sich hier um das in Stunde 17 behandelte Wesen der Polymorphie.

Was passiert aber, wenn man eine Methode in Cat hinzufügen möchte, die für `Mammal` nicht passend ist? Nehmen wir zum Beispiel an, es sei eine Methode namens `Purr` (Schnurren) hinzuzufügen. Katzen schnurren, andere Säugetiere aber nicht. Die Klasse definiert man dann etwa wie folgt:

```
class Cat: public Mammal
{
public:
   Cat() { cout << "Cat-Konstruktor...\n"; }
   ~Cat() { cout << "Cat-Destruktor...\n"; }
  void Speak()const { cout << "Miau\n"; }
  void Purr()const { cout << "rrrrrrrrrrrrrrr\n"; }
};
```

Das Problem hierbei: Wenn man `Purr` auf dem Zeiger aufruft, erhält man den Compiler-Fehler:

```
error C2039: 'Purr' : ist kein Element von 'Mammal'
```

Wenn der Compiler versucht, `Purr` in seiner virtuellen `Mammal`-Tabelle aufzulösen, gibt es keinen Eintrag. Nun bieten sich mehrere Kompromisslösungen an.

Man kann diese Methode nach oben in die Basisklasse verschieben, was zwar funktioniert, aber einem guten Programmierstil widerspricht. Wenn man die Basisklasse mit Methoden aufbläht, die zu abgeleiteten Klassen spezifisch sind, produziert man schwer zu wartenden Code.

In der Tat spiegelt das gesamte Problem einen schlechten Entwurf wider. Hat man nämlich einen Zeiger auf eine Basisklasse, dem ein abgeleitetes Klassenobjekt zugewiesen ist, möchte man im Allgemeinen dieses Objekt polymorph verwenden. In diesem Fall sollte man nicht einmal versuchen, auf Methoden zuzugreifen, die spezifisch zur abgeleiteten Klasse sind.

Um es deutlicher zu sagen: Das Problem ist nicht, dass man solche spezifischen Methoden hat, sondern dass man versucht, auf sie über den Basisklassenzeiger zuzugreifen. Verfügt man über einen derartigen Zeiger, würde man im Idealfall gar nicht versuchen, an derartige Methoden heranzukommen.

Der Idealfall tritt aber selten ein und irgendwann hat man eine ganze Sammlung von Basisobjekten – beispielsweise einen Zoo voller Säugetiere. Nun kann es vorkommen, dass man ein `Cat`-Objekt erzeugt hat und das verflixte Ding zum Schnurren bringen will. Dann bleibt einem nichts weiter übrig, als etwas zu mogeln.

Und das funktioniert folgendermaßen: Man wandelt den Zeiger der Basisklasse in den abgeleiteten Typ um. Man sagt zum Compiler: »Schau an, mein Freund, ich weiß zufällig, dass es wirklich eine Katze ist, mache also genau das, was ich dir sage.« Freundliche Worte allein genügen aber nicht, denn man presst praktisch ein Katzen-Verhalten aus einem `Mammal`-Zeiger heraus.

Zu diesem Zweck steht der neue Operator `dynamic_cast` zur Verfügung. Dieser Operator gewährleistet eine sichere Typumwandlung. Darüber hinaus lassen sich durch diesen Operator schnell diejenigen Stellen im Code finden, wo man dieses Verfahren einsetzt, und man kann die entsprechenden Abschnitte schnell umarbeiten, sobald man eine bessere Lösung gefunden hat.

Wenn man einen Zeiger auf eine Basisklasse wie `Mammal` hat und ihm einen Zeiger auf eine abgeleitete Klasse wie `Cat` zuweist, kann man den `Mammal`-Zeiger polymorph verwenden. Muss man dann an das `Cat`-Objekt herankommen, um zum Beispiel die `Purr`-Methode aufzurufen, erzeugt man einen `Cat`-Zeiger und nimmt die Umwandlung mit dem Operator `dynamic_cast` vor.

Zur Laufzeit wird der Basiszeiger untersucht. Geht die Umwandlung in Ordnung, erhält man einen einwandfreien neuen `Cat`-Zeiger. Wenn überhaupt kein `Cat`-Objekt existiert und die Umwandlung scheitert, bekommt man als neuen Zeiger `NULL` zurück. Listing 18.2 verdeutlicht dies.

Eingabe ***Listing 18.2: Dynamische Typumwandlung***

```
// Listing 18.2 - Dynamische Typumwandlung
#include <iostream.h>
class Mammal
{
public:
   Mammal():itsAge(1) { cout << "Mammal-Konstruktor...\n"; }
   ~Mammal() { cout << "Mammal-Destruktor...\n"; }
   virtual void Speak() const { cout << "Mammal gib Laut!\n"; }
protected:
       int itsAge;
```

```
      };

class Cat: public Mammal
{
public:
   Cat() { cout << "Cat-Konstruktor...\n"; }
   ~Cat() { cout << "Cat-Destruktor...\n"; }
   void Speak()const { cout << "Miau\n"; }
   void Purr() const { cout << "rrrrrrrrrrr\n"; }
};

class Dog: public Mammal
{
public:
   Dog() { cout << "Dog-Konstruktor...\n"; }
   ~Dog() { cout << "Dog-Destruktor...\n"; }
   void Speak()const { cout << "Wuff!\n"; }
};


int main()
{
   const int NumberMammals = 3;
   Mammal* Zoo[NumberMammals];
   Mammal* pMammal;
   int choice,i;
   for (i=0; i<NumberMammals; i++)
   {
      cout << "(1)Hund (2)Katze: ";
      cin >> choice;
      if (choice == 1)
         pMammal = new Dog;
      else
         pMammal = new Cat;

      Zoo[i] = pMammal;
   }

   cout << "\n";

   for (i=0; i<NumberMammals; i++)
   {
      Zoo[i] ->Speak();

      Cat *pRealCat = 0;
      pRealCat = dynamic_cast< Cat *> (Zoo[i]);

```

```
58:         if (pRealCat)
59:             pRealCat->Purr();
60:         else
61:             cout << "Oh nein, keine Katze!\n";
62:
63:         delete Zoo[i];
64:         cout << "\n";
65:     }
66:
67:     return 0;
68: }
```

Ausgabe

```
(1)Hund (2)Katze: 1
Mammal-Konstruktor...
Dog-Konstruktor...
(1)Hund (2)Katze: 2
Mammal-Konstruktor...
Cat-Konstruktor...
(1)Hund (2)Katze: 1
Mammal-Konstruktor...
Dog-Konstruktor...

Wuff!
Oh nein, keine Katze!
Mammal-Destruktor...

Miau
rrrrrrrrrr
Mammal-Destruktor...

Wuff!
Oh nein, keine Katze!
Mammal-Destruktor...
```

Analyse

Die Zeilen 37 bis 47 fragen den Benutzer, ob er entweder ein `Cat`- oder ein `Dog`-Objekt in das Array der `Mammal`-Zeiger aufnehmen möchte. Zeile 51 geht das Array durch und in Zeile 53 wird die virtuelle Methode `Speak` jedes Objekts aufgerufen. Diese Methoden reagieren polymorph: Katzen miauen und Hunde sagen Wuff!

In Zeile 59 sollen die `Cat`-Objekte schnurren. Diese Methode soll aber nicht auf `Dog`-Objekten aufgerufen werden. In Zeile 56 stellt daher der Operator `dynamic_cast` sicher, dass der Aufruf von `Purr` auf einem `Cat`-Objekt erfolgt. Ist dieses vorhanden, wird der Zeiger nicht `NULL` und besteht den Test in Zeile 58.

Abstrakte Datentypen

Häufig bildet man eine geschlossene Hierarchie von Klassen. Beispielsweise erzeugt man eine Klasse `Shape` (Form) und leitet davon `Rectangle` (Rechteck) und `Circle` (Kreis) ab. Als Spezialfall des Rechtecks lässt sich von `Rectangle` die Klasse `Square` (Quadrat) ableiten.

Alle abgeleiteten Klassen redefinieren die Methode `Draw`, die Methode `GetArea` (Fläche ermitteln) usw. Listing 18.3 zeigt das Grundgerüst einer Implementierung der `Shape`-Klasse und die davon abgeleiteten Klassen `Circle` und `Rectangle`.

Eingabe

Listing 18.3: Shape-Klassen

```
// Listing 18.3. Shape-Klassen

#include <iostream.h>

class Shape
{
public:
   Shape(){}
   ~Shape(){}
   virtual long GetArea() { return -1; } // Fehler
   virtual long GetPerim() { return -1; }
   virtual void Draw() {}
private:
};

class Circle : public Shape
{
public:
      Circle(int radius):itsRadius(radius){}
      ~Circle(){}
      long GetArea() { return 3 * itsRadius * itsRadius; }
      long GetPerim() { return 9 * itsRadius; }
      void Draw();
private:
   int itsRadius;
   int itsCircumference;
};

void Circle::Draw()
{
   cout << "Routine zum Zeichnen eines Kreises an dieser Stelle!\n";
}
```

```
class Rectangle : public Shape
{
public:
      Rectangle(int len, int width):
         itsLength(len), itsWidth(width){}
      ~Rectangle(){}
      virtual long GetArea() { return itsLength * itsWidth; }
      virtual long GetPerim() {return 2*itsLength + 2*itsWidth; }
      virtual int GetLength() { return itsLength; }
      virtual int GetWidth() { return itsWidth; }
      virtual void Draw();
private:
   int itsWidth;
   int itsLength;
};

void Rectangle::Draw()
{
   for (int i = 0; i<itsLength; i++)
   {
      for (int j = 0; j<itsWidth; j++)
         cout << "x ";

      cout << "\n";
   }
}

class Square : public Rectangle
{
public:
      Square(int len);
      Square(int len, int width);
      ~Square(){}
      long GetPerim() {return 4 * GetLength();}
};

Square::Square(int len):
   Rectangle(len,len)
{}

Square::Square(int len, int width):
   Rectangle(len,width)

{
   if (GetLength() != GetWidth())
      cout << "Fehler, kein Quadrat... ein Rechteck??\n";
```

```
    }

    int main()
    {
       int choice;
       bool fQuit = false;
       Shape * sp;

       while (1)
       {
          cout << "(1)Kreis (2)Rechteck (3)Quadrat (0)Beenden: ";
          cin >> choice;

          switch (choice)
          {
             case 1: sp = new Circle(5);
             break;
            case 2: sp = new Rectangle(4,6);
            break;
            case 3: sp = new Square(5);
            break;
            default: fQuit = true;
            break;
         }
         if (fQuit)
            break;

         sp->Draw();
         cout << "\n";
      }
      return 0;
   }
```

```
(1)Kreis (2)Rechteck (3)Quadrat (0)Beenden: 2
x x x x x x
x x x x x x
x x x x x x
x x x x x x
(1)Kreis (2)Rechteck (3)Quadrat (0)Beenden: 3
x x x x x
x x x x x
x x x x x
x x x x x
x x x x x
(1)Kreis (2)Rechteck (3)Quadrat (0)Beenden: 0
```

Analyse

Die Zeilen 5 bis 14 deklarieren die Klasse `Shape`. Die Methoden `GetArea` und `GetPerim` liefern einen Fehlerwert zurück und `Draw` führt keine Aktionen aus. Was bedeutet es schließlich, eine Form zu zeichnen? Nur bestimmte Formen (Kreise, Rechtecke usw.) lassen sich zeichnen, Formen als Abstraktion sind nicht darstellbar.

`Circle` leitet sich von `Shape` ab und redefiniert drei virtuelle Methoden. Beachten Sie, dass es keinen Grund gibt, das Schlüsselwort `virtual` hinzuzufügen, da es Bestandteil der Vererbung virtueller Methoden ist. Allerdings schadet es auch nichts, wenn man es trotzdem angibt, wie es in der Klasse `Rectangle` auf den Zeilen 41 bis 45 zu sehen ist. Es empfiehlt sich, den Begriff `virtual` als Erinnerung oder eine Form der Dokumentation aufzunehmen.

`Square` leitet sich von `Rectangle` ab, redefiniert ebenfalls die Methode `GetPerim` und erbt die restlichen Methoden, die in `Rectangle` definiert sind.

Da es Probleme gibt, wenn ein Klient ein `Shape`-Objekt instantiiert, wäre es wünschenswert, dieses zu verhindern. Die Klasse `Shape` existiert nur, um eine Schnittstelle für die davon abgeleiteten Klassen bereitzustellen. Als solches handelt es sich um einen *abstrakten Datentyp* (ADT).

Ein abstrakter Datentyp repräsentiert ein Konzept (wie `Shape`) und nicht ein Objekt (wie `Circle`). In C++ ist ein ADT immer die Basisklasse für andere Klassen und es ist nicht erlaubt, Instanzen eines ADT zu erzeugen.

Abstrakte Funktionen

Abstrakte oder »rein virtuelle« Funktionen lassen sich in C++ erzeugen, indem man die Funktion als `virtual` deklariert und mit `0` initialisiert:

```
virtual void Draw() = 0;
```

Jede Klasse mit einer oder mehreren abstrakten Funktionen ist ein abstrakter Datentyp. Es ist verboten, ein Objekt von einer als ADT fungierenden Klasse zu instantiieren. Der Versuch ist bereits strafbar und führt zu einem Compiler-Fehler. Bringt man eine abstrakte Funktion in einer Klasse unter, signalisiert man den Klienten der Klasse zwei Dinge:

- Erzeuge kein Objekt dieser Klasse, sondern leite von dieser Klasse ab.
- Redefiniere auf jeden Fall die abstrakte Funktion.

Von einem ADT abgeleitete Klassen erben die abstrakte Funktion in ihrer »reinen« Form. Aus diesem Grund muss man jede abstrakte Funktion redefinieren, wenn man Objekte instantiieren möchte. Wenn also `Rectangle` von `Shape` erbt und `Shape` über drei abstrakte Funktionen verfügt, muss `Rectangle` alle drei redefinieren – oder `Rectangle` bleibt ebenfalls ein ADT. In Listing 18.4 liegt die Klasse `Shape` in einer neuen Fassung als abstrakter Datentyp vor. Um Platz zu sparen, sei auf die

Wiederholung des restlichen Teils von Listing 18.3 verzichtet. Ersetzen Sie bitte die Deklaration von Shape in den Zeilen 5 bis 14 von Listing 18.3 durch die Deklaration von Shape in Listing 18.4 und starten Sie das Programm erneut.

Eingabe

Listing 18.4: Abstrakte Datentypen

```
class Shape
{
public:
      Shape(){}
      ~Shape(){}
      virtual long GetArea() = 0;
      virtual long GetPerim()= 0;
      virtual void Draw() = 0;
private:
};
```

Ausgabe

```
(1)Kreis (2)Rechteck (3)Quadrat (0)Beenden: 2
x x x x x x
x x x x x x
x x x x x x
x x x x x x
(1)Kreis (2)Rechteck (3)Quadrat (0)Beenden: 3
x x x x x
x x x x x
x x x x x
x x x x x
x x x x x
(1)Kreis (2)Rechteck (3)Quadrat (0)Beenden: 0
```

Analyse

Wie Sie feststellen, hat sich die Arbeitsweise des Programms überhaupt nicht geändert. Der einzige Unterschied ist, dass man nun keine Objekte der Klasse Shape erzeugen kann.

Abstrakte Datentypen

Eine Klasse deklariert man als abstrakten Datentyp, indem man eine oder mehrere abstrakte oder »rein virtuelle« Funktionen in die Klassendeklaration aufnimmt. Deklarieren Sie eine abstrakte Funktion, indem Sie `= 0` hinter die Funktionsdeklaration schreiben.

Eine Klasse deklariert man als abstrakten Datentyp, indem man eine oder mehrere abstrakte oder »rein virtuelle« Funktionen in die Klassendeklaration aufnimmt. Deklarieren Sie eine abstrakte Funktion, indem Sie `= 0` hinter die Funktionsdeklaration schreiben.

Dazu ein Beispiel:

```
class Shape
{
    virtual void Draw() = 0;     // abstrakt
};
```

Abstrakte Funktionen implementieren

Normalerweise implementiert man abstrakte Funktionen in einer abstrakten Basisklasse überhaupt nicht. Da niemals Objekte dieses Typs erzeugt werden, gibt es keinen Anlass, Implementierungen bereitzustellen. Der ADT arbeitet damit ausschließlich als Definition einer Schnittstelle auf Objekte, die sich von ihm ableiten.

Es ist allerdings möglich, eine Implementierung für eine abstrakte Funktion anzugeben. Die Funktion lässt sich dann von Objekten aufrufen, die vom ADT abgeleitet sind, etwa um allen redefinierten Funktionen eine gemeinsame Funktionalität zu verleihen. Listing 18.5 bringt eine Neuauflage von Listing 18.3, realisiert `Shape` aber jetzt als ADT und mit einer Implementierung für die abstrakte Funktion `Draw`. Die Klasse `Circle` redefiniert `Draw` wie erforderlich, holt sich dann aber zusätzliche Funktionalität über die Funktion der Basisklasse.

In diesem Beispiel besteht die zusätzliche Funktionalität einfach in einer weiteren Meldung. Die Basisklasse könnte aber auch einen gemeinsam genutzten Zeichenmechanismus bereitstellen, der zum Beispiel ein Fenster einrichtet, mit dem alle abgeleiteten Klassen arbeiten.

Eingabe

Listing 18.5: Abstrakte Funktionen implementieren

```
// Abstrakte Funktionen implementieren

#include <iostream.h>

class Shape
{
  public:
    Shape(){}
    ~Shape(){}
```

```
    virtual long GetArea() = 0;
    virtual long GetPerim()= 0;
    virtual void Draw() = 0;
  private:
};

void Shape::Draw()
{
    cout << "Abstrakter Zeichenmechanismus!\n";
}

class Circle : public Shape
{
  public:
    Circle(int radius):itsRadius(radius){}
    ~Circle(){}
    long GetArea() { return 3 * itsRadius * itsRadius; }
    long GetPerim() { return 9 * itsRadius; }
    void Draw();
  private:
    int itsRadius;
    int itsCircumference;
};

void Circle::Draw()
{
    cout << "Zeichenroutine fuer Kreis an dieser Stelle!\n";
    Shape::Draw();
}


class Rectangle : public Shape
{
  public:
    Rectangle(int len, int width):
    itsLength(len), itsWidth(width){}
    ~Rectangle(){}
    long GetArea() { return itsLength * itsWidth; }
    long GetPerim() {return 2*itsLength + 2*itsWidth; }
    virtual int GetLength() { return itsLength; }
    virtual int GetWidth() { return itsWidth; }
    void Draw();
  private:
    int itsWidth;
    int itsLength;
};

```

```
void Rectangle::Draw()
{
    for (int i = 0; i<itsLength; i++)
    {
        for (int j = 0; j<itsWidth; j++)
            cout << "x ";

        cout << "\n";
    }
    Shape::Draw();
}


class Square : public Rectangle
{
  public:
    Square(int len);
    Square(int len, int width);
    ~Square(){}
    long GetPerim() {return 4 * GetLength();}
};

Square::Square(int len):
Rectangle(len,len)
{}

Square::Square(int len, int width):
Rectangle(len,width)

{
    if (GetLength() != GetWidth())
        cout << "Fehler, kein Quadrat... ein Rechteck??\n";
}

int main()
{
    int choice;
    bool fQuit = false;
    Shape * sp;

    while (1)
    {
        cout << "(1)Kreis (2)Rechteck (3)Quadrat (0)Beenden: ";
       cin >> choice;

       switch (choice)
       {
```

```
104:             case 1: sp = new Circle(5);
105:             break;
106:             case 2: sp = new Rectangle(4,6);
107:             break;
108:             case 3: sp = new Square (5);
109:             break;
110:             case 3: sp = new Square (5);
111:             break;
112:          }
113:          if (fQuit)
114:             break;
115:
116:          sp->Draw();
117:          cout << "\n";
118:       }
119:       return 0;
120:
```

Ausgabe

```
(1)Kreis (2)Rechteck (3)Quadrat (0)Beenden: 2
x x x x x x
x x x x x x
x x x x x x
x x x x x x
Abstrakter Zeichenmechanismus!

(1)Kreis (2)Rechteck (3)Quadrat (0)Beenden: 3
x x x x x
x x x x x
x x x x x
x x x x x
x x x x x
Abstrakter Zeichenmechanismus!

(1)Kreis (2)Rechteck (3)Quadrat (0)Beenden: 0
```

Analyse

Die Zeilen 5 bis 14 deklarieren den abstrakten Datentyp `Shape`. Hier sind alle drei Zugriffsmethoden als abstrakt deklariert – es hätte auch eine genügt. Wenn irgendeine Methode als abstrakt deklariert ist, wird die gesamte Klasse zu einem ADT.

Die Methoden `GetArea` und `GetPerim` sind nicht implementiert, `Draw` hat dagegen eine Implementierung. `Circle` und `Rectangle` redefinieren `Draw` und beide rufen die Basismethode auf, um die gemeinsam genutzte Funktionalität in der Basisklasse zu übernehmen.

Komplexe Abstraktionshierarchien

Manchmal leitet man ADTs von anderen ADTs ab, um etwa einige der abgeleiteten Funktionen »nicht rein« zu machen und andere »rein« zu belassen.

Wenn man die Klasse `Animal` erzeugt, kann man `Eat` (Essen), `Sleep` (Schlafen), `Move` (Bewegen) und `Reproduce` (Fortpflanzen) als abstrakte Funktionen deklarieren. Von `Animal` leitet man vielleicht `Mammal` und `Fish` ab.

Da sich die Säugetiere in der gleichen Weise fortpflanzen, deklarieren Sie `Mammal::Reproduce` als nicht rein, belassen aber `Eat`, `Sleep` und `Move` als abstrakte Funktionen.

Von `Mammal` leiten Sie `Dog` ab und `Dog` muss die drei restlichen abstrakten Funktionen redefinieren und implementieren, damit sich Objekte vom Typ `Dog` erzeugen lassen.

Als Klassenentwickler haben Sie damit gesagt, dass sich keine `Animals` oder `Mammals` instantiieren lassen, aber dass alle `Mammals` die bereitgestellte Methode `Reproduce` erben können, ohne sie zu redefinieren.

Listing 18.6 zeigt diese Technik mit einer gerüstartigen Implementierung dieser Klassen.

Eingabe ***Listing 18.6: ADTs von anderen ADTs ableiten***

```
// Listing 18.6
// ADTs von anderen ADTs ableiten
#include <iostream.h>

enum COLOR { Red, Green, Blue, Yellow, White, Black, Brown } ;

class Animal        // Gemeinsame Basisklasse sowohl für Horse als auch Fish
{
  public:
    Animal(int);
    virtual ~Animal() { cout << "Animal-Destruktor...\n"; }
    virtual int GetAge() const { return itsAge; }
    virtual void SetAge(int age) { itsAge = age; }
    virtual void Sleep() const = 0;
    virtual void Eat() const = 0;
    virtual void Reproduce() const = 0;
    virtual void Move() const = 0;
```

```
    virtual void Speak() const = 0;
  private:
    int itsAge;
};

Animal::Animal(int age):
itsAge(age)
{
    cout << "Animal-Konstruktor...\n";
}

class Mammal : public Animal
{
  public:
    Mammal(int age):Animal(age){ cout << "Mammal Konstruktor...\n";}
    ~Mammal() { cout << "Mammal-Destruktor...\n";}
    virtual void Reproduce() const
        { cout << "Mammal Fortpflanzung...\n"; }
};

class Fish : public Animal
{
  public:
    Fish(int age):Animal(age){ cout << "Fish-Konstruktor...\n";}
    virtual ~Fish() {cout << "Fish-Destruktor...\n";  }
    virtual void Sleep() const { cout << "Fisch schlummert...\n"; }
    virtual void Eat() const { cout << "Fisch fuettern...\n"; }
    virtual void Reproduce() const { cout << "Fisch legt Eier...\n"; }
    virtual void Move() const { cout << "Fisch schwimmt...\n";   }
    virtual void Speak() const { }
};

class Horse : public Mammal
{
  public:
    Horse(int age, COLOR color ):
    Mammal(age), itsColor(color) { cout << "Horse Konstruktor...\n"; }
    virtual ~Horse() { cout << "Horse-Destruktor...\n"; }
    virtual void Speak()const { cout << "Wieher!... \n"; }
    virtual COLOR GetItsColor() const { return itsColor; }
    virtual void Sleep() const { cout << "Pferd schlaeft...\n"; }
    virtual void Eat() const { cout << "Pferd fuettern...\n"; }
    virtual void Move() const { cout << "Pferd laeuft...\n";}
```

```

  protected:
    COLOR itsColor;
};

class Dog : public Mammal
{
  public:
    Dog(int age, COLOR color ):
    Mammal(age), itsColor(color) { cout << "Dog-Konstruktor...\n"; }
    virtual ~Dog() { cout << "Dog-Destruktor...\n"; }
    virtual void Speak()const { cout << "Wuff!... \n"; }
    virtual void Sleep() const { cout << "Hund schlaeft...\n"; }
    virtual void Eat() const { cout << "Hund frisst...\n"; }
    virtual void Move() const  { cout << "Hund laeuft...\n"; }
    virtual void Reproduce() const { cout << "Hunde pflanzen sich fort...\n"; }

  protected:
    COLOR itsColor;
};

int main()
{
    Animal *pAnimal=0;
    int choice;
    bool fQuit = false;

    while (1)
    {
        cout << "(1)Hund (2)Pferd (3)Fisch (0)Beenden: ";
        cin >> choice;

        switch (choice)
        {
            case 1: pAnimal = new Dog(5,Brown);
            break;
            case 2: pAnimal = new Horse(4,Black);
            break;
            case 3: pAnimal = new Fish (5);
           break;
           default: fQuit = true;
           break;
         }
         if (fQuit)
           break;
```

```
106:
107:         pAnimal->Speak();
108:         pAnimal->Eat();
109:         pAnimal->Reproduce();
110:         pAnimal->Move();
111:         pAnimal->Sleep();
112:         delete pAnimal;
113:         cout << "\n";
114:     }
115:
116:
117:
118:     return 0;
119:}
```

```
(1)Hund (2)Pferd (3)Fisch (0)Beenden: 1
Animal-Konstruktor...
Mammal-Konstruktor...
Dog-Konstruktor...
Wuff!...
Hund frisst...
Hunde pflanzen sich fort....
Hund laeuft...
Hund schlaeft...
Dog-Destruktor...
Mammal-Destruktor...
Animal-Destruktor...

(1)Hund (2)Pferd (3)Fisch (0)Beenden: 0
```

Die Zeilen 7 bis 21 deklarieren den abstrakten Datentyp `Animal`. Die virtuellen Zugriffsfunktionen für `itsAge` sind nicht abstrakt. Alle `Animal`-Objekte nutzen diese Funktionen gemeinsam. Weiterhin gibt es die fünf abstrakten Funktionen `Sleep`, `Eat`, `Reproduce`, `Move` und `Speak`.

Die Deklaration der von `Animal` abgeleiteten Klasse `Mammal` steht in den Zeilen 29 bis 36. Die Klasse fügt keine neuen Daten hinzu. Allerdings redefiniert `Mammal` die Funktion `Reproduce`, um eine allgemeine Form der Fortpflanzung für alle Säugetiere bereitzustellen. `Fish` muss `Reproduce` redefinieren, da sich `Fish` direkt von `Animal` ableitet und nicht die Fortpflanzung von Säugetieren nutzen kann. (Logisch, oder?)

`Mammal`-Klassen brauchen nun nicht mehr die Funktion `Reproduce` zu redefinieren, können es aber bei Bedarf tun, wie zum Beispiel `Dog` in Zeile 76. `Fish`, `Horse` und `Dog` redefinieren die restlichen abstrakten Funktionen, so dass sich Objekte des jeweiligen Typs instantiieren lassen.

Der Rumpf des Programms verwendet einen `Animal`-Zeiger, um auf die verschiedenartigen abgeleiteten Objekte der Reihe nach zu verweisen. Beim Aufruf der virtuellen Methoden wird die jeweils richtige Methode in der abgeleiteten Klasse gemäß der Laufzeitbindung des Zeigers aufgerufen.

Versucht man, ein `Animal` oder ein `Mammal` zu instantiieren, erhält man einen Compiler-Fehler, da beides abstrakte Datentypen sind.

Welche Typen sind abstrakt?

In einem Programm ist die Klasse `Animal` abstrakt, in einem anderen nicht. Woraus ergibt sich, dass eine Klasse abstrakt ist?

Diese Frage lässt sich nicht global beantworten. Es hängt immer davon ab, was in dem jeweiligen Programm sinnvoll ist. In einem Programm für einen Bauernhof oder einen Zoo deklariert man `Animal` zum Beispiel als abstrakten Datentyp und `Dog` als Klasse, von der man Objekte instantiieren kann.

Wenn man andererseits einen Hundezwinger erstellt, kann man `Dog` als abstrakten Datentyp deklarieren und nur Hunderassen instantiieren: Spürhunde, Terrier usw. Die Abstraktionsebene ist davon abhängig, wie fein man die Typen unterscheiden muss.

Was Sie tun sollen	**Was nicht**
Verwenden Sie abstrakte Datentypen, um gemeinsame Funktionalität für mehrere verwandte Klassen bereitzustellen.	
Redefinieren Sie alle abstrakten Funktionen.	
Deklarieren Sie alle Funktionen als abstrakt, die zu redefinieren sind.	
	Versuchen Sie nicht, ein Objekt eines abstrakten Datentyps zu instantiieren.

Zusammenfassung

In dieser Stunde haben Sie gelernt, wie man den Operator `dynamic_cast` einsetzt, um eine »absteigende« (oder dynamische) Typenumwandlung in der Vererbungshierarchie zu realisieren. Außerdem haben Sie gelernt, warum das ein Zeichen für schlechten Klassenentwurf ist.

Sie haben gesehen, wie man abstrakte Datentypen mit Hilfe von abstrakten Funktionen erzeugt und wie man abstrakte Funktionen implementiert, damit sie sich durch die abgeleiteten Klassen nutzen lassen.

Fragen und Antworten

F Was bedeutet das Delegieren der Funktionalität nach oben?

A *Es handelt sich um eine Verlagerung der Funktionalität in eine darüber liegende, gemeinsame Basisklasse. Wenn mehrere Klassen eine Funktion gemeinsam nutzen, ist es sinnvoll, eine gemeinsame Basisklasse zu suchen, in der sich diese Funktion unterbringen lässt.*

F Ist das Delegieren nach oben immer empfehlenswert?

A *Ja, wenn man gemeinsam genutzte Funktionalität nach oben verschiebt. Nein, wenn man lediglich die Schnittstelle nach oben bringt. Das heißt, wenn nicht alle abgeleiteten Klassen die Methode verwenden können, ist es ein Missgriff, diese Funktion in eine gemeinsam genutzte Basisklasse zu verlagern. Wenn man es doch tut, muss man den Laufzeittyp des Objekts aktivieren, bevor man entscheidet, ob man die Funktion aufrufen kann.*

F Warum ist dynamische Typenumwandlung nicht zu empfehlen?

A *Das Grundanliegen der virtuellen Funktionen besteht darin, die virtuelle Tabelle und nicht den Programmierer über den Laufzeittyp des Objekts entscheiden zu lassen.*

F Warum soll man sich mit abstrakten Datentypen herumschlagen? Man könnte doch die nicht abstrakte Form beibehalten und einfach das Erzeugen von Objekten dieses Typs vermeiden.

A *Der Zweck vieler Konventionen in C++ besteht darin, den Compiler bei der Fehlersuche heranzuziehen, um Laufzeitfehler aus dem Code (den man schließlich verkaufen möchte) zu verbannen. Wenn man eine Klasse mit abstrakten Funktionen ausstattet und damit abstrakt macht, weist der Compiler mit einer entsprechenden Fehlermeldung auf alle Objekte hin, die man aus diesem abstrakten Typ erzeugen möchte.*

Stunde 19

Verkettete Listen

In den vorherigen Stunden haben Sie die Vererbung, die Polymorphie und abstrakte Datentypen kennen gelernt. Weiterhin wurden Arrays behandelt. Wir steigen nun tiefer in die Materie der Arrays ein und wenden in diesem Zusammenhang die Grundlagen der objektorientierten Programmierung an: Vererbung, Polymorphie und Kapselung.

In dieser Stunde lernen Sie,

- was eine verkettete Liste ist,
- wie man eine verkettete Liste erzeugt,
- wie man die Funktionalität durch Vererbung kapselt.

Verkettete Listen und andere Strukturen

Arrays lassen sich in vielerlei Hinsicht mit Tupperware vergleichen. Es sind hervorragende Behälter, sie besitzen aber eine feste Größe. Wählt man einen zu großen Behälter, verschwendet man Platz im Kühlschrank. Nimmt man einen zu kleinen Behälter, quillt der Inhalt über.

Neuer Begriff

Als Problemlösung bietet sich eine verkettete Liste an. Dabei handelt es sich um eine Datenstruktur aus kleinen Behältern, die aneinander »gekoppelt« werden. Der Grundgedanke besteht darin, eine Klasse zu schreiben, die genau ein Objekt der Daten enthält – etwa ein `CAT`- oder ein `Rectangle`-Objekt – und auf den nächsten Behälter in der Liste zeigen kann. Man erzeugt einen Behälter für jedes zu speichernde Objekt und verkettet die Behälter nach Bedarf.

Die Behälter heißen Knoten. Den ersten Knoten in der Liste bezeichnet man als Kopf.

Man unterscheidet bei Listen drei grundlegende Formen. Von der einfachsten zur komplexesten sind das

- einfach verkettete Listen,
- doppelt verkettete Listen,
- Bäume.

Neuer Begriff

In einer *einfach verketteten Liste* zeigt jeder Knoten auf den nächsten, jedoch nicht auf den vorhergehenden. Um einen bestimmten Knoten zu finden, beginnt man am Anfang der Liste und tastet sich wie bei einer Schnitzeljagd (»der nächste Knoten liegt unter dem Sofa«) von Knoten zu Knoten. Eine doppelt verkettete Liste kann man sowohl in Vorwärts- als auch in Rückwärtsrichtung durchlaufen. Ein Baum ist eine komplexe Struktur, die sich aus Knoten aufbaut. Jeder Knoten kann in zwei oder drei Richtungen zeigen. Abbildung 19.1 zeigt diese drei fundamentalen Strukturen.

Informatiker haben noch komplexere und raffiniertere Datenstrukturen entwickelt, die nahezu alle auf untereinander verbundenen Knoten beruhen.

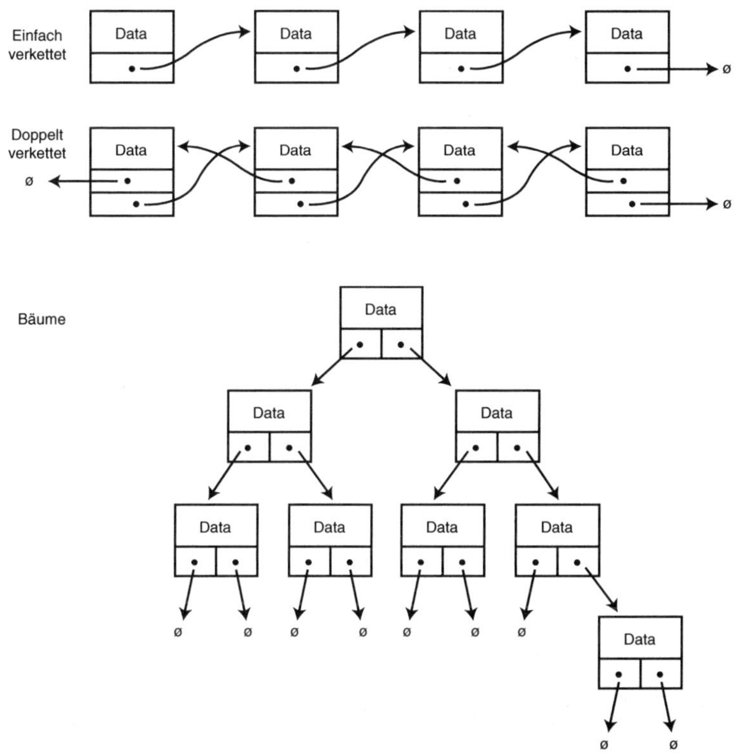

Abbildung 19.1: Verkettete Listen

Eine Fallstudie

In diesem Abschnitt untersuchen wir anhand einer Fallstudie eine verkettete Liste im Detail. Zum einen geht es darum, wie man komplexe Strukturen erzeugt, zum anderen, wie man große Projekte mit Vererbung, Polymorphie und Kapselung verwaltet.

Delegierung von Verantwortlichkeit

Eine grundlegende Prämisse der objektorientierten Programmierung besteht darin, dass jedes Objekt genau *eine* Aufgabe erledigt und alles, was nicht zu seinem »Kerngeschäft« gehört, an andere Objekte delegiert.

Ein Auto ist ein gutes Beispiel für dieses Konzept: Die Aufgabe des Motors besteht in der Leistungserzeugung. Die Verteilung dieser Leistung gehört nicht zu den Aufgaben des Motors, sondern kommt den Einrichtungen der Kraftübertragung zu. Die Rollbewegung realisiert weder der Motor noch die Kraftübertragung, diese Aufgabe wird an die Räder weitergereicht.

Eine gut konzipierte Maschine besteht aus einer Menge kleiner Teile mit genau umrissenen Aufgaben, die in ihrer Gesamtheit die vorgesehene Funktionalität realisieren. Das Gleiche gilt für ein gut konzipiertes Programm: Jede Klasse arbeitet still vor sich hin, zusammengenommen bilden sie die eierlegende Wollmilchsau.

Die Einzelkomponenten

Die verkettete Liste besteht aus Knoten. Die Knotenklasse selbst ist abstrakt. Die Arbeit realisieren wir mit drei Untertypen. Es gibt einen Kopfknoten, der den Kopf der Liste verwaltet, einen Endeknoten und null oder mehr interne Knoten. Die internen Knoten verfolgen die eigentlich in die Liste aufzunehmenden Daten.

Beachten Sie, dass die Daten und die Liste zwei verschiedene Paar Schuhe sind. Man kann theoretisch jeden beliebigen Datentyp in einer Liste speichern. Nicht die Daten sind verkettet, sondern die Knoten, die die Daten aufnehmen.

Das Rahmenprogramm bekommt von den Knoten nichts mit. Es arbeitet mit der Liste. Die Liste führt allerdings kaum Aufgaben aus, sondern delegiert sie einfach an die Knoten.

Listing 19.1 zeigt den Code, den wir eingehend untersuchen werden.

Eingabe

Listing 19.1: Eine verkettete Liste

```
// ***********************************************
//    Datei:      Listing 19.1
//
//    Zweck:      Demonstriert verkettete Liste
//    Hinweise:
//
//    COPYRIGHT:  Copyright (C) 1997 Liberty Associates, Inc.
//                All Rights Reserved
//
// Zeigt objektorientierte Lösung für verkettete Listen.
// Die Liste delegiert die eigentliche Arbeit an die
// Knoten. Die Knoten sind abstrakte Datentypen. Es gibt
// drei Knotentypen: Kopfknoten, Endeknoten und interne
// Knoten. Nur die internen Knoten nehmen Daten auf.
//
// Die Klasse Data dient als Objekt, das in der
```

```
// verketteten Liste gespeichert wird.
//
// **********************************************



  #include <iostream.h>

  enum { kIsSmaller, kIsLarger, kIsSame};

// Data-Klasse für die Speicherung in der Liste
// Jede Klasse in dieser verketteten Liste muß zwei Methoden  unterstützen:
// Show (zeigt den Wert an) und Compare (gibt relative Position zurück)
  class Data
  {
  public:
      Data(int val):myValue(val){}
      ~Data(){}
      int Compare(const Data &);
      void Show() { cout << myValue << endl; }
  private:
      int myValue;
  };

  // Compare entscheidet, wohin ein bestimmtes Objekt
  // in der Liste gehört.
  int Data::Compare(const Data & theOtherData)
  {
      if (myValue < theOtherData.myValue)
          return kIsSmaller;
      if (myValue > theOtherData.myValue)
          return kIsLarger;
      else
          return kIsSame;
  }

  // Vorwärtsdeklarationen
  class Node;
  class HeadNode;
  class TailNode;
  class InternalNode;

  // ADT, der das Knotenobjekt in der Liste darstellt
  // Alle abgeleiteten Klassen müssen Insert und Show redefinieren
  class Node
  {
  public:
      Node(){}
```

```
        virtual ~Node(){}
        virtual Node * Insert(Data * theData)=0;
        virtual void Show() = 0;
    private:
    };

    // Dieser Knoten nimmt das eigentliche Objekt auf.
    // Hier hat das Objekt den Typ Data.
    // Bei der Behandlung von Templates wird eine
    // Verallgemeinerung vorgestellt.
    class InternalNode: public Node
    {
    public:
        InternalNode(Data * theData, Node * next);
        ~InternalNode(){ delete myNext; delete myData; }
        virtual Node * Insert(Data * theData);
       virtual void Show() { myData->Show(); myNext->Show(); } // delegieren!

    private:
            Data * myData;  // Die Daten selbst
            Node * myNext;  // Zeigt auf nächsten Knoten in der verketteten
                                  ➥Liste
    };

    // Der Konstruktor führt nur Initialisierungen aus.
    InternalNode::InternalNode(Data * theData, Node * next):
    myData(theData),myNext(next)
    {
    }

    // Der Kern der Listenkonstruktion. Stellt man ein
    // neues Objekt in die Liste, wird es an den Knoten
    // weitergereicht. Dieser ermittelt, wohin das Objekt
    // gehört, und fügt es in die Liste ein.
    Node * InternalNode::Insert(Data * theData)
    {

        // Ist das neue größer oder kleiner als ich?
        int result = myData->Compare(*theData);


        switch(result)
        {
     // Ist das neue gleich groß, kommt es per Konvention vor das aktuelle.
        case kIsSame:   // Gleich zum nächsten case-Zweig
        case kIsLarger: // Neue Daten vor mir einordnen
            {
```

```
            InternalNode * dataNode = new InternalNode(theData, this);
            return dataNode;
        }

        // Größer als ich, also an nächsten Knoten
        // weiterreichen. ER soll sich drum kümmern.
    case kIsSmaller:
            myNext = myNext->Insert(theData);
            return this;
    }
    return this;  // Tribut an MSC
}


// Endeknoten ist einfach eine Markierung

class TailNode : public Node
{
public:
    TailNode(){}
    ~TailNode(){}
    virtual Node * Insert(Data * theData);
    virtual void Show() { }

private:

};

// Wenn Daten zu mir kommen, müssen sie vor mir eingefügt werden,
// da ich der Endeknoten bin und NICHTS nach mir kommt.
Node * TailNode::Insert(Data * theData)
{
    InternalNode * dataNode = new InternalNode(theData, this);
    return dataNode;
}

// Kopfknoten hat keine Daten, sondern zeigt einfach
// auf den Beginn der Liste.
class HeadNode : public Node
{
public:
    HeadNode();
    ~HeadNode() { delete myNext; }
    virtual Node * Insert(Data * theData);
    virtual void Show() { myNext->Show(); }
private:
    Node * myNext;
```

```
};

// Nach Erzeugen des Kopfknotens erzeugt dieser
// sofort den Endeknoten.
HeadNode::HeadNode()
{
    myNext = new TailNode;
}

// Vor dem Kopf kommt nichts, also die Daten einfach
// an den nächsten Knoten weiterreichen
Node * HeadNode::Insert(Data * theData)
{
    myNext = myNext->Insert(theData);
    return this;
}

// Ich stehe im Mittelpunkt, mache aber gar nichts.
class LinkedList
{
public:
    LinkedList();
    ~LinkedList() { delete myHead; }
    void Insert(Data * theData);
    void ShowAll() { myHead->Show(); }
private:
    HeadNode * myHead;
};

// Bei Geburt erzeuge ich den Kopfknoten.
// Er erzeugt den Endeknoten.
// Eine leere Liste zeigt damit auf den Kopf, dieser
// zeigt auf das Ende, dazwischen ist nichts.
LinkedList::LinkedList()
{
    myHead = new HeadNode;
}

// Delegieren, delegieren, delegieren
void LinkedList::Insert(Data * pData)
{
    myHead->Insert(pData);
}

// Rahmenprogramm zum Testen
int main()
{
```

```
204:        Data * pData;
205:        int val;
206:        LinkedList ll;
207:
208:        // Benutzer zum Erzeugen von Werten auffordern.
209:        // Diese Werte in die Liste stellen.
210:        for (;;)
211:        {
212:            cout << "Welcher Wert? (0 zum Beenden): ";
213:            cin >> val;
214:            if (!val)
215:                break;
216:            pData = new Data(val);
217:            ll.Insert(pData);
218:        }
219:
210:        // Jetzt Liste durchlaufen und Daten zeigen.
220:        ll.ShowAll();
221:        return 0;  // ll verliert Gültigkeitsbereich und wird abgebaut!
223:    }
```

Ausgabe

```
Welcher Wert? (0 zum Beenden): 5
Welcher Wert? (0 zum Beenden): 8
Welcher Wert? (0 zum Beenden): 3
Welcher Wert? (0 zum Beenden): 9
Welcher Wert? (0 zum Beenden): 2
Welcher Wert? (0 zum Beenden): 10
Welcher Wert? (0 zum Beenden): 0
2
3
5
8
9
10
```

Analyse

Als Erstes fällt eine Aufzählungskonstante auf, die drei konstante Werte bereitstellt: `kIsSmaller`, `kIsLarger` und `kIsSame` (kleiner, größer, gleich). Jedes Objekt, das sich in dieser verketteten Liste speichern lässt, muss eine `Compare`-Methode (Vergleichen) unterstützen. Diese Konstanten repräsentieren den von der Methode `Compare` zurückgegebenen Wert.

Die Zeilen 29 bis 38 erzeugen zu Demonstrationszwecken die Klasse `Data`. Die Implementierung der Methode `Compare` steht in den Zeilen 42 bis 50. Ein `Data`-Objekt nimmt einen Wert auf und kann sich selbst mit anderen `Data`-Objekten vergleichen. Außerdem unterstützt es eine Methode `Show`, um den Wert des `Data`-Objekts anzuzeigen.

Am besten lässt sich die Arbeitsweise der verketteten Liste anhand eines Beispiels verstehen. Zeile 202 deklariert ein Rahmenprogramm, Zeile 204 einen Zeiger auf ein `Data`-Objekt und Zeile 206 definiert eine lokale verkettete Liste.

Beim Erzeugen der verketteten Liste wird der Konstruktor in Zeile 190 aufgerufen. Der Konstruktor hat einzig die Aufgabe, ein `HeadNode`-Objekt (Kopfknoten) zu reservieren und die Adresse dieses Objekts dem in der verketteten Liste gespeicherten Zeiger in Zeile 183 zuzuweisen.

Diese Reservierung eines `HeadNode`-Objekts ruft den in Zeile 161 dargestellten `HeadNode`-Konstruktor auf. Dieser Aufruf wiederum reserviert ein `TailNode`-Objekt (Endeknoten) und weist dessen Adresse dem Zeiger `myNext` (Zeiger auf nächsten Knoten) des Kopfknotens zu. Die Erzeugung des `TailNode`-Objekts ruft den TailNode-Konstruktor auf (Zeile 129), der inline deklariert ist und keine Aktionen ausführt.

Durch einfaches Reservieren einer verketteten Liste auf dem Stack werden somit die Liste erzeugt, die Kopf- und Endeknoten erstellt sowie deren Beziehungen eingerichtet. Die sich daraus ergebende Struktur zeigt Abbildung 19.2.

Zeile 210 leitet eine Endlosschleife ein. Der Benutzer gibt jetzt Werte ein, die in die verkettete Liste aufgenommen werden. Er kann beliebig viele Werte eingeben, mit einer `0` zeigt er das Ende der Eingabe an. Der Code in Zeile 214 wertet die eingegebenen Daten aus. Bei einer `0` verlässt das Programm die Schleife.

Ist der Wert ungleich 0, erzeugt Zeile 216 ein neues `Data`-Objekt, das Zeile 217 in die Liste einfügt. Nehmen wir zu Demonstrationszwecken an, dass der Benutzer den Wert `15` eingibt. Das bewirkt den Aufruf der Methode `Insert` in Zeile 196.

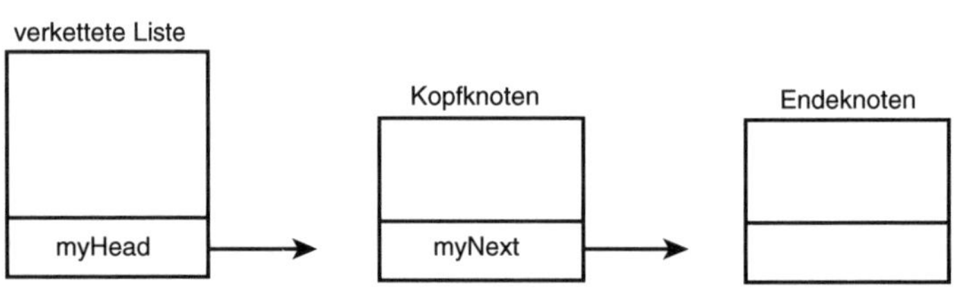

Abbildung 19.2: Die verkettete Liste nach der Erzeugung

Die verkettete Liste delegiert sofort die Verantwortlichkeit für das Einfügen des Objekts an ihren Kopfknoten. Das führt zum Aufruf der Methode `Insert` in Zeile 168. Der Kopfknoten übergibt die Verantwortlichkeit sofort an den Knoten, auf den `myNext` momentan zeigt. In diesem (ersten) Fall zeigt er auf den Endeknoten. (Erinnern Sie sich: Beim Erzeugen des Kopfknotens hat dieser einen Verweis auf einen Endeknoten angelegt.) Das zieht den Aufruf der Methode `Insert` in Zeile 140 nach sich.

Die Methode `TailNode::Insert` weiß, dass das übernommene Objekt unmittelbar vor sich selbst einzufügen ist – das heißt, das neue Objekt kommt direkt vor dem

Endeknoten in die Liste. Daher erzeugt die Methode in Zeile 142 ein neues InternalNode-Objekt und übergibt die Daten und den Zeiger auf sich selbst. Das führt zum Aufruf des Konstruktors für das InternalNode-Objekt, wie ihn Zeile 88 zeigt.

Der InternalNode-Konstruktor initialisiert lediglich seinen Data-Zeiger mit der Adresse des übergebenen Data-Objekts und seinen myNext-Zeiger mit der Adresse des übergebenen Knotens. In diesem Fall zeigt der Knoten auf den Endeknoten. (Der Endeknoten hat seinen eigenen this-Zeiger übergeben.)

Nachdem nun der InternalNode-Knoten erstellt ist, wird die Adresse dieses internen Knotens in Zeile 142 an den Zeiger dataNode zugewiesen und diese Adresse wird wiederum von der Methode TailNode::Insert zurückgegeben. Das bringt uns zu HeadNode::Insert, wo die Adresse des InternalNode-Knotens dem Zeiger myNext von HeadNode (in Zeile 170) zugewiesen wird. Schließlich wird die Adresse von HeadNode an die verkettete Liste zurückgegeben und (in Zeile 198) verworfen. (Das Programm stellt nichts damit an, da die verkettete Liste bereits die Adresse des Kopfknotens kennt.)

Warum schlägt man sich mit der Rückgabe der Adresse herum, wenn man sie überhaupt nicht verwendet? Die Methode Insert ist in der Basisklasse – Node – deklariert. Den Rückgabewert benötigen die anderen Implementierungen. Wenn man den Rückgabewert von HeadNode::Insert ändert, erhält man einen Compiler-Fehler. Es ist einfacher, den HeadNode zurückzugeben und die Adresse von der verketteten Liste verwerfen zu lassen.

Was ist bisher geschehen? Die Daten wurden in die Liste eingefügt. Die Liste hat sie an den Kopf übergeben. Der Kopf hat diese Daten blindlings dorthin weitergereicht, wohin der Kopf gerade verweist. In diesem (ersten) Fall hat der Kopf auf das Ende gezeigt. Der Endeknoten hat sofort einen neuen internen Knoten erzeugt und den neuen Knoten mit einem Verweis auf das Ende initialisiert. Dann hat der Endeknoten die Adresse des neuen Knotens an den Kopf zurückgegeben und der Kopf hat diesen Zeiger auf den neuen Knoten in seinen Zeiger myNext eingetragen. Die Daten in der Liste befinden sich nun am richtigen Platz, wie es Abbildung 19.3 zeigt.

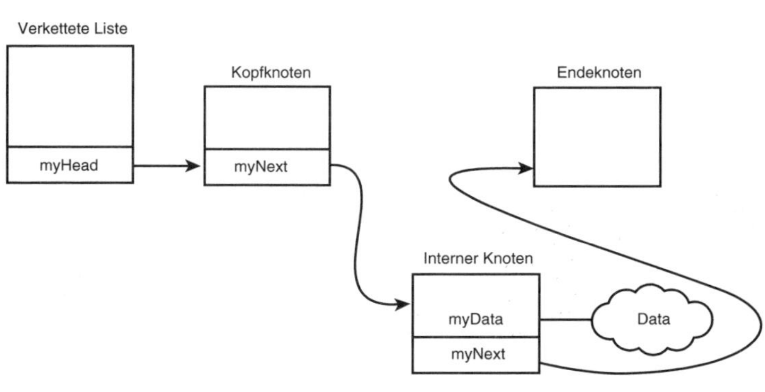

Abbildung 19.3: Die verkettete Liste nach Einfügen des ersten Knotens

Nach dem Einfügen des ersten Knotens setzt das Programm mit Zeile 212 fort, nimmt einen Wert entgegen und testet ihn. Nehmen wir an, dass der Benutzer den Wert `3` eingegeben hat. Daraufhin erzeugt Zeile 216 ein neues `Data`-Objekt, das Zeile 217 in die Liste einfügt.

Auch hier übergibt die Liste in Zeile 198 die Daten an ihren Kopfknoten (`HeadNode`). Die Methode `HeadNode::Insert` übergibt ihrerseits den neuen Wert an den Knoten, auf den `myNext` momentan zeigt. Wie wir wissen, verweist dieser Zeiger jetzt auf den Knoten mit dem `Data`-Objekt, dessen Wert gleich `15` ist. Es schließt sich der Aufruf der Methode `InternalNode::Insert` in Zeile 97 an.

In Zeile 101 veranlasst `InternalNode` über den eigenen Zeiger `myData`, dass das gespeicherte `Data`-Objekt (mit dem Wert `15`) seine Methode `Compare` aufruft und dabei das neue `Data`-Objekt (mit dem Wert `3`) übergibt. Das führt zum Aufruf der in Zeile 42 dargestellten Methode `Compare`.

Die Methode `Compare` vergleicht beide Werte. Da `myValue` gleich `15` und der Wert `theOtherData.myValue` gleich `3` ist, gibt die Methode den Wert `kIsLarger` zurück. Daraufhin verzweigt das Programm zu Zeile 110.

Für das neue `Data`-Objekt wird ein neuer `InternalNode` erzeugt. Der neue Knoten zeigt auf das aktuelle `InternalNode`-Objekt und die Methode `InternalNode::Insert` gibt die Adresse des neuen `InternalNode` an `HeadNode` zurück. Dementsprechend wird der neue Knoten, dessen Objektwert kleiner als der Objektwert des aktuellen Knotens ist, in die Liste eingefügt. Die Liste entspricht nun Abbildung 19.4.

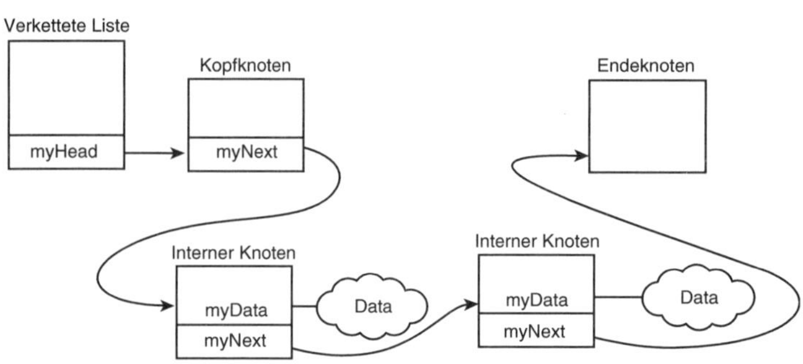

Abbildung 19.4: Die verkettete Liste nach Einfügen des zweiten Knotens

Für den dritten Schleifendurchlauf nehmen wir an, dass der Benutzer den Wert `8` eingegeben hat. Dieser Wert ist größer als `3`, aber kleiner als `15` und sollte demnach zwischen den beiden vorhandenen Knoten eingefügt werden. Der Ablauf entspricht zunächst genau dem vorherigen Beispiel. Der Vergleich liefert jetzt aber `kIsSmaller` statt `kIsLarger` (weil das Objekt mit dem Wert `3` kleiner als das neue Objekt mit dem Wert `8` ist).

Daraufhin verzweigt die Methode `InternalNode::Insert` zu Zeile 117. Statt einen neuen Knoten zu erzeugen und einzufügen, übergibt `InternalNode` einfach die neuen Daten an die Methode `Insert` desjenigen Objekts, auf das der Zeiger `myNext` gerade zeigt. In diesem Fall erfolgt der Aufruf von `InsertNode` auf dem `InternalNode`, dessen `Data`-Objektwert gleich `15` ist.

Nach einem erneuten Vergleich wird ein neuer `InternalNode` erzeugt. Dieser zeigt auf den `InternalNode`, dessen `Data`-Objektwert gleich `15` ist. Die Adresse des eingefügten internen Knotens reicht das Programm an den `InternalNode` weiter, dessen `Data`-Objektwert `3` ist (Zeile 116).

Unterm Strich wird der neue Knoten an der richtigen Stelle in die Liste eingefügt.

Wenn Sie die Möglichkeit haben, können Sie schrittweise das Einfügen von Knoten mit Ihrem Debugger nachvollziehen. Dabei lässt sich beobachten, wie diese Methoden einander aufrufen und die Zeiger geeignet angepasst werden.

Was haben wir gelernt?

Das hier vorgestellte Konzept unterscheidet sich grundlegend von der prozeduralen Programmierung. Bei einem herkömmlichen prozeduralen Programm würde eine steuernde Funktion die Daten untersuchen und die betreffenden Funktionen aufrufen.

In diesem objektorientierten Ansatz erhält jedes Objekt einen genau festgelegten Satz von Verantwortlichkeiten. Die verkettete Liste ist für die Verwaltung des Kopfknotens zuständig. Der Kopfknoten übergibt sofort die neuen Daten dorthin, wohin er gerade zeigt, ohne sich darum zu kümmern, wozu die Daten gut sind.

Sobald der Endeknoten Daten erhält, erzeugt er einen neuen Knoten und fügt ihn ein. Der Endeknoten handelt nach der Devise: »Wenn diese Daten zu mir gelangen, muss ich sie direkt vor mir einfügen.«

Interne Knoten sind kaum komplizierter. Sie fordern das gespeicherte Objekt auf, sich selbst mit dem neuen Objekt zu vergleichen. Je nach Ergebnis fügen sie entweder das neue Objekt ein oder geben es einfach weiter.

Beachten Sie, dass der interne Knoten keine Ahnung hat, wie der Vergleich auszuführen ist. Die Realisierung des Vergleichs bleibt dem Objekt selbst überlassen. Der interne Knoten fordert die Objekte lediglich zum Vergleich auf und erwartet eine von drei möglichen Antworten. Bei einer bestimmten Antwort wird das Objekt eingefügt, andernfalls reicht es der Knoten weiter und weiß nicht, wohin es schließlich gelangt.

Wer ist also verantwortlich? In einem gut konzipierten objektorientierten Programm ist *niemand* verantwortlich. Jedes Objekt werkelt still vor sich hin und im Endeffekt hat man eine gut funktionierende Maschine vor sich.

Zusammenfassung

In dieser Stunde haben Sie verkettete Listen kennen gelernt.

Eine verkettete Liste ist eine Kollektion, deren Größe sich dynamisch ändert. Jedes Datenobjekt wird in einem Knoten in der Liste gespeichert. Um zu einem bestimmten Knoten zu gelangen, muss man an einem Ende der Liste beginnen und die Liste durchlaufen, bis man den gewünschten Knoten erreicht.

Es wurde gezeigt, wie sich genau abgegrenzte Funktionalität in den kleinen Klassen der Liste verkapseln lässt und wie diese wohl durchdachten Objekte kooperativ zusammenarbeiten.

Fragen und Antworten

F Warum soll ich eine verkettete Liste erzeugen, wenn auch ein Array funktioniert?

A *Ein Array muss eine feste Größe haben, während sich eine verkettete Liste dynamisch zur Laufzeit in der Größe ändern kann.*

F Warum trennt man das Datenobjekt vom Knoten?

A *Nachdem die Knotenobjekte einmal in der richtigen Weise funktionieren, kann man diesen Code für alle möglichen Objekte wiederverwenden, die man in einer Liste speichern will.*

F Wenn ich andere Objekte in die Liste aufnehmen möchte, muss ich dann einen neuen Listentyp und einen neuen Knotentyp erzeugen?

A *Momentan ja. Dieses Problem lösen wir später bei der Behandlung von Templates (Vorlagen).*

Teil VI

Spezielle Themen

Stunde 20

Spezielle Klassen und Funktionen

C++ bietet eine Reihe von Möglichkeiten, um den Gültigkeitsbereich und den Einfluss von Variablen und Zeigern einzuschränken. Bisher haben wir nur gezeigt, wie man globale Variablen, lokale Variablen in Funktionen, Zeiger auf Variablen und Elementvariablen erzeugt. In dieser Stunde lernen Sie,

- was statische Elementvariablen und statische Elementfunktionen sind,
- wie man statische Elementvariablen und statische Elementfunktionen verwendet,
- was Friend-Funktionen und Friend-Klassen sind,
- wie man mit Friend-Funktionen spezielle Probleme löst.

Statische Datenelemente

Bis jetzt haben Sie sich wahrscheinlich die Daten in jedem Objekt als einzigartig zu diesem Objekt und nicht als gemeinsam genutzte Daten zwischen mehreren Objekten einer Klasse vorgestellt. Wenn man zum Beispiel fünf `Cat`-Objekte erzeugt hat, verfügt jedes Objekt über eigene Variablen für Alter, Gewicht und andere Daten. Das Alter des einen Objekts beeinflusst nicht das Alter eines anderen Objekts.

Manchmal möchte man aber Daten verfolgen, die mehrere Objekte einer Klasse gemeinsam nutzen – beispielsweise, wieviele Katzen bisher geboren wurden und wieviele es noch gibt.

Im Gegensatz zu normalen Elementvariablen werden statische Elementvariablen von allen Instanzen einer Klasse gemeinsam genutzt. Sie bilden einen Kompromiss zwischen globalen Daten, die allen Teilen eines Programms zur Verfügung stehen, und Datenelementen, die normalerweise nur dem einzelnen Objekt verfügbar sind.

Man kann sich das so vorstellen, daß ein statisches Element zur Klasse und nicht zum Objekt gehört. Normale Datenelemente sind je einmal pro Objekt vorhanden, während statische Elemente nur einmal pro Klasse auftreten. Listing 20.1 deklariert ein `Cat`-Objekt mit dem statischen Datenelement `HowManyCats`. Diese Variable verzeichnet die Anzahl der erzeugten `Cat`-Objekte. Dazu inkrementiert das Programm die statische Variable `HowManyCats` bei jeder Konstruktion und dekrementiert sie bei jedem Abbau.

Eingabe

Listing 20.1: Statische Datenelemente

```
// Listing 20.1 Statische Datenelemente

#include <iostream.h>

class Cat
{
public:
   Cat(int age = 1):itsAge(age){HowManyCats++; }
   virtual ~Cat() { HowManyCats--; }
   virtual int GetAge() { return itsAge; }
   virtual void SetAge(int age) { itsAge = age; }
   static int HowManyCats;

private:
   int itsAge;
```

```
16:
17:    };
18:
19:    int Cat::HowManyCats = 0;
20:
21:    int main()
22:    {
23:       const int MaxCats = 5;
24:       Cat *CatHouse[MaxCats];
25:       int i;
26:       for (i = 0; i<MaxCats; i++)
27:          CatHouse[i] = new Cat(i);
28:
29:       for (i = 0; i<MaxCats; i++)
30:       {
31:          cout << "Es bleiben ";
32:          cout << Cat::HowManyCats;
33:          cout << " Katzen uebrig!\n";
34:          cout << "Diejenige loeschen, die ";
35:          cout << CatHouse[i]->GetAge();
36:          cout << " Jahre alt ist.\n";
37:          delete CatHouse[i];
38:          CatHouse[i] = 0;
39:       }
40:     return 0;
41:    }
```

```
Es bleiben 5 Katzen uebrig!
Diejenige loeschen, die 0 Jahre alt ist.
Es bleiben 4 Katzen uebrig!
Diejenige loeschen, die 1 Jahre alt ist.
Es bleiben 3 Katzen uebrig!
Diejenige loeschen, die 2 Jahre alt ist.
Es bleiben 2 Katzen uebrig!
Diejenige loeschen, die 3 Jahre alt ist.
Es bleiben 1 Katzen uebrig!
Diejenige loeschen, die 4 Jahre alt ist.
```

Die Zeilen 5 bis 17 deklarieren das vereinfachte `Cat`-Objekt. In Zeile 12 steht die Deklaration von `HowManyCats` als statische Elementvariable vom Typ `int`.

Die Deklaration von `HowManyCats` definiert keine Integer-Zahl. Es wird damit auch kein Speicher reserviert. Während die Instantiierung eines `Cat`-Objekts für nicht statische Elemente Speicher reserviert, ist das bei statischen Elementen nicht der Fall, da sich die Elementvariable (im Beispiel `HowManyCats`) nicht im Objekt befindet. Aus diesem Grund definiert und initialisiert die Anweisung in Zeile 19 diese Variable.

Es ist ein verbreiteter Fehler, die Definition der statischen Elementvariablen von Klassen zu vergessen. Achten Sie darauf, dass Ihnen das nicht passiert! Natürlich kommt es trotzdem irgendwann vor und der Linker reagiert daraufhin mit einer Fehlermeldung wie der folgenden:

```
undefined reference to'Cat::HowManyCats'
```

Für die Variable `itsAge` ist keine derartige Definition erforderlich, da es sich um eine nicht statische Elementvariable handelt. Diese wird jedes Mal definiert, wenn man ein `Cat`-Objekt erzeugt, wie es hier in Zeile 27 geschieht.

Der Konstruktor für `Cat` inkrementiert die statische Elementvariable in Zeile 8. Der Destruktor dekrementiert sie in Zeile 9. Damit verzeichnet `HowMayCats` zu jedem Zeitpunkt die Anzahl der erzeugten und noch nicht abgebauten `Cat`-Objekte.

Das Rahmenprogramm in den Zeilen 21 bis 41 instantiiert fünf Katzen und legt sie in einem Array ab. Die Instantiierung ist mit fünf Aufrufen von `Cat`-Konstruktoren verbunden. Demzufolge wird `HowManyCats` fünfmal vom Anfangswert `0` aus inkrementiert.

Das Programm durchläuft dann alle fünf Positionen im Array und gibt den Wert von `HowManyCats` aus, bevor der aktuelle `Cat`-Zeiger gelöscht wird. Die Ausgabe zeigt, dass der Anfangswert gleich `5` ist (schließlich wurden fünf Objekte konstruiert) und dass nach jedem Schleifendurchlauf ein `Cat`-Objekt weniger übrigbleibt.

Beachten Sie, dass `HowManyCats` öffentlich ist und `main` direkt darauf zugreift. Es gibt keinen Grund, diese Elementvariable in dieser Form freizulegen. Besser ist es, sie mit den anderen Elementvariablen als privat zu deklarieren und eine öffentliche Zugriffsmethode bereitzustellen, solange man auf die Daten immer über eine Instanz von `Cat` zugreift. Will man andererseits auf diese Daten direkt zugreifen, ohne dass unbedingt ein `Cat`-Objekt verfügbar sein muss, gibt es zwei Möglichkeiten: die Variable öffentlich halten oder eine statische Elementfunktion bereitstellen.

Statische Elementfunktionen

Statische Elementfunktionen sind vergleichbar mit statischen Elementvariablen: Sie existieren nur in einem Objekt, aber im Gültigkeitsbereich der Klasse. Demzufolge kann man sie aufrufen, ohne ein Objekt dieser Klasse verfügbar zu haben. Listing 20.2 zeigt dazu ein Beispiel.

Listing 20.2: Statische Elementfunktionen

```
// Listing 20.2 Statische Elementfunktionen

#include <iostream.h>

class Cat
{
public:
   Cat(int age = 1):itsAge(age){HowManyCats++; }
   virtual ~Cat() { HowManyCats--; }
   virtual int GetAge() { return itsAge; }
   virtual void SetAge(int age) { itsAge = age; }
   static int GetHowMany() { return HowManyCats; }
private:
   int itsAge;
   static int HowManyCats;
};

int Cat::HowManyCats = 0;

void TelepathicFunction();

int main()
{
   const int MaxCats = 5;
   Cat *CatHouse[MaxCats];
   int i;
   for (i = 0; i<MaxCats; i++)
   {
      CatHouse[i] = new Cat(i);
      TelepathicFunction();
   }

   for ( i = 0; i<MaxCats; i++)
   {
      delete CatHouse[i];
      TelepathicFunction();
   }
   return 0;
}

```

```
41:   void TelepathicFunction()
42:   {
43:      cout << "Es bleiben " << Cat::GetHowMany() << " Katzen am Leben!\n";
44:   }
```

```
Es bleiben 1 Katzen am Leben.
Es bleiben 2 Katzen am Leben.
Es bleiben 3 Katzen am Leben.
Es bleiben 4 Katzen am Leben.
Es bleiben 5 Katzen am Leben.
Es bleiben 4 Katzen am Leben.
Es bleiben 3 Katzen am Leben.
Es bleiben 2 Katzen am Leben.
Es bleiben 1 Katzen am Leben.
Es bleiben 0 Katzen am Leben.
```

Zeile 15 der `Cat`-Deklaration deklariert die statische Elementvariable `HowManyCats` für den privaten Zugriff. Zeile 12 deklariert die öffentliche Zugriffsfunktion `GetHowMany` sowohl öffentlich als auch statisch.

Da `GetHowMany` öffentlich ist, kann man darauf mit jeder Funktion zugreifen. Durch ihren statischen Charakter benötigt man kein Objekt vom Typ `Cat`, auf dem man diese Funktion aufruft. Demzufolge kann die Funktion `TelepathicFunction` in Zeile 43 die öffentliche Zugriffsfunktion aufrufen, obwohl sie selbst keinen Zugriff auf ein `Cat`-Objekt hat. Natürlich könnte man `GetHowMany` auch auf den in `main` verfügbaren `Cat`-Objekten aufrufen, genau wie bei allen anderen Zugriffsfunktionen.

Statische Elementfunktionen haben keinen `this`-Zeiger. Demzufolge kann man sie nicht als `const` deklarieren. Da außerdem der Zugriff auf Datenelemente in Elementfunktionen mittels des Zeigers `this` erfolgt, bleibt den statischen Elementfunktionen der Zugriff auf nicht statische Elementvariablen verwehrt!

Containment

Wie Sie in den vorherigen Beispielen gesehen haben, kann ein Datenelement einer Klasse Objekte einer anderen Klasse einbinden. C++-Programmierer sprechen davon, dass die äußere Klasse die innere Klasse enthält (englisch: contain – enthalten). Demzufolge kann beispielsweise eine `Employee`-Klasse sowohl `String`-Objekte (für den Namen des Mitarbeiters) als auch `Integer`-Werte (für das Gehalt des Mitarbeiters) enthalten.

Listing 20.3 zeigt eine abgespeckte, aber nützliche `String`-Klasse.

Listing 20.3: Die Klasse String

```
#include <iostream.h>
#include <string.h>

class String
{
   public:
      // Konstruktoren
      String();
       String(const char *const);
       String(const String &);
      ~String();

      // Überladene Operatoren
      char & operator[](int offset);
      char operator[](int offset) const;
      String operator+(const String&);
      void operator+=(const String&);
      String & operator= (const String &);

      // Allgemeine Zugriffsoperatoren
      int GetLen()const { return itsLen; }
      const char * GetString() const { return itsString; }
      // static int ConstructorCount;

   private:
      String (int);         // Privater Konstruktor
      char * itsString;
      int itsLen;

};

// Standardkonstruktor erzeugt String von 0 Bytes Länge
String::String()
{
   itsString = new char[1];
   itsString[0] = '\0';
   itsLen=0;
   // cout << "\tString-Standardkonstruktor\n";
   // ConstructorCount++;
}

```

```
// Privater (Hilfs-) Konstruktor, nur von Klassen-
// methoden zum Erzeugen eines neuen Strings der
// erforderlichen Größe verwendet. Mit Null gefüllt.
String::String(int len)
{
   itsString = new char[len+1];
   int i;
   for (i = 0; i<=len; i++)
      itsString[i] = '\0';
   itsLen=len;
   // cout << "\tString(int)-Konstruktor \n";
   // ConstructorCount++;
}

String::String(const char * const cString)
{
   itsLen = strlen(cString);
   itsString = new char[itsLen+1];
   int i;
   for (i = 0; i<itsLen; i++)
      itsString[i] = cString[i];
   itsString[itsLen]='\0';
   // cout << "\tString(char*)-Konstruktor\n";
   // ConstructorCount++;
}

String::String (const String & rhs)
{
   itsLen=rhs.GetLen();
   itsString = new char[itsLen+1];
   int i;
   for ( i = 0; i<itsLen;i++)
      itsString[i] = rhs[i];
   itsString[itsLen] = '\0';
   // cout << "\tString(String&)-Konstruktor\n";
   // ConstructorCount++;
}

String::~String ()
{
   delete [] itsString;
   itsLen = 0;
   // cout << "\tString-Destruktor\n";
}

// Gleich-Operator, gibt vorhandenen Speicher frei,
// kopiert dann String und Größe
```

```
String& String::operator=(const String & rhs)
{
   if (this == &rhs)
      return *this;
   delete [] itsString;
   itsLen=rhs.GetLen();
   itsString = new char[itsLen+1];
   int i;
   for (i = 0; i<itsLen;i++)
      itsString[i] = rhs[i];
   itsString[itsLen] = '\0';
   return *this;
  // cout << "\tString-Operator=\n";
}

// Nicht konstanter Offset-Operator, gibt Referenz
// auf Zeichen zurück, das sich damit ändern
// läßt!
char & String::operator[](int offset)
{
   if (offset > itsLen)
      return itsString[itsLen-1];
   else
      return itsString[offset];
}

// Konstanter Offset-Operator für konstante
// Objekte (siehe Kopierkonstruktor!)
char String::operator[](int offset) const
{
   if (offset > itsLen)
      return itsString[itsLen-1];
   else
      return itsString[offset];
}

// Erzeugt einen neuen String durch Anfügen des
// aktuellen Strings an rhs
String String::operator+(const String& rhs)
{
   int  totalLen = itsLen + rhs.GetLen();
    int i,j;
   String temp(totalLen);
   for (i = 0; i<itsLen; i++)
      temp[i] = itsString[i];
   for (j = 0; j<rhs.GetLen(); j++, i++)
      temp[i] = rhs[j];
```

```
136:     temp[totalLen]='\0';
137:     return temp;
138:  }
139:
140:  // Ändert aktuellen String, gibt nichts zurück
141:  void String::operator+=(const String& rhs)
142:  {
143:     int rhsLen = rhs.GetLen();
144:     int totalLen = itsLen + rhsLen;
145:      int i,j;
146:     String  temp(totalLen);
147:     for (i = 0; i<itsLen; i++)
148:        temp[i] = itsString[i];
149:     for (j = 0; j<rhs.GetLen(); j++, i++)
150:        temp[i] = rhs[i-itsLen];
151:     temp[totalLen]='\0';
152:     *this = temp;
153:  }
154:
155:  // int String::ConstructorCount = 0;
```

Ausgabe

Dieses Programm hat keine Ausgabe.

Analyse

Das Programm deklariert die statische Elementvariable `ConstructorCount` in Zeile 23 und initialisiert sie in Zeile 155. In jedem `String`-Konstruktor wird diese Variable inkrementiert.

Listing 20.4 beschreibt eine `Employee`-Klasse, die drei `String`-Objekte enthält. Beachten Sie, dass eine Reihe von Anweisungen auskommentiert ist. Diese kommen in späteren Listings zum Einsatz.

Eingabe

Listing 20.4: Die Klasse Employee und das Rahmenprogramm

```
class Employee
{

public:
   Employee();
   Employee(char *, char *, char *, long);
   ~Employee();
   Employee(const Employee&);
```

```
   Employee & operator= (const Employee &);

   const String & GetFirstName() const { return itsFirstName; }
   const String & GetLastName() const { return itsLastName; }
   const String & GetAddress() const { return itsAddress; }
   long GetSalary() const { return itsSalary; }

   void SetFirstName(const String & fName) { itsFirstName = fName; }
   void SetLastName(const String & lName) { itsLastName = lName; }
   void SetAddress(const String & address) { itsAddress = address; }
   void SetSalary(long salary) { itsSalary = salary; }
private:
   String   itsFirstName;
   String   itsLastName;
   String   itsAddress;
   long     itsSalary;
};

Employee::Employee():
   itsFirstName(""),
   itsLastName(""),
   itsAddress(""),
   itsSalary(0)
{}

Employee::Employee(char * firstName, char * lastName,
   char * address, long salary):
   itsFirstName(firstName),
   itsLastName(lastName),
   itsAddress(address),
   itsSalary(salary)
{}

Employee::Employee(const Employee & rhs):
   itsFirstName(rhs.GetFirstName()),
   itsLastName(rhs.GetLastName()),
   itsAddress(rhs.GetAddress()),
   itsSalary(rhs.GetSalary())
{}

Employee::~Employee() {}

Employee & Employee::operator= (const Employee & rhs)
{
   if (this == &rhs)
      return *this;

```

```
56:       itsFirstName = rhs.GetFirstName();
57:       itsLastName = rhs.GetLastName();
58:       itsAddress = rhs.GetAddress();
59:       itsSalary = rhs.GetSalary();
60:
61:       return *this;
62:    }
63:
64:    int main()
65:    {
66:       Employee Edie("Jane","Doe","1461 Shore Parkway", 20000);
67:       Edie.SetSalary(50000);
68:       String LastName("Levine");
69:       Edie.SetLastName(LastName);
70:       Edie.SetFirstName("Edythe");
71:
72:       cout << "Name: ";
73:       cout << Edie.GetFirstName().GetString();
74:       cout << " " << Edie.GetLastName().GetString();
75:       cout << ".\nAdresse: ";
76:       cout << Edie.GetAddress().GetString();
77:       cout << ".\nGehalt: " ;
78:       cout << Edie.GetSalary();
79:     return 0;
80:    }
```

Hinweis

Speichern Sie den Code aus Listing 20.3 in einer Datei namens `STRING.HPP`. Wenn Sie dann die `String`-Klasse benötigen, können Sie Listing 20.3 mittels der `#include`-Anweisung einbinden. Fügen Sie zum Beispiel am Anfang von Listing 20.4 die Zeile `#include "String.hpp"` hinzu. Damit nehmen Sie die `String`-Klasse in Ihr Programm auf.

Ausgabe

```
Name: Edythe Levine.
Adresse: 1461 Shore Parkway.
Gehalt: 50000
```

Analyse

Listing 20.4 zeigt die Klasse `Employee` (Angestellte) die drei `String`-Objekte enthält: `itsFirstName` (Vorname), `itsLastName` (Nachname) und `itsAddress` (Adresse).

Zeile 66 erzeugt ein `Employee`-Objekt und übergibt ihm vier Werte zur Initialisierung. In Zeile 67 wird die `Employee`-Zugriffsfunktion `SetSalary` (Gehalt festlegen) mit dem konstanten Wert `50000` aufgerufen. Beachten Sie, dass man an dieser Stelle in einem realen Programm entweder einen dynamischen Wert (zur Laufzeit berechnet) oder eine Konstante übergibt.

Zeile 68 erzeugt einen String und initialisiert ihn mit einer C++-String-Konstanten. Dieses `String`-Objekt kommt dann als Argument an `SetLastName` (Nachname festlegen) in Zeile 69 zum Einsatz.

In Zeile 70 wird die `Employee`-Funktion `SetFirstName` (Vorname festlegen) mit einer anderen String-Konstanten aufgerufen. Sicherlich ist Ihnen ausgefallen, dass `Employee` gar nicht über eine Funktion `SetFirstName` verfügt, die eine Zeichenfolge als Argument übernimmt – `SetFirstName` erfordert eine konstante String-Referenz.

Der Compiler kann diese Umwandlung einer konstanten Zeichenfolge in einen String vornehmen, da die Anleitung dazu in Zeile 9 von Listing 20.3 steht.

Auf Elemente der enthaltenen Klasse zugreifen

`Employee`-Objekte haben keinen speziellen Zugriff auf die Elementvariablen von `String`. Wenn das `Employee`-Objekt `Edie` versucht, auf die Elementvariable `itsLen` seiner eigenen Elementvariablen `itsFirstName` zuzugreifen, erhält man einen Compiler-Fehler. Allerdings ist das kein großes Problem. Die Zugriffsfunktionen bieten eine Schnittstelle für die `String`-Klasse und die `Employee`-Klasse braucht sich um die Details der Implementierung genauso wenig zu kümmern, wie um die Art der Speicherung von Informationen in der Integer-Variablen `itsSalary`.

Zugriff auf enthaltene Elemente filtern

Die `String`-Klasse stellt den Operator `operator+` bereit. Der Designer der `Employee`-Klasse hat den Zugriff auf den Operator `operator+` gegenüber Aufrufen auf `Employee`-Objekten blockiert, indem er alle `String`-Zugriffsfunktionen wie zum Beispiel `GetFirstName` für die Rückgabe einer konstanten Referenz deklariert hat. Da `operator+` keine konstante Funktion ist (und auch nicht sein kann, da er das Objekt verändert, auf dem er aufgerufen wird), führen Versuche wie die folgende Anweisung zu einem Compiler-Fehler:

```
String buffer = Edie.GetFirstName() + Edie.GetLastName();
```

`GetFirstName` gibt ein konstantes `String`-Objekt zurück und `operator+` kann man nicht auf einem konstanten Objekt aufrufen.

Um dieses Problem zu lösen, überladen Sie `GetFirstName` als nicht konstant:

```
const String & GetFirstName() const { return itsFirstName; }
String & GetFirstName()  { return itsFirstName; }
```

Beachten Sie, dass jetzt weder der Rückgabewert noch die Elementfunktion selbst konstant sind. Die Änderung des Rückgabewerts ist nicht ausreichend, um den Funktionsnamen zu überladen. Man muss das Konstante der Funktion selbst ändern.

Nachteile des Containment

Es sei darauf hingewiesen, dass der Benutzer einer `Employee`-Klasse jedes Mal den Preis für diese `String`-Objekte zahlt, wenn ein `String`-Konstruktor aufgerufen oder eine Kopie von `Employee` angelegt wird.

Entfernt man die Kommentare vor den `cout`-Anweisungen in Listing 20.3 (Zeilen 38, 52, 64, 76, 84 und 101), zeigt sich, wie oft diese Aufrufe stattfinden.

Als Wert und als Referenz kopieren

Übergibt man `Employee`-Objekte als Wert, werden ebenfalls alle enthaltenen Strings kopiert und demzufolge Kopierkonstruktoren aufgerufen. Das ist sehr aufwendig, verbraucht Speicher und kostet Zeit.

Wenn man `Employee`-Objekte als Referenz übergibt (mit Hilfe von Zeigern oder Referenzen), spart man das alles ein. Aus diesem Grund setzen C++-Programmierer alles daran, nichts als Wert zu übergeben, was eine Größe von 4 Byte übersteigt.

Friend-Klassen

Manchmal erzeugt man Klassen, die in bestimmter Weise zu einer Gruppe gehören. Diese gepaarten Klassen benötigen gegebenenfalls untereinander Zugriff auf private Elemente, wobei diese Informationen aber nicht öffentlich sein sollen.

Neuer Begriff

Wenn man private Datenelemente oder Funktionen für eine andere Klasse freilegt, muss man diese Klasse als Friend (Freund) deklarieren. Damit erweitert man die Schnittstelle einer Klasse, um die Friend-Klasse einzubinden.

Allerdings ist Freundschaft nicht übertragbar. Nur weil du mein Freund bist und Joe dein Freund ist, bedeutet das nicht, dass Joe mein Freund ist. Freundschaft wird darüber hinaus auch nicht vererbt. Auch hier eine Analogie: Nur weil du mein Freund bis und ich mit dir meine Geheimnisse teile, heißt das noch lange nicht, dass ich meine Geheimnisse auch deinen Kindern anvertrauen möchte.

Schließlich ist Freundschaft nicht kommutativ. Die Zuweisung von `ClassOne` als Freund von `ClassTwo` macht nicht `ClassTwo` zu einem Freund von `ClassOne`. Nur weil du mir deine Geheimnisse mitteilen willst, bedeutet das nicht, dass ich dir auch meine Geheimnisse erzählen will.

Deklarationen von Friend-Klassen sollte man mit äußerster Vorsicht verwenden. Wenn zwei Klassen durch und durch verflochten sind und man häufig auf Daten in der anderen zugreifen muss, gibt es gute Gründe, diese Deklaration zu verwenden. Trotzdem sollte man sparsam damit umgehen. Es ist oftmals genauso einfach, die öffentlichen Zugriffsmethoden zu nutzen. Das hat außerdem den Vorteil, dass man eine Klasse ändern kann, ohne die andere neu kompilieren zu müssen.

Hinweis

Oftmals beklagen sich Neueinsteiger in die C++-Programmierung, dass Friend-Deklarationen die für die objektorientierte Programmierung so bedeutsame Kapselung untergraben. Offen gesagt ist das blanker Unsinn. Die Friend-Deklaration macht den deklarierten Freund zum Teil der Klassenschnittstelle und ist genauso wenig ein Unterwandern der Kapselung wie eine öffentliche Ableitung.

Friend-Funktionen

Manchmal will man den freundschaftlichen Zugriff nicht auf eine gesamte Klasse, sondern nur auf eine oder zwei Funktionen dieser Klasse gewähren. Das lässt sich realisieren, indem man die Elementfunktionen der anderen Klasse und nicht die gesamte Klasse als Freund deklariert. In der Tat kann man jede Funktion als Friend-Funktion deklarieren, ob sie nun eine Elementfunktion einer anderen Klasse ist oder nicht.

Zeiger auf Funktionen

Genau wie ein Array-Name ein konstanter Zeiger auf das erste Element des Arrays ist, stellt ein Funktionsname einen konstanten Zeiger auf die Funktion dar. Man kann also eine Variable als Zeiger auf eine Funktion deklarieren und die Funktion mit Hilfe dieses Zeigers aufrufen. Damit lässt sich in einem Programm zur Laufzeit – etwa in Abhängigkeit von einer Benutzereingabe – entscheiden, welche Funktion aufzurufen ist.

Der einzige knifflige Teil bei Funktionszeigern ist allerdings die genaue Kenntnis des Objekttyps, auf den man zeigen möchte. Ein Zeiger auf `int` verweist auf eine Integer-Variable, und ein Zeiger auf eine Funktion muss auf eine Funktion des passenden Rückgabetyps und der passenden Signatur zeigen.

In der Deklaration

```
long (* funcPtr) (int);
```

wird `funcPtr` als Zeiger deklariert (beachten Sie das `*` vor dem Namen). Er zeigt auf eine Funktion, die einen Integer-Parameter übernimmt und einen Wert vom Typ `long` zurückgibt. Die Klammern um `* funcPtr` sind erforderlich, da die Klammern um `int` enger binden – das heißt, einen höheren Vorrang als der Indirektionsoperator (*) haben. Ohne die ersten Klammern würde diese Anweisung eine Funktion deklarieren, die einen Integer übernimmt und einen Zeiger auf einen `long` zurückgibt. (Denken Sie daran, dass Leerzeichen hier bedeutungslos sind.)

Sehen Sie sich die folgenden Deklarationen an:

```
long * Function (int);
long (* funcPtr) (int);
```

Die erste Deklaration, `Function ()`, ist eine Funktion, die einen Integer übernimmt und einen Zeiger auf eine Variable vom Typ `long` zurückgibt. Die zweite Deklaration, `funcPtr`, ist ein Zeiger auf eine Funktion, die einen Integer übernimmt und eine Variable vom Typ `long` zurückgibt.

Die Deklaration eines Funktionszeigers schließt immer den Rückgabetyp und die Klammern zur Kennzeichnung der Parametertypen (falls vorhanden) ein. Listing 20.5 zeigt die Deklaration und Verwendung von Funktionszeigern.

Eingabe ***Listing 20.5: Zeiger auf Funktionen***

```
// Listing 20.5 Zeiger auf Funktionen

#include <iostream.h>

void Square (int&,int&);
void Cube (int&, int&);
void Swap (int&, int &);
void GetVals(int&, int&);
void PrintVals(int, int);

int main()
{
   void (* pFunc) (int &, int &);
```

```
      bool fQuit = false;

      int valOne=1, valTwo=2;
      int choice;
      while (fQuit == false)
      {
         cout << "(0)Beenden (1)Werte aendern (2)Quadrat (3)Dritte
         ➥Potenz (4)Vertauschen: ";
         cin >> choice;
         switch (choice)
         {
            case 1: pFunc = GetVals; break;
            case 2: pFunc = Square; break;
            case 3: pFunc = Cube; break;
            case 4: pFunc = Swap; break;
            default : fQuit = true; break;
         }

         if (fQuit)
            break;

         PrintVals(valOne, valTwo);
         pFunc(valOne, valTwo);
         PrintVals(valOne, valTwo);
      }
     return 0;
   }

   void PrintVals(int x, int y)
   {
      cout << "x: " << x << " y: " << y << endl;
   }

   void Square (int & rX, int & rY)
   {
      rX *= rX;
      rY *= rY;
   }

   void Cube (int & rX, int & rY)
   {
      int tmp;

      tmp = rX;
      rX *= rX;
      rX = rX * tmp;

      tmp = rY;
```

```
61:       rY *= rY;
62:       rY = rY * tmp;
63:    }
64:
65:    void Swap(int & rX, int & rY)
66:    {
67:       int temp;
68:       temp = rX;
69:       rX = rY;
70:       rY = temp;
71:    }
72:
73:    void GetVals (int & rValOne, int & rValTwo)
74:    {
75:       cout << "Neuer Wert fuer ValOne: ";
76:       cin >> rValOne;
77:       cout << "Neuer Wert fuer ValTwo: ";
78:       cin >> rValTwo;
79:    }
```

```
(0)Beenden (1)Werte aendern (2)Quadrat (3)Dritte Potenz (4)Vertauschen: 1
x: 1 y:2
Neuer Wert fuer ValOne: 2
Neuer Wert fuer ValTwo: 3
x: 2 y:3
(0)Beenden (1)Werte aendern (2)Quadrat (3)Dritte Potenz (4)Vertauschen: 3
x: 2 y:3
x: 8 y: 27
(0)Beenden (1)Werte aendern (2)Quadrat (3)Dritte Potenz (4)Vertauschen: 2
x: 8 y: 27
x:64 y:729
(0)Beenden (1)Werte aendern (2)Quadrat (3)Dritte Potenz (4)Vertauschen: 4
x:64 y:729
x:729 y:64
(0)Beenden (1)Werte aendern (2)Quadrat (3)Dritte Potenz (4)Vertauschen: 0
```

Die Zeilen 5 bis 8 deklarieren vier Funktionen mit gleichem Rückgabetyp und gleicher Signatur. Diese Funktionen geben `void` zurück und übernehmen zwei Referenzen auf Integer.

In Zeile 14 wird `pFunc` als Zeiger auf eine Funktion deklariert, die `void` zurückgibt und zwei Referenzen auf `int` als Parameter übernimmt. Damit lässt sich mit `pFunc` auf die eingangs erwähnten vier Funktionen zeigen. Die Schleifenkonstruktion in den Zeilen 19 bis 38 erlaubt dem Benutzer die Auswahl der aufzurufenden Funktion. Nach dieser Auswahl wird die entsprechende Funktion an `pFunc` zugewiesen. Die Zeilen 35 bis 37 geben die aktuellen Werte der beiden Ganzzahlen aus, rufen die momentan zugewiesene Funktion auf und geben dann die Werte erneut aus.

Kurzaufruf

Den Zeiger auf eine Funktion muss man nicht dereferenzieren, obwohl man es durchaus tun kann. Angenommen, `pFunc` ist ein Zeiger auf eine Funktion, die einen Integer übernimmt und eine Variable vom Typ `long` zurückgibt, und man weist `pFunc` eine passende Funktion zu, kann man diese Funktion entweder mit

```
pFunc(x);
```

oder mit

```
(*pFunc)(x);
```

aufrufen. Beide Formen sind identisch. Die erste ist nur eine Kurzversion der zweiten.

Arrays mit Zeigern auf Funktionen

Genau wie man ein Array mit Zeigern auf Integer deklarieren kann, lässt sich auch ein Array mit Zeigern auf Funktionen deklarieren, die einen bestimmten Werttyp zurückgeben und mit einer bestimmten Signatur versehen sind (siehe dazu Listing 20.6).

Eingabe

Listing 20.6: Ein Array von Zeigern auf Funktionen

```
// Listing 20.6 Array mit Zeigern auf Funktionen

#include <iostream.h>

void Square (int&,int&);
void Cube (int&, int&);
void Swap (int&, int &);
void GetVals(int&, int&);
void PrintVals(int, int);

int main()
{
   int valOne=1, valTwo=2;
   int choice,i;
   const MaxArray = 5;
   void (*pFuncArray[MaxArray])(int&, int&);

   for (i=0;i<MaxArray;i++)
   {
      cout << "(1)Werte aendern (2)Quadrat (3)Dritte Potenz
                (4)Vertauschen: ";
```

```
            cin >> choice;
            switch (choice)
            {
               case 1:pFuncArray[i] = GetVals; break;
               case 2:pFuncArray[i] = Square; break;
               case 3:pFuncArray[i] = Cube; break;
               case 4:pFuncArray[i] = Swap; break;
               default:pFuncArray[i] = 0;
            }
         }

         for (i=0;i<MaxArray; i++)
         {
            pFuncArray[i](valOne,valTwo);
            PrintVals(valOne,valTwo);
         }
      return 0;
   }
   void PrintVals(int x, int y)
   {
      cout << "x: " << x << " y: " << y << endl;
   }

   void Square (int & rX, int & rY)
   {
      rX *= rX;
      rY *= rY;
   }

   void Cube (int & rX, int & rY)
   {
      int tmp;

      tmp = rX;
      rX *= rX;
      rX = rX * tmp;

      tmp = rY;
      rY *= rY;
      rY = rY * tmp;
   }

   void Swap(int & rX, int & rY)
   {
      int temp;
      temp = rX;
      rX = rY;
      rY = temp;
   }
```

```
70:
71:    void GetVals (int & rValOne, int & rValTwo)
72:    {
73:       cout << "Neuer Wert fuer ValOne: ";
74:       cin >> rValOne;
75:       cout << "Neuer Wert fuer ValTwo: ";
76:       cin >> rValTwo;
77:    }
```

```
(1)Werte aendern (2)Quadrat (3)Dritte Potenz (4)Vertauschen: 1
(1)Werte aendern (2)Quadrat (3)Dritte Potenz (4)Vertauschen: 2
(1)Werte aendern (2)Quadrat (3)Dritte Potenz (4)Vertauschen: 3
(1)Werte aendern (2)Quadrat (3)Dritte Potenz (4)Vertauschen: 4
(1)Werte aendern (2)Quadrat (3)Dritte Potenz (4)Vertauschen: 2
Neuer Wert fuer ValOne: 2
Neuer Wert fuer ValTwo: 3
x: 2 y: 3
x: 4 y: 9
x: 64 y: 729
x: 729 y: 64
x: 531441 y:4096
```

In der Schleife in den Zeilen 19 bis 31 wählt der Benutzer die aufzurufende Funktion aus. Den Elementen des Array wird die Adresse der entsprechenden Funktion zugewiesen. Die Schleife in den Zeilen 33 bis 37 ruft jede Funktion der Reihe nach auf. Das Ergebnis erscheint nach jedem Aufruf auf dem Bildschirm.

Zeiger auf Funktionen an andere Funktionen übergeben

Die Zeiger auf Funktionen (und übrigens auch Arrays mit Zeigern auf Funktionen) kann man an andere Funktionen übergeben, die Aktionen ausführen und dann die richtige Funktion unter Verwendung des Zeigers aufrufen.

Beispielsweise kann man Listing 20.6 verbessern, indem man den gewählten Funktionszeiger an eine andere Funktion (außerhalb von `main`) übergibt. Diese Funktion gibt dann die Werte aus, ruft die gewählte Funktion auf und zeigt die Werte erneut an. Listing 20.7 zeigt diese Variante.

Listing 20.7: Übergabe von Zeigern auf Funktionen als Funktionsargumente

```
// Listing 20.7 Ohne Funktionszeiger

#include <iostream.h>

```

```
void Square (int&,int&);
void Cube (int&, int&);
void Swap (int&, int &);
void GetVals(int&, int&);
void PrintVals(void (*)(int&, int&),int&, int&);

int main()
{
   int valOne=1, valTwo=2;
   int choice;
   bool fQuit = false;

   void (*pFunc)(int&, int&);

   while (fQuit == false)
   {
      cout << "(0)Beenden (1)Werte aendern (2)Quadrat (3)Dritte Potenz
            ➥(4)Vertauschen: ";
      cin >> choice;
      switch (choice)
      {
         case 1:pFunc = GetVals; break;
         case 2:pFunc = Square; break;
         case 3:pFunc = Cube; break;
         case 4:pFunc = Swap; break;
         default:fQuit = true; break;
      }
      if (fQuit == true)
         break;
      PrintVals ( pFunc, valOne, valTwo);
   }

  return 0;
}

void PrintVals( void (*pFunc)(int&, int&),int& x, int& y)
{
   cout << "x: " << x << " y: " << y << endl;
   pFunc(x,y);
   cout << "x: " << x << " y: " << y << endl;
}

void Square (int & rX, int & rY)
{
   rX *= rX;
   rY *= rY;
}

```

```
void Cube (int & rX, int & rY)
{
   int tmp;

   tmp = rX;
   rX *= rX;
   rX = rX * tmp;

   tmp = rY;
   rY *= rY;
   rY = rY * tmp;
}

void Swap(int & rX, int & rY)
{
   int temp;
   temp = rX;
   rX = rY;
   rY = temp;
}

void GetVals (int & rValOne, int & rValTwo)
{
   cout << "Neuer Wert fuer ValOne: ";
   cin >> rValOne;
   cout << "Neuer Wert fuer ValTwo: ";
   cin >> rValTwo;
}
```

Ausgabe

```
6789(0)Beenden (1)Werte aendern (2)Quadrat (3)Dritte Potenz (4)Vertau-
schen: 1
x: 1 y: 2
Neuer Wert fuer ValOne: 2
Neuer Wert fuer ValTwo: 3
x: 2 y: 3
(0)Beenden (1)Werte aendern (2)Quadrat (3)Dritte Potenz (4)Vertauschen: 3
x: 2 y: 3
x: 8 y: 27
(0)Beenden (1)Werte aendern (2)Quadrat (3)Dritte Potenz (4)Vertauschen: 2
x: 8  y: 27
x: 64 y: 729
(0)Beenden (1)Werte aendern (2)Quadrat (3)Dritte Potenz (4)Vertauschen: 4
x: 64  y: 729
x: 729 y: 64
(0)Beenden (1)Werte aendern (2)Quadrat (3)Dritte Potenz (4)Vertauschen: 0
```

Zeile 18 deklariert `pFunc` als Zeiger auf eine Funktion, die `void` zurückgibt und zwei Referenzen auf `int` als Parameter übernimmt. Zeile 9 deklariert `PrintVals` als Funktion mit drei Parametern. Der erste ist ein Zeiger auf eine Funktion, die `void` zurückgibt und zwei Integer-Referenzen als Parameter übernimmt. Die beiden anderen Argumente an `PrintVals` sind Integer-Referenzen. Der Benutzer wählt wieder aus, welche Funktion aufzurufen ist. In Zeile 34 wird dann `PrintVals` aufgerufen.

Fragen Sie doch mal einen C++-Programmierer, was die folgende Deklaration bedeutet:

```
void PrintVals(void (*)(int&, int&),int&, int&);
```

Diese Art von Deklaration werden Sie selten verwenden und wahrscheinlich jedes Mal im Buch nachsehen, wenn Sie sie brauchen. Manchmal rettet aber gerade eine derartige Deklaration Ihren Programmentwurf.

typedef bei Zeigern auf Funktionen

Die Konstruktion `void (*)(int&, int&)` ist bestenfalls unbequem. Das Ganze lässt sich mit `typedef` vereinfachen. Man deklariert einen Typ `VPF` als Zeiger auf eine Funktion, die `void` zurückgibt und zwei Integer-Referenzen übernimmt. In Listing 20.8 ist der erste Teil von Listing 20.7 in der Version mit `typedef` neu geschrieben.

Listing 20.8: Einsatz von typedef, um Zeiger auf Funktionen übersichtlicher zu gestalten

```
// Listing 20.8 Einsatz von typedef

#include <iostream.h>

void Square (int&,int&);
void Cube (int&, int&);
void Swap (int&, int &);
void GetVals(int&, int&);
typedef  void (*VPF) (int&, int&) ;
void PrintVals(VPF,int&, int&);

int main()
{
   int valOne=1, valTwo=2;
   int choice;
   bool fQuit = false;

```

```
    VPF pFunc;

    while (fQuit == false)
    {
       cout << "(0)Beenden (1)Werte aendern (2)Quadrat (3)Dritte Potenz
             ➥(4)Vertauschen: ";
       cin >> choice;
       switch (choice)
       {
          case 1:pFunc = GetVals; break;
          case 2:pFunc = Square; break;
          case 3:pFunc = Cube; break;
          case 4:pFunc = Swap; break;
          default:fQuit = true; break;
       }
       if (fQuit == true)
          break;
       PrintVals ( pFunc, valOne, valTwo);
    }
    return 0;
 }

 void PrintVals( VPF pFunc,int& x, int& y)
 {
    cout << "x: " << x << " y: " << y << endl;
    pFunc(x,y);
    cout << "x: " << x << " y: " << y << endl;
 }
```

Ausgabe

```
(0)Beenden (1)Werte aendern (2)Quadrat (3)Dritte Potenz (4)Vertauschen: 1
x: 1 y: 2
Neuer Wert fuer ValOne: 2
Neuer Wert fuer ValTwo: 3
x: 2 y: 3
(0)Beenden (1)Werte aendern (2)Quadrat (3)Dritte Potenz (4)Vertauschen: 3
x: 2 y: 3
x: 8 y: 27
(0)Beenden (1)Werte aendern (2)Quadrat (3)Dritte Potenz (4)Vertauschen: 2
x: 8  y: 27
x: 64 y: 729
(0)Beenden (1)Werte aendern (2)Quadrat (3)Dritte Potenz (4)Vertauschen: 4
x: 64  y: 729
x: 729 y: 64
(0)Beenden (1)Werte aendern (2)Quadrat (3)Dritte Potenz (4)Vertauschen: 0
```

Analyse

In Zeile 9 wird `VPF` mittels `typedef` vom Typ »Funktion, die `void` zurückgibt und zwei Referenzen auf `int` als Parameter übernimmt« deklariert.

Zeile 10 deklariert die Funktion `PrintVals` mit drei Parametern: ein Parameter vom Typ `VPF` und zwei Referenzen auf `int`. Zeile 19 deklariert nun `pFunc` vom Typ `VPF`.

Nach Einführung des Typs `VPF` sind alle folgenden Deklarationen von `pFunc` und `PrintVals` wesentlich besser zu lesen.

Zeiger auf Elementfunktionen

Bis jetzt haben wir nur Funktionszeiger für allgemeine Funktionen, die nicht zu Klassen gehören, erzeugt. Genauso gut kann man Zeiger auf Funktionen erzeugen, die Elemente von Klassen sind.

Bei einem Zeiger auf eine Elementfunktion verwendet man die gleiche Syntax wie bei einem Zeiger auf eine Funktion, schließt aber den Klassennamen und den Zugriffsoperator (`::`) ein. Zeigt zum Beispiel `pFunc` auf eine `Shape`-Elementfunktion, die zwei Integer übernimmt und `void` zurückgibt, lautet die Deklaration für `pFunc` folgendermaßen:

```
void (Shape::*pFunc) (int, int);
```

Zeiger auf Elementfunktionen setzt man in genau der gleichen Weise ein wie Zeiger auf Funktionen. Allerdings erfordern sie ein Objekt der richtigen Klasse, auf dem sie aufgerufen werden. Listing 20.9 zeigt die Verwendung von Zeigern auf Elementfunktionen.

Warnung

Einige Compiler unterstützen keine Funktionsnamen als Synonym für die Adresse. Wenn der Compiler bei diesem Listing eine Warnung oder eine Fehlermeldung ausgibt, ändern Sie die Zeilen 67 und 68 wie folgt ab:

```
67:            case 1: pFunc = & Mammal::Speak; break;
68:            default: pFunc = & Mammal::Move; break;
```

Führen Sie diesbezügliche Änderungen auch an allen nachfolgenden Listings durch. (Beachten Sie das zusätzliche kaufmännische Und-Zeichen auf jeder Zeile.)

Eingabe

Listing 20.9: Zeiger auf Elementfunktionen

```
 // Listing 20.9 Zeiger auf Elementfunktionen

 #include <iostream.h>

class Mammal
{
public:
   Mammal():itsAge(1) {  }
   ~Mammal() { }
   virtual void Speak() const = 0;
   virtual void Move() const = 0;
protected:
   int itsAge;
};

class Dog : public Mammal
{
public:
   void Speak()const { cout << "Wuff!\n"; }
   void Move() const { cout << "Laufen...\n"; }
};


class Cat : public Mammal
{
public:
   void Speak()const { cout << "Miau!\n"; }
   void Move() const { cout << "Schleichen...\n"; }
};


class Horse : public Mammal
{
public:
   void Speak()const { cout << "Wieher!\n"; }
   void Move() const { cout << "Galoppieren...\n"; }
};


int main()
{
   void (Mammal::*pFunc)() const =0;
   Mammal* ptr =0;
```

```
44:       int Animal;
45:       int Method;
46:       bool fQuit = false;
47:
48:       while (fQuit == false)
49:       {
50:          cout << "(0)Beenden (1)Hund (2)Katze (3)Pferd: ";
51:          cin >> Animal;
52:          switch (Animal)
53:          {
54:             case 1: ptr = new Dog; break;
55:             case 2: ptr = new Cat; break;
56:             case 3: ptr = new Horse; break;
57:             default: fQuit = true; break;
58:          }
59:          if (fQuit)
60:             break;
61:
62:          cout << "(1)Sprechen (2)Bewegen: ";
63:          cin >> Method;
64:          switch (Method)
65:          {
66:             case 1: pFunc = Mammal::Speak; break;
67:             default: pFunc = Mammal::Move; break;
68:          }
69:
70:          (ptr->*pFunc)();
71:          delete ptr;
72:       }
73:     return 0;
74:   }
```

```
(0)Beenden (1)Hund (2)Katze (3)Pferd: 1
(1)Sprechen (2)Bewegen: 1
Wuff!
(0)Beenden (1)Hund (2)Katze (3)Pferd: 2
(1)Sprechen (2)Bewegen: 1
Miau!
(0)Beenden (1)Hund (2)Katze (3)Pferd: 3
(1)Sprechen (2)Bewegen: 2
Galoppieren...
(0)Beenden (1)Hund (2)Katze (3)Pferd: 0
```

Die Zeilen 6 bis 15 deklarieren den abstrakten Datentyp `Mammal` mit den zwei abstrakten Methoden `Speak` und `Move`. Von `Mammal` leiten sich die Klassen `Dog`, `Cat` und `Horse` ab, die jeweils `Speak` und `Move` redefinieren.

Das Rahmenprogramm in `main` fordert den Benutzer auf, ein Tier auszuwählen. Dann erzeugt es eine neue Unterklasse von `Animal` im Heap und weist sie in den Zeilen 55 bis 57 an `ptr` zu.

Der Benutzer soll nun die aufzurufende Methode wählen. Diese wird dem Zeiger `pFunc` zugewiesen. In Zeile 71 ruft das erzeugte Objekt die gewählte Methode auf. Dabei kommt der Zeiger `ptr` für den Zugriff auf das Objekt und `pFunc` für den Zugriff auf die Funktion zum Einsatz.

Schließlich ruft Zeile 72 `delete` auf dem Zeiger `ptr` auf, um den für das Objekt im Heap reservierten Speicher zurückzugeben. Ein Aufruf von `delete` auf `pFunc` ist nicht erforderlich, da es sich um einen Zeiger auf den Code und nicht auf ein Objekt im Heap handelt. Ein entsprechender Versuch erzeugt sogar einen Compiler-Fehler.

Arrays mit Zeigern auf Elementfunktionen

Genau wie bei Zeigern auf Funktionen lassen sich Zeiger auf Elementfunktionen in einem Array speichern. Das Array kann mit den Adressen der verschiedenen Elementfunktionen initialisiert werden und diese lassen sich durch Indizierung des Arrays aufrufen. Listing 20.10 verdeutlicht diese Technik.

Eingabe ***Listing 20.10: Array mit Zeigern auf Elementfunktionen***

```
 // Listing 20.10 Array mit Zeigern auf Elementfunktionen

 #include <iostream.h>


class Dog
{
public:
   void Speak()const { cout << "Wuff!\n"; }
   void Move() const { cout << "Laufen...\n"; }
   void Eat() const { cout << "Fressen...\n"; }
   void Growl() const { cout << "Grrrrr\n"; }
   void Whimper() const { cout << "Heulen...\n"; }
   void RollOver() const { cout << "Tot stellen...\n"; }
   void PlayDead() const
      { cout << "Ist das das Ende von Little Caesar?\n"; }
};

typedef void (Dog::*PDF)()const ;
int main()
```

```
{
   const int MaxFuncs = 7;
   PDF DogFunctions[MaxFuncs] =
      {  Dog::Speak,
         Dog::Move,
         Dog::Eat,
         Dog::Growl,
         Dog::Whimper,
         Dog::RollOver,
         Dog::PlayDead };

   Dog* pDog =0;
   int Method;
   bool fQuit = false;

   while (!fQuit)
   {
      cout <<    "(0)Beenden (1)Sprechen (2)Bewegen (3)Fressen (4)Knurren";
      cout << " (5)Winseln (6)Herumwaelzen (7)Tot stellen: ";
      cin >> Method;
      if (Method == 0)
      {
         fQuit = true;
         break;
      }
      else
      {
         pDog = new Dog;
         (pDog->*DogFunctions[Method-1])();
         delete pDog;
      }
   }
 return 0;
}
```

Ausgabe

```
(0)Beenden (1)Sprechen (2)Bewegen (3)Fressen (4)Knurren (5)Winseln
(6)Herumwaelzen (7)Tot stellen: 1
Wuff!
(0)Beenden (1)Sprechen (2)Bewegen (3)Fressen (4)Knurren (5)Winseln
(6)Herumwaelzen (7)Tot stellen: 4
Grrrrr
(0)Beenden (1)Sprechen (2)Bewegen (3)Fressen (4)Knurren (5)Winseln
(6)Herumwaelzen (7)Tot stellen: 7
Ist das das Ende von Little Caesar?
(0)Beenden (1)Sprechen (2)Bewegen (3)Fressen (4)Knurren (5)Winseln
(6)Herumwaelzen (7)Tot stellen: 0
```

Analyse

Die Zeilen 7 bis 18 erzeugen die Klasse `Dog` mit sieben Elementfunktionen. Rückgabetyp und Signatur sind bei allen Funktionen gleich. Zeile 20 deklariert `PDF` mit `typedef` als Zeiger auf eine Elementfunktion von `Dog`, die keine Parameter übernimmt, keine Werte zurückgibt und konstant ist – entsprechend der Signatur der sieben Elementfunktionen von `Dog`.

In den Zeilen 24 bis 31 wird das Array `DogFunctions` für die Aufnahme von sieben derartigen Elementfunktionen deklariert und mit den Adressen dieser Funktionen initialisiert.

Die Zeilen 39 und 40 fordern den Benutzer zur Auswahl einer Methode auf. Je nach Auswahl – außer bei Beenden – wird ein neues `Dog`-Objekt auf dem Heap erzeugt und dann die richtige Methode auf dem Array in Zeile 50 aufgerufen. Sie können die folgende Zeile ebenfalls einem eingefleischten C++-Programmierer in Ihrer Firma vorlegen und ihn um eine Erklärung bitten:

```
(pDog->*DogFunctions[Method-1])();
```

Diese etwas esoterische Konstruktion lässt sich insbesondere bei Tabellen mit Elementfunktionen hervorragend einsetzen. Das Programm ist dadurch besser zu lesen und verständlicher.

Zusammenfassung

In dieser Stunde haben Sie gelernt, wie man statische Elementvariablen in einer Klasse erzeugt. Im Gegensatz zu einem Objekt hat jede Klasse genau eine Instanz einer statischen Elementvariablen. Falls das statische Element für den öffentlichen Zugriff deklariert ist, kann man auf diese Elementvariable durch Angabe des vollständigen Namens auch ohne ein Objekt des Klassentyps zugreifen.

Statische Elementvariablen lassen sich als Zähler über mehrere Instanzen von Klassen hinweg einsetzen. Da sie nicht zum Objekt gehören, reserviert die Deklaration keinen Speicher. Statische Elementvariablen sind außerhalb der Klassendeklaration zu definieren und zu initialisieren.

Statische Elementfunktionen sind analog zu statischen Elementvariablen Teil der Klasse. Für den Zugriff auf statische Elementfunktionen ist kein Objekt der entsprechenden Klasse erforderlich und man kann mit diesen Funktionen auf statische Datenelemente zugreifen. Da statische Elementfunktionen keinen `this`-Zeiger haben, bleibt der Zugriff auf nicht statische Datenelemente verwehrt.

Aus dem gleichen Grund kann man statische Elementfunktionen auch nicht als konstant deklarieren. `const` in einer Elementfunktion zeigt an, dass der `this`-Zeiger konstant ist.

In dieser Stunde haben Sie auch gesehen, wie man Funktionalität an ein enthaltenes Objekt delegiert. Das sogenannte Containment ist in dem Sinne eingeschränkt, dass die neue Klasse keinen Zugriff auf geschützte Elemente der enthaltenen Klasse hat, und sie kann auch nicht die Elementfunktionen des enthaltenen Objekts redefinieren.

Weiterhin wurde erläutert, wie man sowohl Friend-Funktionen als auch Friend-Klassen deklariert. Friend-Klassen sollte man mit Vorsicht einsetzen. Allerdings bieten sie einen Mittelweg zwischen dem Zugriff ausschließlich auf die Elementmethoden einer Klasse und der öffentlichen Deklaration von Methoden und Daten.

Fragen und Antworten

F Warum verwendet man statische Daten, wenn man auch mit globalen Daten arbeiten kann?

A *Der Gültigkeitsbereich von statischen Daten beschränkt sich auf die Klasse. Demzufolge sind die Daten nur über ein Objekt der Klasse zugänglich – über einen expliziten und vollständigen Aufruf unter Verwendung des Klassennamens (bei öffentlichen Daten) oder über eine statische Elementfunktion. Allerdings sind statische Daten an den Klassentyp gebunden. Durch den eingeschränkten Zugriff und die strenge Typisierung sind statische Daten sicherer als globale Daten.*

F Warum setzt man statische Elementfunktionen ein, wenn man globale Funktionen verwenden kann?

A *Der Gültigkeitsbereich statischer Elementfunktionen ist auf die Klasse beschränkt. Man kann diese Funktionen nur mit Hilfe eines Objekts der Klasse oder einer expliziten und vollständigen Spezifikation (wie zum Beispiel* `ClassName::FunctionName`*) aufrufen.*

F Warum macht man nicht alle Klassen zu Freunden aller Klassen, die sie verwenden?

A *Wenn man eine Klasse zum Freund einer anderen macht, legt man die Details der Implementierung frei und verringert die Kapselung. Im Idealfall sollte man möglichst viele Details jeder Klasse vor allen anderen Klassen verbergen.*

Stunde 21

Der Präprozessor

Beim größten Teil Ihrer Quellcodedateien handelt es sich um C++-Anweisungen. Der Compiler interpretiert die Quellcodedateien und überführt sie in ein ausführbares Programm. Vorher läuft allerdings noch der Präprozessor und bietet damit eine Möglichkeit für die bedingte Kompilierung.

In dieser Stunde lernen Sie,

- was bedingte Kompilierung ist und wie man sie handhabt,
- wie man Makros mit Hilfe des Präprozessors schreibt,
- wie man den Präprozessor bei der Fehlersuche einsetzt

Präprozessor und Compiler

Bei jeder Ausführung des Compilers startet als Erstes der Präprozessor. Dieser sucht nach Anweisungen, die mit einem Nummernzeichen (#) beginnen. Derartige Anweisungen bewirken eine Änderung des Quelltextes. Im Ergebnis entsteht eine neue Quellcodedatei: eine temporäre Datei, die man normalerweise nicht zu Gesicht bekommt, die man aber vom Compiler speichern lassen kann, um sie bei Bedarf zu untersuchen.

Der Compiler liest und kompiliert nicht die originale Quellcodedatei, sondern die Ausgabe des Präprozessors. Die Anweisung `#include` teilt dem Präprozessor mit, die Datei mit dem auf die `#include`-Direktive folgenden Namen zu suchen und sie an dieser Stelle in die Zwischendatei zu schreiben. Das verhält sich genauso, als hätten Sie selbst die gesamte Datei direkt in Ihre Quellcodedatei geschrieben. Zu dem Zeitpunkt, zu dem der Compiler den Quellcode zu sehen bekommt, befindet sich die eingebundene Datei bereits an der richtigen Stelle.

Das Zwischenformat ansehen

Bei nahezu jedem Compiler kann man über einen »Schalter« veranlassen, dass der Compiler die Zwischendatei speichert. Diesen Schalter setzt man entweder in der integrierten Entwicklungsumgebung oder in der Befehlszeile. Eine Auflistung und Erläuterung der Schalter finden Sie im Handbuch zu Ihrem Compiler. Dort erfahren Sie auch, welcher Schalter für das Speichern der Zwischendatei in Frage kommt, falls Sie diese Datei untersuchen möchten.

Die Anweisung #define

Der Befehl `#define` definiert eine String-Ersetzung. Schreibt man zum Beispiel

```
#define BIG 512
```

hat man den Präprozessor angewiesen, den String `BIG` an allen Stellen gegen den String `512` auszutauschen. Es handelt sich hier aber nicht um einen String im Sinne von C++. Die Zeichenfolge `512` wird im Quellcode an allen Stellen, wo das Token `BIG` erscheint, buchstabengetreu ersetzt. Ein *Token* ist eine Zeichenfolge, die sich überall dort einsetzen lässt, wo man einen String, eine Konstante oder eine andere Buchstabengruppe verwenden könnte. Schreibt man demzufolge

```
#define BIG 512
int myArray[BIG];
```

sieht die vom Präprozessor produzierte Zwischendatei folgendermaßen aus:

```
int myArray[512];
```

Die `#define`-Anweisung ist also verschwunden. Die Anweisungen an den Präprozessor werden alle aus der Zwischendatei entfernt und erscheinen überhaupt nicht im endgültigen Quellcode.

Konstanten mit #define erzeugen

Mit `#define` lassen sich unter anderem Konstanten ersetzen. Allerdings ist das fast nie zu empfehlen, da `#define` lediglich eine String-Ersetzung vornimmt und keine Typenprüfung durchführt. Die Verwendung des Schlüsselworts `const` bringt erhebliche Vorteile gegenüber `#define`.

Testen mittels #define

Man kann mit `#define` auch einfach deklarieren, dass eine bestimmte Zeichenfolge definiert ist. Zum Beispiel schreibt man:

```
#define BIG
```

Später prüft man auf die Definition von `BIG` und leitet entsprechende Aktivitäten ein. Die Präprozessor-Anweisungen `#ifdef` und `#ifndef` testen, ob ein String definiert bzw. nicht definiert wurde. Bei beiden Befehlen muss vor dem Blockende (das heißt, vor der nächsten schließenden geschweiften Klammer) ein abschließender `#endif`-Befehl erscheinen.

Der Befehl `#ifdef` liefert `TRUE`, wenn die getestete Zeichenfolge bereits definiert ist. Man kann also schreiben:

```
#ifdef DEBUG
cout << "DEBUG definiert";
#endif
```

Trifft der Präprozessor auf `#ifdef`, durchsucht er eine von ihm angelegte Tabelle, ob die Zeichenfolge `DEBUG` definiert ist. Sollte das der Fall sein, liefert `#ifdef` das Ergebnis `TRUE` und alles bis zum nächsten `#else` oder `#endif` wird in die Zwischendatei für die Kompilierung geschrieben. Ergibt die Auswertung von `#ifdef` den Wert `FALSE`, schreibt der Präprozessor keine der Anweisungen zwischen `#ifdef DEBUG` und `#endif` in die Zwischendatei, praktisch so, als hätten diese Anweisungen niemals in der Quelldatei gestanden.

Das logische Gegenstück zu `#ifdef` ist `#ifndef`. Diese Anweisung liefert `TRUE`, wenn die Zeichenfolge bis zu diesem Punkt noch nicht in der Datei definiert wurde.

Der Präprozessor-Befehl #else

Wie Sie vielleicht erraten, lässt sich der Befehl `#else` zwischen `#ifdef` bzw. `#ifndef` und dem schließenden `#endif` einfügen. Listing 21.1 zeigt Einsatzbeispiele für diese Anweisungen.

Eingabe

Listing 21.1: Einsatz von #define

```
#define DemoVersion
#define DOS_VERSION 5
#include <iostream.h>


int main()
{

cout << "Auf Definitionen von DemoVersion, DOS_VERSION";
cout << " und WINDOWS_VERSION pruefen...\n";
#ifdef DemoVersion
   cout << "DemoVersion definiert.\n";
#else
   cout << "DemoVersion nicht definiert.\n";
#endif

#ifndef DOS_VERSION
   cout << "DOS_VERSION nicht definiert!\n";
#else
   cout << "DOS_VERSION definiert als: " << DOS_VERSION << endl;
#endif

#ifdef WINDOWS_VERSION
   cout << "WINDOWS_VERSION definiert!\n";
#else
   cout << "WINDOWS_VERSION wurde nicht definiert.\n";
#endif

 cout << "Fertig.\n";
 return 0;
}
```

```
Auf Definitionen von DemoVersion, DOS_VERSION und WINDOWS_VERSION prue-
fen...
DemoVersion definiert.
DOS_VERSION definiert als: 5
WINDOWS_VERSION wurde nicht definiert.
Fertig.
```

Die Zeilen 1 und 2 definieren DemoVersion und DOS_VERSION, wobei DOS_VERSION mit dem String 5 definiert ist. Zeile 11 testet die Definition von DemoVersion. Da DemoVersion – wenn auch ohne Wert – definiert ist, liefert der Test das Ergebnis TRUE und Zeile 12 gibt den String aus.

Der Test in Zeile 17 prüft, ob DOS_VERSION *nicht* definiert ist. Wie wir eben festgestellt haben, ist DOS_VERSION aber definiert. Damit liefert der Test das Ergebnis FALSE und die Programmausführung springt zu Zeile 20. Hier findet die Ersetzung des Worts DOS_VERSION durch den String 5 statt. Dem Compiler stellt sich diese Zeile dann wie folgt dar:

```
cout << "DOS_VERSION definiert als: " << 5 << endl;
```

Das erste Vorkommen von DOS_VERSION in dieser Anweisung wird nicht ersetzt, da der String in Anführungszeichen steht. Die Substitution erfolgt nur für das zweite DOS_VERSION. Damit findet der Compiler an dieser Stelle eine 5 vor, genauso, als hätte man sie direkt hier eingetippt.

Schließlich testet das Programm in Zeile 23 auf WINDOWS_VERSION. Da WINDOWS_VERSION nicht definiert ist, liefert der Test das Ergebnis FALSE und Zeile 26 gibt eine entsprechende Meldung aus.

Schutz vor Mehrfachdeklarationen

Projekte bestehen gewöhnlich aus einer größeren Anzahl von Dateien. Dabei kann jede Klasse eine eigene Header-Datei (.HPP) mit der Klassendeklaration und eine Implementierungsdatei (.CPP) mit dem Quellcode der Klassenmethoden erhalten.

Die main-Funktion steht in einer separaten .CPP-Datei. Alle .CPP-Dateien werden zu .OBJ-Dateien kompiliert und mit dem Linker zu einem einzigen Programm gebunden.

Da Ihre Programme auf Methoden aus vielen Klassen zurückgreifen, sind in jede Datei mehrere Header-Dateien aufzunehmen. Außerdem müssen sich Header-Dateien oftmals untereinander einbinden. Beispielsweise muss die Header-Datei für die Deklaration einer abgeleiteten Klasse die Header-Datei für ihre Basisklasse einschließen.

Nehmen wir an, dass die Klasse Animal in der Datei ANIMAL.HPP deklariert ist. Die von Animal abgeleitete Klasse Dog muss die Datei ANIMAL.HPP in DOG.HPP einbinden, da sich Dog sonst nicht von Animal ableiten lässt. Der Cat-Header schließt ANIMAL.CPP aus demselben Grund ein. Wenn man eine Methode erzeugt, die sowohl Cat als auch Dog verwendet, läuft man Gefahr, ANIMAL.HPP zweimal einzubinden.

Das Ganze führt zu einem Compiler-Fehler, da es nicht zulässig ist, eine Klasse (Animal) zweimal zu deklarieren, selbst wenn die Deklarationen identisch sind. Dieses Problem lässt sich mit entsprechenden Schutzvorkehrungen lösen. Am Beginn der Header-Datei ANIMAL.HPP schreiben Sie folgende Zeilen:

```
#ifndef ANIMAL_HPP
#define ANIMAL_HPP
...              // Hier steht der gesamte Inhalt der Datei
#endif
```

Diese Zeilen sagen aus: »Wenn der Begriff ANIMAL_HPP noch nicht definiert ist, dann definiere ihn jetzt.« Zwischen der #define-Anweisung und dem schließenden #endif steht der gesamte Inhalt der Datei.

Wenn das Programm erstmalig diese Datei einbindet und der Compiler die erste Zeile auswertet, liefert der Test TRUE. Das heißt: ANIMAL_HPP ist noch nicht definiert. Demzufolge holt der Compiler jetzt die Definition von ANIMAL_HPP nach und bindet dann die gesamte Datei ein.

Wenn Ihr Programm die Datei ANIMAL.HPP ein zweites Mal einbindet, liefert die Auswertung der ersten Zeile das Ergebnis FALSE, da ANIMAL_HPP nun definiert ist. Damit springt das Programm zur nächsten #else-Klausel (hier gibt es keine) oder zur nächsten #endif-Anweisung (am Ende der Datei) und übergeht damit den gesamten Inhalt der Datei. Die Klasse wird damit nicht zweimal deklariert.

Der tatsächliche Name des definierten Symbols (ANIMAL_HPP) spielt keine Rolle. Es ist üblich, den Dateinamen zu verwenden, ihn durchweg in Großbuchstaben zu schreiben und dabei den Punkt zwischen Dateiname und Erweiterung durch einen Unterstrich zu ersetzen. Allerdings ist das nur eine Konvention.

Hinweis

Es schadet nichts, Schutzmaßnahmen gegen Mehrfachdeklarationen vorzusehen. Oftmals spart man sich dadurch eine stundenlange Fehlersuche.

Definitionen auf der Befehlszeile

Fast alle C++-Compiler erlauben die Definition von Werten in der Befehlszeile und über die integrierte Entwicklungsumgebung (wobei gewöhnlich beides möglich ist). Daher kann man die Zeilen 1 und 2 aus Listing 21.1 weglassen und `DemoVersion` bzw. `DOS_VERSION` von der Befehlszeile aus bei bestimmten Kompilierungen definieren und bei anderen nicht.

Es ist üblich, speziellen Code zur Fehlersuche (Debugging) zwischen `#ifdef DEBUG` und `#endif` einzuschließen. Damit lässt sich der gesamte Debugging-Code leicht aus der Quelldatei entfernen, wenn man die endgültige Version kompiliert: Man definiert einfach nicht den Begriff `DEBUG`.

Definitionen aufheben

Wenn man einen Namen definiert hat und diese Definition aus dem Code heraus aufheben möchte, kann man die Anweisung `#undef` verwenden, die entgegengesetzt zur Anweisung `#define` arbeitet.

Bedingte Kompilierung

Wenn man `#define` bzw. Definitionen auf der Befehlszeile mit `#ifdef`, `#else` und `#ifndef` kombiniert, lassen sich Programme mit unterschiedlichem Code kompilieren, abhängig davon, was bereits mit `#define` definiert ist. Damit kann man zum Beispiel einen einheitlichen Satz von Quellcodedateien erstellen und für verschiedenartige Plattformen – etwa DOS und Windows – kompilieren.

In Kürze lernen Sie eine andere gebräuchliche Anwendung dieser Technik kennen: die bedingte Kompilierung einzelner Code-Abschnitte bei der Fehlersuche.

Makros

Ein Makro ist ein Symbol, das mit Hilfe von `#define` erzeugt wurde und in der Art einer Funktion ein Integer-Argument übernimmt. Der Präprozessor substituiert den Ersetzungsstring durch das jeweils übergebene Argument. Beispielsweise kann man das Makro `TWICE` (Verdoppeln) wie folgt definieren:

```
#define TWICE(x) ( (x) * 2 )
```

Im Code schreibt man dann

```
TWICE(4)
```

Der gesamte String `TWICE(4)` wird entfernt und durch den Wert `8` ersetzt. Trifft der Präprozessor auf die `4`, setzt er dafür `( (4) * 2 )`, was dann zu `4 * 2` oder `8` ausgewertet wird.

Ein Makro kann über mehrere Parameter verfügen, wobei man jeden Parameter wiederholt im Ersetzungstext verwenden kann. Zwei häufig anzutreffende Makros sind `MAX` und `MIN`:

```
#define MAX(x,y) ( (x) > (y) ? (x) : (y) )
#define MIN(x,y) ( (x) < (y) ? (x) : (y) )
```

Beachten Sie, dass in einer Makro-Definition die öffnende Klammer für die Parameterliste unmittelbar auf den Makronamen folgen muss – ohne Leerzeichen dazwischen. Der Präprozessor ist nicht so nachsichtig mit Whitespaces wie der Compiler.

Wenn man etwa schreibt

```
#define MAX (x,y) ( (x) > (y) ? (x) : (y) )
```

und anschließend versucht, `MAX` wie folgt zu verwenden

```
int x = 5, y = 7, z;
z = MAX(x,y);
```

erhält man den Zwischencode

```
int x = 5, y = 7, z;
z = (x,y) ( (x) > (y) ? (x) : (y) ) (x,y)
```

Es findet eine einfache Textersetzung statt und nicht der Aufruf des Makros. Das Token `MAX` würde durch `(x,y) ( (x) > (y) ? (x) : (y) )` substituiert, woran sich das nach `MAX` angegebene `(x,y)` anschließt.

Entfernt man das Leerzeichen zwischen `MAX` und `(x,y)`, erhält man dagegen den folgenden Zwischencode:

```
int x = 5, y = 7, z;
z =7;
```

Warum so viele Klammern?

Vielleicht fragen Sie sich, warum in den bisher präsentierten Makros so viele Klammern vorkommen. Der Präprozessor ist nicht darauf angewiesen, dass Klammern um die Argumente in der Ersetzungszeichenfolge stehen. Allerdings helfen Ihnen die Klammern, unerwünschte Nebeneffekte zu vermeiden, wenn Sie komplizierte Werte an ein Makro übergeben. Definieren Sie zum Beispiel `MAX` als

```
#define MAX(x,y) x > y ? x : y
```

und übergeben die Werte 5 und 7, funktioniert das Makro wie erwartet. Die Übergabe komplizierterer Ausdrücke führt aber zu unerwarteten Ergebnissen wie es Listing 21.2 demonstriert.

Listing 21.2: Klammern in Makros

```
1:   // Listing 21.2 Makro-Erweiterung
2:   #include <iostream.h>
3:
4:   #define CUBE(a) ( (a) * (a) * (a) )
5:   #define THREE(a) a * a * a
6:
7:   int main()
8:   {
9:      long x = 5;
10:     long y = CUBE(x);
11:     long z = THREE(x);
12:
13:     cout << "y: " << y << endl;
14:     cout << "z: " << z << endl;
15:
16:     long a = 5, b = 7;
17:     y = CUBE(a+b);
18:     z = THREE(a+b);
19:
20:     cout << "y: " << y << endl;
21:     cout << "z: " << z << endl;
22:     return 0;
23:  }
```

```
y: 125
z: 125
y: 1728
z: 82
```

Zeile 4 definiert das Makro CUBE. Bei jedem Aufruf dieses Makros wird das Argument x zwischen den Klammern eingefügt. Zeile 5 definiert das Makro THREE ohne Klammern.

Bei der ersten Verwendung dieser Makros übergibt man den Wert 5 als Parameter und beide Makros arbeiten wie erwartet. CUBE(5) ergibt die Makro-Erweiterung ((5) * (5) * (5)) und liefert damit den Wert 125. Die Erweiterung von THREE(5) führt zu 5 * 5 * 5 und wird ebenfalls zu 125 ausgewertet.

Bei der zweiten Verwendung in den Zeilen 16 bis 18 lautet der Parameter `5 + 7`. In diesem Fall liefert `CUBE(5+7)` die Erweiterung

```
( (5+7) * (5+7) * (5+7) )
```

damit

```
( (12) * (12) * (12) )
```

und führt zum Ergebnis 1728. Dagegen wird `THREE(5+7)` zu

```
5 + 7 * 5 + 7 * 5 + 7
```

erweitert. Da die Multiplikation einen höheren Vorrang als die Addition hat, ergibt sich

```
5 + (7 * 5) + (7 * 5) + 7
```

damit

```
5 + (35) + (35) + 7
```

was schließlich das Ergebnis `82` liefert.

Makros, Funktionen und Templates

In C++ sind Makros mit vier Problemen verbunden. Erstens werden große Makros unübersichtlich und sind schwer zu handhaben, da man das gesamte Makro auf einer Zeile definieren muss. Man kann zwar das Makro mit dem Backslash-Zeichen (\) auf einer neuen Zeile fortsetzen, das grundsätzliche Problem bleibt aber bestehen.

Zweitens werden Makros bei jedem Aufruf inline erweitert. Wenn man das Makro ein Dutzend Mal verwendet, erscheint die Substitution zwölf Mal im Programm und nicht nur einmal wie bei einem Funktionsaufruf. Auf der anderen Seite ist ein Makro gewöhnlich schneller als eine Funktion, da es den Overhead eines Funktionsaufrufs vermeidet.

Die Inline-Erweiterung führt zu einem dritten Problem: Das Makro erscheint nicht im Zwischencode, den der Compiler verarbeitet. Damit ist das Makro für die meisten Debugger nicht verfügbar und die Fehlersuche in Makros wird zur kniffligen Angelegenheit.

Das letzte Problem ist allerdings das größte: Makros sind nicht typensicher. Es ist zwar bequem, absolut jedes Argument in einem Makro verwenden zu können, doch unterläuft das vollständig die strenge Typisierung von C++. Für C++-Programmierer kommen Makros deshalb nicht in Frage. Wie Stunde 23 zeigt, lässt sich dieses Problem mit Templates beseitigen.

String-Manipulation

Der Präprozessor stellt zwei spezielle Operatoren für die Manipulation von Strings in Makros bereit. Der Operator zur Zeichenkettenbildung wandelt das übergebene Argument in eine Zeichenfolge um. Der Verkettungsoperator verbindet zwei Strings zu einem.

Zeichenkettenbildung

Der Operator zur Zeichenkettenbildung (#, stringizing operator) schließt alle Zeichen, die bis zum nächsten Whitespace auf den Operator folgen, in Anführungszeichen ein. Schreibt man also:

```
#define WRITESTRING(x) cout << #x
```

und ruft dann

```
WRITESTRING(Das ist ein String);
```

auf, wandelt das der Präprozessor wie folgt um:

```
cout << "Das ist ein String";
```

Der String `Das ist ein String` ist nun in Anführungszeichen eingeschlossen, wie es für `cout` erforderlich ist.

Verkettung

Mit dem Verkettungsoperator lassen sich mehrere Terme zu einem neuen Wort verbinden. Das neue Wort ist eigentlich ein Token, das man als Klassennamen, Variablennamen, Index auf ein Array oder überall, wo eine Buchstabenfolge stehen darf, verwenden kann.

Nehmen wir zunächst fünf Funktionen an, die mit `fOnePrint`, `fTwoPrint`, `fThreePrint`, `fFourPrint` und `fFivePrint` benannt sind. Mit der Deklaration

```
#define fPRINT(x) f ## x ## Print
```

lassen sich dann mit `fPRINT(Two)` die Zeichenfolge `fTwoPrint` und mit `fPRINT(Three)` die Zeichenfolge `fThreePrint` generieren.

In Stunde 19 haben wir eine verkettete Liste entwickelt, die allerdings nur Objekte vom Typ `Data` behandeln konnte. Nehmen wir an, dass diese Liste ausgezeichnet funktioniert. Allerdings wollen wir auch Listen mit Tieren, Autos, Computern usw. aufbauen.

Man könnte nun `AnimalList`, `CarList`, `ComputerList` usw. erzeugen, indem man die entsprechenden Codeabschnitte an Ort und Stelle per Ausschneiden und Einfügen mehrfach erzeugt. Das kann allerdings zum Alptraum ausarten, da jede Änderung an einer Liste in alle anderen zu übernehmen ist.

Als Alternative bieten sich hier Makros und der Verkettungsoperator an. Beispielsweise könnte man Folgendes definieren:

```
#define Listof(Type)  class Type##List \
{ \
public: \
Type##List(){} \
private:          \
int itsLength; \
};
```

Das ist zwar ein sehr vereinfachtes Beispiel, zeigt aber das Konzept, das wir in alle erforderlichen Methoden und Daten übernehmen. Um eine `AnimalList` zu erzeugen, schreibt man:

```
Listof(Animal)
```

Das Ganze wird in die Deklaration der Klasse `AnimalList` umgewandelt. Bei diesem Verfahren gibt es einige Probleme, auf die Stunde 23 bei der Behandlung von Templates im Detail eingeht.

Vordefinierte Makros

Viele Compiler definieren eine Reihe nützlicher Makros. Dazu gehören `__DATE__`, `__TIME__`, `__LINE__` und `__FILE__`. Vor und nach diesen Namen stehen jeweils zwei Unterstriche, um Konflikte mit anderen Namen, die Sie in Ihrem Programm vergeben, nach Möglichkeit zu vermeiden.

Trifft der Compiler auf eines dieser Makros, nimmt er die entsprechende Ersetzung vor. Für `__DATE__` wird das aktuelle Datum substituiert, für `__TIME__` die aktuelle Uhrzeit. Die Makros `__LINE__` und `__FILE__` ersetzt der Compiler durch die Zeilennummern des Quellcodes bzw. den Dateinamen. Diese Substitution wird ausgeführt, wenn die Quelle vorkompiliert wird und nicht, wenn das Programm läuft. Wenn man im Programm die Ausgabe des Datums mit `__DATE__` realisiert, erhält man nicht das aktuelle Datum bei Programmstart, sondern das Datum, zu dem das Programm kompiliert wurde. Bei der Fehlersuche stellen diese Makros eine wertvolle Hilfe dar.

assert

Das Makro assert liefert TRUE zurück, wenn der Parameter zu TRUE ausgewertet wird. Ergibt die Auswertung des Parameters den Wert FALSE, brechen bestimmte Compiler das Programm ab, andere lösen eine Ausnahme aus (siehss Stunde 24).

Ein leistungsfähiges Charakteristikum des Makros assert ist es, dass der Präprozessor überhaupt keinen Code dafür produziert, wenn DEBUG nicht definiert ist. Während der Entwicklungsphase ist das Makro eine große Hilfe und wenn man das fertige Produkt vertreibt, gibt es weder eine Leistungseinbuße noch eine Vergrößerung der ausführbaren Programmdatei.

Statt sich auf das vom Compiler bereitgestellte assert zu stützen, kann man auch ein eigenes assert-Makro schreiben. Listing 21.3 zeigt dazu ein Beispiel.

Eingabe ***Listing 21.3: Ein einfaches assert-Makro***

```
// Listing 21.3 ASSERTS
#define DEBUG
#include <iostream.h>

#ifndef DEBUG
   #define ASSERT(x)
#else
   #define ASSERT(x) \
            if (! (x)) \
            { \
               cout << "FEHLER!! Annahme " << #x << " nicht zutreffend\n";
\
               cout << " in Zeile " << __LINE__  << "\n"; \
               cout << " in Datei " << __FILE__ << "\n";  \
            }
#endif


int main()
{
   int x = 5;
   cout << "Erste Annahme: \n";
   ASSERT(x==5);
   cout << "\nZweite Annahme: \n";
   ASSERT(x != 5);
   cout << "\nFertig.\n";
  return 0;
}
```

Ausgabe

```
Erste Annahme:

Zweite Annahme:
FEHLER!! Annahme x != 5 nicht zutreffend
 in Zeile 24
 in Datei L21_03.cpp
```

Analyse

Zeile 2 definiert den Begriff `DEBUG`. Normalerweise erledigt man das von der Befehlszeile aus (oder der IDE) zur Kompilierzeit, so dass man die Fehlersuche bei Bedarf ein- und ausschalten kann. Die Zeilen 8 bis 15 definieren das Makro `assert`. In der Regel schreibt man das Ganze in eine Header-Datei und diesen Header (`ASSERT.HPP`) schließt man in alle Implementierungsdateien ein.

In Zeile 5 findet der Test des Begriffs `DEBUG` statt. Ist dieser Begriff nicht angegeben, stellt Zeile 6 eine Definition für `assert` bereit, die überhaupt keinen Code erzeugt. Ist `DEBUG` definiert, kommt die in den Zeilen 8 bis 14 definierte Funktionalität zum Tragen.

Das Makro `assert` selbst besteht aus einer einzigen langen Anweisung, die über sieben Quellcodezeilen verteilt ist. Zeile 9 testet den als Parameter übergebenen Wert. Liefert dieser Test das Ergebnis `FALSE`, geben die Anweisungen in den Zeilen 11 bis 13 eine Fehlermeldung aus. Wenn der übergebene Wert das Ergebnis `TRUE` liefert, finden keine Aktionen statt.

Fehlersuche mit assert

Wenn man ein Programm schreibt, ist man oft hundertprozentig sicher, dass bestimmte Bedingungen wahr sind: Eine Funktion liefert einen bestimmten Wert, ein Zeiger ist gültig usw. Es liegt in der Natur der Fehler, dass diese Annahmen unter bestimmten Bedingungen nicht zutreffen. Beispielsweise stürzt ein Programm ab, obwohl man absolut sicher war, dass ein Zeiger gültig ist. Bei der Suche nach Fehlern dieser Art kann Sie `assert` unterstützen. Dazu müssen Sie es sich aber zur Gewohnheit machen, die `assert`-Anweisungen großzügig im Code vorzusehen. Bei jeder Zuweisung oder Übergabe eines Zeigers als Parameter oder Rückgabewert einer Funktion sollten Sie mit `assert` prüfen, ob dieser Zeiger gültig ist. Ist ein Codeabschnitt von einem bestimmten Wert einer Variablen abhängig, verifizieren Sie mit `assert`, dass die Annahmen auch zutreffen.

Seiteneffekte

Es ist nicht ungewöhnlich, dass sich ein Fehler erst zeigt, nachdem man die `assert`-Anweisungen aus dem Code entfernt hat. Fast immer hängt das mit unbeabsichtigten Seiteneffekten zusammen, die in `assert`-Anweisungen und anderen, ausschließlich für die Fehlersuche vorgesehenen Code-Abschnitten, auftreten. Zum Beispiel erzeugt man mit der Anweisung

```
ASSERT (x = 5)
```

einen besonders üblen Fehler, da man eigentlich die Bedingung x == 5 testen wollte.

Nehmen wir an, dass Sie unmittelbar vor dieser assert-Anweisung eine Funktion aufgerufen haben, die x gleich 0 gesetzt hat. Von der obigen assert-Anweisung nehmen Sie an, dass sie einen Test auf x gleich 5 vornimmt. Statt dessen setzen Sie x gleich 5. Der Test liefert TRUE, da x = 5 nicht nur x auf 5 setzt, sondern auch den Wert 5 zurückgibt. Und da 5 ungleich Null ist, ergibt die Auswertung das Ergebnis TRUE.

Unmittelbar nach der assert-Anweisung ist dann x wirklich gleich 5 (Sie haben es ja so gewollt!). Ihr Programm läuft wunderbar. Daher bereiten Sie es für den Vertrieb vor und schalten die Unterstützung für die Fehlersuche aus. Nun verschwindet die assert-Anweisung und x wird nicht mehr auf 5 gesetzt. Da x aber unmittelbar vor dieser assert-Anweisung den Wert 0 erhalten hat, bleibt dieser Wert auch 0 und das Programm stürzt an dieser Stelle ab (oder macht anderen Unsinn).

In Ihrer Verzweiflung schalten Sie die assert-Anweisungen wieder aktiv und siehe da: Der Fehler hat sich verkrümelt. Mit der Zeit können derartige Dinge ganz schön auf die Nerven gehen. Achten Sie also in Ihrem Code zur Fehlersuche genau auf mögliche Seiteneffekte. Tritt ein Fehler nur dann auf, wenn diese Unterstützung abgeschaltet ist, sehen Sie sich den betreffenden Code an und halten Ausschau nach gemeinen Seiteneffekten.

Klasseninvarianten

In vielen Klassen gibt es Bedingungen, die auch nach Abschluss einer Elementfunktion immer TRUE sein sollten. Diese Klasseninvarianten sind die unerlässlichen Bedingungen Ihrer Klasse. Zum Beispiel kann die Forderung bestehen, dass ein CIRCLE-Objekt immer einen Radius größer als 0 hat oder dass das Alter in einem ANIMAL-Objekt im Wertebereich zwischen 0 und 100 liegt.

In diesem Zusammenhang erweist sich eine Invariants-Methode als hilfreich, die nur dann TRUE zurückgibt, wenn alle diese Bedingungen noch wahr sind. Am Anfang und Ende jeder Klassenmethode baut man dann Assert(Invariants) ein. Lediglich vor Aufruf des Konstruktors und nach Abschluss des Destruktors kann man von der Invariants-Methode kein TRUE-Ergebnis erwarten. Listing 21.4 demonstriert die Verwendung der Invariants-Methode in einer trivialen Klasse.

Eingabe ***Listing 21.4: Der Einsatz von Invariants***

```
#define DEBUG
#define SHOW_INVARIANTS
#include <iostream.h>
```

```
#include <string.h>

#ifndef DEBUG
#define ASSERT(x)
#else
#define ASSERT(x) \
 if (! (x)) \
  { \
     cout << "FEHLER!! Annahme " << #x << " nicht zutreffend\n"; \
     cout << " in Zeile " << __LINE__  << "\n"; \
     cout << " in Datei " << __FILE__ << "\n";  \
  }
 #endif

 class String
 {
    public:
       // Konstruktoren
       String();
       String(const char *const);
       String(const String &);
       ~String();

       char & operator[](int offset);
       char operator[](int offset) const;

       String & operator= (const String &);
       int GetLen()const { return itsLen; }
       const char * GetString() const { return itsString; }
       bool Invariants() const;

    private:
       String (int);         // Privater Konstruktor
       char * itsString;
       int itsLen;
 };

 // Standardkonstruktor erzeugt String von 0 Bytes Länge
 String::String()
 {
    itsString = new char[1];
    itsString[0] = '\0';
    itsLen=0;
    ASSERT(Invariants());


 // Privater (Hilfs-) Konstruktor, nur von Klassen-
 // methoden für das Erzeugen eines neuen Strings der
 // erforderlichen Größe verwendet.  Mit Null gefüllt.
```

```
String::String(int len)
{
   itsString = new char[len+1];
   for (int i = 0; i<=len; i++)
      itsString[i] = '\0';
   itsLen=len;
   ASSERT(Invariants());
}

// Konvertiert ein Zeichen-Array in einen String
String::String(const char * const cString)
{
   itsLen = strlen(cString);
   itsString = new char[itsLen+1];
   for (int i = 0; i<itsLen; i++)
      itsString[i] = cString[i];
   itsString[itsLen]='\0';
   ASSERT(Invariants());
}

// Kopierkonstruktor
String::String (const String & rhs)
{
   itsLen=rhs.GetLen();
   itsString = new char[itsLen+1];
   for (int i = 0; i<itsLen;i++)
      itsString[i] = rhs[i];
   itsString[itsLen] = '\0';
   ASSERT(Invariants());
}

// Destruktor, gibt reservierten Speicher frei
String::~String ()
{
   ASSERT(Invariants());
   delete [] itsString;
   itsLen = 0;
}

// Gleich-Operator, gibt vorhandenen Speicher frei,
// kopiert dann String und Größe
String& String::operator=(const String & rhs)
{
   ASSERT(Invariants());
   if (this == &rhs)
      return *this;
   delete [] itsString;
   itsLen=rhs.GetLen();
   itsString = new char[itsLen+1];
```

```
      for (int i = 0; i<itsLen;i++)
         itsString[i] = rhs[i];
      itsString[itsLen] = '\0';
      ASSERT(Invariants());
      return *this;
   }

   // Nicht konstanter Offset-Operator, gibt Referenz
   // auf Zeichen zurück, das sich damit ändern
   // läßt!
   char & String::operator[](int offset)
   {
      ASSERT(Invariants());
      if (offset > itsLen)
         return itsString[itsLen-1];
      else
         return itsString[offset];
      ASSERT(Invariants());
   }

   // Konstanter Offset-Operator für konstante
   // Objekte (siehe Kopierkonstruktor!)
   char String::operator[](int offset) const
   {
      ASSERT(Invariants());
      if (offset > itsLen)
         return itsString[itsLen-1];
      else
         return itsString[offset];
      ASSERT(Invariants());
   }


   bool String::Invariants() const
   {
   #ifdef SHOW_INVARIANTS
      cout << " String OK ";
   #endif
       return ( (itsLen && itsString) || (!itsLen && !itsString) );
   }

   class Animal
   {
   public:
      Animal():itsAge(1),itsName("John Q. Animal")
      {ASSERT(Invariants());}
      Animal(int, const String&);
      ~Animal(){}
      int GetAge() {  ASSERT(Invariants()); return itsAge;}
```

```
      void SetAge(int Age)
      {
         ASSERT(Invariants());
         itsAge = Age;
           ASSERT(Invariants());
      }
       String& GetName() { ASSERT(Invariants()); return itsName;  }
       void SetName(const String& name)
       {
         ASSERT(Invariants());
         itsName = name;
         ASSERT(Invariants());
      }
       bool Invariants();
   private:
       int itsAge;
        String itsName;
   };

   Animal::Animal(int age, const String& name):
   itsAge(age),
   itsName(name)
   {
       ASSERT(Invariants());
   }

    bool Animal::Invariants()
   {
   #ifdef SHOW_INVARIANTS
       cout << " Animal OK ";
   #endif
       return (itsAge > 0 && itsName.GetLen());
   }

   int main()
   {
        Animal sparky(5,"Sparky");
       cout << "\n" << sparky.GetName().GetString() << " ist ";
       cout << sparky.GetAge() << " Jahre alt.";
       sparky.SetAge(8);
       cout << "\n" << sparky.GetName().GetString() << " ist ";
       cout << sparky.GetAge() << " Jahre alt.";
     return 0;
   }
```

```
String OK  String OK  String OK  String OK
String OK  String OK  String OK  String OK
Animal OK  String OK  Animal OK
Sparky ist  Animal OK 5 Jahre alt. Animal OK  Animal OK  Animal OK
Sparky ist  Animal OK 8 Jahre alt. String OK
```

Die Zeilen 6 bis 15 definieren das Makro `assert`. Ist `DEBUG` definiert, gibt dieses Makro eine Fehlermeldung aus, wenn es das Ergebnis `FALSE` liefert.

Zeile 33 deklariert die Elementfunktion `Invariants` der Klasse `String`. Die Definition steht in den Zeilen 135 bis 141. Die Konstruktoren werden in den Zeilen 22 bis 24 deklariert. Nachdem das Objekt vollständig konstruiert ist, ruft Zeile 47 die Methode `Invariants` auf, um die geeignete Konstruktion zu bestätigen.

Dieses Schema wiederholt sich bei den anderen Konstruktoren und der Destruktor ruft `Invariants` nur auf, bevor er sich an den Abbau des Objekts heranmacht. Die restlichen Klassenfunktionen rufen `Invariants` einmal vor Ausführung einer Aktion und erneut vor der Rückkehr auf. Damit bestätigt und validiert man ein grundlegendes Prinzip von C++: Elementfunktionen (außer Konstruktoren und Destruktoren) sollten auf gültigen Objekten arbeiten und sie in einem gültigen Zustand belassen.

In Zeile 164 deklariert die Klasse `Animal` ihre eigene `Invariants`-Methode. Die Implementierung steht in den Zeilen 177 bis 183. Beachten Sie in den Zeilen 147, 150, 153, 155, 157, 160 und 162, dass Inline-Funktionen die `Invariants`-Methode aufrufen können.

Zwischenwerte ausgeben

Neben der Prüfung von Bedingungen mit dem Makro `assert` möchte man bei Bedarf auch die aktuellen Werte von Zeigern, Variablen und Strings ausgeben. Das kann sehr hilfreich sein, wenn man Annahmen zum Verlauf des Programms überprüft oder in Schleifen nach Fehlern sucht, die mit Abweichungen von plus/minus 1 bei Zählerwerten zusammenhängen. Listing 21.5 verdeutlicht dieses Konzept.

Listing 21.5: Ausgabe von Werten im DEBUG-Modus

```
// Listing 21.5 - Werte im DEBUG-Modus ausgeben
#include <iostream.h>
#define DEBUG

#ifndef DEBUG
#define PRINT(x)
#else
```

```
 8:   #define PRINT(x) \
 9:      cout << #x << ":\t" << x << endl;
10:   #endif
11:
12:
13:   int main()
14:   {
15:      int x = 5;
16:      long y = 738981;
17:      PRINT(x);
18:      for (int i = 0; i < x; i++)
19:      {
20:         PRINT(i);
21:      }
22:
23:      PRINT (y);
24:      PRINT("Hi.");
25:      int *px = &x;
26:      PRINT(px);
27:      PRINT (*px);
28:    return 0;
29:   }
```

```
x:          5
i:          0
i:          1
i:          2
i:          3
i:          4
y:          73898
"Hi.":      Hi.
px:         0x68cbc
*px:        5
```

Bei px: kann bei Ihnen ein anderer Wert erscheinen (abhängig vom konkreten Computer).

Das Makro in den Zeilen 5 bis 10 schreibt den aktuellen Wert des übergebenen Parameters auf den Bildschirm. Als Erstes erhält cout die mit Anführungszeichen versehene Version des Parameters. Wenn man also x übergibt, empfängt cout die Zeichenfolge "x".

Als Nächstes erhält cout den mit Anführungszeichen versehenen String ":\t", der die Ausgabe eines Doppelpunkts mit einem anschließenden Tabulator bewirkt.

Als Drittes wird an `cout` der Wert des Parameters (`x`) und schließlich `endl`, das eine neue Zeile ausgibt und den Puffer leert, übergeben.

Ebenen der Fehlersuche

In großen, komplexen Projekten möchte man mehr Einfluss auf das Programm nehmen können, als lediglich `DEBUG` ein- und auszuschalten. Zu diesem Zweck definiert man verschiedene Ebenen der Fehlersuche. Im Programm testet man dann diese Ebenen, um zu entscheiden, welche Makros zu verwenden sind und welche unbeachtet bleiben.

Um eine Ebene zu definieren, schreiben Sie einfach nach der Anweisung `#define DEBUG` die entsprechende Zahl. Obwohl man eine beliebige Anzahl von Ebenen einführen kann, haben sich im allgemeinen vier Ebenen durchgesetzt: `HIGH`, `MEDIUM`, `LOW` und `NONE` (hoch, mittel, niedrig und keine). Listing 21.6 zeigt ein Realisierungsbeispiel anhand der Klassen `String` und `Animal` aus Listing 21.4. Außer bei `Invariants` wurden die Definitionen der Klassenmethoden aus Platzgründen weggelassen. Diese Definitionen weisen gegenüber Listing 21.4 keine Änderungen auf.

Hinweis

Um diesen Code zu kompilieren, kopieren Sie die Zeilen 40 bis 132 von Listing 21.4 zwischen die Zeilen 64 und 65 von Listing 21.6.

Hinweis

Um diesen Code zu kompilieren, kopieren Sie die Zeilen 40 bis 132 von Listing 21.4 zwischen die Zeilen 64 und 65 von Listing 21.6.

Fügen Sie bitte auch die Zeilen 169 bis 175 aus Listing 21.4 vor Zeile 105 von Listing 21.6 ein.

Das auf diese Weise komplettierte Listing finden Sie auf der Begleit-CD unter dem Dateinamen L21_06A.cpp.

Eingabe

Listing 21.6: Ebenen für die Fehlersuche

```
1:  enum DEBUGLEVEL { NONE, LOW, MEDIUM, HIGH };
2:
3:  #define DEBUGLEVEL HIGH
4:
5:  #include <iostream.h>
6:  #include <string.h>
7:
```

```
 #if DEBUGLEVEL < LOW  // Muß MEDIUM oder HIGH sein
 #define ASSERT(x)
#else
#define ASSERT(x) \
if (! (x)) \
{ \
    cout << "FEHLER!! Annahme " << #x << " nicht zutreffend\n"; \
    cout << " in Zeile " << __LINE__  << "\n"; \
    cout << " in Datei " << __FILE__ << "\n";  \
}
#endif

#if DEBUGLEVEL < MEDIUM
#define EVAL(x)
#else
#define EVAL(x) \
    cout << #x << ":\t" << x << endl;
#endif

#if DEBUGLEVEL < HIGH
#define PRINT(x)
#else
#define PRINT(x) \
    cout << x << endl;
#endif



class String

{
  public:
    // Konstruktoren
    String();
    String(const char *const);
    String(const String &);
    ~String();

    char & operator[](int offset);
    char operator[](int offset) const;

    String & operator= (const String &);
    int GetLen()const { return itsLen; }

    const char * GetString() const
    { return itsString; }
    bool Invariants() const;

```

```
  private:
    String (int);         // Privater Konstruktor
    char * itsString;
    int itsLen;
};

bool String::Invariants() const
{
    PRINT("(String-Invariants ueberprueft)");
    return ( (bool) (itsLen && itsString) ||
        (!itsLen && !itsString) );
}

 class Animal
{
  public:
    Animal():itsAge(1),itsName("John Q. Animal")
        {ASSERT(Invariants());}

    Animal(int, const String&);
    ~Animal(){}

    int GetAge()
    {
        ASSERT(Invariants());
        return itsAge;
    }

    void SetAge(int Age)
    {
        ASSERT(Invariants());
        itsAge = Age;
        ASSERT(Invariants());
    }
    String& GetName()
    {
        ASSERT(Invariants());
        return itsName;
    }

    void SetName(const String& name)
    {
        ASSERT(Invariants());
        itsName = name;
        ASSERT(Invariants());
    }

```

```
    bool Invariants();
  private:
    int itsAge;
    String itsName;
};

bool Animal::Invariants()
{
    PRINT("(Animal-Invariants ueberprueft)");
    return (itsAge > 0 && itsName.GetLen());
}

int main()
{
    const int AGE = 5;
    EVAL(AGE);
    Animal sparky(AGE,"Sparky");
    cout << "\n" << sparky.GetName().GetString();
    cout << " ist ";
    cout << sparky.GetAge() << " Jahre alt.";
    sparky.SetAge(8);
    cout << "\n" << sparky.GetName().GetString();
    cout << " ist ";
    cout << sparky.GetAge() << " Jahre alt.";
    return 0;
}
```

Ausgabe

```
AGE:    5
 (String-Invariants ueberprueft)
 (String-Invariants ueberprueft)
 (String-Invariants ueberprueft)
 (String-Invariants ueberprueft)
 (String-Invariants ueberprueft)
 (String-Invariants ueberprueft)
 (String-Invariants ueberprueft)
 (String-Invariants ueberprueft)
 (Animal-Invariants ueberprueft)
 (String-Invariants ueberprueft)
 (Animal-Invariants ueberprueft)

Sparky ist (Animal-Invariants ueberprueft)
5 Jahre alt. (Animal-Invariants ueberprueft)
 (Animal-Invariants ueberprueft)
 (Animal-Invariants ueberprueft)

Sparky ist (Animal-Invariants ueberprueft)
8 Jahre alt. (String-Invariants ueberprueft)
```

```
// Erneuter Durchlauf mit DEBUG = MEDIUM

AGE:      5
Sparky ist 5 Jahre alt.
Sparky ist 8 Jahre alt.
```

Analyse

Die Definition des Makros `assert` in den Zeilen 8 bis 18 ist so ausgelegt, dass das Makro bei `DEBUGLEVEL` kleiner als `LOW` (das heißt, `DEBUGLEVEL` hat den Wert `NONE`) nicht zum Zuge kommt. Ist irgendeine Ebene für die Fehlersuche aktiviert, nimmt das Makro seine Arbeit auf. Die Definition von `EVAL` in den Zeilen 20 bis 25 ist so konzipiert, dass dieses Makro bei `DEBUG` kleiner als `MEDIUM` übergangen wird. Das ist der Fall, wenn `DEBUGLEVEL` die Werte `NONE` oder `LOW` aufweist.

Schließlich deklarieren die Zeilen 27 bis 32 das Makro `PRINT`. Es wird übergangen, wenn `DEBUGLEVEL` kleiner als `HIGH` ist. Das Makro `PRINT` kommt nur zum Einsatz, wenn `DEBUGLEVEL` gleich `HIGH` ist, und man kann dieses Makro ausblenden, indem man `DEBUGLEVEL` auf `MEDIUM` setzt. In diesem Fall bleiben die Makros `EVAL` und `assert` aktiv.

Das Makro `PRINT` kommt innerhalb der `Invariants`-Methoden zum Einsatz, um informative Meldungen auszugeben. In Zeile 115 wertet das Programm mit dem Makro `EVAL` den aktuellen Wert der Integer-Konstanten `AGE` aus.

Was Sie tun sollen	**Was nicht**
Schreiben Sie Makronamen durchgängig in Großbuchstaben. Da sich diese Konvention durchgesetzt hat, würde es andere Programmierer nur verwirren, wenn Sie andere Schreibweisen wählen.	
Lassen Sie in Ihren Makros keine Seiteneffekte zu. Verzichten Sie darauf, aus einem Makro heraus Variablen zu inkrementieren oder ihnen Werte zuzuweisen.	
Schreiben Sie Klammern um alle Argumente von Makros.	

Zusammenfassung

In dieser Stunde haben Sie weitere Einzelheiten zur Arbeit mit dem Präprozessor kennen gelernt. Bei jedem Start des Compilers startet zuerst der Präprozessor und übersetzt die Präprozessor-Direktiven wie `#define` und `#ifdef`.

Der Präprozessor führt Textersetzungen aus, obwohl das bei Verwendung von Makros etwas kompliziert sein kann. Mit Hilfe von `#ifdef`, `#else` und `#ifndef` lassen sich bestimmte Abschnitte des Codes in Abhängigkeit von festgelegten Bedingungen kompilieren oder von der Kompilierung ausblenden. Dieses Vorgehen ist hilfreich, wenn man Programme für mehrere Plattformen schreibt. Die bedingte Kompilierung kommt häufig auch beim Einbinden von Informationen zur Fehlersuche zum Einsatz.

Makros bieten komplexe Textersetzungen auf der Basis von Argumenten, die man an das Makro zur Kompilierzeit übergibt. Man sollte auf jeden Fall Klammern um die Argumente im Makro setzen, damit die korrekte Substitution gesichert ist.

Im Allgemeinen haben Makros und der Präprozessor in C++ gegenüber C an Bedeutung verloren. C++ bietet eine Reihe von Sprachkonstrukten wie zum Beispiel konstante Variablen und Templates, die bessere Alternativen zum Präprozessor darstellen.

Fragen und Antworten

F Wenn C++ bessere Alternativen zum Präprozessor bietet, warum gibt es dann diese Option noch?

A *Erstens ist C++ abwärtskompatibel zu C, und alle wesentlichen Elemente von C muss C++ unterstützen. Zweitens gibt es einige Einsatzfälle des Präprozessors, auf die man in C++ weiterhin häufig zurückgreift. Dazu gehören zum Beispiel Schutzmaßnahmen gegen Mehrfachdeklarationen.*

F Warum setzt man Makros ein, wenn man eine normale Funktion verwenden kann?

A *Makros sind erweiterte Inline-Funktionen und dienen der Ersetzung wiederkehrender Eingaben der gleichen Befehle mit kleineren Variationen. Dennoch bieten Templates eine bessere Alternative.*

F Welche Alternativen zum Präprozessor gibt es, um Zwischenwerte während der Fehlersuche auszugeben?

A *Am besten eignen sich* `watch`*-Anweisungen innerhalb eines Debuggers. Informationen zu* `watch`*-Anweisungen finden Sie in der Dokumentation zum Compiler bzw. dem Debugger.*

Teil VII

Weiterführende Themen

Stunde 22

Objektorientierte Analyse und objektorientierter Entwurf

Wenn man sich auf die Syntax von C++ konzentriert, kann man schnell aus den Augen verlieren, wie und warum man gerade diese Technik für das Erstellen von Programmen verwendet.

In dieser Stunde lernen Sie,

- wie man Probleme aus objektorientierter Sicht analysiert,
- wie man Programme objektorientiert entwirft,
- wie man einen wiederverwendbaren und erweiterbaren Entwurf realisiert.

Der Entwicklungszyklus

Viele dicke Bücher wurden schon über den Entwicklungszyklus verfasst. Manche schlagen eine Methode vor, bei der der Entwickler bestimmt, was das Programm tun sollte. Die Architekten legen den Aufbau des Programms und die zum Einsatz kommenden Klassen fest. Dann implementieren Programmierer den Entwurf und die Architektur. Wenn der Programmierer den Entwurf und die Architektur erhält, sind diese Elemente bereits fertig gestellt. Er muss dann lediglich noch die geforderte Funktionalität implementieren.

Selbst wenn diese Methode funktioniert, eignet sie sich kaum für das Schreiben guter Programme. Die eigentliche Programmierung ist mit einer ständigen Rückkopplung verbunden, um die bereits geschriebenen Teile mit den noch zu schreibenden Teilen abzugleichen. Es stimmt zwar, dass gute C++-Programme zum größten Teil bereits im Detailentwurf vorliegen, bevor man überhaupt eine Codezeile schreibt, trotzdem bleibt der Entwurf nicht über den gesamten Entwicklungszyklus unverändert.

Der Anteil des bereits vor der Programmierung feststehenden Entwurfs ist eine Funktion der Programmgröße. Im Vergleich zu einem schnell niedergeschriebenen Utility, das ein einzelner Programmierer zwischen Frühstück und Mittag verfasst, erfordert ein hochkomplexes System, an dem Dutzende von Programmierern mehrere Monate arbeiten, eine vollständig ausgebaute Architektur.

Dieses Kapitel konzentriert sich auf den Entwurf von großen, komplexen Programmen, die über mehrere Jahre hinweg Erweiterungen und Verbesserungen erfahren. Viele Programmierer sind auf neueste Programmiertechnologien geradezu versessen und schöpfen in ihren Programmen alle Möglichkeiten ihrer Werkzeuge aus. Die Entwicklung von C++ zielt in vielerlei Hinsicht darauf ab, dem Programmierer – ob allein oder im Team – die Bewältigung komplexer Aufgaben zu erleichtern.

In dieser Stunde untersuchen wir eine Reihe von Entwurfsproblemen vom Standpunkt der objektorientierten Programmierung aus. Am Ende sollte klar sein, wie man die Syntax von C++ für die Implementierung der Entwurfsziele einsetzt.

Ein Alarmsystem simulieren

Neuer Begriff

Eine *Simulation* ist ein Computer-Modell für einen Teil eines realen Systems. Für das Erstellen einer Simulation gibt es viele Gründe. Ein guter Entwurf muss aber zunächst klären, welche Fragen die Simulation beantworten soll.

Als Ausgangspunkt untersuchen wir folgendes Problem: Wir haben den Auftrag erhalten, das Alarmsystem für ein Haus zu simulieren. Es handelt sich um ein Haus mit zentralem Aufenthaltsraum, vier Schlafzimmern, einem ausgebauten Keller und einer Tiefgarage.

Das Erdgeschoss hat folgende Fenster: drei in der Küche, vier im Esszimmer, eins im Gästebad, je zwei im Wohnzimmer und im Familienzimmer und zwei kleine Fenster neben der Tür. Alle vier Schlafzimmer befinden sich im Dachgeschoss, wobei jedes zwei Fenster hat, mit Ausnahme des Hauptschlafzimmers, welches mit vier Fenstern ausgestattet ist. Es gibt zwei Bäder, jedes mit einem Fenster. Schließlich sind im Keller vier Lichtschächte vorgesehen und ein Fenster in der Garage.

Normalerweise gelangt man über die Vordertür ins Haus. Zusätzlich hat die Küche eine Schiebetür aus Glas. Die Garage ist mit zwei Toren für die Autos und einer Verbindungstür zum Keller ausgestattet. Eine Kellertür führt zum Hof.

Alle Fenster und Türen sind mit Alarmeinrichtungen versehen. Es gibt eine Notruftaste auf jedem Telefon und eine neben dem Bett im Hauptschlafzimmer. Die Fußböden sind ebenfalls mit Alarmmeldern ausgestattet, wenn diese auch so eingestellt sind, dass sie nicht von kleinen Haustieren oder Vögeln ausgelöst werden können.

Im Kellergeschoss ist ein zentrales Alarmsystem installiert, das im Alarmfall eine Sirene ertönen lässt. Wenn man den Alarm nicht innerhalb einer bestimmten Zeitspanne deaktiviert, wird automatisch die Polizei gerufen. Mit dem Drücken der Notruftaste alarmiert man sofort die Polizei.

Das Alarmsystem ist außerdem mit Detektoren für Rauch und Feuer verbunden sowie mit einer Sprinkleranlage ausgestattet. Das Alarmsystem selbst ist fehlertolerant, verfügt über zwei interne Notstromversorgungen und ist in ein feuersicheres Gehäuse eingebaut.

Konzeptuelle Phase

Neuer Begriff

In der *konzeptuellen Phase* versucht man zu klären, was der Kunde vom Programm erwartet: Wozu dient das Programm? Welche Ergebnisse kann die Simulation liefern? Beispielsweise könnte man anhand der Simulation die Fragen beantworten »Wie lange darf ein Sensor unterbrochen werden, bevor es jemand bemerkt?« oder »Gibt es eine Möglichkeit, den Fensteralarm auszuschalten, ohne dass die Polizei gerufen wird?«.

In der konzeptuellen Phase kann man sich Gedanken darüber machen, was innerhalb und was außerhalb des Programms zu realisieren ist. Gehören die Abläufe bei der Alarmierung der Polizei zur Simulation? Ist die Steuerung des eigentlichen Hausalarms im System selbst enthalten?

Analyse und Anforderungen

Die konzeptuelle Phase geht in die Analysephase über. Während der Analyse ist es Ihre Aufgabe als objektorientierter Analytiker, dem Kunden die vorgesehenen Programmfunktionen auseinanderzusetzen. Welches Verhalten wird das Programm an den Tag legen? Welche Arten der Interaktion kann der Kunde erwarten?

Neuer Begriff

Diese Anforderungen fasst man normalerweise in einer Reihe von Dokumenten zusammen. Dazu gehören auch *Betriebsanweisungen*. Eine Betriebsanweisung beschreibt den Einsatz des Systems, die Interaktionen und Anwendungsschemata. Anhand der Betriebsanweisung kann der Programmierer auch die Entwurfsziele formulieren.

High-Level- und Low-Level-Entwurf

Nachdem man das Produkt vollständig erfasst hat und die Anforderungen in der entsprechenden Dokumentation niedergelegt sind, ist es an der Zeit, sich dem High-Level-Entwurf zu widmen. In dieser Entwurfsphase braucht sich der Programmierer nicht um die Plattform, das Betriebssystem oder die Programmiersprache zu kümmern. Er konzentriert sich nur darauf, wie das System arbeiten wird: Was sind die Hauptkomponenten? Wie arbeiten sie miteinander?

Um sich diesem Problem zu nähern, lässt man alle Themen außen vor, die sich mit der Benutzeroberfläche beschäftigen, und konzentriert sich ausschließlich auf die Komponenten im Problembereich.

Neuer Begriff

Zum *Problemraum* gehören die Probleme und Fragen, die ein Programm zu lösen versucht. Der *Lösungsraum* umfasst die möglichen Lösungen für die Probleme.

Im Zuge des High-Level-Entwurfs legt man die Zuständigkeiten der bezeichneten Objekte fest – was sie bewirken und welche Informationen sie aufnehmen. Damit verbunden ist auch die Art ihrer Verknüpfung – welche Objekte mit welchen in Wechselwirkung treten.

Zunächst einmal sind natürlich Sensoren der verschiedensten Typen, ein zentrales Alarmsystem, Tasten, Kabel und Telefone vorhanden. Eine genauere Betrachtung zeigt, dass die Räume, die Fußböden und möglicherweise auch Personengruppen wie etwa die Eigentümer und die Polizei zu simulieren sind.

Die Sensoren lassen sich in Bewegungsmelder, Stolperdrähte, Geräuschmelder, Rauchmelder usw. unterteilen. Das sind alles Typen von Sensoren – den Sensor an sich gibt es nicht. Hier deutet bereits alles darauf hin, dass man einen Sensor als abstrakten Datentyp (ADT) einrichtet.

Als ADT stellt die Klasse `Sensor` die komplette Schnittstelle für alle Arten von Sensoren bereit, während alle abgeleiteten Typen die Implementierung liefern. Klienten der verschiedenartigen Sensoren nutzen diese Schnittstelle unabhängig von der konkreten Art des Sensors und werden auf der Basis ihres realen Typs »das Richtige tun«.

Um einen guten ADT zu erzeugen, muss man die Wirkung (nicht die innere Funktionsweise) der Sensoren vollständig erfassen. Sind Sensoren zum Beispiel passive oder aktive Geräte? Warten sie darauf, ob sich ein Element erwärmt, ein Draht bricht oder eine Dichtung schmilzt oder nehmen sie Proben von ihrer Umgebung? Manche Sensoren kennen nur zwei Zustände (Alarm und OK), während andere Sensoren mehrere analoge Zustände (etwa bei Temperaturmessungen) einnehmen können. Die Schnittstelle zum abstrakten Datentyp sollte umfassend genug sein, um bereits im Vorfeld alle möglichen Anforderungen für das gesamte Spektrum abgeleiteter Klassen berücksichtigen zu können.

Andere Objekte

Der Entwurf setzt sich nun in dieser Weise fort. Man arbeitet die verschiedenartigen Klassen heraus, die gemäß der Spezifikation erforderlich sind. Wenn beispielsweise ein Protokoll (log) zu führen ist, benötigt man einen Timer. In diesem Zusammenhang taucht die Frage auf: Muss der Timer jeden Sensor abfragen oder meldet der Sensor in regelmäßigen Abständen seinen Zustand?

Der Benutzer muss in der Lage sein, das System einzurichten, außer Kraft zu setzen und zu programmieren. Daher ist in irgendeiner Form ein Terminal erforderlich. In der Simulation kann man auch ein separates Objekt für das Alarmprogramm selbst vorsehen.

Wie sehen die Klassen aus?

Im Zuge der Problemlösung beginnt man mit dem Entwurf der Klassen. Beispielsweise hat man schon einen Anhaltspunkt, dass sich `HeatSensor` (Wärmesensor) von `Sensor` ableitet. Soll der Sensor seinen Zustand periodisch melden, kann man ihn auch via Mehrfachvererbung von `Timer` ableiten oder ihm einen Timer als Variable mitgeben.

Der Wärmesensor wird wahrscheinlich über Elementfunktionen wie `CurrentTemp` (aktuelle Temperatur) und `SetTempLimit` (Temperaturschwelle festlegen) verfügen und Funktionen wie `SoundAlarm` von seiner Basisklasse `Sensor` erben.

Ein häufiges Thema im objektorientierten Entwurf ist die Kapselung. Man kann sich einen Entwurf vorstellen, in dem das Alarmsystem eine Einstellung für `MaxTemp` hat. Das Alarmsystem fragt vom Wärmesensor die aktuelle Temperatur ab, vergleicht sie mit der Maximaltemperatur und löst bei Überschreitung der Temperaturschwelle den Alarm aus. Man könnte vermuten, dass dies gegen das Prinzip der Kapselung verstößt. Vielleicht wäre es besser, wenn das Alarmsystem die Details der Temperaturanalyse nicht kennt oder sich nicht darum kümmern muss. Sollte man also diese Abläufe im `HeatSensor` realisieren?

Es sind genau diese Entscheidungen, auf die Sie sich während der Problemanalyse konzentrieren müssen. Im speziellen Fall könnte man davon ausgehen, dass nur der Sensor und das `Log`-Objekt alle Einzelheiten kennen, wie die Aktivitäten des Sensors aufzuzeichnen sind. Das `Alarm`-Objekt braucht davon nichts zu wissen und muss sich auch nicht darum kümmern.

Gute Kapselung zeichnet sich dadurch aus, dass jede Klasse über einen in sich geschlossenen Satz von Zuständigkeiten verfügt und keine andere Klasse die gleichen Aufgaben realisiert. Wenn der `Sensor` für die Aufzeichnung der aktuellen Temperatur verantwortlich ist, sollte diese Aufgabe nicht in den Zuständigkeitsbereich einer anderen Klasse fallen.

Auf der anderen Seite können weitere Klassen als Zulieferer der erforderlichen Funktionalität fungieren. Beispielsweise ist die Klasse `Sensor` für die Erfassung und Aufzeichnung der aktuellen Temperatur zuständig. Diese Verantwortlichkeit kann die Klasse dadurch implementieren, dass sie die eigentliche Aufzeichnung der Daten an ein `Log`-Objekt delegiert.

Durch eine strenge »Gewaltenteilung« lässt sich ein Programm leichter erweitern und warten. Will man das Alarmsystem gegen ein verbessertes Modul austauschen, ist dessen Schnittstelle zum Protokoll (`Log`-Objekt) und den Sensoren bereits in engen Grenzen vorgegeben. Änderungen am Alarmsystem sollten nicht auf die `Sensor`-Klassen zurückwirken und umgekehrt.

Sollte der `HeatSensor` über eine Funktion zur Alarmierung (`ReportAlarm`) verfügen? Da alle Sensoren in der Lage sein müssen, einen Alarm zu melden, deutet das darauf hin, dass `ReportAlarm` eine virtuelle Methode von `Sensor` und `Sensor` eine abstrakte Basisklasse sein könnte. `HeatSensor` kann auch mit der allgemeineren Methode `ReportAlarm` der Basisklasse `Sensor` verkettet sein. Die redefinierte Funktion in `HeatSensor` ergänzt dann die Funktionalität, für deren Bereitstellung diese Klasse im Speziellen vorgesehen ist.

Wie wird ein Alarm gemeldet?

Wenn die Sensoren einen Alarmzustand melden, sollen sie gleichzeitig dem Objekt, das die Polizei anruft, und dem Protokoll-Objekt (`Log`) eine Reihe von Zusatzinformationen übermitteln. Für diesen Zweck lässt sich eine Zustandsklasse `Condition` erzeugen, deren Konstruktor eine Reihe von Messungen übernimmt. Je nach Komplexität der Messungen können das ebenfalls Objekte oder einfache Skalarwerte (beispielsweise vom Typ Integer) sein.

`Condition`-Objekte kann man einerseits an das zentrale `Alarm`-Objekt übergeben oder andererseits als Unterklassen von `Alarm`-Objekten ausbilden. Bei der letzteren Variante wissen die `Alarm`-Objekte selbst, wie in Notfällen zu handeln ist. Eventuell ist gar kein zentrales Objekt vorgesehen. Stattdessen sind Sensoren denkbar, die `Condition`-Objekte erzeugen können. Bestimmte `Condition`-Objekte sind in der Lage, sich selbst zu protokollieren, andere können die Polizei herbeirufen.

In einem gut konzipierten, ereignisgesteuerten System ist kein zentraler Koordinator erforderlich. Man kann sich vorstellen, dass alle Sensoren untereinander und unabhängig Meldungen empfangen und senden, Parameter einrichten, Lesevorgänge unternehmen und das Haus überwachen. Bei einem Störfall wird ein `Alarm`-Objekt erzeugt. Dieses zeichnet das Problem auf (durch Senden einer Meldung an das `Log`-Objekt?) und löst die geeignete Aktion aus.

Ereignisschleifen

Um ein derartiges ereignisgesteuertes System zu simulieren, muss das Programm eine Ereignisschleife erzeugen. Dabei handelt es sich normalerweise um eine Endlosschleife wie `while(1)`, die Nachrichten vom Betriebssystem erhält (zum Beispiel Mausklicks und Tastenbetätigungen), sie nacheinander verteilt und erst bei einer erfüllten Endebedingung aus der Schleife zurückkehrt. Listing 22.1 zeigt eine rudimentäre Ereignisschleife.

Eingabe ***Listing 22.1: Eine einfache Ereignisschleife***

```
// Listing 22.1

#include <iostream.h>

class Condition
{
public:
   Condition() { }
   virtual ~Condition() {}
   virtual void Log() = 0;
};

class Normal : public Condition
{
public:
   Normal() { Log(); }
   virtual ~Normal() {}
   virtual void Log() { cout << "Normalzustand aufzeichnen...\n"; }
};

class Error : public Condition
{
public:
   Error() {Log();}
   virtual ~Error() {}
   virtual void Log() { cout << "Fehler protokollieren!\n"; }
};

class Alarm : public Condition
{
public:
   Alarm ();
   virtual   ~Alarm() {}
```

```
   virtual void Warn() { cout << "Warnung!\n"; }
   virtual void Log() { cout << "Allgemeines Alarmprotokoll\n"; }
   virtual void Call() = 0;

};

Alarm::Alarm()
{
    Log();
   Warn();
}
class FireAlarm : public Alarm
{
public:
   FireAlarm(){Log();};
   virtual ~FireAlarm() {}
   virtual void Call() { cout<< "Feuerwehr alarmieren!\n"; }
   virtual void Log() { cout << "Feuerwehrnotruf aufzeichnen.\n"; }
};

int main()
{
   int input;
   int okay = 1;
   Condition * pCondition;
   while (okay)
   {
      cout << "(0)Beenden (1)Normal (2)Feuer: ";
      cin >> input;
      okay = input;
      switch (input)
      {
         case 0: break;
         case 1:
            pCondition = new Normal;
            delete pCondition;
            break;
         case 2:
            pCondition = new FireAlarm;
            delete pCondition;
            break;
         default:
            pCondition = new Error;
            delete pCondition;
            okay = 0;
            break;
      }
```

```
81:        }
82:     return 0;
83:   }
```

```
(0)Beenden (1)Normal (2)Feuer: 1
Normalzustand aufzeichnen...
(0)Beenden (1)Normal (2)Feuer: 2
Allgemeines Alarmprotokoll
Warnung!
Feuerwehrnotruf aufzeichnen.
(0)Beenden (1)Normal (2)Feuer: 0
```

Die einfache Schleife in den Zeilen 59 bis 81 erlaubt es dem Benutzer, Eingaben vorzunehmen, um eine normale Meldung von einem Sensor und einen Feueralarm zu simulieren. Diese Meldung bringt ein `Condition`-Objekt hervor, dessen Konstruktor verschiedene Elementfunktionen aufruft.

Der Aufruf virtueller Elementfunktionen von einem Konstruktor kann zu verwirrenden Ergebnissen führen, wenn man nicht genau auf die Reihenfolge der Objektkonstruktion achtet. Wenn zum Beispiel das `FireAlarm`-Objekt in Zeile 72 erzeugt wird, lautet die Konstruktionsreihenfolge `Condition`, `Alarm`, `FireAlarm`. Der `Alarm`-Konstruktor ruft `Log` auf, wobei es sich aber um `Log` von `Alarm` und nicht von `FireAlarm` handelt, obwohl `Log` als virtuell deklariert ist. Das hängt damit zusammen, dass bei Ausführung des `Alarm`-Konstruktors noch kein `FireAlarm`-Objekt existiert. Nachdem dann `FireAlarm` selbst konstruiert ist, ruft dessen Konstruktor erneut `Log` auf – jetzt aber `FireAlarm::Log`.

PostMaster: eine Fallstudie

Hier ein weiteres Problem, an dem Sie Ihre objektorientierte Analyse ausprobieren können: Die Firma Acme Software hat Sie eingestellt, um ein neues Software-Projekt zu beginnen und ein Team von C++-Programmierern zusammenzustellen, das Ihr Programm implementiert. Ihr neuer Chef ist Jim Grandiose, Leiter der Produktentwicklung. Er gibt Ihnen den Auftrag, PostMaster zu entwerfen und zu erstellen – ein Dienstprogramm, das E-Mails der verschiedensten E-Mail-Anbieter lesen soll. Als potentielle Kunden sind Geschäftsleute vorgesehen, die mit mehreren E-Mail-Produkten arbeiten, beispielsweise CompuServe, AmericaOnline, Internet Mail und Lotus Notes.

Der Kunde soll in der Lage sein, die Verbindungen zu allen E-Mail-Providern mit PostMaster herzustellen. PostMaster holt dann die E-Mail ab und präsentiert sie in einer einheitlichen Form. Somit kann der Kunde die Mail organisieren, darauf antworten, Briefe zwischen den Diensten übermitteln usw.

PostMaster Professional, das als Version 2 von PostMaster zu entwickeln ist, liegt bereits in der Planung vor. Es soll hier ein Administrative Assistant-Modus hinzukommen, über den der Benutzer andere Personen benennen kann, die einen Teil oder die gesamte Post lesen, Routinekorrespondenz abwickeln oder ähnliche Aufgaben ausführen. In der Marketing-Abteilung spricht man außerdem schon von einer Komponente der künstlichen Intelligenz, die die Fähigkeit des PostMasters zur Vorsortierung und Kategorisierung (Prioritäten, Dringlichkeit) der Mail auf der Basis assoziativer Verknüpfungen von Schlüsselwörtern im Betreff und im Inhalt realisiert.

Andere Erweiterungen wurden ebenfalls angesprochen. Das Programm soll nicht nur einfache Mail behandeln, sondern auch Diskussionsgruppen wie etwa Interchange-Diskussionen, CompuServe-Foren, Internet-Newsgruppen usw. bedienen können. Offensichtlich verknüpft Acme große Erwartungen mit PostMaster. Damit stehen Sie unter großem Termindruck, obwohl Sie scheinbar ein nahezu unbegrenztes Budget zur Verfügung haben.

Wegweisende Entscheidungen

Sie richten Ihr Büro ein und bestellen die Ausrüstung. Als erste Amtshandlung stellen Sie eine gute Spezifikation für das Produkt zusammen. Nach einer Marktanalyse schlagen Sie die Entwicklung für eine einzelne Plattform vor und stellen Unix, den Macintosh und Windows NT zur Disposition.

Nach mehreren unangenehmen Treffen mit Jim Grandiose zeichnet sich ab, dass es gar keine richtige Auswahl gibt. Daher trennen Sie den Frontend – das heißt, die Benutzeroberfläche – vom Backend – den Teilen für Kommunikation und Datenbank. Aus Zeitgründen entscheiden Sie sich für Windows NT, worauf später Unix und vielleicht der Mac folgen sollen.

Diese einfache Entscheidung wirkt sich auf Ihr gesamtes Projekt aus. Es wird schnell deutlich, dass Sie eine Klassenbibliothek oder eine Reihe von Bibliotheken brauchen, um die Speicherverwaltung, die verschiedenartigen Benutzeroberflächen und möglicherweise auch die Komponenten für Kommunikation und Datenbank in den Griff zu bekommen.

Herr Grandiose ist der festen Überzeugung, dass der Erfolg eines Projekts von einer starken Persönlichkeit mit einem klaren Ziel vor Augen abhängig ist. Er möchte, dass Sie die anfängliche Architekturanalyse und den Entwurf vornehmen, bevor irgendwelche Programmierer eingestellt werden. Daher machen Sie sich nun an die Analyse des Problems.

Teile und herrsche

Schnell wird deutlich, dass eigentlich mehrere Probleme zu lösen sind. Sie gliedern das Projekt in die folgenden Unterprojekte:

- Kommunikation: Alle Abläufe, die die Einwahl zu einem E-Mail-Provider über ein Modem oder die Verbindung über ein Netzwerk betreffen.
- Datenbank: Das Speichern und Abrufen der Daten auf Festplatte.
- E-Mail: Das Lesen verschiedener E-Mail-Formate und das Schreiben neuer Nachrichten für jedes System.
- Bearbeitung: Erstellen und Bearbeiten von Nachrichten mit modernen Editoren.
- Plattformen: Die auf den einzelnen Plattformen zu realisierenden Benutzeroberflächen.
- Erweiterbarkeit: Vorkehrungen für Vergrößerungen und Erweiterungen.
- Organisation und Planung: Koordinierung der verschiedenen Entwickler und der gegenseitigen Abhängigkeit ihrer Codeabschnitte. Jede Gruppe muss Pläne ausarbeiten und veröffentlichen, damit sich eine Gesamtplanung erstellen lässt. Leitung und Marketingabteilung müssen wissen, wann das Produkt fertig sein wird.

Sie entscheiden sich für die Einstellung eines Managers, der sich der Organisation und Planung widmet. Weiterhin holen Sie sich erfahrene Entwickler für die Analyse und den Entwurf, die später an der Implementierung der restlichen Bereiche arbeiten. Diese Entwickler bilden die folgenden Teams:

- Kommunikation: Verantwortlich für die Datenübertragung sowohl bei Einwahlverbindungen als auch bei Netzwerken. Diese Gruppe beschäftigt sich mit Paketen, Streams und Bits statt mit E-Mail-Nachrichten an sich.
- Nachrichtenformat: Verantwortlich für die Umwandlung der Nachrichten aus den Formaten der einzelnen E-Mail-Provider in eine Normalform (PostMaster-Standard) und zurück. Die Aufgabe dieses Teams ist es auch, die Nachrichten auf Festplatte zu schreiben und sie bei Bedarf wieder abzurufen.
- Nachrichten-Editoren: Diese Gruppe ist für die gesamte Benutzeroberfläche des Produkts auf den einzelnen Plattformen verantwortlich und muss sicherstellen, dass die Schnittstelle zwischen dem Backend und dem Frontend des Produkts ausreichend scharf definiert ist, so dass die Erweiterung des Produkts für andere Plattformen keinen doppelten Code erfordert.

Nachrichtenformat

Als Erstes konzentrieren Sie sich auf das Nachrichtenformat und stellen die Themen hinsichtlich Kommunikation und Benutzeroberfläche hinten an. Diesen Problemen widmen Sie sich erst dann, wenn die Details klar sind. Es hat wenig Sinn, sich über die Präsentation der Informationen an den Benutzer Gedanken zu machen, solange man nicht die Informationen kennt, mit denen man arbeiten muss.

Eine Untersuchung der verschiedenen E-Mail-Formate zeigt viele Gemeinsamkeiten, trotz ihrer unterschiedlichen Herkunft. Jede E-Mail-Nachricht hat einen Ursprungspunkt, ein Ziel und ein Erstellungsdatum. Nahezu alle Meldungen enthalten einen Titel oder eine Zeile mit dem Betreff sowie einen Hauptteil, der aus einfachem Text, formatiertem Text, Grafiken und vielleicht sogar Sound oder anderen netten Erweiterungen besteht. Die meisten derartigen E-Mail-Dienste unterstützen auch Anlagen, so dass die Benutzer Programme und andere Dateien versenden und empfangen können.

Sie bleiben bei Ihrer früheren Entscheidung, dass Sie jede E-Mail-Nachricht aus dem Originalformat lesen und in das PostMaster-Format schreiben. Auf diese Weise ist nur ein Aufzeichnungsformat zu speichern und das Lesen und Schreiben der Daten von der bzw. auf die Festplatte vereinfacht sich. Außerdem entscheiden Sie sich, die Kopfinformationen (Sender, Empfänger, Datum, Betreff usw.) vom Hauptteil der Nachricht zu trennen. Oftmals möchte der Benutzer die Köpfe durchsuchen, ohne dass er unbedingt den Inhalt aller Nachrichten lesen will. Damit nehmen Sie vorweg, dass der Benutzer irgendwann nur die Kopfinformationen des Nachrichtenanbieters herunterladen möchte, ohne den Text überhaupt abzuholen. Momentan aber sehen Sie in der Version 1 von PostMaster das Abholen der vollständigen Nachricht vor, auch wenn sie dem Benutzer eventuell nicht angezeigt wird.

Anfänglicher Klassenentwurf

Die Analyse der Nachrichten führt zum Entwurf der Klasse `Message`. In Vorwegnahme einer Programmerweiterung auf Nicht-E-Mail-Nachrichten leiten Sie `EmailMessage` von der abstrakten Basisklasse `Message` ab. Von `EmailMessage` leiten Sie wiederum `PostMasterMessage`, `InterchangeMessage`, `CISMessage`, `ProdigyMessage` usw. ab.

In einem Programm, das Nachrichten behandelt, ergibt sich die Wahl einer Nachrichten-Klasse (`Message`) fast von selbst. In einem komplexen System ist es aber eine der letzten Herausforderungen der objektorientierten Programmierung, die richtigen Objekte zu ermitteln.

Werfen Sie die Flinte nicht gleich ins Korn. Die meisten Entwürfe sind nicht gleich von Anfang an perfekt. Ein guter Ausgangspunkt ist die Beschreibung des Projekts in Form eines Vortrags. Machen Sie sich eine Liste aller Substantive und

Verben, die Sie für die Beschreibung des Projekts verwenden. Die Substantive sind gute Kandidaten für Objekte. Die Verben mutieren zu Methoden dieser Objekte (oder zu selbständigen Objekten). Das ist zwar keine narrensichere Methode, eignet sich aber als Ausgangspunkt für einen ersten Entwurf.

Das war der leichte Teil. Nun stellt sich die Frage: »Sollte der Nachrichtenkopf eine vom Hauptteil getrennte Klasse sein?« Wenn ja, braucht man dann parallele Hierarchien – sowohl `CompuServeBody` und `CompuServeHeader` als auch `ProdigyBody` und `ProdigyHeader`?

Parallele Hierarchien sind oft ein Warnsignal für einen schlechten Entwurf. Es ist ein allgemeiner Fehler im objektorientierten Entwurf, eine Gruppe von Objekten in der einen Hierarchie unterzubringen und einen entsprechenden Satz von Verwaltungsobjekten in einer anderen. Die Belastung durch die Aktualisierung und Synchronisierung dieser Hierarchien untereinander wird bald zum Alptraum.

Natürlich gibt es keine festen Regeln und manchmal sind parallele Hierarchien die effizienteste Art, um ein bestimmtes Problem zu lösen. Trotzdem sollten Sie Ihren Entwurf neu überdenken, wenn er in diese Richtung läuft. Möglicherweise gibt es eine elegante Lösung.

Wenn die Nachrichten vom E-Mail-Provider ankommen, liegen diese nicht unbedingt in Kopf- und Hauptteil getrennt vor. Viele werden aus einem großen Datenstrom bestehen, den Ihr Programm entwirren muss. Vielleicht sollte Ihre Hierarchie dieses Konzept direkt widerspiegeln.

Wenn man sich näher mit den praktischen Details beschäftigt, kann man die Eigenschaften der Nachrichten auflisten und dabei die vorzusehenden Fähigkeiten und die Datenspeicherung auf der richtigen Abstraktionsebene einordnen. Durch die Auflistung der Objekteigenschaften lassen sich auch die Datenelemente finden sowie andere eventuell benötigte Objekte herausarbeiten.

Neben den Mail-Nachrichten sind auch die Vorzugseinstellungen des Benutzers, Telefonnummern und ähnliche Angaben zu speichern. Es liegt auf der Hand, dass die Speicherung in den höheren Ebenen der Hierarchie angesiedelt sein muss. In diesem Zusammenhang stellt sich die Frage, ob man für Mail-Nachrichten und Vorzugseinstellungen eine gemeinsame Basisklasse vorsehen sollte.

Hierarchien mit und ohne Wurzel

Es gibt zwei allgemeine Ansätze für Vererbungshierarchien: Man leitet alle (oder nahezu alle) Klassen von einer gemeinsamen Wurzelklasse ab oder man baut mehrere Vererbungshierarchien auf. Ein Vorteil der gemeinsamen Wurzelklasse besteht darin, dass man in der Regel auf Mehrfachvererbung verzichten kann. Nachteilig ist, dass die Implementierung oftmals bis in die Basisklasse hinaufreicht.

Neuer Begriff Klassen sind *verwurzelt*, wenn sie alle von einem gemeinsamen Vorfahren abstammen. Bei *nicht verwurzelten* Hierarchien gehen nicht alle Klassen auf eine gemeinsame Basisklasse zurück.

Da Ihr Produkt auf mehreren Plattformen entwickelt werden soll und da nicht alle Compiler auf allen Plattformen die Mehrfachvererbung in gleichem Maße unterstützen, entscheiden Sie sich für eine verwurzelte Hierarchie und Einfachvererbung. Vorsichtshalber kennzeichnen Sie aber diejenigen Stellen, wo in Zukunft gegebenenfalls eine Mehrfachvererbung erforderlich sein könnte, und Sie gestalten den Entwurf von vornherein so, dass die Auftrennung der Hierarchie und das Hinzufügen der Mehrfachvererbung zu einem späteren Zeitpunkt nicht Ihren gesamten Entwurf in Frage stellt.

Die Namen aller internen Klassen versehen Sie mit dem Präfix `p`, damit Sie ohne Weiteres erkennen können, welche Klassen von Ihnen und welche aus anderen Bibliotheken stammen.

Die Wurzelklasse soll `pObject` heißen. Praktisch jede Klasse, die Sie erzeugen, wird von diesem Objekt abgeleitet. `pObject` selbst ist sehr einfach gehalten. Nur die absolut von allen Elementen gemeinsam genutzten Daten erscheinen in dieser Klasse.

In einer verwurzelten Hierarchie erhält die Wurzelklasse in der Regel einen eher generischen Namen (wie etwa `pObject`) und nur ein Minimum an Fähigkeiten. Mit einem Wurzelobjekt verfolgt man die Absicht, Kollektionen von allen Nachfolgern zu bilden und sich auf sie als Instanzen von `pObject` zu beziehen. Bei verwurzelten Hierarchien muss man in Kauf nehmen, dass die Schnittstellen oftmals bis in die Wurzelklasse hinauf verzweigen.

Die nächsten Kandidaten für die oberste Ebene der Hierarchie sind `pStored` und `pWired`. Die `pStored`-Objekte werden zu verschiedenen Zeitpunkten (wenn das Programm zum Beispiel nicht aktiv ist) auf Festplatte gespeichert und `pWired`-Objekte verschickt das Programm über das Modem oder das Netzwerk. Da fast alle Ihre Objekt auf Festplatte zu speichern sind, bietet es sich an, diese Funktionalität in den höheren Hierarchieebenen anzusiedeln. Während man alle Objekte, die das Programm per Modem verschickt, speichern muss, aber nicht alle gespeicherten Objekte über die Leitung geschickt werden müssen, ist es sinnvoll, `pWired` von `pStored` abzuleiten.

Alle abgeleiteten Klassen erwerben das gesamte Wissen (die Daten) und die Funktionalität (die Methoden) ihrer Basisklasse und abgeleitete Klassen sollten die Funktionalität gegenüber der Basisklasse erweitern. Demzufolge nimmt man in `pWired` zusätzliche Methoden auf, die eine Übertragung von Daten via Modem realisieren.

Es ist durchaus möglich, dass das Programm alle `pWired`-Objekte speichert, dass es alle gespeicherten Objekte via Modem verschickt oder dass keine dieser Annahmen zutrifft. Wenn nur einige `pWired`-Objekte gespeichert werden und nur einige gespeicherte Objekte über die Leitung gehen, muss man entweder mit Mehrfachvererbung arbeiten oder das Problem umgehen. Als mögliche Lösung könnte man etwa `pWired` von `pStored` ableiten. Die Speichermethoden lässt man dann nichts ausführen oder man gibt einen Fehler für diejenigen Objekte zurück, die via Modem verschickt, aber niemals gespeichert werden.

Gehen wir davon aus, dass einige gespeicherte Objekte – wie etwa die Vorzugseinstellungen des Benutzers (`pPreferences`) – mit Sicherheit nicht zu versenden sind. Dagegen werden alle über die Leitung geschickten Objekte auch gespeichert. Aus den bisherigen Annahmen ergibt sich die in Abbildung 22.1 dargestellte Vererbungshierarchie.

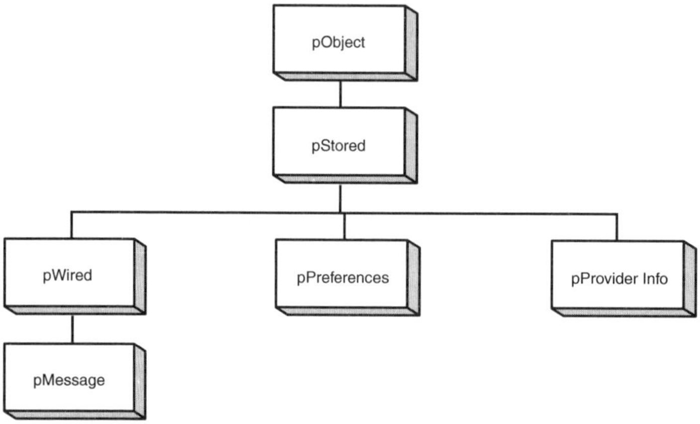

Abbildung 22.1: Anfängliche Vererbungshierarchie

Die Schnittstellen entwerfen

Auf dieser Stufe des Produktentwurfs sollten Sie die Details der Implementierung außen vor lassen. Konzentrieren Sie Ihre gesamte Energie auf den Entwurf einer sauberen Schnittstelle zwischen den Klassen und skizzieren Sie dann, welche Daten und Methoden jede Klasse braucht.

Zunächst einmal sollte man sich tiefgründig mit den Basisklassen beschäftigen, bevor es an den Entwurf der abgeleiteten Klassen geht. Konzentrieren Sie sich also zunächst auf `pObject`, `pStored` und `pWired`.

Die Wurzelklasse `pObject` erhält nur diejenigen Daten und Methoden, die allen Elementen in Ihrem System gemeinsam sind. Vielleicht sollte jedes Objekt eine eindeutige Identifikationsnummer bekommen. Dazu erzeugen Sie `pID` (PostMaster-ID) und machen sie zu einem Element von `pObject`. Zuerst müssen Sie sich aber die Frage stellen: »Benötigt jedes Objekt, das nicht gespeichert und nicht übertragen wird, eine derartige Nummer?« Das wirft die Frage auf: »Gibt es Objekte, die nicht gespeichert werden, die aber Teil dieser Hierarchie sind?«

Gibt es keine derartigen Objekte, empfiehlt es sich, `pObject` und `pStored` zu einer Klasse zu verschmelzen. Wenn schließlich alle Objekte gespeichert werden, wo liegt dann der Grund für eine Unterscheidung? Bei näherem Hinsehen entdecken Sie Objekte, wie zum Beispiel Adressenobjekte, bei denen eine Ableitung von `pObject` zwar sinnvoll ist, die aber nicht eigenständig gespeichert werden. Wenn man sie speichert, dann als Teil irgendeines anderen Objekts.

Momentan ist es also angebracht, eine separate `pObject`-Klasse zu haben. Denkbar ist ein Adressbuch, das eine Kollektion von `pAddress`-Objekten darstellt. Da man aber kein `pAddress`-Objekt für sich allein speichert, wäre es von Nutzen, wenn jedes Objekt über eine eigene Identifikationsnummer verfügt. Vorläufig nehmen Sie `pID` in `pObject` auf. In der Minimalversion sieht `pObject` wie folgt aus:

```
class pObject
{
public:
    pObject();
    ~pObject();
    pID GetID()const;
    void SetID();
private:
    pID  itsID;
}
```

Zu dieser Klassendeklaration ist Verschiedenes anzumerken. Erstens leitet sich diese Klassendeklaration nicht von einer anderen Klasse ab – sie ist Ihre Wurzelklasse. Zweitens kümmern wir uns zunächst überhaupt nicht um die Implementierung. Auch nicht bei Methoden wie `GetID`, die am Ende in einer Inline-Version vorliegen werden.

Drittens sind konstante Methoden bereits gekennzeichnet. Das ist Teil der Schnittstelle und nicht der Implementierung. Schließlich wird ein neuer Datentyp impliziert: `pID`. Die Definition von `pID` als Typ statt beispielsweise als `unsigned long` bringt mehr Flexibilität in Ihren Entwurf.

Wenn sich nämlich herausstellt, dass man keinen `unsigned long` braucht oder dass ein `unsigned long` nicht groß genug ist, kann man `pID` einfach modifizieren. Diese Modifikation beeinflusst alle Stellen, wo `pID` vorkommt, und man muss `pID` nicht in allen Dateien suchen und bearbeiten.

Fürs Erste deklarieren Sie `pID` mit Hilfe von `typedef` als `ULONG`, wobei Sie `ULONG` wiederum als `unsigned long` deklarieren. Das wirft die Frage auf: Wohin gehören diese Deklarationen?

Bei einem umfangreichen Projekt benötigt man auch einen detaillierten Plan für die erforderlichen Dateien. Als Standardlösung, die auch in diesem Projekt zur Anwendung kommt, spendiert man jeder Klasse eine eigene Header-Datei und bringt die Implementierungen für die Klassenmethoden in zugehörigen `.CPP`-Dateien unter. Damit hat man eine Datei namens `OBJECT.HPP` und eine korrespondierende Datei `OBJECT.CPP`. Dazu kommen später weitere Dateien wie `MSG.HPP` und `MSG.CPP` für die Deklaration von `pMessage` bzw. die Implementierung der entsprechenden Methoden.

Kaufen oder selbst schreiben?

Diese Frage begleitet Sie während der gesamten Entwurfsphase Ihres Programms. Welche Routinen sollte man fertig kaufen und welche sollte man selbst schreiben? Es ist durchaus möglich, dass man vorhandene kommerzielle Bibliotheken nutzt, um einige oder alle Punkte der Kommunikation zu lösen. Dabei sind allerdings auch Lizenzgebühren und andere Belange außerhalb der technischen Realisierung zu berücksichtigen.

Es ist oftmals besser, eine derartige Bibliothek zu kaufen und die eigene Energie auf die spezifischen Programmteile zu konzentrieren, als das Rad neu zu erfinden. Man könnte sogar Bibliotheken kaufen, die nicht unbedingt für C++ vorgesehen sind, wenn sich damit grundlegende Funktionalität realisieren lässt, die man sonst selbst entwickeln müsste. Das Ganze kann bei der Einhaltung des Endtermins förderlich sein.

Einen Prototyp erstellen

Bei einem großen Projekt wie PostMaster ist es unwahrscheinlich, dass der anfängliche Entwurf vollständig und perfekt ist. Allein durch den Umfang des Problems ist man schnell überfordert. Um einer Katastrophe zu entgehen, sollte man zuerst alle Klassen erzeugen und deren Schnittstellen fertig stellen, bevor man überhaupt eine Zeile mit arbeitsfähigem Code schreibt.

Es gibt eine Reihe guter Gründe, den Entwurf an einem Prototyp – einem schnell programmierten und arbeitsfähigen Beispiel für die Kernkonzepte – auszuprobieren. Für die jeweiligen Ansprüche existieren auch unterschiedliche Prototypen.

Ein Prototyp für den Entwurf der Schnittstellen bietet die Möglichkeit, Aussehen und Handhabung des Produkts mit potentiellen Benutzern zu testen.

Es lässt sich auch ein Prototyp für die Funktionalität entwerfen, dem zwar die endgültige Benutzeroberfläche fehlt, der aber dem Benutzer das Ausprobieren verschiedener Leistungsmerkmale erlaubt, beispielsweise das Abschicken von Meldungen oder das Anbinden von Dateien.

Schließlich lässt sich mit einem Prototyp für die Architektur eine kleinere Programmversion erstellen. Außerdem kann man abschätzen, in welchem Maße sich Entwurfsentscheidungen im fertig gestellten Programm auswirken.

Es ist zwingend erforderlich, die Ziele für den Prototyp klar zu umreißen. Untersucht man etwa die Benutzeroberfläche, experimentiert man mit der Funktionalität oder baut man ein maßstäbliches Modell des Endprodukts? Ein guter Prototyp für die Architektur erzeugt einen schlechten Prototyp für die Benutzeroberfläche und umgekehrt.

Bei der Auslegung des Prototyps sollte man ein ausgewogenes Verhältnis zwischen Aufwand und Nutzen im Auge behalten. Wenn man zuviel Arbeit in den Prototyp investiert hat, geht man im Zuge der weiteren Programmentwicklung nur noch widerwillig daran, den Code gegebenenfalls niederzureißen und neu zu entwerfen.

Die 80/80-Regel

In dieser Entwicklungsphase gilt die Faustregel, dass man sich auf den Entwurf derjenigen Komponenten konzentriert, mit denen schätzungsweise 80% der potentiellen Anwender etwa 80% ihrer Zeit verbringen. Die restlichen 20% kommen später an die Reihe. Früher oder später muss man sich zwar den Randbedingungen zuwenden, der Kern des Entwurfs sollte sich aber an der 80/80-Regel orientieren.

Dementsprechend entwirft man zunächst die Hauptklassen und stellt die untergeordneten Klassen zurück. Gibt es Klassen mit ähnlichem Design, konzentriert man die Entwurfsarbeit auf einen typischen Vertreter dieser Gruppe und wendet sich den nahen Verwandten später zu.

Hinweis

Eine weitere Regel – die 80/20-Regel – besagt, dass »die ersten 20% eines Programms etwa 80% der Zeit für die Kodierung beanspruchen, während für die restlichen 80% dieses Programms nochmals 80% der Zeit zu veranschlagen sind«.

Entwurf der Klasse PostMasterMessage

Im Einklang mit diesen Überlegungen konzentrieren Sie sich zunächst auf die Klasse `PostMasterMessage`. Es handelt sich dabei um die Klasse, die am ehesten unter Ihrer direkten Kontrolle steht.

Als Teil der Schnittstelle muss `PostMasterMessage` natürlich den Austausch mit anderen Nachrichtentypen beherrschen. Man hofft zwar auf eine enge Zusammenarbeit mit den einzelnen Nachrichtenanbietern, kann momentan aber hinsichtlich des Nachrichtenformats nur Vermutungen anstellen und einfach beobachten, was die jeweiligen Dienste über die Leitung schicken.

Auf jeden Fall ist bekannt, dass die `PostMasterMessage`-Nachrichten aus Absender, Empfänger, Datum und Betreff sowie Hauptteil der Nachricht und eventuell angebundenen Dateien bestehen. Damit sind Zugriffsmethoden für diese Attribute sowie Methoden zur Meldung der Größe der angebundenen Dateien, der Größe der Nachrichten usw. erforderlich.

Manche Dienste, mit denen ein Nachrichtenaustausch vorgesehen ist, verwenden formatierten Text, um Schriftart, Zeichengröße und Attribute wie fett und kursiv festzulegen. Hier ist außerdem mit proprietären Formaten zu rechnen. Andere Dienste unterstützen diese Attribute nicht. Die Klasse benötigt also Konvertierungsmethoden, um formatierten Text in reinen ASCII-Text zu überführen und gegebenenfalls andere Formate in die PostMaster-Formate umzuwandeln.

Die API

Eine Anwendungsprogrammierschnittstelle (API, Application Programming Interface) ist ein Satz von Dokumentationen und Routinen für die Nutzung eines Dienstes. Einige der Mail-Provider stellen Ihnen eine API bereit, so dass PostMaster-Mail auch mit formatiertem Text und eingebetteten Dateien umgehen kann. Für PostMaster werden Sie ebenfalls eine API veröffentlichen, damit in Zukunft andere Anbieter mit Ihrem Programm arbeiten können.

Für Ihre `PostMasterMessage`-Klasse ist eine gut konzipierte öffentliche Schnittstelle erforderlich. Die Konvertierungsfunktionen gehören dabei zu den Hauptkomponenten der PostMaster-API. Listing 22.2 veranschaulicht, wie die Schnittstelle von `PostMasterMessage` bisher aussieht.

Eingabe

Listing 22.2: Die Schnittstelle von PostMasterMessage

```
class PostMasterMessage : public MailMessage
{
public:
```

```
    PostMasterMessage();
    PostMasterMessage(
        pAddress Sender,
        pAddress Recipient,
        pString Subject,
        pDate creationDate);

    // Hier noch andere Konstruktoren vorsehen.
    // Nicht vergessen: Kopierkonstruktor und
    // Konstruktor von Speicherung sowie Konstruktor
    // von Übertragungsformat.
    // Außerdem Konstruktoren von anderen Formaten.
    ~PostMasterMessage();
    pAddress& GetSender() const;
    void SetSender(pAddress&);
    // Andere Zugriffsfunktionen auf Datenelemente

    // Hier Operator-Methoden, u.a. Gleich-Operator
    // und Routinen zur Umwandlung der PostMaster-
    // Nachrichten in andere Formate.

  private:
     pAddress itsSender;
     pAddress itsRecipient;
     pString  itsSubject;
     pDate itsCreationDate;
     pDate itsLastModDate;
     pDate itsReceiptDate;
     pDate itsFirstReadDate;
     pDate itsLastReadDate;
  };
```

Ausgabe

Dieses Listing produziert keine Ausgabe.

Analyse

Die Deklaration der Klasse `PostMasterMessage` sieht eine Ableitung von `MailMessage` vor. Die bereitgestellten Konstruktoren erleichtern das Erzeugen von `PostMasterMessage`-Nachrichten aus anderen Typen von Mail-Nachrichten.

Bereits vorgesehen sind sowohl Zugriffsmethoden für das Lesen und Setzen der verschiedenen Datenelemente als auch Operatoren für die vollständige oder teilweise Umwandlung der Nachrichten in andere Nachrichtenformate. Es ist geplant, diese Nachrichten auf Festplatte zu speichern und sie über die Datenverbindung einzulesen, so dass Zugriffsmethoden für diese Zwecke ebenso vermerkt sind.

Team-Arbeit

Selbst aus dieser vorläufigen Architektur lässt sich bereits ableiten, wie die verschiedenen Entwicklungsgruppen vorgehen sollten. Die Gruppe Kommunikation kann mit der Arbeit am Backend für die Kommunikation beginnen und muss dabei eine eng umrissene Schnittstelle mit der Gruppe Nachrichtenformat aushandeln.

Die Gruppe Nachrichtenformat setzt die bereits weiter oben begonnene Ausarbeitung der allgemeinen Schnittstelle zu den `Message`-Klassen fort und wendet sich dann der Frage zu, wie die Daten auf Festplatte zu schreiben und von dort zu lesen sind. Nachdem alle Punkte in Bezug auf die Festplattenschnittstelle geklärt sind, kann dieses Team die Schnittstelle zur Kommunikationsschicht aushandeln.

Die Gruppe Nachrichtenbearbeitung könnte der Versuchung erliegen, Editoren mit genauer Kenntnis der Interna der `Message`-Klasse aufzubauen. Das wäre aber ein übler Entwurfsfehler. Diese Gruppe muss ebenfalls eine klar definierte Schnittstelle zur `Message`-Klasse aushandeln. Objekte der Nachrichtenbearbeitung sollten nur ein Mindestmaß an Informationen über die interne Struktur der Nachrichten erhalten.

Weiterführende Betrachtungen zum Entwurf

Im Zuge der Projektentwicklung werden Sie wiederholt mit dem folgenden grundlegenden Entwurfsproblem konfrontiert: In welcher Klasse sollte ein bestimmter Satz der Funktionalität (oder der Informationen) realisiert sein? Gehören die Funktionen in die Klasse `Message` oder vielleicht in die Klasse `Address`? Sollte der Editor diese Informationen speichern oder soll das die Nachrichtenklasse selbst übernehmen?

Prinzipiell sollten Ihre Klassen nicht mehr voneinander wissen als absolut erforderlich ist.

Entwurfsentscheidungen

Die Programmentwicklung ist von Hunderten von Entwurfsproblemen begleitet. Diese reichen von allgemeineren Fragen wie »Was soll hier passieren?« bis zu speziellen wie »Wie setzen wir das um?«

Obwohl die Details der Implementierung erst kurz vor der Auslieferung des Produkts feststehen und sich manche Schnittstellen noch während Ihrer Arbeit ändern, müssen Sie sicherstellen, dass Ihr Entwurf bereits in einem frühen Stadium klar umrissen ist. Bevor Sie darangehen, den Code zu schreiben, muss das Konzept vollständig klar sein. Software-Projekte bleiben vor allem auf der Strecke, weil es im frühen Entwurfsprozess keine genügenden Abstimmungen über das eigentliche Ziel des Programms gibt.

Entscheidungen über Entscheidungen

Um eine Vorstellung vom Entwurfsprozess zu bekommen, untersuchen Sie die folgende Frage: »Wie sieht das Menü aus?« Als erster Menübefehl findet sich bei PostMaster wahrscheinlich der Eintrag NEUE MAIL-NACHRICHT und das führt sofort zu einem weiteren Entwurfsproblem: Wenn der Benutzer NEUE MAIL-NACHRICHT wählt, was passiert dann? Lässt man einen Editor erstellen, der seinerseits eine Mail-Nachricht erzeugt, oder lässt man eine neue Mail-Nachricht erzeugen, die dann den Editor erstellt?

Der Befehl lautet NEUE MAIL-NACHRICHT. Das Erzeugen einer neuen Mail-Nachricht scheint also auf der Hand zu liegen. Was passiert aber, wenn der Benutzer auf ABBRECHEN klickt, nachdem er mit dem Verfassen der Nachricht begonnen hat? Vielleicht wäre es die sauberere Lösung, zuerst den Editor zu erstellen und ihn dann die neue Nachricht erzeugen (und besitzen) zu lassen.

Bei dieser Lösung muss man den Editor aber für zwei unterschiedliche Betriebsarten auslegen – eine für das Erzeugen der Nachricht und eine für das Bearbeiten. Erzeugt man dagegen die Nachricht zuerst und übergibt sie an den Editor, muss nur ein Codeblock existieren, da es sich dann lediglich um die Bearbeitung einer vorhandenen Nachricht handelt.

Wird die Nachricht als Erstes erzeugt, wer erzeugt sie? Übernimmt das der zum Menübefehl gehörende Code? Wenn das so ist, bewirkt der Menübefehl dann auch, dass sich die Nachricht selbst bearbeitet, oder gehört das zur Konstruktor-Methode der Nachricht?

Auf den ersten Blick sieht es so aus, dass der Konstruktor diese Aufgabe übernehmen sollte. Immerhin muss man jedes Mal, wenn man eine Nachricht erzeugt, diese auch bearbeiten. Trotzdem ist das kein gutes Entwurfskonzept. Erstens ist es sehr gut möglich, dass die Annahme bereits falsch ist: Man kann nämlich »vorgefertigte« Nachrichten (etwa Fehlermeldungen an den System-Operator) erzeugen, die nicht an einen Editor übergeben werden. Zweitens und wichtiger: Die Aufgabe eines Konstruktors ist das Erzeugen eines Objekts – nicht mehr und nicht weniger. Mit dem Erzeugen einer Mail ist der Job des Konstruktors abgeschlossen. Der Aufruf einer Bearbeitungsmethode im Konstruktor bringt das ganze Konzept durcheinander und macht die Mail-Nachricht gegen Fehler im Editor anfällig.

Noch ungünstiger ist es allerdings, dass die Bearbeitungsmethode eine andere Klasse aufruft: die Editor-Klasse und damit auch deren Konstruktor. Der Editor ist aber weder eine Basisklasse der Nachricht noch ist er in der Nachricht selbst enthalten. Es ist nicht gerade im Sinne des Erfinders, wenn die Konstruktion der Nachricht von der erfolgreichen Konstruktion des Editors abhängig wäre.

Sollte sich die Nachricht nicht erfolgreich erzeugen lassen, verzichtet man schließlich ganz auf den Aufruf des Editors. Im geschilderten Szenario hängt aber die erfolgreiche Erzeugung vom Aufruf des Editors ab!

Die Logik gebietet, dass man zuerst den Aufruf des Nachrichten-Konstruktors vollständig abschließt, bevor der Aufruf von `Message::Edit` erfolgt.

Rahmenprogramme

Neuer Begriff

Bereits in frühen Entwicklungsstadien lassen sich Entwurfsprobleme mit so genannten *Rahmenprogrammen* erkennen. Dabei handelt es sich um eine Funktion, die nur zur Demonstration oder zum Testen anderer Funktionen existiert. Beispielsweise kann ein Rahmenprogramm für PostMaster ein sehr einfaches Menü bieten, das `PostMasterMessage`-Objekte erzeugt, sie manipuliert und ein paar andere Entwurfsdetails durchspielt.

Listing 22.3 zeigt eine verbesserte Definition der Klasse `PostMasterMessage` und ein einfaches Rahmenprogramm.

Eingabe

Listing 22.3: Ein Rahmenprogramm für PostMasterMessage

```
#include <iostream.h>
#include <string.h>

typedef unsigned long pDate;
 enum SERVICE { PostMaster, Interchange, CompuServe, Prodigy, AOL,
                Internet };

class String
{
   public:
      // Konstruktoren
      String();
       String(const char *const);
       String(const String &);
      ~String();

      // Überladene Operatoren
      char & operator[](int offset);
      char operator[](int offset) const;
      String operator+(const String&);
      void operator+=(const String&);
      String & operator= (const String &);
      friend ostream& operator<<( ostream& theStream,String& theString);
```

```
         // Allgemeine Zugriffsfunktionen
         int GetLen()const { return itsLen; }
         const char * GetString() const { return itsString; }
         // static int -konstrukterCount;

      private:
         String (int);         // Privater Konstruktor
         char * itsString;
         int itsLen;

   };

  // Standardkonstruktor erzeugt String von 0 Bytes Länge
   String::String()
   {
      itsString = new char[1];
      itsString[0] = '\0';
      itsLen=0;
      // cout << "\tDefault string -konstrukter\n";
      // -konstrukterCount++;
   }

  // Privater (Hilfs-) Konstruktor, nur von Klassen-
  // methoden für das Erzeugen eines neuen Strings der
  // erforderlichen Größe verwendet.  Mit Null gefüllt.
   String::String(int len)
   {
      itsString = new char[len+1];
      int i;
      for ( i = 0; i<=len; i++)
         itsString[1] = '\0';
      itsLen=len;
      // cout << "\tString(int) -konstrukter\n";
      // -konstrukterCount++;
   }

// Konvertiert ein Zeichen-Array in einen String
   String::String(const char * const cString)
   {
      itsLen = strlen(cString);
      itsString = new char[itsLen+1];
       int i;
      for ( i = 0; i<itsLen; i++)
         itsString[i] = cString[i];
      itsString[itsLen]='\0';
      // cout << "\tString(char*) -konstrukter\n";
      // -konstrukterCount++;
   }
```

```

   // Kopierkonstruktor
   String::String (const String & rhs)
   {
      itsLen=rhs.GetLen();
      itsString = new char[itsLen+1];
       int i;
      for (i = 0; i<itsLen;i++)
         itsString[i] = rhs[i];
      itsString[itsLen] = '\0';
      // cout << "\tString(String&) -konstrukter\n";
      // -konstrukterCount++;
   }

   // Destruktor, gibt reservierten Speicher frei
   String::~String ()
   {
      delete [] itsString;
      itsLen = 0;
      // cout << "\tString -destrukter\n";
   }

   String& String::operator=(const String & rhs)
   {
      if (this == &rhs)
         return *this;
      delete [] itsString;
      itsLen=rhs.GetLen();
      itsString = new char[itsLen+1];
      int i;
      for (i = 0; i<itsLen;i++)
        itsString[i] = rhs[i];
     itsString[itsLen] = '\0';
     return *this;
     // cout << "\tString operator=\n";
  }

  // Nicht konstanter Offset-Operator, gibt Referenz
  // auf Zeichen zurück, das sich damit ändern läßt
  char & String::operator[](int offset)
  {
     if (offset > itsLen)
        return itsString[itsLen-1];
     else
        return itsString[offset];
  }

  // Konstanter Offset-Operator für konstante
```

```
// Objekte (siehe Kopierkonstruktor!)
char String::operator[](int offset) const
{
   if (offset > itsLen)
      return itsString[itsLen-1];
   else
      return itsString[offset];
}

// Erzeugt einen neuen String durch Anfügen des
// aktuellen Strings an rhs
String String::operator+(const String& rhs)
{
   int  totalLen = itsLen + rhs.GetLen();
   String temp(totalLen);
   int i,j;
   for (i = 0; i<itsLen; i++)
      temp[i] = itsString[i];
   for (j = 0; j<rhs.GetLen(); j++, i++)
      temp[i] = rhs[j];
   temp[totalLen]='\0';
   return temp;
}

// Ändert aktuellen String, gibt nichts zurück
void String::operator+=(const String& rhs)
{
   int rhsLen = rhs.GetLen();
   int totalLen = itsLen + rhsLen;
   String  temp(totalLen);
   int i,j;
   for ( i = 0; i<itsLen; i++)
      temp[i] = itsString[i];
   for ( j = 0; j<rhs.GetLen(); j++, i++)
      temp[i] = rhs[i-itsLen];
   temp[totalLen]='\0';
   *this = temp;
}

// int String::-konstrukterCount = 0;

ostream& operator<<( ostream& theStream,String& theString)
{
    theStream << theString.GetString();
    return theStream;
}

```

```
class pAddress
{
public:
   pAddress(SERVICE theService,
            const String& theAddress,
            const String& theDisplay):
      itsService(theService),
      itsAddressString(theAddress),
      itsDisplayString(theDisplay)
      {}
   // pAddress(String, String);
   // pAddress();
   // pAddress (const pAddress&);
   ~pAddress(){}
   friend ostream& operator<<( ostream& theStream, pAddress& theAddress);
   String& GetDisplayString() { return itsDisplayString; }
private:
   SERVICE itsService;
   String itsAddressString;
   String itsDisplayString;
};

ostream& operator<<( ostream& theStream, pAddress& theAddress)
{
    theStream << theAddress.GetDisplayString();
    return theStream;
}

class PostMasterMessage
{
public:
  // PostMasterMessage();

  PostMasterMessage(const pAddress& Sender,
                    const pAddress& Recipient,
                    const String& Subject,
                    const pDate& creationDate);

  ~PostMasterMessage(){}

  void Edit(); // Ruft Editor auf dieser Nachricht auf

  pAddress& GetSender() const { return itsSender; }
  pAddress& GetRecipient() const { return itsRecipient; }
  String& GetSubject() const { return itsSubject; }
  //  void SetSender(pAddress& );
  // Andere Zugriffsfunktionen auf Datenelemente
```

```

  // Hier Operator-Methoden, u.$%$a. Gleich-Operator
  // und Routinen zur Umwandlung der PostMaster-
  // Nachrichten in andere Formate.

private:
   pAddress itsSender;
   pAddress itsRecipient;
   String  itsSubject;
   pDate itsCreationDate;
   pDate itsLastModDate;
   pDate itsReceiptDate;
   pDate itsFirstReadDate;
   pDate itsLastReadDate;
};

PostMasterMessage::PostMasterMessage(
      const pAddress& Sender,
      const pAddress& Recipient,
      const String& Subject,
      const pDate& creationDate):
      itsSender(Sender),
      itsRecipient(Recipient),
      itsSubject(Subject),
      itsCreationDate(creationDate),
      itsLastModDate(creationDate),
      itsFirstReadDate(0),
      itsLastReadDate(0)
  {
    cout << "PostMaster-Nachricht erzeugt.\n";
  }

  void PostMasterMessage::Edit()
   {
      cout << "PostMasterMessage Bearbeitungsfunktion aufgerufen.\n";
   }


int main()
{
   pAddress Sender(PostMaster, "jliberty@PostMaster", "Jesse Liberty");
   pAddress Recipient(PostMaster, "sliberty@PostMaster","Stacey Liberty");
   PostMasterMessage PostMasterMessage(Sender, Recipient, "Begruessung", 0);
   cout << "Nachricht ueberpruefen... \n";
   cout << "Von:\t\t" << PostMasterMessage.GetSender() << endl;
   cout << "An:\t\t" << PostMasterMessage.GetRecipient() << endl;
```

```
259:     cout << "Betreff:\t" << PostMasterMessage.GetSubject() << endl;
260:    return 0;
261: }
```

Wenn Sie einen Fehler wie `conversion from '...' to '...' discards const` erhalten, entfernen Sie die Schlüsselwörter `const` in den Zeilen 208 bis 210.

```
PostMaster-Nachricht erzeugt.
Nachricht ueberpruefen...
Von:              Jesse Liberty
An:               Stacey Liberty
Betreff:          Begruessung
```

Zeile 4 definiert `pDate` mit `typedef` als `unsigned long`. Es ist durchaus üblich, dass man Datumswerte als lange Ganzzahlen speichert, normalerweise als Anzahl der Sekunden seit einem willkürlich gewählten Startdatum wie dem 1. Januar 1900. In diesem Programm handelt es sich um einen Platzhalter. Man geht davon aus, dass `pDate` schließlich in eine echte Klasse umgewandelt wird.

Zeile 5 definiert die Aufzählungskonstante `SERVICE`, damit Adressobjekte den jeweiligen Adresstyp aufzeichnen können, beispielsweise PostMaster oder CompuServe.

In den Zeilen 7 bis 164 finden Sie die bereits aus vorherigen Kapiteln bekannte Klasse `String` wieder. Die Deklaration (das heißt die Schnittstelle) und die Implementierung wurden fast unverändert übernommen. Die `String`-Klasse kommt für eine Reihe von Elementvariablen in allen `Message`-Klassen sowie in verschiedenen anderen Klassen, auf die sich die `Message`-Klassen stützen, zum Einsatz. In dieser Hinsicht bildet die `String`-Klasse den Dreh- und Angelpunkt Ihres Programms. Eine ausgefeilte `String`-Klasse ist für die Komplettierung der `Message`-Klassen lebenswichtig.

Die Zeilen 166 bis 186 zeigen die Deklaration der Klasse `pAddress`. Momentan repräsentiert sie nur die grundlegende Funktionalität. Diese Klasse müssen Sie also weiter ausbauen, wenn die entsprechenden Fragen zu Ihrem Programm geklärt sind. Die Objekte repräsentieren wesentliche Komponenten jeder Nachricht: sowohl die Adresse des Absenders als auch des Empfängers. Ein voll funktionsfähiges `pAddress`-Objekt kann das Versenden von Nachrichten, Antworten auf Nachrichten usw. behandeln.

Das pAddress-Objekt verfolgt für den jeweiligen Dienst sowohl den String für die Anzeige als auch für die interne Weiterleitung. Es bleibt noch offen, ob ein gemeinsames pAddress-Objekt genügt oder ob man für jeden Dienst ein Objekt als Unterklasse ableiten sollte. Momentan wird der Dienst in Form einer Aufzählungskonstanten protokolliert, die als Elementvariable zu jedem pAddress-Objekt gehört.

Die Zeilen 194 bis 227 zeigen die Schnittstelle zur Klasse PostMasterMessage. In diesem Listing ist die Klasse eigenständig, bald aber werden Sie diese zum Bestandteil ihrer Vererbungshierarchie machen. Wenn Sie den Entwurf überarbeiten, um von Message zu erben, lassen sich einige Elementvariablen in die Basisklasse verschieben und einige Elementfunktionen werden zu redefinierten Methoden der Basisklasse.

Damit die Klasse voll funktionsfähig wird, sind noch zahlreiche Konstruktoren, Zugriffsfunktionen und andere Elementfunktionen erforderlich. Aus diesem Listing lässt sich aber erkennen, dass eine Klasse noch nicht hundertprozentig fertig sein muss, damit man einige der im Entwurf getroffenen Annahmen mit Hilfe eines Rahmenprogramms testen kann.

In den Zeilen 245 bis 248 ist die Edit-Funktion als Stub ausgeführt. Sie zeigt gerade noch so viele Details, dass man auf die vorgesehene Funktionalität nach Fertigstellung der Klasse schließen kann.

Die Zeilen 251 bis 261 repräsentieren das Rahmenprogramm. Momentan spielt dieses Programm lediglich ein paar Zugriffsfunktionen und das Überladen des Operators operator<< durch. Trotzdem bildet es einen geeigneten Ausgangspunkt für Experimente mit PostMasterMessage-Nachrichten und stellt ein Gerüst bereit, in dem man diese Klassen modifizieren und die Wirkungen untersuchen kann.

Zusammenfassung

Diese Stunde hat gezeigt, wie man die Elemente der C++-Syntax verknüpft und auf die objektorientierte Analyse, das Design und die Programmierung anwendet. Der Entwicklungszyklus verläuft nicht geradlinig von der reinen Analyse über den Entwurf bis zur Programmierung, sondern ist in der Tat ein zyklischer Prozess. Die Ergebnisse der ersten Phase, der Analyse des Problems, bilden die Grundlage für einen vorläufigen Entwurf. Ist dieser fertig gestellt, kann man mit der Programmierung beginnen.

Die in der Phase der Programmierung gewonnenen Erkenntnisse wirken auf die Analyse und den Entwurf zurück. Mit voranschreitender Programmierung beginnt das Testen und die Fehlersuche. Dieser zyklische Prozess endet eigentlich überhaupt nicht, obwohl man bestimmte Etappen als vorläufig abgeschlossen betrachten kann. Man darf nur nicht den geeigneten Zeitpunkt verpassen, zu dem das Produkt einen verkaufsfähigen Zustand erreicht hat. Zögern Sie nicht, verkaufen Sie es, liefern Sie es aus!

Bei der Analyse eines großen Problems vom objektorientierten Standpunkt aus sind die in Wechselwirkung stehenden Teile des Problems oftmals die Objekte des vorläufigen Entwurfs. Der Entwickler nimmt den gesamten Prozess gedanklich vorweg und hofft, einzelne Aktivitäten in Objekten zu verkapseln, wann immer es möglich ist.

Man muss eine Klassenhierarchie entwerfen und fundamentale Beziehungen zwischen den in Wechselwirkung stehenden Teilen einrichten. Der vorläufige Entwurf erhebt noch keinen Anspruch auf Vollständigkeit und die Funktionalität kann sich durchaus noch bis zum endgültigen Entwurf zwischen den Objekten verschieben.

Ein Hauptziel der objektorientierten Analyse ist es, möglichst viele Daten und die Implementierung zu verbergen. In diesem Sinne erstellt man diskrete Objekte mit einer eng umrissenen und gut konzipierten Schnittstelle. Die Klienten der Objekte sollen sich nicht um die Details der Implementierung kümmern müssen.

Fragen und Antworten

F In welchen Punkten unterscheidet sich der objektorientierte Ansatz bei Analyse und Entwurf von Projekten grundsätzlich von anderen Lösungen?

A *Vor der Entwicklung der objektorientierten Techniken stellten sich Analytiker und Programmierer die Programme als Funktionen vor, die auf Daten arbeiten. Die objektorientierte Programmierung konzentriert sich auf die Integration von Daten und Funktionalität in selbstständigen Einheiten, die sowohl über Wissen (Daten) als auch über Fähigkeiten (Funktionen) verfügen. Prozedurale Programme konzentrieren sich andererseits auf Funktionen und deren Einwirkung auf die Daten. Man kann sagen, dass Pascal- und C-Programme aus Sammlungen von Prozeduren bestehen, während C++-Programme als Sammlungen von Klassen anzusehen sind.*

F Ist die objektorientierte Programmierung schließlich das Nonplusultra und lösen sich damit alle Programmierungsprobleme?

A *Nein, das war gar nicht beabsichtigt. Bei großen Projekten liefert allerdings der objektorientierte Ansatz bei Analyse, Entwurf und Programmierung die Werkzeuge, mit denen der Programmierer die gestiegene Komplexität der Programme in einer früher nicht möglichen Art und Weise in den Griff bekommen kann.*

Stunde 23

Templates

In den letzten Jahren hat C++ verschiedene Erweiterungen erfahren. Einer der herausragenden und leistungsfähigsten neuen Aspekte von C++ sind Templates (Schablonen, Vorlagen). Templates erlauben den Aufbau typensicherer Kollektionen. In dieser Stunde lernen Sie,

- was Templates sind und wie man sie verwendet,
- warum Templates eine bessere Alternative zu Makros darstellen,
- wie man Templates für Klassen erzeugt.

Was sind Templates?

In Stunde 19 haben Sie gelernt, wie man eine verkettete Liste erzeugt. Diese verkettete Liste war gut gekapselt: Die Liste kannte nur ihren Kopfzeiger, der Kopfzeiger delegierte seine Arbeit an interne Zeiger weiter usw.

Das gravierende Problem der verketteten Liste bestand darin, dass sie ausschließlich Datenobjekte behandeln konnte, für die die Liste programmiert war. Etwas anderes ließ sich nicht in der Liste speichern. Man konnte beispielsweise keine Liste mit `Car`-Objekten, `Cat`-Objekten oder anderen Objekten erstellen, die nicht vom selben Typ wie diejenigen der Originalliste waren.

Zur Lösung des Problems könnte man eine Basisklasse `List` erstellen und davon die Klassen `CarList` und `CatsList` ableiten. Dann schneidet man soviel wie möglich aus der Klasse `LinkedList` aus und fügt das Ganze in die neue `CatsList`-Deklaration ein. Sobald es Ihnen aber in den Sinn kommt, eine Liste mit `Car`-Objekten zu erstellen, müssen Sie eine neue Klasse anlegen und wieder mit Ausschneiden und Einfügen arbeiten.

Dass dies keine zufriedenstellende Lösung ist, versteht sich von selbst. Mit der Zeit machen sich Erweiterungen der `List`-Klasse und ihrer abgeleiteten Klassen erforderlich. Dann wird es zum Alptraum, alle Änderungen in allen verwandten Klassen auf den gleichen Stand zu bringen.

Templates bieten einen Ausweg für dieses Problem. Im Gegensatz zu den guten alten Makros sind Templates darüber hinaus Teil der Sprache, sie sind typensicher und sehr flexibel.

Parametrisierte Typen

Statt typenspezifische Listen zu erzeugen, teilt man dem Compiler mit Templates einfach mit, wie eine Liste eines beliebigen Typs zu erzeugen ist. Eine `PartsList` ist eine Liste mit Bauteilen, eine `CatList` eine Liste mit Katzen. Diese Listen unterscheiden sich einzig und allein durch das konkrete Objekt in der Liste. Bei Templates wird der Typ des Objekts zu einem Parameter in der Definition der Klasse.

Neuer Begriff

Das Erzeugen eines bestimmten Typs von einer Template nennt man *Instanzbildung*, die einzelnen Klassen heißen *Instanzen* der Template.

Templates bieten die Möglichkeit, eine allgemeine Klasse zu erzeugen. Durch die Übergabe von Typen als *Parameter* an diese Klasse lassen sich spezifische Instanzen erstellen.

Definition von Templates

Ein parametrisiertes `List`-Objekt (eine Template für eine Liste) erzeugt man wie folgt:

```
template <class T>    // die Template und den Parameter deklarieren
class List           // die zu parametrisierende Klasse
{
  public:
    List();
// hier steht die vollständige Klassendeklaration
};
```

Jede Deklaration und Definition einer Template-Klasse wird mit dem Schlüsselwort `template` eingeleitet. Die Parameter der Template stehen nach diesem Schlüsselwort. Es sind die Elemente, die sich mit jeder Instanz ändern. Im obigen Codefragment ändert sich zum Beispiel der Typ der Objekte, die in der Liste gespeichert sind. Eine Instanz speichert vielleicht eine Liste von Integer-Werten, während eine andere eine Liste von `Animal`-Objekten aufnimmt.

Im Beispiel ist für den Parameter das Schlüsselwort `class` mit einem nachfolgenden `T` angegeben. Das Schlüsselwort `class` kennzeichnet den Parameter als Typ. Der Bezeichner `T` steht als Platzhalter für den parametrisierten Typ im restlichen Teil der Template-Definition. Eine Instanz der Klasse ersetzt `T` jeweils durch `int`, während eine andere Instanz den Platzhalter `T` durch ein `Cat`-Objekt ersetzt.

Um eine `int`- und eine `Cat`-Instanz der parametrisierten Listenklasse zu erzeugen, schreibt man zum Beispiel:

```
List<int> anIntList;
List<Cat> aCatList;
```

Das Objekt `anIntList` ist vom Typ ganzzahlige Liste, das Objekt `aCatList` vom Typ `ListOfCats`. Man kann jetzt den Typ `List<int>` an allen Stellen verwenden, wo normalerweise eine Typangabe steht – beispielsweise beim Rückgabewert einer Funktion oder als Parameter an eine Funktion.

Listing 23.1 parametrisiert das schon bekannte `List`-Objekt. Diese Technik eignet sich hervorragend zum Erstellen von Templates: Man bringt das Objekt mit einem einzelnen Typ zum Laufen, wie es zum Beispiel in Stunde 19 erfolgt ist. Dann parametrisiert man das Objekt und nimmt damit eine Verallgemeinerung des Objekts für die Behandlung beliebiger Typen vor.

Eingabe

Listing 23.1: Parametrisierte Listen

```
// ***********************************************
//    Datei:       Listing 23.1
//
//    Zweck:       Demonstriert parametrisierte Liste
//    Hinweise:
//
//    COPYRIGHT:   Copyright (C) 1997 Liberty Associates, Inc.
//                 All Rights Reserved
//
// Zeigt objektorientierte Lösung für parametrisierte verkettete Listen.
// Die Liste delegiert die eigentliche Arbeit an die
// Knoten. Die Knoten sind abstrakte Objekttypen. Es gibt
// drei Knotentypen: Kopfknoten, Endeknoten und interne
// Knoten. Nur die internen Knoten nehmen Objekte auf.
//
// Die erzeugte Objekt-Klasse dient als Objekt, das
// in der verketteten Liste gespeichert wird.
//
// ***********************************************


  #include <iostream.h>

  enum { kIsSmaller, kIsLarger, kIsSame};

// Objekt-Klasse für die Speicherung in der Liste
// Jede Klasse in dieser verketteten Liste muß zwei Methoden unterstützen:
// Show (zeigt den Wert an) und Compare (gibt relative Position  zurück)
  class Data
  {
  public:
      Data(int val):myValue(val){}
      ~Data()
     {
       cout << "Loesche Data-Objekt mit Wert: ";
       cout << myValue << "\n";
     }
      int Compare(const Data &);
      void Show() { cout << myValue << endl; }
```

```
    private:
        int myValue;
    };

    // Compare entscheidet, wohin ein bestimmtes Objekt
    // in der Liste gehört.
    int Data::Compare(const Data & theOtherObject)
    {
        if (myValue < theOtherObject.myValue)
            return kIsSmaller;
        if (myValue > theOtherObject.myValue)
            return kIsLarger;
        else
            return kIsSame;
    }

// Andere Klasse zur Aufnahme in die verkettete Liste
// Jede Klasse in dieser verketteten Liste muß zwei Methoden unterstützen:
// Show (zeigt den Wert an) und Compare (gibt relative Position  zurück)
    class Cat
    {
    public:
        Cat(int age): myAge(age){}
        ~Cat()
        {
          cout << "Loeschen einer ";
          cout << myAge << " Jahre alten Katze.\n";
        }
        int Compare(const Cat &);
        void Show()
        {
          cout << "Diese Katze ist ";
          cout << myAge << " Jahre alt.\n";
        }
    private:
        int myAge;
    };


    // Compare entscheidet, wohin ein bestimmtes Objekt
    // in der Liste gehört.
    int Cat::Compare(const Cat & theOtherCat)
    {
        if (myAge < theOtherCat.myAge)
            return kIsSmaller;
        if (myAge > theOtherCat.myAge)
            return kIsLarger;
```

```
        else
            return kIsSame;
    }


    // ADT, der das Knotenobjekt in der Liste darstellt
    // Alle abgeleiteten Klassen müssen Insert und Show redefinieren
    template <class T>
    class Node
    {
    public:
       Node(){}
       virtual ~Node(){}
       virtual Node * Insert(T * theObject)=0;
       virtual void Show() = 0;
    private:
    };

    template <class T>
    class InternalNode: public Node<T>
    {
    public:
       InternalNode(T * theObject, Node<T> * next);
       ~InternalNode(){ delete myNext; delete myObject; }
       virtual Node<T> * Insert(T * theObject);
       virtual void Show()
      {
         myObject->Show();
         myNext->Show();
      } // Delegieren!
     private:
            T * myObject;  // Das Objekt selbst
            Node<T> * myNext;    // Zeigt auf nächsten Knoten in der
                                 ➥verketteten Liste
     };

     // Der Konstruktor führt nur Initialisierungen aus.
     template <class T>
     InternalNode<T>::InternalNode(T * theObject, Node<T> * next):
     myObject(theObject),myNext(next)
     {
     }

    // Der Kern der Listenkonstruktion. Stellt man ein
    // neues Objekt in die Liste, wird es an den Knoten
    // weitergereicht. Dieser ermittelt, wohin das Objekt
    // gehört, und fügt es in die Liste ein.
```

```
    template <class T>
    Node<T> * InternalNode<T>::Insert(T * theObject)
    {

        // Ist das neue größer oder kleiner als ich?
            int result = myObject->Compare(*theObject);


            switch(result)
            {
    // Ist das neue gleich groß, kommt es per Konvention vor das aktuelle.
            case kIsSame:   // Gleich zum nächsten case-Zweig
            case kIsLarger:    // Neues Objekt vor mir einordnen
                {
                    InternalNode<T> * ObjectNode =
                   new InternalNode<T>(theObject, this);
                    return ObjectNode;
                }

            // Größer als ich, also an nächsten Knoten
            // weiterreichen. ER soll sich drum kümmern.
            case kIsSmaller:
                    myNext = myNext->Insert(theObject);
                    return this;
            }
            return this;  // Tribut an MSC
        }


        // Endeknoten ist einfach eine Markierung
        template <class T>
        class TailNode : public Node<T>
        {
        public:
            TailNode(){}
            ~TailNode(){}
            virtual Node<T> * Insert(T * theObject);
            virtual void Show() { }

        private:

        };

   // Wenn Objekt zu mir kommt, muß es vor mir eingefügt werden,
   // da ich der Endeknoten bin und NICHTS nach mir kommt.
        template <class T>
        Node<T> * TailNode<T>::Insert(T * theObject)
```

```
        {
            InternalNode<T> * ObjectNode =
             new InternalNode<T>(theObject, this);
            return ObjectNode;
        }

    // Kopfknoten hat kein Objekt, sondern zeigt einfach
    // auf den Beginn der Liste.
        template <class T>
        class HeadNode : public Node<T>
        {
        public:
            HeadNode();
            ~HeadNode() { delete myNext; }
            virtual Node<T> * Insert(T * theObject);
            virtual void Show() { myNext->Show(); }
        private:
            Node<T> * myNext;
        };

    // Nach Erzeugen des Kopfknotens erzeugt dieser
    // sofort den Endeknoten.
        template <class T>
        HeadNode<T>::HeadNode()
        {
            myNext = new TailNode<T>;
        }

    // Vor dem Kopf kommt nichts, also das Objekt einfach
    // an den nächsten Knoten weiterreichen
        template <class T>
        Node<T> * HeadNode<T>::Insert(T * theObject)
        {
            myNext = myNext->Insert(theObject);
            return this;
        }

    // Ich stehe im Mittelpunkt, mache aber gar nichts.
     template <class T>
     class LinkedList
        {
        public:
            LinkedList();
            ~LinkedList() { delete myHead; }
            void Insert(T * theObject);
            void ShowAll() { myHead->Show(); }
        private:
```

```
            HeadNode<T> * myHead;
        };

// Bei Geburt erzeuge ich den Kopfknoten.
// Er erzeugt den Endeknoten.
// Eine leere Liste zeigt damit auf den Kopf, dieser
// zeigt auf das Ende, dazwischen ist nichts.
    template <class T>
    LinkedList<T>::LinkedList()
    {
        myHead = new HeadNode<T>;
    }

    // Delegieren, delegieren, delegieren
    template <class T>
    void LinkedList<T>::Insert(T * pObject)
    {
        myHead->Insert(pObject);
    }

    // Rahmenprogramm zum Testen
    int main()
    {
        Cat * pCat;
        Data * pData;
        int val;
        LinkedList<Cat>  ListOfCats;
        LinkedList<Data> ListOfData;

   // Benutzer zum Erzeugen von Werten auffordern.
   // Diese Werte in die Liste stellen.
        for (;;)
        {
            cout << "Welcher Wert? (0 zum Beenden): ";
            cin >> val;
            if (!val)
                break;
            pCat = new Cat(val);
            pData= new Data(val);
            ListOfCats.Insert(pCat);
            ListOfData.Insert(pData);
        }

        // Jetzt Liste durchlaufen und Objekt zeigen.
        cout << "\n";
        ListOfCats.ShowAll();
        cout << "\n";
```

```
            ListOfData.ShowAll();
            cout << "\n ************ \n\n";
            return 0;  // Die Listen verlieren den Gültigkeitsbereich und
                      ➥werden abgebaut!
        }
```

```
Welcher Wert? (0 zum Beenden): 5
Welcher Wert? (0 zum Beenden): 13
Welcher Wert? (0 zum Beenden): 2
Welcher Wert? (0 zum Beenden): 9
Welcher Wert? (0 zum Beenden): 7
Welcher Wert? (0 zum Beenden): 0

Diese Katze ist 2 Jahre alt.
Diese Katze ist 5 Jahre alt.
Diese Katze ist 7 Jahre alt.
Diese Katze ist 9 Jahre alt.
Diese Katze ist 13 Jahre alt.

2
5
7
9
13

 ************

Loesche Data-Objekt mit Wert: 13
Loesche Data-Objekt mit Wert: 9
Loesche Data-Objekt mit Wert: 7
Loesche Data-Objekt mit Wert: 5
Loesche Data-Objekt mit Wert: 2
Loeschen einer 13 Jahre alten Katze.
Loeschen einer 9 Jahre alten Katze.
Loeschen einer 7 Jahre alten Katze.
Loeschen einer 5 Jahre alten Katze.
Loeschen einer 2 Jahre alten Katze.
```

Als Erstes fällt die Ähnlichkeit zum Listing in Stunde 19 auf. Geändert wurden vor allem die Klassendeklarationen und Methoden. Diese enthalten jetzt den Vorsatz:

```
template <class T>
```

Damit parametrisiert man die Liste auf einen Typ, den man später bei der Instanziierung der Liste festlegt. Zum Beispiel sieht dann die Deklaration der Klasse `Node` wie folgt aus:

```
template <class T>
class Node
```

Damit zeigt man, dass Node nicht als Klasse an sich existiert, sondern dass man beispielsweise Knoten (Nodes) von Cat- oder von Data-Objekten instantiieren will. Das T steht als Platzhalter für den zu übergebenden Typ.

Der interne Knoten InternalNode wird damit zu InternalNode<T> (zu lesen als »InternalNode von T«). InternalNode<T> zeigt auch nicht mehr auf ein Data-Objekt und einen anderen Node, sondern auf ein T (ein Objekt von welchem Typ auch immer) und einen Node<T>. Die Zeilen 118 und 119 zeigen diese Konstruktion.

Sehen Sie sich genau die Definition von Insert in den Zeilen 133 bis 159 an. Die Logik ist gleich geblieben, anstelle des spezifischen Typs (Data) steht aber jetzt T. Der Parameter in Zeile 134 ist demzufolge als Zeiger auf ein T deklariert. Wenn wir später die konkrete Liste instantiieren, ersetzt der Compiler das T durch den richtigen Typ (zum Beispiel Data oder Cat).

Vor allem aber ist der interne Knoten InternalNode weiterhin arbeitsfähig, unabhängig vom tatsächlichen Typ. Der Knoten fordert die Objekte auf, sich selbst zu vergleichen, und kümmert sich nicht darum, ob der Vergleich von Cat-Objekten genauso abläuft wie der Vergleich von Data-Objekten. In der Tat lässt sich das Cat-Objekt neu schreiben, so dass es nicht mehr das Alter, sondern das Geburtsdatum speichert und das jeweilige Alter im Vorübergehen berechnet. InternalNode kümmert das herzlich wenig.

Template-Elemente

Template-Elemente kann man genauso wie jeden anderen Typ behandeln. Sie lassen sich bei Parametern und Rückgabewerten von Funktionen sowohl als Referenz als auch als Wert übergeben. Listing 23.2 zeigt die Übergabe von Template-Objekten.

Eingabe

Listing 23.2: Parametrisierte Listen

```
// ***********************************************
//    Datei:       Listing 23.2
//
//    Zweck:       Demonstriert parametrisierte Liste
//    Hinweise:
//
//    COPYRIGHT:   Copyright (C) 1997 Liberty Associates, Inc.
//                 All Rights Reserved
//
// Zeigt objektorientierte Lösung für parametrisierte verkettete Listen.
```

```
// Die Liste delegiert die eigentliche Arbeit an die
// Knoten. Die Knoten sind abstrakte Objekttypen. Es gibt
// drei Knotentypen: Kopfknoten, Endeknoten und interne
// Knoten. Nur die internen Knoten nehmen Objekte auf.
//
// Die erzeugte Objekt-Klasse dient als Objekt, das
// in der verketteten Liste gespeichert wird.
//
// ***********************************************



  #include <iostream.h>


  enum { kIsSmaller, kIsLarger, kIsSame};

// Objekt-Klasse für die Speicherung in der Liste
// Jede Klasse in dieser verketteten Liste muß zwei Methoden unterstützen:
  // Show (zeigt den Wert an) und Compare (gibt relative Position zurück)
  class Data
  {
  public:
      Data(int val):myValue(val){}
      ~Data()
      {
         cout << " Loesche Data-Objekt mit Wert: ";
         cout << myValue << "\n";
      }
      int Compare(const Data &);
      void Show() { cout << myValue << endl; }
  private:
      int myValue;
  };

  // Compare entscheidet, wohin ein bestimmtes Objekt
  // in der Liste gehört.
  int Data::Compare(const Data & theOtherObject)
  {
     if (myValue < theOtherObject.myValue)
          return kIsSmaller;
      if (myValue > theOtherObject.myValue)
          return kIsLarger;
      else
          return kIsSame;
  }

// Andere Klasse zur Aufnahme in die verkettete Liste
```

```
// Jede Klasse in dieser verketteten Liste muß zwei Methoden unterstützen:
// Show (zeigt den Wert an) und Compare (gibt relative Position zurück)
  class Cat
  {
  public:
      Cat(int age): myAge(age){}
      ~Cat(){cout << "Loeschen einer " << myAge << " Jahre alten Katze.\n";}
      int Compare(const Cat &);
      void Show() { cout << "Diese Katze ist " << myAge << " Jahre alt.\n"; }
  private:
      int myAge;
  };


  // Compare entscheidet, wohin ein bestimmtes Objekt
  // in der Liste gehört.
  int Cat::Compare(const Cat & theOtherCat)
  {
      if (myAge < theOtherCat.myAge)
          return kIsSmaller;
      if (myAge > theOtherCat.myAge)
          return kIsLarger;
      else
          return kIsSame;
  }


  // ADT, der das Knotenobjekt in der Liste darstellt
  // Alle abgeleiteten Klassen müssen Insert und Show redefinieren
  template <class T>
  class Node
  {
  public:
      Node(){}
      virtual ~Node(){}
      virtual Node * Insert(T * theObject)=0;
      virtual void Show() = 0;
  private:
  };

  template <class T>
  class InternalNode: public Node<T>
  {
  public:
      InternalNode(T * theObject, Node<T> * next);
      ~InternalNode(){ delete myNext; delete myObject; }
      virtual Node<T> * Insert(T * theObject);
```

```
      virtual void Show() // Delegieren!
     {
       myObject->Show(); myNext->Show();
     }
  private:
          T * myObject;  // Das Objekt selbst
          Node<T> * myNext;    // Zeigt auf nächsten Knoten in der
                                   ➥verketteten Liste
  };

  // Der Konstruktor führt nur Initialisierungen aus.
  template <class T>
  InternalNode<T>::InternalNode(T * theObject, Node<T> * next):
  myObject(theObject),myNext(next)
  {
  }

 // Der Kern der Listenkonstruktion. Stellt man ein
 // neues Objekt in die Liste, wird es an den Knoten
 // weitergereicht. Dieser ermittelt, wohin das Objekt
 // gehört, und fügt es in die Liste ein.
  template <class T>
  Node<T> * InternalNode<T>::Insert(T * theObject)
  {

      // Ist das neue größer oder kleiner als ich?
          int result = myObject->Compare(*theObject);


          switch(result)
          {
                  // Ist das neue gleich groß, kommt es per Konvention vor
                   ➥das aktuelle.
          case kIsSame:   // Gleich zum nächsten case-Zweig
          case kIsLarger:    // Neues Objekt vor mir einordnen
              {
                  InternalNode<T> * ObjectNode =
                 new InternalNode<T>(theObject, this);
                  return ObjectNode;
              }

          // Größer als ich, also an nächsten Knoten
          // weiterreichen. ER soll sich drum kümmern.
          case kIsSmaller:
                  myNext = myNext->Insert(theObject);
                  return this;
          }
```

```
            return this;  // Tribut an MSC
        }


        // Endeknoten ist einfach eine Markierung
        template <class T>
        class TailNode : public Node<T>
        {
        public:
            TailNode(){}
            ~TailNode(){}
            virtual Node<T> * Insert(T * theObject);
            virtual void Show() { }

        private:

        };

    // Wenn Objekt zu mir kommt, muß es vor mir eingefügt werden,
    // da ich der Endeknoten bin und NICHTS nach mir kommt.
        template <class T>
        Node<T> * TailNode<T>::Insert(T * theObject)
        {
            InternalNode<T> * ObjectNode =
             new InternalNode<T>(theObject, this);
            return ObjectNode;
        }

    // Kopfknoten hat kein Objekt, sondern zeigt einfach
    // auf den Beginn der Liste.
        template <class T>
        class HeadNode : public Node<T>
        {
        public:
            HeadNode();
            ~HeadNode() { delete myNext; }
            virtual Node<T> * Insert(T * theObject);
            virtual void Show() { myNext->Show(); }
        private:
            Node<T> * myNext;
        };

    // Nach Erzeugen des Kopfknotens erzeugt dieser
    // sofort den Endeknoten.
        template <class T>
        HeadNode<T>::HeadNode()
        {
```

```
            myNext = new TailNode<T>;
        }

    // Vor dem Kopf kommt nichts, also das Objekt einfach
    // an den nächsten Knoten weiterreichen
        template <class T>
        Node<T> * HeadNode<T>::Insert(T * theObject)
        {
            myNext = myNext->Insert(theObject);
            return this;
        }

     // Ich stehe im Mittelpunkt, mache aber gar nichts.
     template <class T>
     class LinkedList
        {
        public:
            LinkedList();
            ~LinkedList() { delete myHead; }
            void Insert(T * theObject);
            void ShowAll() { myHead->Show(); }
        private:
            HeadNode<T> * myHead;
        };

    // Bei Geburt erzeuge ich den Kopfknoten.
    // Er erzeugt den Endeknoten.
    // Eine leere Liste zeigt damit auf den Kopf, dieser
    // zeigt auf das Ende, dazwischen ist nichts.
        template <class T>
        LinkedList<T>::LinkedList()
        {
            myHead = new HeadNode<T>;
        }

        // Delegieren, delegieren, delegieren
        template <class T>
        void LinkedList<T>::Insert(T * pObject)
        {
            myHead->Insert(pObject);
        }

     void myFunction(LinkedList<Cat>& ListOfCats);
     void myOtherFunction(LinkedList<Data>& ListOfData);

        // Rahmenprogramm zum Testen
        int main()
```

```
    {
        LinkedList<Cat>  ListOfCats;
        LinkedList<Data> ListOfData;

        myFunction(ListOfCats);
        myOtherFunction(ListOfData);

        // Jetzt Liste durchlaufen und Objekt zeigen.
        cout << "\n";
        ListOfCats.ShowAll();
        cout << "\n";
        ListOfData.ShowAll();
        cout << "\n ************ \n\n";
        return 0;  // Die Listen verlieren den Gültigkeitsbereich und
                      ➥werden abgebaut!
    }

void myFunction(LinkedList<Cat>& ListOfCats)
{
        Cat * pCat;
        int val;

    // Benutzer zum Erzeugen von Werten auffordern.
    // Diese Werte in die Liste stellen.
    for (;;)
    {
        cout << "\nWie alt ist Ihre Katze? (0 zum Beenden): ";
        cin >> val;
        if (!val)
            break;
        pCat = new Cat(val);
        ListOfCats.Insert(pCat);
    }

}

void myOtherFunction(LinkedList<Data>& ListOfData)
{
        Data * pData;
        int val;

    // Benutzer zum Erzeugen von Werten auffordern.
    // Diese Werte in die Liste stellen.
    for (;;)
    {
        cout << "\nWelcher Wert? (0 zum Beenden): ";
        cin >> val;
```

```
                if (!val)
                    break;
                pData = new Data(val);
                ListOfData.Insert(pData);
            }

        }
```

```
Wie alt ist Ihre Katze? (0 zum Beenden): 12

Wie alt ist Ihre Katze? (0 zum Beenden): 2

Wie alt ist Ihre Katze? (0 zum Beenden): 14

Wie alt ist Ihre Katze? (0 zum Beenden): 6

Wie alt ist Ihre Katze? (0 zum Beenden): 0

Welcher Wert? (0 zum Beenden): 3

Welcher Wert? (0 zum Beenden): 9

Welcher Wert? (0 zum Beenden): 1

Welcher Wert? (0 zum Beenden): 5

Welcher Wert? (0 zum Beenden): 0

Diese Katze ist 2 Jahre alt.
Diese Katze ist 6 Jahre alt.
Diese Katze ist 12 Jahre alt.
Diese Katze ist 14 Jahre alt.

1
3
5
9

 ************

Loesche Data-Objekt mit Wert: 9
Loesche Data-Objekt mit Wert: 5
Loesche Data-Objekt mit Wert: 3
Loesche Data-Objekt mit Wert: 1
Loeschen einer 14 Jahre alten Katze.
Loeschen einer 12 Jahre alten Katze.
Loeschen einer 6 Jahre alten Katze.
Loeschen einer 2 Jahre alten Katze.
```

Dieser Code entspricht fast dem vorherigen Beispiel. Jetzt haben wir aber die `LinkedLists` als Referenz an die betreffenden Funktionen zur Verarbeitung übergeben. Dieser Mechanismus ist sehr leistungsfähig. Nach der Instantiierung der Listen kann man sie als normale Typen behandeln, an Funktionen übergeben und als Werte zurückgeben.

Die Standard Template Library

Zu den Neuerungen in C++ gehört die Annahme der *Standard Template Library* (STL). Alle bedeutenden Compiler-Hersteller bieten die STL an. Es handelt sich um eine Bibliothek mit Template-basierten Container-Klassen, einschließlich Vektoren, Listen, Warteschlangen und Stacks. Die STL enthält auch eine Reihe allgemeiner Algorithmen, beispielsweise Routinen zum Sortieren und Suchen.

Die STL ist als Alternative zur Neuerfindung des Rades bei üblichen Standardroutinen gedacht. Die Bibliothek ist ausgetestet und fehlerbereinigt, bietet eine hohe Leistung und ist kostenlos! Der wichtigste Punkt ist die Wiederverwendbarkeit. Wenn man einmal den Umgang mit einem STL-Container beherrscht, kann man ihn in allen Programmen verwenden, ohne ihn neu erfinden zu müssen.

Zusammenfassung

In dieser Stunde haben Sie gelernt, wie man Templates erzeugt und verwendet. Templates sind in die Sprache C++ integriert. Mit diesem Mechanismus lassen sich parametrisierte Typen erzeugen. Diese Typen ändern ihr Verhalten entsprechend der bei der Erzeugung übergebenen Parameter. Templates erlauben die sichere und effektive Wiederverwendung von Code.

Die Definition der Template bestimmt den parametrisierten Typ. Jede Instanz der Template ist ein echtes Objekt, das sich wie jedes andere Objekt verwenden lässt – als Parameter an eine Funktion, als Rückgabewert usw.

Fragen und Antworten

F Warum verwendet man Templates, wenn sich Makros ebenfalls eignen?

A *Templates sind typensicher und integraler Bestandteil der Sprache.*

F Worin liegt der Unterschied zwischen dem parametrisierten Typ einer Template-Funktion und den Parametern an eine normale Funktion?

A *Eine reguläre Funktion (keine Template) übernimmt Parameter, mit denen sie direkt arbeitet. Bei einer Template-Funktion lässt sich der Typ eines bestimmten Parameters an die Funktion parametrisieren. Das heißt, man kann eine Liste von Typen an eine Funktion übergeben und dann den Typ durch die Instanz der Template bestimmen lassen.*

F Wann verwendet man Templates und wann Vererbung?

A *Verwenden Sie Templates, wenn das gesamte – oder nahezu das gesamte – Verhalten gleich bleibt und sich nur der Typ des Elements, mit dem die Klasse arbeitet, verändert. Wenn man laufend Klassen kopiert und lediglich den Typ von Elementen der Klasse ändert, sollte man den Einsatz einer Template in Betracht ziehen.*

Stunde 24

Exceptions und Fehlerbehandlung

Der Code, den Sie bisher in diesem Buch kennen gelernt haben, diente nur Demonstrationszwecken. Fehlerbehandlungen waren nicht vorgesehen, um nicht von den jeweiligen Themen abzulenken. In echten Programmen muss man allerdings Fehlerbedingungen in Betracht ziehen. In der Tat kann die Vorwegnahme von Fehlern und die Fehlerbehandlung den größten Teil des Codes ausmachen!

In dieser letzten Stunde lernen Sie,

- was Exceptions sind,
- wie man Exceptions verwendet und welche Probleme sie aufwerfen,
- wie man fehlerfreien Code erzeugt,
- wie es in Zukunft weitergeht.

Fehler

Spötter behaupten, dass Städte wie Kartenhäuser zusammenbrechen würden, wenn sie genauso wie Software gebaut wären. Tatsache ist, dass viele kommerzielle Programme selbst der namhaften Anbieter mit Fehlern gespickt sind – und zwar mit schwerwiegenden.

Das stellt natürlich keinen Freibrief für die eigene Programmierung dar. Das Schreiben robuster, fehlerfreier Programme sollte höchste Priorität für jeden ernsthaften Programmierer haben. Fehlerhafter, instabiler Code gehört zu den größten Problemen der Software-Industrie und die Kosten für Testen, Suchen und Beseitigen von Fehlern verschlingen einen Großteil des Budgets.

Programmfehler lassen sich in verschiedene Kategorien gliedern. Die erste betrifft die Logik: Das Programm läuft zwar, die Algorithmen sind aber nicht ausreichend durchdacht. Zur zweiten Kategorie gehören die Syntaxfehler: falsche Anweisungen, Funktionen oder Strukturen. Die meisten Fehler fallen in diese beiden Gruppen und hier suchen die Programmierer auch zuerst. Wesentlich schwerer sind Fehler zu finden, die sich erst bei unerwarteten Benutzerhandlungen zeigen. Diese kleinen logischen Bomben liegen auf der Lauer und warten nur darauf, dass jemand »auf die falsche Stelle tritt«. Bis dahin lief alles wunderbar, nun aber explodiert das Programm.

Untersuchungen und praktische Erfahrungen beweisen, dass die Beseitigung eines Problems umso mehr kostet, je später man im Entwicklungsprozess darauf stößt. Am billigsten ist es, Fehler von vornherein zu vermeiden. Auf der Kostenskala kommen dann Fehler, die der Compiler bemängelt. Entsprechend der C++-Standards werden in die Compiler immer mehr Mechanismen eingebaut, um Fehler schon zur Kompilierzeit aufzudecken.

Fehler in einem Programm, das sich zwar kompilieren lässt, aber bereits beim ersten Test abstürzt, sind wesentlich leichter und damit kostengünstiger zu beseitigen als verborgene Fehler, die erst nach gewisser Zeit zum Crash führen.

Neben logischen und syntaktischen Fehlern stellt die Stabilität der Programme eines der größeren Probleme dar. Solange sich der Benutzer gegenüber dem Programm »anständig« verhält, läuft alles wie erwartet. Gibt er aber zum Beispiel bei einer angeforderten Zahl nicht nur Ziffern, sondern auch Buchstaben ein, hängt sich das Programm auf. Andere Abstürze sind beispielsweise auf Speicherüberlauf, die fehlende Diskette im Floppy-Laufwerk oder eine gestörte Modemverbindung zurückzuführen.

Gegen diese Instabilitäten kämpfen Programmierer mit *kugelsicheren* Programmen an, die alle Eventualitäten zur Laufzeit des Programms behandeln können – angefangen bei seltsamen Benutzereingaben bis hin zur Speicherknappheit.

Programmfehler sind zu differenzieren in Syntaxfehler, die der Programmierer durch Verwendung syntaktisch falscher Strukturen produziert hat, logische Fehler, die ebenfalls auf den Programmierer zurückgehen, weil er das Problem missverstanden hat oder nicht genau weiß, wie es zu lösen ist, und Exceptions (Ausnahmen), die ihre Ursache in ungewöhnlichen, aber vorhersehbaren Problemen wie knapp werdende Ressourcen (Speicher oder Festplattenplatz) haben.

Das Unerwartete behandeln

Programmierer arbeiten mit leistungsfähigen Compilern und durchsetzen ihren Code mit `assert`-Anweisungen, um Programmierfehler aufzuspüren. Logischen Fehlern rücken sie mit der Überprüfung des Entwurfs und ausgiebigen Testphasen zu Leibe.

Exceptions (Ausnahmen) sind etwas ganz anderes. Man kann unerwartete Umstände nicht ausschließen, muss sich aber darauf vorbereiten. Von Zeit zu Zeit kommt es beim Benutzer zur Speicherknappheit. Was unternehmen Sie dann in Ihrem Programm? Die Auswahl ist ziemlich begrenzt:

- das Programm abstürzen lassen,
- den Benutzer informieren und das Programm sanft herunterfahren,
- den Benutzer informieren und ihm die Möglichkeit bieten, den Fehler zu beheben und die Arbeit fortzusetzen,
- korrigierend eingreifen und das Programm fortsetzen, ohne den Benutzer zu belästigen.

Es ist zwar nicht erforderlich und auch nicht wünschenswert, für jeden Ausnahmezustand eine automatische Fehlerkorrektur vorzusehen, dennoch muss man sich etwas Besseres einfallen lassen, als einfach einen Programmabsturz in Kauf zu nehmen.

Die Exception-Behandlung in C++ bietet eine typensichere, in die Sprache integrierte Methode, um vorhersehbare aber ungewöhnliche Umstände während eines Programmlaufs zu meistern.

Exceptions

Eine Exception (Ausnahme) in C++ ist ein Objekt, das aus einem Codebereich, wo das Problem auftritt, an den Teil des Codes übergeben wird, der das Problem behandeln soll. Der Typ der Exception bestimmt, welcher Code die Behandlung übernimmt, und der Inhalt des ausgelösten Objekts (falls vorhanden) lässt sich für Rückmeldungen an den Benutzer einsetzen.

Exceptions beruhen auf einem einfachen Konzept:

- Die eigentliche Zuweisung von Ressourcen (beispielsweise die Zuweisung von Speicher oder das Sperren einer Datei) erfolgt in der Regel auf einer systemnahen Ebene des Programms.
- Die Programmlogik für die Reaktion auf eine gescheiterte Operation (Speicher lässt sich nicht zuweisen, die Datei lässt sich nicht sperren) ist normalerweise in einer höheren Ebene des Programms angesiedelt, die auch den Code für den Dialog mit dem Benutzer enthält.
- Exceptions verkürzen den Weg vom Code, der die Zuweisung der Ressourcen übernimmt, zum Code, der den Fehlerzustand behandelt. Dazwischen liegende Funktionsebenen erhalten die Möglichkeit, Speicherzuweisungen zu bereinigen, müssen sich aber um die Weiterleitung der Fehlerbedingung in keiner Weise kümmern.

Komponenten einer Exception-Behandlung

Codebereiche, die ein Problem hervorrufen können, schließt man in `try`-Blöcke ein. Zum Beispiel:

```
try
{
  SomeDangerousFunction(); // gefährliche Funktion
}
```

`catch`-Blöcke behandeln die vom `try`-Block initiierten Exceptions. Zum Beispiel:

```
try
{
  SomeDangerousFunction();
}
catch(OutOfMemory)
{
  // Aktionen unternehmen
}
catch(FileNotFound)
{
  // andere Aktionen unternehmen
}
```

Beim Einsatz von Exceptions sind folgende grundlegenden Schritte auszuführen:

1. Ermitteln der Programmbereiche, in denen Operationen zu einer Exception führen können. Diese Bereiche in `try`-Blöcke einschließen.
2. `catch`-Blöcke erzeugen, um eventuell ausgelöste Exceptions abzufangen, den zugewiesenen Speicher aufzuräumen und den Benutzer in geeigneter Weise zu informieren. Listing 24.1 demonstriert die Verwendung von `try`- und `catch`-Blöcken.

Exceptions sind Objekte, die Informationen über das Problem übermitteln.

Ein `try`-Block ist ein in geschweifte Klammern eingeschlossener Block, in dem eine Exception ausgelöst werden kann.

Ein `catch`-Block ist der unmittelbar auf einen `try`-Block folgende Block. Hier werden die Exceptions behandelt.

Nach dem Auslösen einer Exception geht die Programmsteuerung an den `catch`-Block über, der unmittelbar auf den aktuellen `try`-Block folgt.

Eingabe

Listing 24.1: Eine Exception auslösen

```
  #include <iostream.h>

  const int DefaultSize = 10;

// Exception-Klasse definieren
class xBoundary
{
public:
   xBoundary() {}
   ~xBoundary() {}
private:
 };


   class Array
   {
   public:
      // Konstruktoren
      Array(int itsSize = DefaultSize);
      Array(const Array &rhs);
      ~Array() { delete [] pType;}

      // Operatoren
      Array& operator=(const Array&);
```

```
      int& operator[](int offSet);
      const int& operator[](int offSet) const;

      // Zugriffsfunktionen
      int GetitsSize() const { return itsSize; }

      // Friend-Funktionen
     friend ostream& operator<< (ostream&, const Array&);

   private:
      int *pType;
      int  itsSize;
   };


   Array::Array(int size):
   itsSize(size)
   {
      pType = new int[size];
      for (int i = 0; i<size; i++)
        pType[i] = 0;
   }


   Array& Array::operator=(const Array &rhs)
   {
      if (this == &rhs)
         return *this;
      delete [] pType;
      itsSize = rhs.GetitsSize();
      pType = new int[itsSize];
      for (int i = 0; i<itsSize; i++)
         pType[i] = rhs[i];
      return *this;
   }

   Array::Array(const Array &rhs)
   {
      itsSize = rhs.GetitsSize();
      pType = new int[itsSize];
      for (int i = 0; i<itsSize; i++)
         pType[i] = rhs[i];
   }


   int& Array::operator[](int offSet)
   {
```

```
      int size = GetitsSize();
      if (offSet >= 0 && offSet < GetitsSize())
         return pType[offSet];
      throw xBoundary();
      return pType[offSet]; // Tribut an MSC

   }


   const int& Array::operator[](int offSet) const
   {
      int mysize = GetitsSize();
      if (offSet >= 0 && offSet < GetitsSize())
         return pType[offSet];
      throw xBoundary();
      return pType[offSet]; // Tribut an MSC
   }

   ostream& operator<< (ostream& output, const Array& theArray)
   {
      for (int i = 0; i<theArray.GetitsSize(); i++)
         output << "[" << i << "] " << theArray[i] << endl;
      return output;
   }

   int main()
   {
      Array intArray(20);
      try
      {
         for (int j = 0; j< 100; j++)
         {
            intArray[j] = j;
            cout << "intArray[" << j << "] OK..." << endl;
        }
      }
      catch (xBoundary)
      {
         cout << "Kann Ihre Eingabe nicht verarbeiten.\n";
      }
      cout << "Fertig.\n";
     return 0;
    }
```

```
intArray[0] OK...
intArray[1] OK...
intArray[2] OK...
intArray[3] OK...
intArray[4] OK...
intArray[5] OK...
intArray[6] OK...
intArray[7] OK...
intArray[8] OK...
intArray[9] OK...
intArray[10] OK...
intArray[11] OK...
intArray[12] OK...
intArray[13] OK...
intArray[14] OK...
intArray[15] OK...
intArray[16] OK...
intArray[17] OK...
intArray[18] OK...
intArray[19] OK...
Kann Ihre Eingabe nicht verarbeiten.
Fertig.
```

Listing 24.1 zeigt eine abgespeckte Version der `Array`-Klasse, die nur zur Demonstration von Exceptions erzeugt wurde. Die Zeilen 6 bis 12 deklarieren die einfache Ausnahmeklasse `xBoundary`. In dieser Klasse gibt es keinerlei Hinweise darauf, dass es sich um eine Exception-Klasse handelt. In der Tat eignet sich jede beliebige Klasse mit beliebigem Namen und einer beliebigen Anzahl von Methoden und Variablen als Exception-Klasse. Zur Exception wird diese Klasse lediglich dadurch, dass sie mit `throw` (wie zum Beispiel in Zeile 75) ausgelöst und mit `catch` (wie in Zeile 108) abgefangen wird!

Die Offset-Operatoren lösen `xBoundary` aus, wenn der Klient der Klasse auf Daten außerhalb des Array zuzugreifen versucht. Dieses Vorgehen ist der normalen Behandlung einer Anforderung von Array-Elementen – die einfach das zurückgibt, was gerade an der betreffenden Stelle im Speicher vorhanden ist, und damit das Programm fast sicher ins Nirwana schickt – weit überlegen.

In Zeile 100 leitet das Schlüsselwort `try` einen `try`-Block ein, der in Zeile 107 endet. Der `try`-Block nimmt 100 Integer-Werte in das in Zeile 99 deklarierte Array auf.

Der in Zeile 108 deklarierte `catch`-Block fängt die `xBoundary`-Exceptions ab.

Ein `try`-Block ist eine Gruppe von Anweisungen, die mit dem Schlüsselwort `try` beginnt und in geschweifte Klammern eingefasst ist.

Zum Beispiel:

```
try
{
```

```
    Function();
};
```

Ein catch-Block beginnt mit dem Schlüsselwort catch, dem ein Exception-Typ in Klammern folgt. Daran schließt sich der in geschweifte Klammern gefasste Anweisungsblock an.

Zum Beispiel:

```
Try
{
    Function();
};
Catch (OutOfMemory)
{
    // Aktion unternehmen
}
```

try-Blöcke und catch-Blöcke einsetzen

Da es nicht immer ohne Weiteres klar ist, welche Aktionen eine Exception auslösen könnten, gehört die Suche nach den geeigneten Stellen für try-Blöcke mit zu den schwierigsten Aufgaben beim Einsatz von Exceptions. Als Nächstes steht die Frage, wo die Exception abzufangen ist. Zum Beispiel kann man alle Speicher-Exceptions dort auslösen, wo man den Speicher zuweist, und die Exceptions in einer höheren Ebene des Programms abfangen, wo die Routinen für die Benutzeroberfläche angesiedelt sind.

Kandidaten für try-Blöcke sind Routinen, die Speicher oder andere Ressourcen reservieren. Weiterhin sind Codebereiche ins Auge zu fassen, die Fehler bei Bereichsüberschreitungen, unzulässigen Eingaben oder ähnlichen Aktionen bewirken können.

Exceptions abfangen

Das Abfangen von Exceptions funktioniert folgendermaßen: Beim Eintreten eines Exception-Zustands wird der Aufruf-Stack untersucht. Der *Aufruf-Stack* verzeichnet die Funktionsaufrufe, wenn ein Programmabschnitt zu einer anderen Funktion verzweigt.

Über den Aufruf-Stack lässt sich der Aufrufpfad verfolgen. Wenn main die Funktion Animal::GetFavoriteFood aufruft, die Funktion GetFavoriteFood ihrerseits die Funktion Animal::LookupPreferences aktiviert und diese Funktion schließlich einen Aufruf von `fstream::operator>>` vornimmt, stehen alle diese Funktionen auf dem Aufruf-Stack. Eine rekursive Funktion kann auch mehrmals dort erscheinen.

Die Exception wird im Aufruf-Stack zum jeweils nächsten geschlossenen Block hinaufgereicht. Bei dieser Auflösung des Stacks werden die Destruktoren für lokale Objekte auf dem Stack aufgerufen und die Objekte abgebaut.

Nach jedem `try`-Block stehen eine oder mehrere `catch`-Anweisungen. Entspricht die Exception einer dieser `catch`-Anweisungen, wird die Exception mit der zugehörigen Anweisung behandelt. Stimmt die Exception mit keiner `catch`-Anweisung überein, setzt sich die Auflösung des Stacks fort.

Wenn die Exception den ganzen Weg bis zum Anfang des Programms (`main`) zurückgelegt hat und immer noch nicht abgefangen wurde, findet der Aufruf einer vordefinierten Behandlungsroutine statt, die das Programm beendet.

Das Weiterreichen einer Exception lässt sich mit einer Einbahnstraße vergleichen. In ihrem Verlauf findet die Auflösung des Stack und der Abbau der betreffenden Objekte statt. Es gibt kein Zurück: Nachdem eine Exception behandelt wurde, setzt das Programm nach dem `try`-Block mit der `catch`-Anweisung fort, die die Exception behandelt hat.

In Listing 24.1 springt das Programm demnach zu Zeile 112, der ersten Zeile nach dem `try`-Block mit der `catch`-Anweisung, die die `xBoundary`-Exception behandelt hat. Denken Sie daran, dass sich der Programmablauf beim Auslösen einer Exception nach dem `catch`-Block fortsetzt und nicht nach dem Punkt, an dem die Exception ausgelöst wurde.

Mehrere catch-Spezifikationen

Zu einer Exception können mehrere Bedingungen führen. In diesem Fall lassen sich die `catch`-Anweisungen nacheinander anordnen, wie man es von der `switch`-Anweisung her kennt. Das Äquivalent der `default`-Anweisung ist die Anweisung »Fange alles ab«, die durch `catch(...)` gekennzeichnet ist.

Abfangen als Referenz und Polymorphie

Man kann sich den Umstand zunutze machen, dass Exceptions einfach Klassen sind, die sich polymorph verwenden lassen. Übergibt man die Exception als Referenz, lässt sich gemäß der Vererbungshierarchie die geeignete Aktion entsprechend dem Laufzeittyp der Exception ausführen. Listing 24.2 demonstriert die polymorphe Verwendung von Exceptions.

Eingabe

Listing 24.2: Polymorphe Exceptions

```
#include <iostream.h>

const int DefaultSize = 10;

 // Exception-Klassen definieren
   class xBoundary {};

   class xSize
   {
   public:
       xSize(int size):itsSize(size) {}
       ~xSize(){}
       virtual int GetSize() { return itsSize; }
       virtual void PrintError()
       { cout << "Groessenfehler. Empfangen: " << itsSize << endl; }
    protected:
       int itsSize;
    };

    class xTooBig : public xSize
    {
    public:
       xTooBig(int size):xSize(size){}
       virtual void PrintError()
         { cout << "Zu gross! Empfangen: ";
           cout << xSize::itsSize << endl; }
    };

    class xTooSmall : public xSize
    {
    public:
       xTooSmall(int size):xSize(size){}
       virtual void PrintError()
         { cout << "Zu klein! Empfangen: ";
           cout << xSize::itsSize << endl; }
    };

    class xZero  : public xTooSmall
    {
    public:
       xZero(int size):xTooSmall(size){}
       virtual void PrintError()
         { cout << "Null!! Empfangen: ";
```

```
      cout << xSize::itsSize << endl; }
  };

  class xNegative : public xSize
  {
  public:
    xNegative(int size):xSize(size){}
    virtual void PrintError()
     { cout << "Negativ! Empfangen: ";
      cout << xSize::itsSize << endl; }
  };


class Array
{
public:
  // Konstruktoren
  Array(int itsSize = DefaultSize);
  Array(const Array &rhs);
  ~Array() { delete [] pType;}

  // Operatoren
  Array& operator=(const Array&);
  int& operator[](int offSet);
  const int& operator[](int offSet) const;

  // Zugriffsfunktionen
  int GetitsSize() const { return itsSize; }

  // Friend-Funktionen
 friend ostream& operator<< (ostream&, const Array&);


private:
  int *pType;
  int  itsSize;
};

Array::Array(int size):
itsSize(size)
{
  if (size == 0)
    throw xZero(size);

  if (size < 0)
    throw xNegative(size);

```

```
      if (size < 10)
         throw xTooSmall(size);

      if (size > 30000)
         throw xTooBig(size);


      pType = new int[size];
      for (int i = 0; i<size; i++)
        pType[i] = 0;
   }

   int& Array::operator[] (int offset)
   {
       int size = GetitsSize();
       if (offset >= 0 && offset < GetitsSize())
         return pType[offset];
       throw xBoundary();
         return pType[offset];
   }

   const int& Array::operator[] (int offset) const
   {
       int size = GetitsSize();
       if (offset >= 0 && offset < GetitsSize())
         return pType[offset];
        throw xBoundary();
         return pType[offset];
   }

    int main()
    {

       try
       {
          int choice;
          cout << "Bitte Array-Groesse eingeben: ";
          cin >> choice;
          Array intArray(choice);
          for (int j = 0; j< 100; j++)
          {
             intArray[j] = j;
             cout << "intArray[" << j << "] OK..." << endl;
          }
       }
       catch (xBoundary)
      {
```

```
138:        cout << "Kann Ihre Eingabe nicht verarbeiten. \n";
139:     }
140:     catch (xSize& theException)
141:     {
142:        theException.PrintError();
143:     }
144:     catch (...)
145:     {
146:        cout << "Etwas ist schief gelaufen. Keine Ahnung, was!" << endl;
147:     }
148:     cout << "Fertig.\n";
149:    return 0;
150: }
```

```
Bitte Array-Groesse eingeben: 5
Zu klein! Erhalten: 5
Fertig.

Bitte Array-Groesse eingeben: 50000
Zu gross! Empfangen: 50000
Fertig.

Bitte Array-Groesse eingeben: 12
intArray[0] OK...
intArray[1] OK...
intArray[2] OK...
intArray[3] OK...
intArray[4] OK...
intArray[5] OK...
intArray[6] OK...
intArray[7] OK...
intArray[8] OK...
intArray[9] OK...
intArray[10] OK...
intArray[11] OK...
Kann Ihre Eingabe nicht verarbeiten.
Fertig.
```

Listing 24.2 deklariert die virtuelle Methode `PrintError` in der Klasse `xSize`. Diese Methode gibt eine Fehlermeldung und die aktuelle Größe der Klasse aus. Jede abgeleitete Klasse redefiniert diese Methode.

Zeile 140 deklariert das Exception-Objekt als Referenz. Bei Aufruf von `PrintError` mit einer Referenz auf ein Objekt bewirkt die Polymorphie den Aufruf der korrekten Version von `PrintError`. Beim ersten Durchlauf geben wir eine Array-Größe von 5 an. Das führt zur Auslösung der `TooSmall`-Exception. Auf Zeile 140 wird diese `xSize`-Exception abgefangen. Das zweite Mal geben wir ein Array mit 50000 Elementen an, was zur Auslösung der `TooBig`-Exception führt. Abgefangen wird diese

Ausnahme ebenfalls in Zeile 140, wobei aber die Polymorphie für die Ausgabe der richtigen Fehlermeldung sorgt. Geben wir schließlich eine Array-Größe von 12 an, füllt das Programm das Array, bis es zur Auslösung der `xBoundary`-Exception kommt, die in Zeile 136 abgefangen wird.

Wie geht es weiter?

Mit Templates und Exceptions beherrschen Sie nun auch kompliziertere Aspekte von C++. Bevor Sie das Buch weglegen, reißen wir noch einige Punkte zum Schreiben von professionellem Code an. Sobald Sie den Hobby-Bereich verlassen und als Mitglied eines Entwicklerteams arbeiten, muss Ihr Code nicht nur funktionieren, sondern auch von anderen verstanden werden. Der Code muss sich leicht warten und unterstützen lassen. Das trifft sowohl auf Sie zu, wenn Sie auf neue Kundenforderungen reagieren, als auch auf andere Mitarbeiter, nachdem Sie aus dem Projekt ausgeschieden sind.

Stil

Der Aneignung eines einheitlichen Stils kommt besondere Bedeutung zu, wenn es auch in vielerlei Hinsicht keine Rolle spielt, welchen Stil Sie wählen. Ein einheitlicher Stil lässt die Bedeutung bestimmter Codeabschnitte klar hervortreten. Beim Schreiben des Programms braucht man nicht ständig nachzusehen, ob man eine Funktion beim letzten Mal mit einem großen Anfangsbuchstaben geschrieben hat oder nicht.

Die folgenden Richtlinien sind willkürlich zusammengestellt. Sie basieren auf den Konzepten, die der Autor in eigenen Projekten realisiert hat und die sich als geeignet erwiesen haben. An diesen Richtlinien können Sie sich bei der Entwicklung eines eigenen Stils orientieren. Nachdem Sie sich auf einen Stil festgelegt haben, sollten Sie ihn strikt einhalten und so behandeln, als wäre er von den Programmiergöttern vorgegeben worden.

Geschweifte Klammern

Die Ausrichtung der geschweiften Klammern ist eines der am kontroversesten diskutierten Themen zwischen C- und C++-Programmierern. Hierzu einige Vorschläge:

- Zueinander gehörende Klammern sollten untereinander stehen.
- Der äußerste Satz geschweifter Klammern in einer Definition oder Deklaration sollte am linken Rand stehen. Die zugehörigen Anweisungen rückt man ein.

Alle anderen Sätze von geschweiften Klammern sollten linksbündig zur jeweils führenden Anweisung stehen.

- Geschweifte Klammern sollten allein auf einer Zeile stehen. Zum Beispiel:

```
if (condition==true)
{
j = k;
    SomeFunction();
}
m++;
```

Lange Zeilen

Schreiben Sie nur soviel auf eine Zeile, wie sich auf einem normalen Bildschirm anzeigen lässt. Code, der über den rechten Bildschirmrand hinausreicht, wird oft übersehen und der horizontale Bildlauf ist lästig. Teilt man eine Zeile, sollten die folgenden Zeilen mit einem Einzug beginnen. Nehmen Sie Zeilentrennungen an sinnvollen Stellen vor und belassen Sie einen dazwischen liegenden Operator am Ende der vorhergehenden Zeile (und setzen Sie ihn nicht an den Beginn der folgenden Zeile). Damit ist klar, dass die Zeile nicht allein steht und noch etwas folgt.

In C++ sind Funktionen oftmals zwar kürzer als in C. Trotzdem gilt nach wie vor der gute alte Rat: Halten Sie Funktionen so kurz wie möglich, damit die gesamte Funktion auf eine Seite passt.

Die Tabulatorgröße sollte vier Leerzeichen betragen. Vergewissern Sie sich, dass Ihr Editor jedes Tabulatorzeichen in vier Leerzeichen umwandelt.

switch-Anweisungen

Damit `switch`-Anweisungen die Breite einer Seite nicht überschreiten, können Sie sie wie folgt einrücken:

```
switch(variable)
{
    case ValueOne:
        ActionOne();
        break;
    case ValueTwo:
        ActionTwo();
        break;
    default:
        assert("bad Action");
        break;
}
```

Programmtext

Leicht zu erfassender Code lässt sich auch leichter warten. Beherzigen Sie folgende Tipps:

- Gestalten Sie den Quelltext mit Whitespaces.
- Objekte und Arrays beziehen sich praktisch auf ein Ding. Verwenden Sie keine Leerzeichen innerhalb von Objektreferenzen (`.`, `->`, `[]`).
- Unäre Operatoren sind mit ihren Operanden verbunden. Schreiben Sie also kein Leerzeichen dazwischen. Sehen Sie ein Leerzeichen auf der dem Operanden abgewandten Seite des Operators vor. Zu den unären Operatoren gehören `!`, `~`, `++`, `--`, `*` (für Zeiger), `&` (Typumwandlungen) und `sizeof`.
- Binäre Operatoren sollten auf beiden Seiten ein Leerzeichen erhalten: `+`, `=`, `*`, `/`, `%`, `>>`, `<<`, `<`, `>`, `==`, `!=`, `&`, `|`, `&&`, `||`, `?:`, `=`, `+=` usw.
- Kennzeichnen Sie den Operatorvorrang nicht durch fehlende Leerzeichen (`4+ 3*2`).
- Setzen Sie ein Leerzeichen nach Kommas und Semikolons, nicht davor.
- Klammern sollten auf keiner Seite Leerzeichen erhalten.
- Schlüsselwörter wie `if` sollte man durch ein Leerzeichen absetzen: `if (a == b)`.
- Der eigentliche Kommentar sollte von den Zeichen `//` durch ein Leerzeichen getrennt sein.
- Setzen Sie das Kennzeichen für einen Zeiger oder eine Referenz neben den Typennamen und nicht den Variablennamen. Also wie folgt:

  ```
  char* foo;
  int& theInt;
  ```

  Statt so:

  ```
  char *foo;
  int &theInt;
  ```

- Deklarieren Sie nicht mehr als eine Variable auf derselben Zeile.

Namen von Bezeichnern

Für Bezeichner sollte man folgende Regeln einhalten:

- Namen von Bezeichnern sollten aussagekräftig und nicht zu kurz sein.
- Vermeiden Sie kryptische Abkürzungen.

- Nehmen Sie sich die Zeit, alles auszuschreiben.
- Kurze Namen (i, p, x usw.) sollte man nur verwenden, wenn sich durch die Kürze der Code besser lesen lässt und wo der Gebrauch so offensichtlich ist, dass man auf einen aussagekräftigen Namen verzichten kann.
- Die Länge eines Variablennamens sollte proportional zum Gültigkeitsbereich der Variablen sein.
- Das Aussehen und der Klang von Bezeichnern sollte sich deutlich von anderen unterscheiden, um Verwechslungen zu vermeiden.
- Namen von Funktionen (oder Methoden) sind normalerweise Verben oder Kombinationen aus Verb und Substantiv: Search, Reset, FindParagraph, ShowCursor. Namen von Variablen sind gewöhnlich abstrakte Substantive, eventuell mit einem ergänzenden Substantiv: count, state, windSpeed, windowHeight. Boolesche Variablen sollten einen passenden Namen erhalten: windowIconized, fileIsOpen.

Schreibweise von Namen

Die Groß-/Kleinschreibung sollte man nicht übersehen, wenn man einen eigenen Stil entwickelt. Dazu folgende Hinweise:

- Verwenden Sie durchgängig Großbuchstaben und Unterstriche, um logische Wörter in Namen zu trennen, beispielsweise SOURCE_FILE_TEMPLATE. In C++ kommen diese allerdings selten vor. Derartige Bezeichner sollte man vor allem für Konstanten und Templates verwenden.
- Für alle anderen Bezeichner verwendet man die gemischte Schreibweise ohne Unterstriche. Namen von Funktionen, Methoden, Klassen, typedef und struct sollten mit einem Großbuchstaben beginnen. Datenelemente oder lokale Variablen beginnt man mit einem Kleinbuchstaben.
- Aufzählungskonstanten sollten mit wenigen Kleinbuchstaben als Abkürzung für die Aufzählung (enum) beginnen. Zum Beispiel:

```
enum TextStyle
{
    tsPlain,
    tsBold,
    tsItalic,
    tsUnderscore,
};
```

Kommentare

Mit Kommentaren lässt sich ein Programm wesentlich verständlicher gestalten. Wenn man an einem Programm mehrere Tage oder sogar Monate arbeitet, kann man leicht vergessen, was bestimmte Codeabschnitte bewirken oder warum man sie eingebunden hat. Probleme mit dem Verständnis des Codes können auch auftreten, wenn irgendjemand anders Ihren Code liest. Einheitlich angewandte Kommentare in einem gut durchdachten Stil sind immer die Mühe wert. In Bezug auf Kommentare gibt es folgende Hinweise:

- Wo immer es möglich ist, sollten Sie die C++-Kommentare // und nicht die Form /* */ verwenden.
- Kommentare auf höherer Ebene sind unendlich wichtiger als Prozessdetails. Fügen Sie Aussagen von Wert hinzu und wiederholen Sie nicht einfach den Code. Beispielsweise:

  ```
  n++; // n wird um eins inkrementiert
  ```

  Dieser Kommentar ist nicht die Zeit wert, die er für die Eingabe braucht. Konzentrieren Sie sich auf die Semantik von Funktionen und Codeblöcken. Sagen Sie, was eine Funktion bewirkt. Kennzeichnen Sie Seiteneffekte, Parametertypen und Rückgabewerte. Beschreiben Sie alle Annahmen, die Sie treffen (oder nicht treffen), wie etwa »angenommen n ist nicht negativ« oder »liefert –1, wenn x ungültig ist«. In komplizierten Logikabschnitten kennzeichnen Sie mit Kommentaren die Zustände, die an diesem Punkt im Code existieren.
- Schreiben Sie vollständige Sätze mit korrekten Satzzeichen und mit Groß-/Kleinschreibung. Die zusätzlichen Eingaben lohnen sich. Seien Sie nicht zu kryptisch und kürzen Sie nicht ab. Was beim Schreiben des Codes noch klar auf der Hand zu liegen scheint, kann in wenigen Monaten schon völlig im Dunklen schweben.
- Verwenden Sie Leerzeilen, um dem Leser die Abläufe verständlich zu machen. Trennen Sie Anweisungen in logische Gruppen.

Zugriff

Die Zugriffsmethoden in Ihrem Programm sollten ebenfalls einheitlich sein. Einige Tipps für den Zugriff:

- Verwenden Sie immer die Bezeichner `public:`, `private:` und `protected:`. Verlassen Sie sich nicht auf Standardwerte.
- Führen Sie die öffentlichen Elemente zuerst, dann die geschützten und dann die privaten auf. Gruppieren Sie die Datenelemente nach den Methoden.
- Schreiben Sie den/die Konstruktor(en) gefolgt vom Destruktor in den passenden Codeabschnitt. Führen Sie überladene Methoden mit demselben Namen unmittel-

bar nacheinander auf. Fassen Sie Zugriffsfunktionen wenn möglich zu einer Gruppe zusammen.

- Ordnen Sie die Methodennamen innerhalb jeder Gruppe und die Variablennamen alphabetisch. Dateinamen in `include`-Anweisungen sollten Sie ebenfalls nach dem Alphabet ordnen.
- Selbst wenn das Schlüsselwort `virtual` beim Redefinieren optional ist, verwenden Sie es trotzdem. Es erinnert Sie daran, dass das Element virtuell ist, und führt zu einer einheitlichen Deklaration.

Klassendefinitionen

Geben Sie die Definitionen von Methoden möglichst in derselben Reihenfolge wie die Deklarationen an. Man findet sie dann leichter.

Bei der Definition einer Funktion setzen Sie den Rückgabetyp und alle anderen Modifizierer auf eine vorhergehende Zeile, damit der Klassenname und der Funktionsname am linken Rand beginnen. Damit lassen sich Funktionen leichter auffinden.

include-Dateien

Binden Sie nach Möglichkeit keine anderen Dateien in Header-Dateien ein. Im Idealfall geben Sie lediglich die Header-Datei für die hier abgeleitete Klasse an. Zwingend erforderlich sind auch `include`-Anweisungen für Objekte, die Elemente der deklarierten Klasse sind.

Lassen Sie keine `include`-Datei in einem Header weg, nur weil Sie annehmen, dass irgendeine `.CPP`-Datei die benötigte `include`-Datei einbindet.

Tip: Alle Header-Dateien sollten mit Schutzmechanismen gegen Mehrfachdeklaration ausgestattet sein.

assert()

Verwenden Sie `assert`-Anweisungen großzügig. Diese Anweisungen helfen Ihnen bei der Fehlersuche, zeigen dem Leser aber auch deutlich, von welchen Annahmen auszugehen ist. Außerdem denkt man beim Schreiben des Codes genauer darüber nach, was gültig ist und was nicht.

const

Verwenden Sie `const`, wo immer es angebracht ist: für Parameter, Variablen und Methoden. Häufig ist sowohl eine konstante als auch eine nicht konstante Version einer Methode erforderlich. Nehmen Sie das nicht als Entschuldigung eine auszulassen. Achten Sie genau auf Typenumwandlungen von `const` in nicht `const` und umgekehrt. Manchmal ist es die einzige Lösung. Prüfen Sie aber, ob es sinnvoll ist, und geben Sie einen Kommentar an.

Wie geht es weiter?

Nach harter Arbeit sind Sie nun ein kompetenter C++-Programmierer. Der Lernprozess hört aber nicht einfach an dieser Stelle auf. Auf Ihrem Weg vom Einsteiger in C++ zu einem Experten sollten Sie weitere Wissensquellen ausschöpfen.

Die folgenden Abschnitte bringen einige Quellenhinweise. Diese Empfehlungen spiegeln die persönliche Erfahrung und Meinung des Autors wider. Zu allen Themen gibt es Dutzende Werke. Informieren Sie sich eingehend, bevor Sie sich zum Kauf entschließen.

Hilfe und Rat

Als Allererstes sollten Sie als C++-Programmierer in die eine oder andere C++-Diskussionsrunde in einem Online-Dienst einsteigen. Diese Gruppen gestatten direkten Kontakt mit Hunderten oder Tausenden von C++-Programmierern, die Ihre Fragen beantworten, Rat bieten und ein Sprachrohr für Ihre Ideen darstellen.

Literatur

Dringend ans Herz gelegt sei das folgende Buch

`Effective C++ (ISBN: 0-201-56364-9) by Scott Meyers, from Addison-Wesley Publishing, 1993.`

Der Autor bezeichnet dieses Buch als bei weitem das nützlichste und hat es bereits dreimal gelesen.

In Kontakt bleiben

Für Kommentare, Vorschläge oder Ideen zu diesem Buch oder anderen hat der Autor immer ein offenes Ohr. Schreiben Sie bitte an `jliberty@libertyassociates.com` oder besuchen Sie seine Web-Site: `www.libertyassociates.com`. Er freut sich, von Ihnen zu hören.

Teil VIII

Anhang

A Operatorvorrang

B C++-Schlüsselwörter

C Zahlensysteme

Anhang A

Operatorvorrang

Operatoren unterliegen bestimmten Vorrangregeln, die man zwar kennen, aber nicht auswendig lernen muss.

Neuer Begriff

Unter *Vorrang* versteht man die Reihenfolge, nach der ein Programm die Operationen in einer Formel abarbeitet.

Operatoren mit höherem Vorrang »binden enger« als Operatoren mit geringerem Vorrang; demzufolge werden Operatoren mit höherem Vorrang zuerst ausgewertet. Je niedriger der Rang in der folgenden Tabelle, desto höher der Vorrang.

Tabelle A.1: Operatorvorrang

Rang	Bezeichnung	Operator
1	Zugriffsoperator	`::`

2	Elementauswahl, Indizierung, Funktionsaufrufe, Inkrement und Dekrement in Postfix-Notation	`. ->`
		`()`
		`++ --`

3	`sizeof`, Inkrement und Dekrement in Präfix-Notation komplement, `AND`, `NOT`, unäres Minus und Plus, Adressoperator und Dereferenz, `new`, `new[]`, `delete`, `delete[]`, Typumwandlung, `sizeof`	`++ --`
		`^ !`
		`- +`
		`& *ü`

4	Elementauswahl für Zeiger	`.* ->*`
5	Multiplikation, Division, Modulo	`* / %`
6	Addition, Subtraktion	`+ -`
7	Verschiebung	`<< >>`
8	Vergleichsoperatoren	`< <= > >=`
9	Gleich, Ungleich	`== !=`
10	Bit-weises `AND`	`&`
11	Bit-weises Exklusiv-`OR`	`^`
12	Bit-weises `OR`	`|`
13	Logisches `AND`	`&&`
14	Logisches `OR`	`||`
15	Bedingung	`?:`

16	Zuweisungsoperatoren	`= *= /= %=`
		`+= -= <<= >>=`
		`= |= ^=`

17	`Throw`-Operator	`throw`
18	Komma	`,`

Anhang B

C++-Schlüsselwörter

Schlüsselwörter sind für den Compiler als Sprachelemente reserviert und dürfen nicht als Namen von Klassen, Variablen und Funktionen verwendet werden. Die Liste erhebt keinen Anspruch auf Vollständigkeit, da manche Schlüsselwörter für einen konkreten Compiler spezifisch sind. Gegebenenfalls werden bei Ihnen gewisse Abweichungen auftreten:

```
auto
break
case
catch
char
class
const
continue
default
delete
do
double
else
enum
extern
float
for
friend
goto
if
int
long
mutable
new
operator
private
protected
public
register
return
short
signed
sizeof
static
struct
switch
template
this
throw
typedef
union
unsigned
virtual
void
volatile
while
```

Anhang C

Zahlensysteme

Mathematische Kenntnisse sind im Computer-Bereich unverzichtbar. In diesem Anhang beschäftigen wir uns mit der Darstellung von Zahlen in den verschiedenen Zahlensystemen.

Die Zahl 145 verbinden wir ohne großes Nachdenken mit der Vorstellung von »einhundertfünfundvierzig«. Um die Zahlensysteme zu verstehen, mit denen der Computer arbeitet, müssen wir die Zahl 145 unter einem anderen Blickwinkel untersuchen und sie nicht als Zahl, sondern als Code für eine Zahl betrachten.

Beispielsweise ist das Zahlzeichen »3« nur ein Symbol, das wir gedanklich in die abstrakte Vorstellung der Zahl drei umsetzen. Mit dem Zahlzeichen stellt man die Zahl dar. Das Zahlzeichen »3« ist aber nicht die einzige Darstellungsform, aus der wir den Begriff drei abstrahieren. Man kann diese Zahl auch in der Form »drei«, »3«, »III« oder »***« ausdrücken.

Im Dezimalsystem (zur Basis 10) lassen sich alle Zahlen mit den Zahlzeichen 0, 1, 2, 3, 4, 5, 6, 7, 8 und 9 schreiben. Wie wird nun die Zahl 10 dargestellt?

Nehmen wir zum Beispiel eine Strategie an, in der wir die Zahl 10 durch den Buchstaben A ausdrücken oder als IIIIIIIII schreiben. Die alten Römer verwendeten das Zeichen X. In dem bei uns gebräuchlichen arabischen Zahlensystem benutzen wir eine Kombination aus Zahlzeichen und dessen Position in der Zahl zur Darstellung von Werten. Die erste (ganz rechts stehende) Stelle ist für die »Einer« vorgesehen, die nächste für die Zehner. Die Zahl fünfzehn wird demnach als 15 geschrieben (zu lesen als »eins, fünf«). Das heißt: ein Zehner und fünf Einer.

Es lassen sich bestimmte Regeln aufstellen, die man verallgemeinern kann:

1. Das Zahlensystem zur Basis 10 verwendet die Ziffern 0 bis 9.
2. Die Stellen sind Potenzen von zehn: Einer, Zehner, Hunderter usw.
3. Lautet die dritte Stelle 100, lässt sich mit zwei Stellen der Wert 99 als größte Zahl darstellen. Allgemeiner formuliert: Bei *n* Stellen kann man die Werte 0 bis $(10^n - 1)$ ausdrücken. Mit drei Stellen lassen sich demnach die Werte 0 bis $(10^3 - 1)$ oder 0 bis 999 darstellen.

Andere Basen

Die Basis 10 verwenden wir nicht aus purem Zufall – wir haben zehn Finger. Allerdings sind auch andere Basen möglich. Die zur Basis 10 aufgestellten Regeln können wir für die Beschreibung der Basis 8 wie folgt abändern:

1. Das Zahlensystem zur Basis 8 verwendet die Ziffern 0 bis 7.
2. Die Stellen sind Potenzen von 8: Einer, Achter, Vierundsechziger usw.
3. Mit *n* Stellen kann man 0 bis $(8^n - 1)$ Werte darstellen.

Zur Unterscheidung der Zahlen in den jeweiligen Basen schreibt man die Basis als Index neben die Zahl. Die Zahl fünfzehn zur Basis 10 wird dann als 15_{10} geschrieben und als »eins, fünf, Basis zehn« gelesen.

Die Zahl 15_{10} schreibt man im Zahlensystem zur Basis 8 als 17_8 und liest »eins, sieben, Basis acht«. Man kann auch »fünfzehn« sagen, da sich am eigentlichen Wert der Zahl nichts geändert hat.

Warum 17? Die 1 bedeutet 1 Achter, und die 7 steht für sieben Einer. Ein Achter plus sieben Einer ergibt fünfzehn.

Schreiben wir diese Zahl in Form von fünfzehn Sternchen:

*****   *****
*****

Normalerweise bildet man zwei Gruppen – eine Gruppe mit zehn Sternchen und eine weitere mit fünf. Als Dezimalzahl wird das als 15 (ein Zehner und fünf Einer) dargestellt. Die Sternchen kann man auch wie folgt anordnen:

****   *******
****

Das heißt, acht Sternchen und sieben. Zur Basis 8 schreibt man das als 17_8 (ein Achter und sieben Einer).

Betrachtungen zu Basen

Die Zahl fünfzehn kann man zur Basis zehn als 15_{10}, zur Basis neun als 16_9, zur Basis 8 als 17_8 und zur Basis 7 als 21_7 darstellen. Warum 21_7? In der Zahlenbasis 7 gibt es kein Zahlzeichen 8. Um den Wert fünfzehn auszudrücken, braucht man zwei Siebener und einen Einer.

Wie kann man dieses Verfahren verallgemeinern? Um eine Zahl aus der Basis zehn in die Basis 7 umzuwandeln, geht man von den einzelnen Stellen aus: In der Basis 7 gibt es Einer, Siebener, Neunundvierziger, Dreihundertdreiundvierziger usw. Diese Stellenwerte ergeben sich aus 7^0, 7^1, 7^2, 7^3 usw. Bauen Sie sich eine Tabelle auf:

4	3	2	1
7^3	7^2	7^1	7^0
343	49	7	1

In der ersten Zeile steht die Stellennummer. Die zweite Zeile gibt die Potenzen zu 7 wieder. In der dritten Zeile finden Sie die zugehörigen Werte als Dezimalzahl.

Um einen dezimalen Wert in die Basis 7 zu konvertieren, geht man folgendermaßen vor: Zunächst ermittelt man für die umzuwandelnde Zahl die höchstwertige Stelle (das heißt Spalte in der obigen Tabelle). Ist zum Beispiel 200 zu konvertieren, ist der Ergebniswert für Spalte 4 (343) gleich 0, da 343 nicht in 200 passt.

Als Nächstes bestimmt man, wie oft der Wert aus Spalte 3 (49) in 200 enthalten ist. Dazu dividiert man 200 durch 49. Das – ganzzahlige – Ergebnis lautet 4. Diesen

Wert schreibt man in Stelle 3 der Zielzahl und arbeitet mit dem Rest der Division weiter: 4. Dieser Wert ist nicht durch 7 (Spalte 1 der Tabelle) teilbar, die Siebener-Stelle wird also zu 0. Der Wert 4 lässt sich mit 4 Einern darstellen. In die Einer-Stelle kommt demnach eine 4. Die vollständige Antwort lautet 404_7.

Um die (Dezimal-)Zahl 968 in eine Zahl zur Basis 6 zu konvertieren, stellt man zunächst folgende Tabelle auf:

5	4	3	2	1
6^4	6^3	6^2	6^1	6^0
1296	216	36	6	1

Der Wert 1296 passt nicht in 968. Stelle 5 erhält also eine 0. Die Division von 968 durch 216 liefert 4 mit einem Rest von 104. Stelle 4 ist demnach 4. Dividiert man den Rest 104 durch 36, erhält man 2 Rest 32. Die Stelle 3 ist also 2. Bei Division von 32 durch 6 erhält man 5 mit einem Rest von 2. Die umgewandelte Zahl lautet schließlich 4252_6.

5	**4**	**3**	**2**	**1**
6^4	6^3	6^2	6^1	6^0
1296	216	36	6	1
0	4	2	5	2

Die Konvertierung von einer Basis in eine andere (zum Beispiel Basis 6 in Basis 10) lässt sich durch Multiplikationen wie folgt schneller durchführen:

4 * 216 = 864

2 * 36 = 72

5 * 6 = 30

2 * 1 = 2

Summe: 968

Binärsystem

Die Basis 2 ist die ultimative Erweiterung dieses Konzepts. Hier gibt es nur zwei Ziffern: 0 und 1. Die Stellen besitzen folgende Wertigkeiten:

Stelle:	8	7	6	5	4	3	2	1
Potenz:	2^7	2^6	2^5	2^4	2^3	2^2	2^1	2^0
Wert:	128	64	32	16	8	4	2	1

Um die Dezimalzahl 88 in eine Zahl zur Basis 2 umzuwandeln, verfährt man wie oben: Die Zahl ist nicht durch 128 teilbar, Stelle 8 ist daher 0. In 88 passt einmal 64, Stelle 7 wird zu 1. Es bleibt ein Rest von 24. Dieser ist nicht durch 32 teilbar, so dass Stelle 6 zu 0 wird. 16 passt einmal in 24, die Stelle 5 ist demnach 1. Der Rest ist 8. Das entspricht genau dem Wert von Stelle 4, die somit eine 1 erhält. Da bei Division durch 8 kein Rest bleibt, sind die übrigen Stellen 0.

```
0 1 0 1 1 0 0 0
```

Zur Kontrolle konvertieren wir die Zahl zurück:

```
1 * 64 = 64
0 * 32 =  0
1 * 16 = 16
1 *  8 =  8
0 *  4 =  0
0 *  2 =  0
0 *  1 =  0
Summe:    88
```

Warum die Basis 2?

Zahlen zur Basis 2 lassen sich von einem Computer problemlos verarbeiten. Eigentlich wissen Computer überhaupt nicht, ob es sich um Buchstaben, Ziffern, Anweisungen oder Programme handelt. Der Hauptteil eines Computers besteht aus elektronischen Schaltungen, die nur zwei Zustände unterscheiden: Entweder es fließt viel Strom oder sehr wenig.

Statt der Ausdrücke »genug« und »nicht genug« sagt man einfach »Ja« oder »Nein«. Die Werte Ja oder Nein bzw. `TRUE` (Wahr) oder `FALSE` (Falsch) lassen sich als 1 oder 0 darstellen. Es gilt meist die Zuordnung 1 für `TRUE` oder Ja. Allerdings handelt es sich nur um eine Konvention. Man könnte genauso gut dem Wert 1 die Bedeutungen `FALSE` oder Nein zuordnen.

Aus diesen Erläuterungen wird die Leistung des Binärsystems deutlich: Mit Einsen und Nullen kann man die logischen Funktionen jedes Schaltkreises darstellen (es fließt Strom oder keiner). Nur diese beiden Zustände hat der Computer zu unterscheiden.

Bits, Bytes und Nibbles

Die Darstellung der logischen Zustände mit Einsen und Nullen erfolgt durch sogenannte Binärziffern (oder Bits). Die ersten Computer konnten 8 Bits gleichzeitig verarbeiten. Daher lag es nahe, den Code mit Hilfe von 8-Bit-Zahlen – den sogenannten *Bytes* – zu schreiben.

Hinweis

Ein Halb-Byte (4 Bit) bezeichnet man als *Nibble*.

Mit 8 Binärziffern lassen sich 256 verschiedene Werte darstellen. Sehen Sie sich dazu die Stellen an: Wenn alle 8 Bits gesetzt (1) sind, beträgt der Wert 255. Sind keine Bits gesetzt (alle gelöscht oder Null), ergibt sich der Wert 0. Der Bereich 0 bis 255 umfasst 256 mögliche Werte.

Was ist ein Kbyte?

Der Wert 2^{10} (1024) liegt in der Nähe von 10^3 (1000). Diese auffallende Übereinstimmung führte dazu, dass die Informatiker den Wert 2^{10} Bytes als 1 Kbyte oder 1 Kilobyte bezeichneten und sich damit an den Einheitenvorsatz von kilo für den Faktor 1000 anlehnten.

Analog dazu liegt 1024 * 1024 (1.048.576) nahe genug an einer Million, so dass man dafür 1 Mbyte oder 1 Megabyte schreibt und 1024 Megabyte als 1 Gigabyte bezeichnet.

Binärzahlen

Computer kodieren alle Vorgänge in Mustern aus Einsen und Nullen. Sämtliche Maschinenanweisungen sind in dieser Form verschlüsselt und werden durch die Logikschaltkreise interpretiert. Prinzipiell lassen sich diese binär kodierten Anweisungen als Zahlen ausdrücken. Es wäre aber falsch, diesen Zahlen eine spezielle Bedeutung zuzuschreiben.

Beispielsweise interpretiert der 80x86-Chipsatz von Intel das Bitmuster 1001 0101 als Befehl. Man kann diese Bit-Folge zwar in die Dezimalzahl 149 umwandeln, aber diese Zahl hat per se keine Bedeutung. Manchmal sind diese Bit-Muster Anweisungen, manchmal stellen sie Werte dar und ein andermal sind es Zeichencodes. In diesem Zusammenhang ist der standardisierte ASCII-Zeichensatz von Bedeutung. In ASCII (American Standard Code for Information Interchange – amerikanischer Standardcode für den Informationsaustausch) ist jedem Buchstaben und Satzzeichen eine binäre Darstellung aus 7 Bit zugeordnet. Beispielsweise wird der Kleinbuchstabe »a« durch 0110 0001 dargestellt. Das ist keine Zahl, obwohl man diese Bitfolge in die Zahl 97 (64 + 32 + 1) umwandeln kann. In der Praxis sagt man, dass der Buchstabe »a« den ASCII-Wert 97 besitzt. Im engeren Sinne ist die binäre Darstellung von 97 (0110 0001) die Kodierung des Buchstabens »a« – bequemer ist es allerdings, den Dezimalwert 97 zu verwenden.

Hexadezimalsystem

Da Binärzahlen recht unübersichtlich sind, stellt man dieselben Werte in einer einfacheren Form dar. Die Umwandlung von Binärzahlen in das Dezimalsystem ist relativ umständlich. Dagegen lassen sich Zahlen zur Basis 2 sehr einfach in ein Zahlensystem zur Basis 16 konvertieren.

Dieses sogenannte Hexadezimalsystem kennt 16 Zahlzeichen: 0, 1, 2, 3, 4, 5, 6, 7, 8, 9, A, B, C, D, E und F. Den dezimalen Werten 10 bis 15 wurden willkürlich die Buchstaben A bis F zugeordnet. Die Stellen im Hexadezimalsystem lauten:

4	3	2	1
16^3	16^2	16^1	16^0
4096	256	16	1

Die Umwandlung vom hexadezimalen in das dezimale System erfolgt durch Multiplikation. Die Zahl F8C stellt damit den folgenden dezimalen Wert dar:

```
F * 256 = 15 * 256 = 3840
8 * 16             =  128
C * 1   = 12 * 1   =   12
Summe:               3980
```

Die Umwandlung der Zahl FC in eine Binärzahl lässt sich am besten erledigen, indem man sie zuerst in das Dezimalsystem und von dort aus in das Binärsystem konvertiert:

```
F * 16 = 15 * 16 = 240
C * 1  = 12 *  1 =  12
Summe:             252
```

Die Umwandlung von 252_{10} in das Binärsystem nimmt man über die folgende Tabelle vor:

Stelle:	9	8	7	6	5	4	3	2	1
Potenz:	2^8	2^7	2^6	2^5	2^4	2^3	2^2	2^1	2^0
Wert:	256	128	64	32	16	8	4	2	1

Die Zahl 252 lässt sich nicht durch 256 teilen.

252 dividiert durch 128 ergibt 1 Rest 124.

124 dividiert durch 64 ergibt 1 Rest 60.

60 dividiert durch 32 ergibt 1 Rest 28.

28 dividiert durch 16 ergibt 1 Rest 12.

12 dividiert durch 8 ergibt 1 Rest 4.

4 dividiert durch 4 ergibt 1 Rest 0.

0 0 1 1 1 1 1 1 0 0

Die Lösung in der Binärdarstellung lautet also 1111 1100.

Gliedert man die Binärzahl in zwei Gruppen zu je 4 Ziffern, lässt sich die Zahl sehr einfach umwandeln.

Die rechte Gruppe lautet 1100. Der Dezimalwert ist 12, als Hexadezimalzahl ausgedrückt C.

Die linke Gruppe lautet 1111. Der Wert als Dezimalzahl ist 15 oder hexadezimal F.

Damit lässt sich schreiben:

```
1111 1100
F      C
```

Schreibt man beide Hexadezimalzahlen zusammen, erhält man FC, das den eigentlichen Wert von 1111 1100 repräsentiert. Dieses Kurzverfahren funktioniert immer. Man kann eine Binärzahl beliebiger Länge in Gruppen zu je vier Stellen einteilen, jede Gruppe einzeln in eine Hexadezimalzahl umwandeln und die sich ergebenden Ziffern hintereinander schreiben. Das Ergebnis ist die Hexadezimaldarstellung der Binärzahl. Das folgende Beispiel zeigt die Umwandlung einer längeren Zahl:

```
1011 0001 1101 0111
```

Die dezimale Wertigkeit der Stellen lautet von rechts nach links: 1, 2, 4, 8, 16, 32, 64, 128, 256, 512, 1024, 2048, 4096, 8192, 16384 und 32768.

```
1 *     1 =    1
1 *     2 =    2
1 *     4 =    4
0 *     8 =    0

1 *    16 =   16
0 *    32 =    0
1 *    64 =   64
1 *   128 =  128
1 *   256 =  256
0 *   512 =    0
0 *  1024 =    0
0 *  2048 =    0

1 *  4096 = 4096
1 *  8192 = 8192
0 * 16384 =    0
```

```
1 * 32768 = 32768

Summe:       45527
```

Die Umwandlung dieser Zahl in eine Hexadezimalzahl erfordert eine Tabelle mit den hexadezimalen Werten.

Stelle	5	4	3	2	1
Potenz	16^4	16^3	16^2	16^1	16^0
Wert	65535	4096	256	16	1

Die Zahl 45527 lässt sich nicht durch 65536 teilen. Als erste Stelle kommt demnach 4096 in Betracht. Der Wert 4096 paßt elf Mal (45056) in 45527, mit einem Rest von 471. Dieser Rest liefert bei Division durch 256 den Wert 1 und einen weiteren Rest von 215. Die Division von 215 durch 16 liefert 13 mit einem Rest von 7. Als Hexadezimalzahl ergibt sich B1D7.

Die Probe sieht folgendermaßen aus:

```
B * 4096 = 11 * 4096 = 45056
1 * 256               = 256
D * 16   = 13 * 16    = 208
7 * 1                  = 7
Summe: 45527
```

Beim abgekürzten Verfahren nimmt man die Binärzahl, 1011000111010111 und teilt sie in Gruppen zu je vier Stellen auf: 1011 0001 1101 0111. Dann rechnet man jede der vier Gruppen einzeln in eine Hexadezimalzahl um:

```
1011 =
1 * 1 =  1
1 * 2 =  2
0 * 4 =  0
1 * 8 =  8
Summe:  11
Hex:     B

0001 =
1 * 1 =  1
0 * 2 =  0
0 * 4 =  0
0 * 8 =  0
Summe:   1
Hex: 1

1101 =
1 * 1 =  1
0 * 2 =  0
```

```
1 * 4 =  4
1 * 8 =  8
Summe:  13
Hex: D

0111 =
1 * 1 =  1
1 * 2 =  2
1 * 4 =  4
0 * 8 =  0
Summe:   7
Hex: 7
```

Ergebnis in Hex-Darstellung: `B1D7`

Anhang D

Die Buch-CD

Auf der Begleit-CD sind sämtliche Listings des Buchs und ein 32-Bit-Compiler enthalten.

Listings

Die im Buch wiedergegebenen Listings befinden sich auf der CD im Verzeichnis `\Source`. Alle Listings sind nach dem einheitlichen Schema `Lkk_nn.cpp` benannt, wobei *kk* für die Kapitelnummer (bzw. Stunde) steht und *nn* die Nummer des Listings im jeweiligen Kapitel angibt.

Darüber hinaus sind folgende Dateien vorhanden:

- `Cat.hpp`: Kopie von `L07_01.cpp` (erforderlich für das Kompilieren von `L07_02.cpp`)
- `Rect.hpp`: Kopie von `L07_03.cpp` (erforderlich für das Kompilieren von `L07_04.cpp`)
- `String.hpp`: Kopie von `L20_03.cpp` (erforderlich für das Kompilieren der Programme, die `String.hpp` einbinden)
- `L21_06A.cpp`: Entspricht Listing 21.6 mit Ergänzungen aus Listing 21.4.
- `C.bat`: Eine speziell für die Kompilierung der Beispieldateien zugeschnittene Stapeldatei.

Wenn Sie mit den Beispieldateien arbeiten möchten, legen Sie am besten auf der Festplatte ein neues Verzeichnis an und kopieren den gesamten Inhalt des CD-ROM-Verzeichnisses `\Source` in das Verzeichnis auf der Festplatte.

Compiler DJGPP von Delorie Software

Die Firma Delorie Software hat den GNU C/C++-Compiler (GCC/GPP) auf die 32-Bit-Umgebung der Intel-Prozessoren portiert. Der Compiler läuft nur mit einem 32-Bit-Prozessor, d.h. ab einem 80386DX aufwärts, funktioniert aber auch mit 16-Bit-Betriebssystemen wie DOS oder Windows 3.1. Beachten Sie bitte, dass der DJGPP-Compiler zwar unter Windows arbeitet, aber keinen Windows-Code generiert.

Entsprechend den Vertriebsbedingungen befinden sich alle Quell- und Binärdateien des DJGPP-Compilers auf der CD. Aktualisierungen finden Sie auf der Website `http://www.delorie.com`.

Compiler installieren

Der Compiler DJGPP ist auf der CD im Verzeichnis \DJGPP untergebracht. Führen Sie die folgenden Schritte aus, um den Compiler unter Windows 95/98 bzw. Windows NT zu installieren:

1. Wählen Sie START / AUSFÜHREN. Klicken Sie auf DURCHSUCHEN und gehen Sie in das Verzeichnis `\DJGPP` Ihres CD-ROM-Laufwerks.
2. Markieren Sie die Datei `DJGPP.EXE` und klicken Sie auf ÖFFNEN. Klicken Sie im Dialogfeld AUSFÜHREN auf OK. Daraufhin startet das Setup-Programm des DJGPP-Compilers.
3. Klicken Sie im Startdialogfeld WELCOME auf NEXT.
4. Wenn Sie den Compiler nicht im vorgegebenen Verzeichnis `C:\DJGPP` installieren wollen, klicken Sie im Dialogfeld CHOOSE DESTINATION LOCATION auf BROWSE und legen den gewünschten Ordner fest. Klicken Sie dann auf NEXT.
5. Im Dialogfeld BASIC FUNCTIONALITY 1 können Sie die vorgegebenen Optionen übernehmen. Falls Sie die Online-Dokumentation nicht installieren wollen, klicken Sie im unteren Teil des Dialogfelds auf NO.
6. Im Dialogfeld BASIC FUNCTIONALITY 2 legen Sie das Betriebssystem fest, unter dem Sie arbeiten. Klicken Sie dann auf NEXT.
7. Schalten Sie im Dialogfeld BASIC FUNCTIONALITY 3 die Kontrollkästchen für die gewünschten Programmiersprachen ein. Für die Beispiele im Buch genügt das Kontrollkästchen C++. Klicken Sie auf NEXT.
8. Im nächsten Dialogfeld können Sie bei Bedarf eine integrierte Entwicklungsumgebung (IDE) auswählen und den GNU-Debugger installieren. Klicken Sie dann auf NEXT.
9. Das Dialogfeld EXTRA STUFF bietet die Möglichkeit, zusätzliche Dokumentationsdateien und Toolkits zu installieren. Für die Beispiele im Buch ist das nicht erforderlich. Klicken Sie auf NEXT.
10. Klicken Sie im Dialogfeld START INSTALLATION auf NEXT, um die Installation zu starten. Das Dialogfeld INSTALLING zeigt daraufhin den Fortschritt der Installation an.
11. Nach Abschluss der Installation erscheint das Dialogfeld PLEASE READ ME FIRST! mit Hinweisen zum Start des Compilers und dem Copyright-Vermerk. Klicken Sie auf NEXT und im letzten Dialogfeld auf FINISH.
12. Ein Meldungsfeld weist Sie darauf hin, dass der Computer neu gestartet werden muss. Klicken Sie auf OK, um den Computer sofort neu zu starten, oder auf CANCEL, um den Neustart später durchzuführen.

Beispieldateien kompilieren

Die im Buch angegebenen Beispiele können Sie am schnellsten mit Hilfe der Stapeldatei `C.bat` kompilieren. Um beispielsweise das Programm von Listing 1.1 zu kompilieren, geben Sie folgenden Befehl an der MS-DOS-Eingabeaufforderung ein:

```
c L01_01
```

Daraufhin wird die ausführbare Datei mit dem Standardnamen `Test.exe` erzeugt. Mit

```
Test
```

starten Sie dann das kompilierte Programm. Optional können Sie der Stapeldatei als zweiten Befehlszeilenparameter den Namen der ausführbaren Datei übergeben, zum Beispiel:

```
c L01_01 Hello
```

Damit wird aus dem Quelltext von Listing 1.1 die ausführbare Datei `Hello.exe` erzeugt. Achten Sie darauf, dass die Dateierweiterung weder beim Dateinamen des Listings noch für die ausführbare Datei angegeben werden darf.

Falls Sie die Beispieldateien nicht auf die Festplatte kopieren wollen, können Sie die Stapeldatei `C.bat` auch vom CD-Laufwerk aufrufen. Allerdings müssen Sie dann einen Zielpfad für die ausführbare Datei spezifizieren, zum Beispiel:

```
c L01_01 D:\Beispiele\Hello
```

Den Compiler können Sie natürlich auch direkt nach folgendem Muster aufrufen:

```
gxx <Name der Quelldatei> -o <Name der ausführbaren Datei>
```

Allerdings müssen Sie hier sowohl für die Quelldatei als auch die ausführbare Datei die Dateierweiterung (`.cpp` bzw. `.exe`) angeben. Die Stapeldatei `C.bat` erspart Ihnen diese Tipparbeit.

Installationshinweise

Zum DJGPP-Compiler gehören verschiedene Dateien mit Hinweisen zur Installation und Fehlersuche. Insbesondere enthält das Verzeichnis `\DJGPP\FAQ` eine umfangreiche Datei mit häufig gestellten Fragen (FAQ – Frequently Asked Questions) zum DJGPP-Compiler. Allerdings sind diese Informationen durchgängig in englischer Sprache abgefasst. Deshalb bringen die folgenden Abschnitte einige Hinweise, wie Sie eventuelle Probleme beim Kompilieren der Beispieldateien in den Griff bekommen.

Umgebungsvariablen

Überprüfen Sie als Erstes, ob die Umgebungsvariable und der Pfad zum Compiler ordnungsgemäß eingestellt sind. Führen Sie dazu an der MS-DOS-Eingabeaufforderung den Befehl `SET` aus. In der Einstellung für den Pfad (`PATH=`) muss der Pfad zu den Binärdateien des Compilers (zum Beispiel `D:\DJGPP\BIN`) enthalten sein. Weiterhin muss eine Zeile wie

```
DJGPP=D:\DJGPP\DJGPP.ENV
```

für die Umgebung des Compilers existieren. Gegebenenfalls müssen Sie die Datei AUTOEXEC.BAT im Stammverzeichnis des Laufwerks C: manuell anpassen.

Hinweis

Die angegebenen Einstellungen gehen davon aus, dass Sie den Compiler auf Laufwerk D: im Verzeichnis DJGPP installiert haben.

Lange Dateinamen

Fehlermeldungen wie

```
LW:/djgpp/lang/cxx/iostream.h:31: streambuf.h: No such file
 or directory (ENOENT)
```

deuten darauf hin, dass die Unterstützung für lange Dateinamen deaktiviert ist. Um dieses Problem zu beseitigen, müssen Sie die Datei DJGPP.ENV im Verzeichnis \DJGPP bearbeiten. Suchen Sie in dieser Datei nach der Zeile

```
+LFN=n
```

und ersetzen Sie das n durch y. (LFN steht für Long File Names – Lange Dateinamen.)

Weitere Installationsprobleme

Wenn Sie beim Kompilieren Fehlermeldungen wie

```
gxx.exe: installation problem. Cannot exec 'stubify': No such
 file or directory (ENOENT)
```

erhalten, liegt wahrscheinlich ein Versionsproblem vor. Die folgenden Hinweise stammen aus der Datei Readme.djgpp, die sich im Verzeichnis \DJGPP\GNU\GCC-2.81\ befindet:

- Löschen Sie die Dateien specs und djgpp.djl im Verzeichnis \DJGPP\LIB.
- Gehen Sie in das Verzeichnis \DJGPP\LIB\GCC-LIB\DJGPP\2.81. In diesem Verzeichnis befinden sich neuere Versionen der Dateien specs und djgpp.djl.
- Am Ende der Datei specs finden Sie den Abschnitt *Link_command. Löschen Sie hier die letzte Zeile, d.h. die Zeile, in der das Wort stubify steht und die gleichzeitig die letzte Zeile der Datei specs darstellt. Achten Sie darauf, dass keine Leerzeilen übrig bleiben.

Nach den genannten Änderungen ließen sich alle Beispiele des Buches kompilieren und ausführen.

Compiler deinstallieren

Wenn Sie den DJGPP-Compiler unter Windows 95/98 bzw. Windows NT installiert haben, hat das Setup-Programm des Compilers einen Eintrag in der Windows-Registrierung vorgenommen. Um den Compiler zu deinstallieren, führen Sie folgende Schritte aus:

1. Wählen Sie START / EINSTELLUNGEN / SYSTEMSTEUERUNG / SOFTWARE.
2. Im Dialogfeld EIGENSCHAFTEN VON SOFTWARE markieren Sie auf der Registerkarte INSTALLIEREN/DEINSTALLIEREN den Eintrag *DJGPP*.
3. Klicken Sie auf HINZUFÜGEN/ENTFERNEN. Daraufhin erscheint das Dialogfeld SELECT UNINSTALL METHOD, in dem Sie zwischen automatischer (Automatic) und benutzerdefinierter (Custom) Deinstallation wählen können. Klicken Sie auf NEXT.
4. Bei benutzerdefinierter Deinstallation können Sie in den nächsten Dialogfeldern die zu entfernenden Dateien, Verzeichnisse und Registrierungsschlüssel gezielt auswählen. Klicken Sie in diesen Dialogfeldern nach erfolgter Auswahl jeweils auf NEXT.
5. Im Dialogfeld PERFORM UNINSTALL klicken Sie auf FINISH, um den Compiler vollständig bzw. die ausgewählten Elemente zu deinstallieren.

Stichwortverzeichnis

B

D

E

G

L

M

N

O

Q

R